CAPÍTULOS DE HISTÓRIA INTELECTUAL

Alberto Luiz Schneider

CAPÍTULOS DE HISTÓRIA INTELECTUAL

RACISMOS, IDENTIDADES E ALTERIDADES NA REFLEXÃO SOBRE O BRASIL

alameda

Grafia atualizada segundo o Acordo Ortográfico da Língua Portuguesa de 1990, que entrou em vigor no Brasil em 2009

Edição: Haroldo Ceravolo Sereza/ Joana Monteleone
Editora assistente: Danielly de Jesus Teles
Projeto gráfico, diagramação e capa: Danielly de Jesus Teles
Assistente acadêmica: Bruna Marques
Revisão: Alexandra Collontini
Imagem da capa: *Tinha que acontecer (cabeça de bandeirante)*, 2016. Bronze, 135 x 250 x 160 cm, de Flávio Cerqueira, Estação Pinacoteca. Exibido na mostra *Metrópole: Experiência Paulistana*, com curadoria de Tadeu Chiarelli (2017). Foto: Christina Rufatto

CIP-BRASIL. CATALOGAÇÃO NA PUBLICAÇÃO
SINDICATO NACIONAL DOS EDITORES DE LIVROS, RJ

S385c

SCHNEIDER, Alberto Luiz
Capítulos de história intelectual : racismos, identidades e alteridades na reflexão sobre o Brasil / Alberto Luiz Schneider. - 1. ed. - São Paulo : Alameda, 2019.
p. ; 23 cm

Inclui bibliografia
ISBN 978-85-7939-610-6

1. Intelectuais - Brasil - História - Séc. XIX. 2. Intelectuais - Brasil - História - Séc. XX. 3. Brasil - Vida intelectual - Séc. XIX. 4. Brasil - Vida intelectual - Séc. XX. I. Título.

19-56261 CDD: 981.06
CDU: 94(81)"1880/1960"

ALAMEDA CASA EDITORIAL
Rua 13 de Maio, 353 – Bela Vista
CEP 01327-000 – São Paulo, SP
Tel. (11) 3012-2403
www.alamedaeditorial.com.br

À memória de Antonio Candido, que partiu em 2017, quando este livro estava em obras. Símbolo de elegância, cultura e engajamento no país e na vida. Um dia o Brasil há de merecê-lo.

SUMÁRIO

PREFÁCIO

I

Por que escrever esse livro?

Não se trata de uma pergunta trivial. O fato é que, nos últimos tempos, tenho publicado com certa regularidade em revistas acadêmicas, avaliadas pelos pares. Do ponto de vista da pós-graduação, os artigos atingem o público acadêmico, de pesquisadores, professores e estudantes. Se, por um lado, os artigos publicados nessas revistas cumprem a sua função, considero um rebaixamento da vida intelectual reduzir o esforço de pesquisa e reflexão a indexadores quantitativos como plataformas Lattes, Sucupira, etc. Reconheço a importância e a legitimidade desses instrumentos, mas não deixo de apontar os limites desse processo. Penso também que os saberes precisam circular para além dos muros. Um certo descompromisso da universidade com o grande público é um problema que a comunidade de pesquisadores precisa enfrentar. Bem ou mal, a universidade brasileira tem sido capaz de produzir pesquisa e ensino, mas tem dificuldade na extensão. Abrir-se para o diálogo com públicos mais amplos é necessário, fugindo das zonas de conforto, dos jargões especializados e do intelectualismo. Este livro pretende aceitar o desafio de escrever com clareza, sem hermetismos desnecessários.

Publicar pesquisas em forma de livro tem inconvenientes, é certo. O principal deles é o próprio suporte físico, o custo e a acessibilidade. Mas também tem vantagens. Os artigos acadêmicos, justamente por serem submetidos à avaliação dos pares, reduzem a dimensão autoral das publicações, em benefício de discursos e formas convencionais em vigor. Há ainda outras limitações, como o tamanho dos textos; as normas das revistas, muitas vezes hostis a leitores e autores; a linguagem academicista, às vezes apenas para afetar distinção; o capricho ou desleixo dos pareceristas; os enquadramentos teóricos, não raros estreitos e paroquiais. Na forma de livro – quando os editores dão abertura, e este foi o caso – o autor dispõe de mais liberdade para pensar e narrar.

Vazar o pensamento na forma de livro, esse objeto táctil que desperta paixões, pulsões e filias (e fobias, vide o anti-intelectualismo dos movimentos afascistados contemporâneos) é uma forma de expressão longamente consagrada na cultura, além de constituir-se num desejo comunicacional clássico. E os desejos são sempre fugidios, incompletos e atormentados. Menos do que escrever, tormentoso tem sido concluir o livro, pela vontade permanente de cortar, de agregar, de reescrever, como Sísifo, condenado pelos deuses a rolar incessantemente uma rocha até o cume de uma montanha de onde a pedra se precipitava por seu próprio peso, obrigado a começar de novo e de novo. Ou ainda acometido pela síndrome de Estocolmo, apaixonado pela prisão de nunca terminar.

A paixão pelo livro – inclusive pela sua forma física, o papel, o cheiro, a vontade de violar a página em branco, com lápis, na vã esperança de captar a alma do texto – também é minha. E, como todas as paixões, é pessoal e gratuita. Gosto de ter livros, mais do que eu posso ler. Gosto de rabiscar livros, com certo sadismo, sedento pela vontade de corromper a limpeza da brochura. Gosto de alimentar a fantasia que, se tudo der errado, sempre terei eles, os livros, para me resgatar da solidão. Em outras palavras, escrever este livro vem menos do âmago do pesquisador em história intelectual, em que os livros e os textos são as próprias fontes de pesquisa, e mais da vontade de expressar de modo mais autoral e mais pessoal. Quis, com essas páginas, retomar os textos que venho publicando nos últimos tempos; agregar pesquisa e dar tratamento mais livre, emendá-los e subtrai-los, agregá-los de novas leituras e percepções em benefício de um texto mais fiel a mim mesmo, sem deixar de ser rigoroso e acadêmico, pois a universidade é o lugar de onde falo, mas não é o único. Essas páginas, quero crer, revelam filias e fobias, adesões e resistências, compromissos e liberdades.

O modo como construí minha carreira e formei meu repertório de interesses me cobrou um preço alto. Os historiadores, meus colegas de geração, filhos da cultura universitária contemporânea, tendem a ser sólidos especialistas, seja em um recorte temporal específico, em um enquadramento teórico determinado ou na filiação a uma linha teórica, etc. A densa especialização, com focos restritos, tem vantagens e desvantagens. Por um lado, concentra energias e saberes, verticalizando a pesquisa, fazendo-a avançar. Por outro, reduz a perspectiva e absolutiza determinada percepção como aquele que, ao focar na árvore, perde a floresta.

Esse é um livro sobre livros, seus autores e leitores, seus tempos e suas circunstâncias, atento às historicidades e às durações. Composto por três unidades, o que há em comum é a natureza das fontes. Por isso, o método é o da história intelectual. Outro traço comum é a reflexão sobre a formação brasileira sob diferentes ângulos, problemáticas e regiões, mas sempre o país e seus traumas.

A primeira unidade é dedicada ao Brasil de fins do século XIX e começo do XX, em torno do fenômeno literário e das noções de raça, nação e modernidade (ou seu avesso). O maior capítulo da unidade – "Machado de Assis e Sílvio Romero: tensões de um Brasil em tempos de racismo científico e abolicionismo" – trata das profundas diferenças entre o literato e o crítico quanto ao estilo e a linguagem, mas também os engajamentos políticos e éticos.[1] Os outros capítulos da unidade são "Tensões do nacionalismo (I): Sílvio Romero e a invenção do futuro: o 'alemão do Sul' como *Outro*" e "Tensões do nacionalismo (II): Euclides da Cunha entre a ciência europeia e a experiência brasileira: o sertanejo como *Outro*!"[2] Nos textos, alimentados pelo nacionalismo brasileiro da virada do século XIX para o XX, pelos olhos de Sílvio Romero e Euclides da Cunha, aparecem leituras sobre diferentes grupos sociais e culturais, habitando diversos espaços do país, como os sertanejos do interior do Nordeste e os imigrantes alemães do sul do Brasil e seus descendentes.

---

1 Machado de Assis e Sílvio Romero já compareceram no meu doutorado, defendido em 2005, na Unicamp, publicado naquele ano. (SCHNEIDER, Alberto Luiz. *Sílvio Romero, hermeneuta do Brasil.* 1. ed. São Paulo: Annablume, 2005. v. 1. 259p). Continuei amadurecendo as reflexões, difíceis e complexas, em torno de Machado de Assis e Sílvio Romero, sobretudo Machado. O conteúdo do capítulo em questão foi parcialmente publicado nos artigos abaixo citados: SCHNEIDER, Alberto Luiz. "Sílvio Romero e Machado de Assis: leituras e dissensos do fim do Oitocentos". *Intelligere*, v. 2, p. 49-67, 2016. SCHNEIDER, Alberto Luiz. "Machado de Assis e Sílvio Romero: escravismo, 'raça' e cientificismo em tempos de campanha abolicionista (década de 1880)". *Almanack* [online], 2018, n. 18, p. 451-488.

2 As pesquisas que geram este capítulo já aparecem: SCHNEIDER, Alberto Luiz. "Pensamento Social n'*Os Sertões* de Euclides da Cunha: entre a ciência europeia e a experiência sertaneja". *Cadernos de História da Ciência*, v. 1, 2014.

Se os textos da primeira unidade refletem pesquisas que derivam de antigas preocupações, já presentes no meu doutorado, a segunda unidade é a mais recente das minhas agendas e remete à invenção da identidade paulista, entre 1890 e 1940, em que comparecem múltiplos bandeirantes criados por intelectuais ou artistas paulistas e não paulistas. Entre muitos bandeirantes estão os que povoavam a obra de historiadores como Capistrano de Abreu e Affonso de Taunay, ou pintores como Henrique Bernardelli e Benedito Calixto, ou mesmo um poeta como Olavo Bilac. A historiografia, a pintura e os monumentos não formam paisagens culturais divorciadas, mas convivem e interpenetram-se. É sobre isso que trata "As lutas pela memória de São Paulo (1890-1940)". O outro capítulo desta unidade – "A luta pela memória da capitania de São Paulo vem de antes: frei Gaspar da Madre de Deus e Pedro Taques em fins do século XVIII" – dá um salto para fins do período colonial, quando a memória da capitania de São Paulo também estava em disputa e já aparecia um esforço em positivar os antigos moradores do planalto paulista.[3] Não é por outra razão que toda arquitetura historiográfica produzida por Affonso de Taunay, na segunda década do século XX, partiu destes antigos cronistas coloniais.

A terceira e maior unidade deste livro remete ao debate envolvendo o historiador inglês Charles Boxer e o sociólogo brasileiro Gilberto Freyre. Mas é mais do que isso. No primeiro capítulo – intitulado "Em torno da questão racial: o debate entre Charles Boxer e Gilberto Freyre (1950-1960)" – busca-se traçar um panorama da controvérsia intelectual e política em fins da década de 1950 e princípio de 1960, quando o movimento de descolonização da África e a luta pelos direitos civis nos Estados Unidos marcaram uma intensa politização da categoria raça. As condições do presente, nos anos 60, marcaram uma profunda reavaliação do passado colonial português, ferindo de morte a noção de um colonialismo católico e lusitano não racista. O segundo capítulo desta unidade – "Gilberto Freyre e a tradição Ibérica: mestiçagem, brasil-centrismo e luso-tropicalismo" – visa compreender a força do argumento freyreano, fortemente marcado pela defesa da positividade da tradição ibérica, perspectiva que viria culminar no luso-tropicalismo, em aliança com a di-

3 As pesquisas que geram este capítulo já foram esboçadas em: SCHNEIDER, Alberto Luiz. Os paulistas e os outros: fama e infâmia na representação dos moradores da capitania de São Paulo nas letras dos séculos XVII e XVIII. Projeto História. *Revista do Programa De Estudos Pós-Graduados de História*, v. 57, p. 84-107, 2016.

tadura colonialista de António de Oliveira Salazar em Portugal.[4] Se o segundo capítulo verticaliza na obra de Freyre, o terceiro – "O Império Português visto de fora: o itinerário historiográfico de Charles Boxer (1930-1960)" – trata de reconstruir o percurso que culminaria na publicação, em 1963, de *Race Relations in the Portuguese Colonial Empire, 1415-1825*, um livro importante para o debate intelectual brasileiro, pois nele Boxer questionou de modo erudito e documentado as teses de Gilberto Freyre, comprometendo os fundamentos históricos do mito da democracia racial.[5] No capítulo busca-se tanto evitar a noção impressionista de um historiador que enfrenta o racismo português, quanto apresentar a historicidade do mundo e da obra de Boxer, já afetada por um contexto de politização da raça que marcou a produção intelectual e a vida política do pós-guerra. No quarto e último capítulo – "Gilberto Freyre e os intelectuais alinhados a Salazar respondem ao livro de Charles Boxer: o que mudou?" – busca-se captar a historicidade do processo, em que a obra de Freyre está claramente alinhada ao campo conservador, em um momento de acentuada polarização política. Em 1964, quando Freyre – e Armando Cortesão, um importante intelectual salazarista – responde ao livro de Boxer, o autor que há 30 anos escrevera *Casa-grande & Senzala* aderia ao golpe militar recém instalado. A politização da raça – na África, nos Estados Unidos ou no Brasil – está contida nos marcos políticos e culturais dos confrontos que marcaram aqueles anos.

II

Além do Brasil, das discussões identitárias e seus avessos, da noção de raça e de racismo, o que dá unidade a este livro? A resposta está no próprio título: a história intelectual como método de investigação histórica. As fontes destas pesquisas – não confundir com a bibliografia – são textos escritos e publicados por intelectuais: sobretudo escritores e historiadores que, a sua maneira, valeram-se da

4 Embora a discussão tenha ganhado qualidade, densidade e volume, já esbocei a questão, ainda que em termos bastante sumários, em SCHNEIDER, Alberto Luiz. "Iberismo e luso-tropicalismo na obra de Gilberto Freyre". *História da Historiografia*, p. 75-93, 2012.

5 Ainda que a discussão seja aqui mais complexa e elaborada, o assunto está esboçado em SCHNEIDER, Alberto Luiz. "Charles Boxer (contra Gilberto Freyre): raça e racismo no Império Português ou a erudição histórica contra o regime salazarista". *Estudos Históricos*. Fundação Getúlio Vargas, v. 26, p. 253-273, 2013.

publicação de livros como uma forma de intervenção no mundo social, em especial na vida política e cultural.

Uma questão se impõe desde o início: o que é um intelectual? O termo aparece na Europa Ocidental do século XIX, em particular na França. Não há uma unidade em torno dos modernos intelectuais oitocentistas. Eles podem ser conservadores, liberais, nacionalistas ou socialistas, etc. O que os une é o fato de utilizarem da escrita, do texto, enfim, do "ato de fala", para se posicionarem frente à vida pública, seja mediado por linguagens específicas, como a literatura ou a ciência histórica, seja por meio de manifestações abertamente políticas. Para que os intelectuais possam se expressar é preciso um público alfabetizado, sistemas de publicação e distribuição de livros (editores, livreiros e consumidores), um grupo de pessoas dispostos a se apropriar de ideias, jornais para divulgar e animar a crítica, etc.

Um momento de afirmação dos intelectuais se deu em torno do *caso Dreyfus*, quando um oficial das forças armadas francesas, Alfred Dreyfus, um judeu francês, foi injustamente acusado, em 1894, de traição à pátria por ter, supostamente, passado informações confidenciais aos alemães, gerando uma onda de antissemitismo e xenofobia. Quando a farsa que o levou a condenação ficou clara, um conjunto de jornalistas, professores, artistas e escritores publicaram em 14 de janeiro de 1898, no jornal *L'Aurore*, liderados por Émile Zola, o "Manifesto dos Intelectuais". A publicação mobilizou a opinião pública francesa, dividida entre conservadores, contra Dreyfus, e progressistas, favoráveis a ele.[6] A partir do caso consolidou-se o papel do moderno intelectual, bem como sua imagem pública: o termo intelectual passou a significar não apenas um profissional que vivia de ler, escrever e pesquisar, mas também um sujeito supostamente "livre", que se posicionava politicamente frente às grandes questões de seu tempo[7]. Os intelectuais, nota Norberto Bobbio, passaram a ser identificados como uma espécie de porta-vozes da opinião pública, fossem eles "progressistas ou

6 Sobre o assunto, ver: BEGLEY, Louis. O Caso Dreyfus: *Ilha do Diabo, Guantánamo e o pesadelo da história*. São Paulo: Companhia das Letras, 2009. Sobre as questões históricas envolvidas, destaco o segundo capítulo: "O passado nunca está morto", p. 57-89.

7 Sobre o assunto, ver: MARLETTI, Carlo. "Intelectuais". In BOBBIO, Norberto & Outros. *Dicionário de Política*. Volume 1. Brasília: Universidade de Brasília, 1998.

conservadores, radicais ou reacionários, libertários ou autoritários, liberais ou socialistas, céticos ou dogmáticos, laicos ou clericais (...)".[8]

Pierre Bourdieu, ao abordar os intelectuais, sugere a existência de um "microcosmo", regido por uma lógica específica, com regras próprias. Até certo ponto, a perspectiva de relativa autonomia do "campo" intelectual ajuda a compreender o funcionamento e a simbologia das disputas e alianças. No entanto, observa Claudia Wasserman, essa perspectiva também remete, "de um lado, à noção de um mundo com regras próprias, sem relação necessária com outros âmbitos da vida humana. De outra parte, recupera-se a noção do intelectual em sua 'torre de marfim', como um sujeito isolado que contempla o mundo exterior, adotando uma atitude de indiferença e de distanciamento, com rejeição ao compromisso social".[9] Em concordância com a autora, é válido insistir que os intelectuais estão conectados com as questões amplas da vida social.

Nas três unidades deste livro são documentadas a intervenção dos intelectuais no mundo social e político por meio do texto. Apenas à guisa de exemplo: na segunda unidade, ao mapearmos o debate entre Sílvio Romero e Machado de Assis em torno do racismo científico e do abolicionismo, é justamente este o assunto: o engajamento dos intelectuais na vida do país e a multiplicidade de posições, leituras e linguagens.

Ao fazer história usando como fonte a produção dos intelectuais, uma questão se impõe: quem escreve, lê. Assim como o enraizamento temporal, as opções políticas, os interesses, os pertencimentos institucionais e uma série de outras questões também repercutem no texto, inclusive a recepção que uns intelectuais fazem dos outros. Em termos metodológicos, esse trabalho recusa a noção de influência. É preciso reconhecer que a relação entre um autor e outro é sempre definida não pelo "influenciador", mas sim pelo "influenciado". Logo, o polo ativo está no "influenciado", pois é ele quem define as condições de uso do "influenciador". Nesse aspecto as contribuições da chamada Escola de Cambridge, em particular Quentin Skinner[10] e John Pocock, são importantes.

---

8 BOBBIO, Norberto. *Os intelectuais e o poder*: dúvidas e opções dos homens de cultura na sociedade contemporânea. São Paulo: Editora da UNESP, 1997, p. 116.

9 WASSERMAN, Claudia. "História intelectual: origem e abordagens". *Tempos Históricos*, Vol. 19, 1º semestre de 2015, p. 69.

10 SKINNER, Quentin. *Meaning and Understanding in the History of Ideas*. History and Theory, 8, 1969.

Desse modo, é fundamental para o historiador se atentar às inovações que um autor faz ao utilizar outro. Logo, há muito mais uma concepção ativa de quem se apropria, em função do contexto e da historicidade do processo. Para Pocock: "todo e qualquer ato de fala que o texto tenha efetuado pode ser reefetuado pelo leitor de maneiras não idênticas às que o autor pretendeu."[11] Em outras palavras, as ideias e perspectivas interpretativas são mais dinâmicas, pois portadas de um complexo sistema de interpretação, apropriação e recepção. Apenas como exemplo, na terceira unidade deste livro, ao se afirmar a herança dos autores iberistas como Miguel de Unamuno e Ángel Ganivet na obra de Gilberto Freyre, o polo ativo é Freyre, que se apropria daqueles autores, em função de suas próprias perspectivas interpretativas.

Roger Chartier também destaca a historicidade não só da escrita, mas também da leitura. As considerações do historiador francês, em torno da análise da história da leitura e das múltiplas maneiras de apreender um texto, se constituem em úteis instrumentos acerca da compreensão e da difusão dos textos. Chartier insiste que a historicidade e o sentido da apreensão de um texto não ocorre da mesma maneira entre diferentes leitores – e diferentes leitores em diferentes lugares e tempos. Logo, a historicidade não está apenas na escrita, mas também na leitura. O autor destaca que um livro se transforma justamente pelo fato de não mudar, uma vez que o mundo e os tempos mudam, transformando os significados dos textos.[12] Essa observação é particularmente importante na terceira unidade deste livro ao tratarmos da obra de Gilberto Freyre. O significado e as implicações do suporte interpretativo de *Casa-grande e senzala*, nos anos de 1960 eram inteiramente diversos dos anos de 1930.

Em termos metodológicos, ao estudarmos os intelectuais, é importante observarmos o que Jean-François Sirinelli chamou de "estruturas de sociabilidade", ou seja, os ambientes nos quais circulam os intelectuais, como os departamentos universitários, as revistas, os centros de estudos e pesquisas, os jornais, as associações científicas, as conferências, etc. Os lugares de formação e difusão de ideias, ou mesmo a formação de uma rede de alianças e confrontos, é importante para

11 POCOCK, John G. A. *Linguagens do ideário político*. São Paulo: Edusp, 2003, p. 45.

12 CHARTIER, Roger. *A História Cultural*: entre práticas e representações. Rio de Janeiro: Bertrand Brasil, 1988, p. 131.

compreender a maneira como os intelectuais organizam uma estrutura de sociabilidade, com suas hierarquias e disputas.[13]

O historiador Charles Boxer, quando atacou as concepções salazaristas em torno do suposto não racismo do colonialismo português no começo dos anos de 1960, como será explorado na já referida terceira unidade, o fez a partir de uma universidade norte-americana, ambiente em que se vivia uma intensa politização da raça. Questionado, Boxer usou a *Revista de História* da Universidade de São Paulo (USP), que vivia uma ambientação intelectual e política anti Gilberto Freyre (um autor que, naquele momento, como se verá, havia construído uma ponte com o salazarismo). Boxer tinha, na USP, amigos muito próximos, como Sérgio Buarque de Holanda.

A atenção às estruturas de sociabilidade, permeadas por suas redes, atravessadas por interesses, amizades e afinidades (inclusive políticas e teóricas, mas não apenas) geram vínculos e oportunidades que unem (ou separam) os intelectuais em torno de determinadas causas. Quando se aborda uma rede de intelectuais é preciso observar que seus integrantes não se resumem aos grandes autores, mas também é formada por nomes periféricos, mas importantes na consolidação das hierarquias e dos grupos. No cume destas, estão os nomes reputados como autoridades culturais, portadores de uma dimensão pública e moral. Já na base estão as figuras menores ou ainda os jovens aspirantes, em luta pelo reconhecimento dos pares, embora suas atuações sejam importantes para reafirmar ou desbancar hierarquias estabelecidas.[14]

Ainda outros aspectos são importantes, como a noção de geração, marcada menos pela coincidência de idade e mais pela acumulação de vivências e experiências históricas compartilhadas em determinado espaço físico, institucional e temporal comuns, não raro animado por determinados engajamentos políticos, estéticos e teóricos. A dimensão política é muito sensível ao mundo dos intelectuais. Nos momentos de crise política ou econômica, guerra ou agitações populares, aumenta a repercussão e a audiência de suas falas. É preciso lembrar que a comu-

13 Sobre o assunto, ver: SIRINELLI, Jean-François. "Os Intelectuais". In RÉMOND, René. *Por uma história política*. Rio de Janeiro: Editora UFRJ/Editora FGV, 2003.

14 WASSERMAN, Claudia, *Op. Cit.*, 2015, p. 72.

nidade dos intelectuais é plural e polissêmica, logo, nas grandes questões públicas de uma época, existem nomes nas mais variadas posições.[15]

Com a consolidação da modernidade oitocentista, sobretudo a partir da Revolução Industrial e da Revolução Francesa, desde finais do século XVIII, é possível identificar uma aceleração da história, envolvendo um crescente número de pessoas, via ampliação da cidadania, da alfabetização e da valorização da ciência e dos saberes laicos. Esse processo tornou a intervenção pública dos intelectuais no mundo ocidental – por meio de diversos suportes impressos, como jornais, revistas e livros – profundamente associada às noções de projeção de futuro e progresso. A consciência de que o mundo pode ser transformado numa direção ou noutra deu aos chamados "homens de cultura" projeção até então inédita, tornando o engajamento político dos intelectuais particularmente importante, de modo que a história dos intelectuais é uma abordagem relevante na construção de um olhar para sociedades contemporâneas.

III

Em termos teóricos, uma referência importante para este trabalho é Michel de Certeau, pois ele ajuda a compreender a história como um gênero escrito que busca dar conta da ruptura entre o passado e o presente. O passado é o *Outro* do presente. A historiografia (sempre marcada pelo presente) também tem seu *Outro*: o real, apenas acessível por meio da linguagem. Logo, a existência do *Outro* é indissociável da operação historiográfica, pois ela é marcada por "um corte entre um passado, que é seu objeto, e um presente, que é o lugar de sua prática."[16] O historiador, ao pesquisar e narrar o passado, está carregado pelas implicações do presente no qual vive. Na segunda unidade deste livro, ao pesquisarmos as construções imagéticas de múltiplos bandeirantes, está contido de algum modo o passado colonial, no qual os sertanistas viveram, mas também, e sobretudo, o tempo de Benedito Calixto ou de Affonso de Taunay, ou seja, a primeira metade do século XX. Na historiografia, o passado é representado como uma *"diferença"*, que é o *Outro* reconstruído, no presente, por meio de um inventário dos restos.

15 BOBBIO, Norberto, *Op. Cit.*, 1997. p. 92.

16 CERTEAU, Michel de. *L'écriture de l'histoire*. Paris: Gallimard, 2002, p. 58

Do ponto de vista da história intelectual, aparentada da história da historiografia, a obra de Michel de Certeau serve para refletir sobre a relação entre a linguagem e o que poderíamos chamar de "realidade". Por um lado, a "Escola de Cambridge", partidária do chamado contextualismo linguístico, ajuda na apreensão da visceral historicidade de todas as coisas, inclusive dos textos, ao propor recortes precisos a fim de reconstituir a multiplicidade do vocabulário político e cultural de uma época, precavendo-se dos riscos do anacronismo. Por outro lado, as abordagens que tratam o texto como autônomo do mundo concreto nos parecem perigosos e equivocados.

Se é verdade que as ideias não são expressões naturais e automáticas da "realidade material", não nos parece menos verdade que a dimensão concreta do mundo, dos interesses, de classe, "raça", gênero, região, religião afetam a leitura do "real". Recusar as perspectivas mais dogmáticas do narrativismo, associadas ao *linguistic turn,*[17] não nos impede de compreender que não há como apreender o mundo senão por meio de narrativas. Um autor, seja ele qual for, está inserido numa perspectiva discursiva, vivendo em um mundo historicamente condicionado, expressando-se por meio das linguagens historicamente formadas. Mas nem tudo se reduz à linguagem e ao texto. Para Antonio Candido, o texto de um literato (ou de um historiador), apesar de possuir protocolos próprios, é simultaneamente reflexo e reflexão sobre o "real". O texto é ao mesmo tempo um testemunho e uma linguagem da vida social.[18] Como Candido, a compreensão de nossas fontes passa por articular as questões internas (textos) e externas (o mundo e suas circunstâncias).

---

17 A chamada virada linguística nasceu no pós–guerra, fundamentada nas reflexões de filósofos da linguagem, como Ludwig Wittgenstein e Bertrand Russel, mas também pela ontologia hermenêutica de Georg Gadamer e Martin Heidegger. Essas concepções questionaram as bases epistemológicas tradicionais da história, assentadas no paradigma empirista e pelo conceito de verdade, herdado da tradição platônica. No campo da história, Hayden White, em *Meta-História* (1973), é quem leva mais longe a concepção narrativista. Ver: ANKERSMIT, Frank. *A escrita da história: a natureza da representação histórica.* Londrina: Eduel, 2012; VASCONCELOS, José Antonio. *Quem tem medo da Teoria? A ameaça do pós-modernismo na historiografia americana.* São Paulo: Annablume, 2005.

18 CANDIDO, Antonio. "Primeira parte". In: *Literatura e sociedade.* Rio de Janeiro: Ouro sobre o Azul, 2011, p. 13-81.

Não resta dúvida que o pensamento histórico, em particular a história dos intelectuais, foi enriquecido pela incorporação de procedimentos da teoria literária, tais como estilo, metáfora e forma, entendidos como instâncias cognitivas e não apenas estéticas. Da maneira como entendemos, Paul Ricoeur foi quem melhor respondeu à problemática em torno das relações acerca do "real" e da narrativa. Para ele, observa Jaques Revel, "a narrativa permanece a forma irredutível da experiência humana do tempo, pois o tempo se torna tempo humano na medida em que está articulado de forma narrativa."[19]

Para Ricoeur, um procedimento hermenêutico é um expediente central na formulação (e na compreensão) do texto do historiador, do sociólogo ou do literato, sem o qual não se pode atingir o conhecimento do *Outro.*[20] Para o filósofo, é possível conhecer o *Outro*, embora ele reconheça a sua dificuldade. Ricoeur recusa o *cogito* cartesiano, exaltado e autoconfiante, assim como recusa o *cogito* humilhado de Nietzsche, marcado pela impossibilidade de compreender o *Outro.*[21] Logo, o conhecimento histórico é portador de uma singularidade irredutível, capaz de articular a objetividade e a subjetividade, ou para dizer nos termos de Ricoeur, a história contém a compreensão (como nas artes e na literatura) e a explicação (como nos saberes empíricos).[22]

A questão teórica que o autor apresenta aos historiadores não é a da impossibilidade do sujeito cognoscente (o pesquisador) decifrar o objeto cognoscível (as fontes), mas, sim, a dificuldade/necessidade que o historiador encontra em "traduzir" o mundo do *Outro* nos seus próprios termos. Trata-se, portanto, de um complexo diálogo narrativo e hermenêutico. Em *Tempo e Narrativa*, Ricoeur

---

19 REVEL, Jacques. *História e historiografia: exercícios críticos*. Curitiba: Editora da UFPR, 2010, p. 225.

20 RICOEUR, Paul. *O si-mesmo como outro*. São Paulo: Editora WMF Martins Fontes, 2014. [1ª Ed. original: 1990].

21 Para Ricoeur é possível conhecer o *Outro*, embora reconheça a dificuldade ao formular a percepção do "cogito ferido". Sobre o assunto, ver: GAGNEBIN, Jeanne Marie. "Uma filosofia do *cogito ferido*: Paul Ricoeur". Estudos Avançados. Vol.11, No.30. Mai/Ago. 1997.

22 A oposição entre compreensão e explicação é antiga. Dilthey, em fins do século XIX, afirma que as Ciências Exatas explicam, "objetivamente", por meio de comprovação verificável. Já as Ciências do Espírito (Humanas), compreendem, por meio de argumentação atravessada por uma dimensão interior, que o sujeito que pesquisa interpreta o objeto pesquisado.

afirma que o "tempo vivido" deve ser "narrado", estabelecendo-se uma relação entre a "experiência" e a "consciência".[23] O historiador, portanto, assume uma intenção de verdade, consciente que o produto de sua obra, o texto, é sempre uma trama narrativa vazada a partir dos recursos disponíveis na língua e na linguagem. A intriga conduzida pelo historiador (o texto) jamais é uma espécie de verdade revelada, mas uma *mimese* (uma imitação, sempre humana e falível) da experiência vivida pelo *Outro*.[24]

Paul Ricoeur foi um leitor atento de Hayden White e de outros historiadores e pensadores identificados com a chamada *linguistic turn*, mas Ricoeur não se limita ao mundo do texto, como se o "real" fosse por definição inatingível. Ao contrário, ele considera o esforço empírico do historiador fundamental, ainda que insuficiente, aceitando a intenção de objetividade, por parte do pesquisador, como um elo necessário da operação historiográfica. François Dosse enfatiza que Paul Ricoeur recusa a enxergar a história e a ficção como indistintas, à maneira dos narrativistas, como Hayden White:

> Malgrado com sua proximidade [com os narrativistas] subsiste um corte epistemológico baseado no regime de verdade próprio ao contrato do historiador com o passado. Essa evocação do contrato de verdade que liga o historiador ao seu objeto desde Tucídides é de primeira importância para que sejam combatidas todas as formas de falsificação e de manipulação do passado.[25]

Michel de Certeau define a escrita da história como um "(...) equivalente escriturário da sepultura."[26] Logo, a história pode ser entendida como a prática do luto pela perda do passado, cuja narrativa não representa uma nostalgia pelo passado extinto, mas uma ação sobre o presente. Nesse sentido, a operação historiográfica é uma ação que procura reconhecer a existência do *Outro*. A narrativa da história, construída me-

---

23 RICOEUR, Paul. *Tempo e narrativa*. Trad. Roberto Leal Ferreira. São Paulo: Papirus, 1994. Volume 1.

24 Para um interessante balanço sobre a questão, ver: REIS, José Carlos. "Tempo, História e compreensão narrativa em Paul Ricoeur. *Locus: Revista de História*, v. 12, 2006.

25 DOSSE, François. *Paul Ricoeur*: um filósofo em seu tempo. Rio de Janeiro: FVG Editora, 2017. [1ª ed. 2012].

26 CERTEAU, Michel de, *Op. Cit.*, 2002, p. 165

diante criteriosa operação historiográfica, não tem o poder de ressuscitar os mortos, mas reconhecer sua complexa existência como partes de nós mesmos.[27]

IV

O que chamamos de história intelectual, ou história dos intelectuais, pode proporcionar fecundas reflexões sobre a formação das sociedades contemporâneas. Nem melhor nem pior que outros campos de investigação histórica, a história intelectual é uma via de acesso às sociedades modernas, nesse caso à brasileira, objeto de interesse deste livro.

Um objeto de reflexão atravessa todo o livro: as noções de raça e a existência do racismo. Do período colonial até os nossos dias formaram-se naquilo que podemos chamar de Brasil muitas camadas de história, com diferentes durações. A multiplicidade étnica, suas hierarquias e violências sempre acompanharam a formação do país, e suas estruturas de poder ainda estão vivas e atuantes, como um passado que não terminou de passar, tal como já disse Walter Benjamin.[28]

Este livro é uma acumulação de 20 anos de trabalho, que me acompanha desde o início do mestrado, na PUC/SP, em 1997, passando pelo doutorado na Unicamp, concluído em 2005, até os pós-doutorados no King's College London (2008) e no departamento de História da USP (2011-2012). O esforço em condensar e organizar o que fiz de melhor, por modesto que seja, é necessidade pessoal para me libertar de velhos fantasmas. Emancipados deles, estou pronto para novas fobias e filias.

São Paulo, 5 de março de 2019

27 Sobre o conceito de Alteridade e as contribuições de Michel de Certeau e Paul Ricouer, ver: SCHNEIDER, Alberto Luiz; TORRÃO FILHO, Amílcar. "Alteridade e História: escritura e narrativa como uma ética do Outro. FRONTEIRAZ, p. 22-37, 2018.

28 WALTER, Benjamin. "Sobre o conceito de História". In: *Magia e técnica, arte e política: ensaios sobre literatura e história da cultura*. São Paulo: Brasiliense, 1994. p. 222-232.

PARTE 1

MACHADO DE ASSIS, SÍLVIO ROMERO E EUCLIDES DA CUNHA: NAS LETRAS, OS BRASIS

I. MACHADO DE ASSIS E SÍLVIO ROMERO: TENSÕES DE UM BRASIL EM TEMPOS DE RACISMO CIENTÍFICO E ABOLICIONISMO

A experiência do tempo é marcada por uma historicidade particular – caracterizada por determinada maneira de ler o passado, experimentar o presente e vivenciar as expectativas de futuro.[1] É possível captar e reconhecer traços dessa historicidade nos debates intelectuais de uma época e nos dissensos que os autores produzem. O que se quer, neste texto, é vislumbrar aspectos do debate intelectual e político do Brasil de fins do Oitocentos, por meio das profundas divergências havidas entre Sílvio Romero[2] – autor da *História da literatura brasileira*[3] (1888) e o Machado de Assis[4] da segunda fase – autor de *Memórias póstumas de*

---

1 HARTOG, François. *Regimes de historicidade: presentismo e experiências do tempo.* Belo Horizonte: Autêntica, 2014, p. 133-191; KOSELLECK, Reinhard. *Passado Futuro: Contribuição à semântica dos tempos históricos.* Rio de Janeiro: Contraponto/Editora da PUC-Rio, 2006, p. 191-327.

2 Sílvio Vasconcelos da Silveira Ramos Romero (1851-1914). Natural de Lagarto (Sergipe), graduou-se em 1873 na Faculdade de Direito do Recife, em Pernambuco. Foi advogado, professor, político, ensaísta, poeta, crítico literário, historiador, filósofo, cientista político, sociólogo e escritor, além de membro-fundador da Academia Brasileira de Letras (ABL). Radicado no Rio de Janeiro, onde morreu aos 63 anos de idade.

3 ROMERO, Sílvio. *História da literatura brasileira*, 2 vols. Rio de Janeiro: Livraria Garnier, 1888; ROMERO, Nélson. Prefácio a Sílvio Romero. *História da literatura brasileira*, 5 vols. Rio de Janeiro: José Olympio, 1943; ROMERO, Sílvio. *História da literatura brasileira*, Tomo 1. Rio de Janeiro: José Olympio, 1953; ROMERO, Sílvio. *História da literatura brasileira*, Tomos I e II, 2 vols. Rio de Janeiro: Imago Editora, 2001.

4 Joaquim Maria Machado de Assis (1839-1908). Nascido no Morro do Livramento, Rio de Janeiro, foi autodidata por excelência e tornou-se escritor, poeta, dramaturgo e contista renomado, embora tenha ganhado a vida como funcionário público e jornalista. Mulato

Brás Cubas (1881), *O Alienista* (1882), *Quincas Borba* (1891) e *Dom Casmurro* (1899), entre outras obras.[5]

Os textos de Romero e Machado serão abordados não apenas como meros reflexos de um tempo – e de um lugar –, ou como simples documento de uma época, mas também como reflexão sobre o Brasil de fins do século XIX. Reflexo e reflexão em permanente tensão. O ponto de partida está no livro que Sílvio Romero dedicou a Machado de Assis em 1897, o que implica em um duplo esforço: compreender o sentido mais geral da obra de Machado das décadas de 1880 e 1890 e a consequente crítica romeriana. O conjunto dos textos permite vislumbrar a heterogeneidade, as fissuras e os dissensos na vida intelectual do que Antonio Candido chamou de "geração modernista de 1870",[6] um tempo de grandes transformações não apenas intelectuais e mentais, mas também políticas e sociais, como o esgotamento da escravidão e do Império (1822-1889), bem como a chegada maciça de imigrantes ao Brasil.

A partir da década de 1870 outro país começou a despontar. O fim do tráfico negreiro (1850) e o lento declínio do consenso escravocrata, bem como a traumática experiência da Guerra do Paraguai afetaram a estabilidade imperial. Nas letras, a "geração de 1870" – na sua diversidade e multiplicidade –, assumiu discursos modernizadores.[7] Na definição do próprio Sílvio Romero, um "bando de ideias novas" povoou as cabeças intelectualizadas que então despontavam. Vivia-se um

---

de origem pobre, filho de mãe açoriana e pai descendente de escravos alforriados, casou-se em 1869 com Carolina Augusta Xavier de Novaes (1835-1904), natural do Porto, Portugal. Fundador da Academia Brasileira de Letras em 1897, e seu primeiro presidente, Machado de Assis morreu no Rio de Janeiro – cidade onde sempre viveu –, aos 69 anos.

5 Machado de Assis e Sílvio Romero já compareceram no meu doutorado, defendido em 2005, na Unicamp, publicado naquele mesmo ano. (SCHNEIDER, Alberto Luiz. *Sílvio Romero, hermeneuta do Brasil.* 1. ed. São Paulo: Annablume, 2005. v. 1. 259p). Continuei amadurecendo as reflexões, difíceis e complexas, em torno de Machado de Assis e Sílvio Romero, sobretudo Machado. O conteúdo do capítulo em questão foi parcialmente publicado nos artigos citados a seguir: SCHNEIDER, Alberto Luiz. "Sílvio Romero e Machado de Assis: leituras e dissensos do fim do Oitocentos". *Intelligere*, v. 2, p. 49-67, 2016b. SCHNEIDER, Alberto Luiz. "Machado de Assis e Sílvio Romero: escravismo, 'raça' e cientificismo em tempos de campanha abolicionista (década de 1880)". *Almanack* [online], 2018, n. 18, p. 451-488.

6 Sobre o engajamento de Sílvio Romero na geração de 1870, ver: CANDIDO, Antonio. *O método crítico de Sílvio Romero.* Rio de Janeiro: Ouro sobre Azul, 2006.

7 ALONSO, Ângela. *Idéias em movimento* – A Geração de 1870 na crise do Brasil-Império. Rio de Janeiro: Paz e Terra, 2002.

fascínio pelas últimas conquistas da civilização moderna, em que as ideias e as sensibilidades identificadas com a Segunda Revolução Industrial – em particular, a Ciência – emergiram como um instrumento explicativo da vida.[8]

Era um tempo de intensa crítica ao Romantismo. Tobias Barreto (1839-1889) e Sílvio Romero – egressos da Escola do Recife – assumiram uma eloquente defesa da Ciência, de onde deveriam partir as novas explicações da vida brasileira. Ferozes críticos do Indianismo, esses intelectuais avaliaram o que lhes pareciam ser as estruturas arcaicas do país. O engajamento em novos paradigmas mentais deveria servir como arma crítica a fim de subsidiar as necessárias intervenções políticas e sociais, no intuito de superar a escravidão e o Império, bem como o indianismo romântico e o catolicismo, identificados como causa do "atraso", palavra que entrou no vocabulário político dos "modernizadores". Por ocasião da recepção de Euclides da Cunha (1866-1909) à Academia Brasileira de Letras (ABL), em 1906, Sílvio Romero rememorou a novidade representada pelo "bando de ideias novas", compreendido como uma aposta no futuro, o que exigia um rompimento com o velho e o atrasado: a Monarquia, a escravidão e, no plano das letras, o Romantismo indianista.

> Até 1868 o catolicismo reinante não tinha sofrido nestas plagas o mais leve abalo; a filosofia espiritualista, católica, eclética a mais insignificante oposição; a autoridade das instituições monárquicas o menor ataque sério por qualquer classe do povo; a instituição servil e os direitos tradicionais do aristocratismo prático dos grandes proprietários a mais indireta opugnação; o romantismo, com seus doces, enganosos e encantadores cismares, a mais apagada desavença. [...]
>
> Um bando de ideias novas esvoaçou sobre nós de todos os pontos do horizonte. [...] Positivismo, evolucionismo, cientificismo na poesia e no romance, *folk-lore*, novos processos de crítica e história literária, transformação da instituição do direito e da política, tudo então se agitou e o brado de alarma partiu da escola do Recife.[9]

8 SEVCENKO, Nicolau. *Literatura como missão:* tensões sociais e criação cultural na Primeira República. São Paulo: Editora Brasiliense, 1999, p. 25-41.

9 ROMERO, Sílvio. Discurso pronunciado aos 18 de dezembro de 1906, por ocasião da recepção do Dr. Euclydes da Cunha. In: *Provocações e debates: contribuições para o estudo do Brasil social.* Porto: Lello & Irmão Editores, 1910, p. 361-62.

Não se trata aqui de aprofundar os meandros da "geração de 1870", mas de reconhecer a "desagregação" das estruturas políticas e mentais herdadas do Império, num momento de laicização, modernização e urbanização da vida brasileira em que as noções de centro e periferia, ou de atraso e modernidade, entraram na agenda nacional. A crise culminou no fim da escravidão e da Monarquia. Os novos repertórios – republicanos, abolicionistas, imigrantistas, realistas e naturalistas, nacionalistas e cientificistas – geraram a necessidade de expurgar, seletivamente, determinadas ideias europeias, como a Monarquia e o Romantismo, em troca de outras, não menos europeias, como as Ciências, o Realismo e o Naturalismo, ou o Positivismo. Certamente diverso e mesmo conflitante, se pode afirmar, de acordo com Angela Alonso, que o movimento "intelectual" da geração de 1870 representa uma contestação à ordem imperial levada a cabo por grupos em maior ou menor grau marginalizados pelas instituições monárquicas. O movimento aproveitou-se do repertório europeu da segunda metade do século XIX, apresentado como modernizador, a fim de encetar reformas, o que implicou na contestação da ordem imperial.[10] Sílvio Romero e Machado de Assis tiveram de dar conta, cada qual a seu modo, deste clima de época que o país viveu.

A perspectiva ocidental e oitocentista de nação necessitou de ajustes e modificações. Muitos dos novos intelectuais, pós-românticos como Sílvio Romero, Tobias Barreto e Araripe Júnior (1848-1911), mesmo rompendo com o Romantismo literário, valorizaram as noções românticas de povo e nação. Os compromissos nacionalistas de Sílvio Romero, e mesmo os de intelectuais pouco mais jovens, como Euclides da Cunha, são eloquentes. Era preciso encontrar o "povo brasileiro" como os irmãos Grimm[11] haviam encontrado o "povo alemão" nas fábulas camponesas[12] e como

---

10 ALONSO, Ângela. "Crítica e contestação: o movimento reformista da geração 1870", *Revista Brasileira de Ciências Sociais*, vol. 15, n. 44, 2000, p. 36-53.

11 Irmãos Grimm: Jacob Ludwig Carl Grimm (1785-1863); Wilhelm Carl Grimm (1786-1859). Escritores, acadêmicos e linguistas foram estes dois irmãos nascidos em Hanau, Hesse (atual Alemanha). Ambos foram responsáveis pela coleta e registro de inúmeras fábulas infantis alemãs – embora com origens sociais diversas e baseadas na tradição oral. O primeiro volume dos *Contos de Grimm* (*Kinder-und Hausmärchen*) foi publicado em 1812 e continha 86 estórias, como: *Rapunzel*, *João e Maria*, *Cinderela*, *Chapeuzinho Vermelho* e *Os músicos de Bremen*. Morreram aos 78 e 73 anos de idade, respectivamente.

12 Sobre a busca do povo na cultura romântica do século XIX, ver: SALIBA, Elias Thomé. *As*

Jules Michelet (1798-1874) encontrara o "povo francês" na Revolução.[13] A geração modernizante e cientificista da virada do século XIX para o XX manteve o *topos* nacionalista, de matriz romântica, ajustando-o ao talhe objetivista, realista e naturalista em voga. Sílvio Romero, logo na abertura da *História da literatura brasileira* (1888), expressa inequivocamente sua visada nacionalista:

> Se me faltou o talento, resta-me, em todo o caso, a face moral da empresa; a verdade e o patriotismo foram meus guias [...]. Independência literária, independência científica, reforço da independência política do Brasil, eis o sonho de minha vida. Sejam eles a tríplice empresa do futuro. Tenhamos confiança![14]

A invenção das nações implicou uma profunda transformação política e cultural no mundo ocidental. A legitimidade do exercício do poder deixou de repousar no Príncipe, conforme a cultura política do Antigo Regime, e passou a estar no Povo, em nome do qual Luís XVI foi guilhotinado na França, em 1793. O século XIX é um tempo de monarquias declinantes e das repúblicas ascendentes. É o tempo, por excelência, do Estado-Nação. A invenção das nacionalidades, lastreadas no conceito romântico de nação, fundado na ideia de um povo, uma língua e tradições étnico-culturais comuns, passou a demandar dos intelectuais uma identidade com esse povo.[15] Nesse sentido, as palavras de Sílvio Romero, logo após a Proclamação da República, em 1889, são significativas:

> O povo, e, quando dizemos o povo, referimo-nos àquela grande parte da nação que os aristocratas de todos os tempos chamaram desdenhosamente o terceiro e o quarto Estado, de onde, reparei bem, em sua maioria, saiu sempre o nosso glorioso exército; os homens de letras, e, quando dizemos os homens de letras, referimo-nos a todos aqueles que, tomando a si os encargos intelectuais da pátria, foram, no curso de quatro séculos, os fatos mais enérgicos

utopias românticas. São Paulo: Estação Liberdade, 2003, p. 39-54.

13 MICHELET, Jules. *O Povo*. São Paulo: Martins Fontes, 1988.

14 ROMERO, Sílvio, *Op. Cit.*, 1953, p. 48.

15 THIESSE, Anne-Marie. *A criação das identidades nacionais*. Lisboa: Editora Temas e Debates, 2000, p. 27-69.

> e mais desinteressados de nosso progresso; plebe e pensadores, sempre estas duas forças caminharam aqui unidas! A história é testemunha.[16]

No caso brasileiro, a tarefa de reconhecer "o povo" como agente histórico (e político) tinha um complicador de grandes proporções: "o povo" era, em larga medida, indígena, negro e mestiço. E foram justamente os não brancos que estavam na alça de mira dos discursos deterministas e científico-racialistas dos autores europeus que os intelectuais brasileiros da geração de 1870 liam, entre eles Auguste Comte,[17] Herbert Spencer,[18] Ernst Haeckel[19] e Ernest Renan,[20] Hippolyte Taine,[21] dentre outros. Esses discursos, contemporâneos ao imperialismo europeu que

16 ROMERO, Sílvio. *Novos estudos de literatura contemporânea*. Rio de Janeiro: Garnier, 1898, p. 260.

17 Isidore-Auguste-Marie-François-Xavier Comte (1798-1857). Natural da cidade de Montpellier, o filósofo fundador do Positivismo foi autor de intensa obra sobre o tema, produzida entre os anos de 1830 a 1842. No século XIX, alguns intelectuais brasileiros e o Exército nacional carregaram, em sua gênese, muito da ideologia positivista – ainda presente no dístico da bandeira do Brasil: *Ordem e Progresso*. Morreu em Paris, aos 59 anos de idade.

18 Herbert Spencer (1820-1903). Filósofo inglês, adepto do liberalismo clássico e autor de *The Man Versus the State* (1884). Foi um destacado leitor de Darwin, buscando aplicar à sociologia perspectivas retiradas das ciências naturais. Articulava liberalismo e ideias darwinistas. Morreu aos 83 anos, em Brighton, Inglaterra.

19 Ernst Heinrich Philipp August Haeckel (1834-1919). Naturalista, biólogo, médico e filósofo – fundador do Monismo – nascido em Potsdam (Alemanha), que colaborou com a divulgação da obra de Charles para o mundo, através de diversas palestras e publicação de trabalhos. Adepto do Positivismo cientificista, também soube exteriorizar através da arte do desenho os elementos e seres biológicos, uma imensa contribuição à Ciência Natural. Morreu aos 85 anos.

20 Joseph-Ernest Renan (1823-1892). Historiador, filósofo, teólogo e escritor francês, de cuja vasta obra constam *Averróis e o Averroísmo* (1852), *Vida de Jesus* (1863), *Marco Aurélio* (1881) e a *História do Povo de Israel* (1887-1893, em 5 volumes). Morreu aos 69 anos, em Paris.

21 Hippolyte Taine (1818-1893). Foi um dos intelectuais franceses, de inspiração positivista, mais influentes no Brasil do período. Para ele, a história, como a literatura e outras manifestações artísticas, dependiam da combinação de três fatores determinantes: o momento histórico, o meio ambiente e a raça. Entre suas obras mais influentes estão *Essais de Critique et d'Histoire* (1857), *Histoire de la Littérature Anglaise* (1864) e *Philosophie de l'art* (1865). Morreu aos 65 anos, em Paris.

culminou na Conferência de Berlim (1884-1885), chegaram ao Brasil justamente quando o escravismo se esgotara, o que, paradoxalmente, serviu para dar *status* científico ao racismo e embaraçar as aspirações de cidadania aos negros e mestiços, dois terços da população brasileira, segundo o Censo de 1872. A sedução de grande parte dos intelectuais brasileiros, inclusive Sílvio Romero, pelo *universalismo* cientificista e, frequentemente, racista, levou-os a desconfiarem do destino de um país como o Brasil.[22] Como o Brasil poderia alcançar o progresso e a civilização com a população que dispunha?

A pergunta mereceu respostas variadas, mas, de um modo ou de outro, foi quase impossível não discutir temas como a presença negra, a mestiçagem e a imigração europeia como alternativas. Machado de Assis, como se verá adiante, esteve entre os poucos homens de letras que descartaram a noção de "raça", bem como os de evolução e progresso – e ainda descartaria a retórica sobre o nacionalismo –, como perspectivas organizadas de seu discurso literário. Diferentemente de Machado, Sílvio Romero foi um típico intelectual da geração de 1870, autor de uma "imagem nervosa do Brasil", como definiu Antonio Candido.[23] Com *História da literatura brasileira* (1888), mais do que narrar a história da literatura, pretendia explicar o próprio Brasil. Romero, sem abdicar do nacionalismo de cunho romântico, queria "encontrar as leis gerais" e desvendar as que teriam presidido a formação do país, em chave interpretativa de matriz naturalista, da qual foi um dos seus maiores artífices: "Neste terreno busca permanecer este livro, por mais lacunoso

22 Sobre o assunto, ver: NEEDELL, Jeffrey D. *Belle Époque tropical*: sociedade e cultura de elite no Rio de Janeiro na virada do século. São Paulo: Companhia das Letras, 1993; SKIDMORE, Thomas E. *Preto no branco*: raça e nacionalidade no pensamento brasileiro. Rio de Janeiro: Paz e Terra, 1989 [São Paulo: Companhia das Letras, 2012]; VENTURA, Roberto. *Estilo tropical* – História intelectual e polêmica literária no Brasil, 1870-1914. São Paulo: Companhia das Letras, 1991; SCHNEIDER, Alberto Luiz. *Sílvio Romero, hermeneuta do Brasil*, São Paulo: Annablume, 2005; TURIM, Rodrigo. *Tessituras do Tempo*: discurso etnográfico e historicidade no Brasil Oitocentista. Rio de Janeiro: EDUERJ, 2014.

23 CANDIDO, Antonio. "Fora do texto, dentro da vida". In: A educação pela noite e outros ensaios. São Paulo: Ática, 1987, p. 103; CANDIDO, Antonio. *A educação pela noite e outros ensaios*. Rio de Janeiro: Ouro sobre Azul, 2011.

que ele possa vir a ser. Seu fito é encontrar as leis gerais que presidiram e continuam a determinar a formação do gênio, do espírito, do caráter do povo brasileiro".[24]

Sílvio Romero propunha compreender o Brasil através da literatura, alçada à condição de uma espécie de documento. A boa literatura deveria narrar o Brasil, suas gentes, sua história, ou seja, exprimir a sociedade, a cultura e, ao fim, a própria nação. As condições étnicas, mesológicas, sociais e históricas proporcionariam a chave pela qual a personalidade literária do autor se moldaria. As "criações do espírito", da qual a literatura seria expressão máxima, obedeceriam a determinações históricas e naturais. Daí a necessidade de uma literatura que fizesse emergir "nosso caráter nacional":

> Pretendo escrever um trabalho naturalista sobre a história da literatura brasileira. Munido do critério popular e étnico para explicar o nosso caráter nacional, não esquecerei o critério positivo e evolucionista da nova filosofia social, quando tratar de notar as relações do Brasil com a humanidade em geral. [...]; no primeiro livro indicam-se os elementos de uma história natural de nossas letras; estudam-se as condições de nosso determinismo literário, as aplicações da geologia e da biologia, as criações do espírito.[25]

O projeto intelectual romeriano buscou juntar uma perspectiva romântica, patente nas expressões "critério popular e étnico" e "caráter nacional", herdadas da cultura intelectual europeia da primeira metade do século XIX, com as noções científicas e deterministas, próprias da segunda metade daquele século. Apesar do evidente fundo racialista, não deixou de registrar e eventualmente ver de modo positivo a existência de uma imensa mestiçagem, afirmando estar nela o traço distintivo da singularidade nacional. O Brasil lhe pareceu mestiço de quatro séculos, embora sua população e sua cultura estivessem – e deveriam estar – em processo de embranquecimento e de ocidentalização:

> O mestiço é o produto fisiológico, étnico e histórico do Brasil; é a forma nova de nossa diferenciação nacional. Nossa psicologia popular é um produto desse estado inicial. Não quero dizer que constituiremos uma nação de mulatos; pois a forma branca prevalece e prevalecerá; quero dizer apenas

---

24 ROMERO, Sílvio, *Op. Cit.*, 1953, p. 74.

25 ROMERO, Sílvio, *Op. Cit.*, 1953, p. 58/59.

que o europeu aliou-se aqui a outras raças, e desta união saiu o genuíno brasileiro, aquele que não se confunde mais com o português e sobre o qual repousa nosso futuro.[26]

Imagem 1: Retrato de Machado de Assis, feito no Ateliê dos irmãos Bernardelli, outubro de 1904

Fonte: Acervo do Arquivo Nacional

Rusgas antigas

Em 1897, Sílvio Romero escreveu um de seus livros mais polêmicos, em que ataca abertamente o já consagrado Bruxo de Cosme Velho. Trata-se de *Machado de Assis: estudo comparativo da literatura brasileira*, obra considerada um dos maiores equívocos da crítica literária nacional ainda hoje, embora, sob o ponto de vista histórico, seja altamente reveladora dos dissensos da época. Apresentada na forma

26 *Ibidem*, p. 132.

de peça de acusação, a obra de Romero foi definida por Roberto Ventura como um *livro-tribunal*.[27]

As desavenças começaram bem antes. Machado de Assis, em "A nova geração" – artigo publicado em 1879 na *Revista Brasileira*[28] –, atacou impiedosamente os "moços", criticando o cientificismo dos aspirantes a homens de letras. Um dos "moços" em questão era Sílvio Romero, que havia publicado um livro de poesias chamado *Cantos do fim do século* (1869-1873), volume em que reuniu sua produção poética, escrita quando tinha entre 19 e 23 anos de idade. As palavras de Machado foram duras, então:

> Os *Cantos do fim do século* podem ser também documentos de aplicação, mas não dão a conhecer um poeta; e para dizer tudo numa só palavra, o Sr. Romero não possui a forma poética. [...]. No livro do Sr. Romero achamos essa luta entre o pensamento que busca romper o cérebro, e a forma que não lhe acode ou só lhe acode reversa e obscura: o que dá a impressão de um estrangeiro que apenas balbucia a língua nacional.[29]

As considerações de Machado surtiram efeito. Romero jamais voltou a cometer versos, tampouco esqueceu a crítica. Em 1885, como crítico literário, escreveu artigo bastante positivo sobre *Émile Zola (1840-1902),* no qual aproveitou a ocasião para acusar o desafeto de ser uma espécie de manifestação tardia do Romantismo.[30] No entanto, foi apenas em *Machado de Assis: estudo comparativo da*

---

27 VENTURA, Roberto, *Op. Cit.*, p. 95-107.

28 Revista Brasileira. Em julho de 1855, surgiu no Rio de Janeiro uma publicação denominada *Revista Brazileira, Jornal de Literatura, Teatros e Indústria*, fundada e dirigida pelo dr. Francisco de Paula Meneses. Passados alguns anos, e então mais conhecida por *Revista Brazileira* – em sua Fase III, a chamada "fase José Veríssimo" –, contou com circulação de janeiro de 1895 a setembro de 1899, completando vinte volumes em cinco anos. http://www.academia.org.br/publicacoes/revista-brasileira [acessado em 11 de abril, 2016].

29 ASSIS, Machado de. "A nova geração". In: ______. *Obra Completa de Machado de Assis*, vol. III. Rio de Janeiro: Nova Aguilar, 1994, p. 815.

30 Sobre o assunto, ver: ROMERO, Sílvio. "Sobre Émile Zola". In: CANDIDO, Antonio (org.) *Sílvio Romero*: teoria, crítica e história literária. Rio de Janeiro/São Paulo: Livros Técnicos e Científicos/EDUSP, 1978.

literatura brasileira (1897) que Sílvio Romero de fato acertou contas com o escritor. Em uma das passagens mais conhecidas e citadas pela crítica – exatamente por sua infelicidade –, Romero acusou a linguagem machadiana de "tartamudear"[31] e não "ter grande originalidade". Haveria uma "gagueira" na escrita de Machado de Assis, que bem representaria o espírito tíbio e alheio às lutas sociais:

> O estilo de Machado de Assis, sem ter grande originalidade, sem ser notado por um forte cunho pessoal, é a fotografia exata do seu espírito, de sua índole psicológica indecisa. [...]. Vê-se que ele apalpa e tropeça, que sofre de uma perturbação qualquer nos órgãos da palavra. Sente-se o esforço, a luta. [...]. De fato, Machado de Assis repisa, repete, torce, retorce, tanto suas ideias e as palavras que as vestem, que deixa-nos a impressão dum perpétuo tartamudear.[32]

Certamente há no texto de Sílvio Romero o desejo de devolver a acusação que Machado de Assis havia lhe dirigido no passado. No entanto, embora as disputas eruditas entre os grupos fossem relevantes no interior de uma comunidade intelectual, é uma visão redutora limitar as diferenças aos ressentimentos e disputas por visibilidade e prestígio. O desacordo foi muito mais profundo e passava pelos engajamentos políticos, estéticos e conceituais. A obra de Machado não coube nos ideais romerianos e foi-lhe um problema de grandes proporções. Romero possuía a consciência de que a obra de Machado de Assis era uma literatura de grande densidade estética e reconheceu-lhe o mérito. Referindo-se ao Capítulo VII de *Memórias póstumas de Brás Cubas* – "O delírio"–, após transcrevê-lo integralmente, comentou o crítico:

> Belo, realmente muito belo, como linguagem e estilo. É sem dúvida uma das páginas mais intensas da língua portuguesa. Nem Vieira, nem Herculano, nem Camilo, nem Eça, nem Rui, possuem muitas que a possam ultrapassar. Por amor dela, era caso de estar quase arrependido de tudo quanto,

31 A ironia de Sílvio Romero nesta crítica é maldosa, pois Machado de Assis era possuído por uma gagueira que muito o constrangia socialmente, além do fato de ser mulato, de jaez introvertido e epiléptico. Assim, o "*repisa, repete, torce e retorce*" devem ter causado reconhecido sofrimento ao escritor fluminense.

32 ROMERO, Sílvio. *Machado de Assis:* estudo comparativo de literatura brasileira. Campinas: Editora da UNICAMP, 1992, reimp., p. 122.

> mais ou menos desfavorável, tenho dito em todo o correr deste livro a respeito do romancista fluminense.[33]

Um dos objetivos mais evidentes da acusação romeriana foi questionar a posição canônica que Machado de Assis já havia conquistado no ambiente intelectual e literário da época. Porém, mais do que qualquer outra questão, Sílvio Romero buscou criticar a alegada falta de compromisso nacional por parte de Machado. Em certo sentido, a crítica representou menos uma discussão literária propriamente dita e mais uma disputa em torno de ideias ou preferências intelectuais, estéticas e políticas. Representou, inclusive, uma disputa regional, pois Romero questionava o "afrancesamento" dos intelectuais fluminenses reunidos em torno do Bruxo de Cosme Velho, bem como articulava a defesa de homens de letras da chamada Escola do Recife, particularmente Tobias Barreto.

Machado de Assis, já consagrado, não se defendeu das acusações de Romero, mas Lafayette Rodrigues Pereira (1834-1917) – sob o pseudônimo de Labieno – tomou as dores de Machado e publicou, em 1899, o *Vindiciae, o Sr. Sílvio Romero crítico e filósofo*, onde o acusa de ser "o sacrificador bárbaro que veio lá das regiões cimeiras"; de sujeito que "fala uma língua dura, de umas gramáticas impossíveis, contaminadas da ferrugem de aldeia".[34] E, conclui Lafayette, não sem alguma razão:

> Machado de Assis é o pretexto. O objeto do livro é Tobias, é a glorificação do Teuto sergipano. Bem sabia o Senhor Romero que se houvesse dado ao livro a sua verdadeira denominação – Tobias Barreto – não teria leitores.[35]

Ao atacar Machado de Assis, Sílvio Romero intentava, entre outras coisas, também atacar a posição central ocupada pelo Rio de Janeiro no ambiente intelectual brasileiro da época, e que, segundo dizia, emularia o espírito oligárquico da elite política brasileira, no qual Machado exerceria "uma espécie de política di-

33 *Ibidem*, p. 140.

34 Trecho da defesa a Machado de Assis por Lafayette Rodrigues Pereira, em 1899. http://www.academia.org.br/academicos/lafayette-rodrigues-pereira/textos-escolhidos [acessado em 11 de abril, 2016].

35 *Ibidem*.

nástica na literatura".[36] Entre outros alvos, Romero buscava golpear a "capelinha fluminense" liderada por Machado de Assis, Joaquim Nabuco (1849-1910) e José Veríssimo (1857-1916), grande adversário do crítico sergipano.

Brito Broca (1903-1961), antigo estudioso do ambiente literário brasileiro, então confirmava: "uma atitude objetiva e imparcial nos leva a reconhecer no autor de Dom Casmurro a mais viva tendência para as 'capelinhas' entre nós".[37] A rigor, a crítica a Machado passou por um conjunto de aspectos – que vão desde a disputa de espaço e prestígio num ambiente culturalmente restrito, até diferenças políticas e estéticas de grandes proporções, passando por velhos ressentimentos. Antes de prosseguir na exposição do visceral desconforto romeriano ante Machado de Assis, é preciso compreender as recusas do Bruxo de Cosme Velho.

Imagem 2: Retrato de Sílvio Romero

As recusas de Machado de Assis

No Machado de Assis da segunda fase – de textos como *Memórias póstumas de Brás Cubas* (1881), *O Alienista* (1882), *Quincas Borba* (1891) ou *Dom Casmurro* (1899) – se pode observar um romancista já claramente pós-romântico,

36 ROMERO, Sílvio, *Op. Cit.*, 1992, p. 117.

37 BROCA, Brito. "As 'capelinhas' literárias". In: *Teatro das letras*. Campinas: Editora da UNICAMP, 1993, p. 15.

pois profundamente diferente de José de Alencar, até àquele momento aclamado pelos leitores e pela crítica como o grande escritor brasileiro. Machado, ao fugir do Nacionalismo por um lado, e do Naturalismo e do Realismo, por outro; ao fazer pouco caso dos progressos de seu tempo, como a Ciência; ao recusar o engajamento em causas públicas, como a abolição e a República, pode ser lido como uma espécie de anti Romero. Desse modo, o escritor pode ser considerado o avesso do crítico em muitos sentidos: no estilo, nas leituras, nas posições políticas, nas rodas de convivência, na origem social e regional. Eram diferentes, sobretudo, na compreensão da literatura e no lugar que o Brasil ocuparia no texto literário.

Antonio Candido – em "Esquema de Machado de Assis" – nota que o escritor fluminense, na feição que assumiu na década de 1880, teve na boa linguagem, na ironia fina, na urbanidade amena e no tom refinado sua marca inconfundível. A "discrição" – permeada de subentendidos, alusões e eufemismos – emprestava aos seus contos e romances a capacidade de não chocar "as exigências da moral familiar", ao contrário do Naturalismo, com "descrição minuciosa da vida fisiológica". O humor e o pessimismo elegante, as referências a filósofos do século XVIII e a Bíblia faziam da "leitura uma experiência agradável", o que acabava por lisonjear "o público mediano, inclusive os críticos, dando-lhes o sentimento de que eram inteligentes a preço módico".[38] No entanto, demonstra Candido, atrás do bom moço, havia o "desmascaramento" dos homens e da própria sociedade, ainda que evitasse um tom que poderíamos chamar de "sociologizante":

> Sob o rapaz alegre e mais tarde burguês comedido que procurava ajustar-se às manifestações exteriores, que passou convencionalmente pela vida, respeitando para ser respeitado, funcionava um escritor poderoso e atormentado, que recobria os seus livros com a cutícula do respeito humano e das boas maneiras para poder, debaixo dela, desmascarar, investigar, experimentar, descobrir o mundo da alma, rir da sociedade, expor algumas das componentes mais esquisitas da personalidade. Na razão inversa de sua prosa elegante e discreta, do seu tom humorístico e ao mesmo tempo acadêmico, avultam para o leitor atento as mais desmedidas surpresas.[39]

38 CANDIDO, Antonio. "Esquema de Machado de Assis". In: ______. *Vários Escritos*. São Paulo: Duas Cidades, 1995, p. 22.

39 *Ibidem*, p. 23.

A observação de Candido sobre os leitores é importante. De fato, o estilo de Machado de Assis permitiu camadas de leitura facilmente tragáveis para o gosto médio e conservador, inclusive estilisticamente. É preciso observar a historicidade da recepção de Machado. Quando da publicação de *Memórias póstumas de Brás Cubas*, em 1881 (saiu antes, em 1880, em fragmentos, na *Revista Brasileira*), a acolhida dos leitores foi relativamente modesta.[40] Bem mais calorosa – nota Haroldo Cevarolo,[41] citando Helen Caldwell – foi a recepção de O *Mulato* (1881), de Aluísio Azevedo (1857-1913). Em outras palavras, o Machadinho – como era chamado quando jovem – estava se tornando Machado de Assis, operação que demandou, além do próprio texto literário, o investimento da crítica e dos leitores. Mas é claro que a força do texto machadiano é incontornável. É ainda Candido quem observa que sua técnica narrativa consistia

> [...] em sugerir as coisas mais tremendas da maneira mais cândida (como os ironistas do século XVIII); ou em estabelecer um contraste entre a normalidade social dos fatos e a sua anormalidade essencial; ou em sugerir, sob a aparência do contrário, que o ato excepcional é normal, e o anormal seria o ato corriqueiro. Aí está a modernidade, apesar do seu arcaísmo de superfície.[42]

São conhecidas as páginas de *O Alienista* (1882), em que Machado de Assis ironiza o médico-cientista, o dr. Bacamarte, que acaba internado no próprio asilo – Casa Verde – no qual dirigia suas pesquisas e experimentos e onde internava os demais moradores da cidade de Itaguaí. Há o "Humanitismo", que "retifica o espírito humano, suprime a dor, assegura a felicidade, enche de imensa glória nosso país",[43] filosofia elaborada pelo personagem Joaquim Borba dos Santos, primeiramente em *Memórias póstumas de Brás Cubas* e, mais tarde, em *Quincas Borba* (1891). Trata-

40 GUIMARÃES, Hélio de Seixas. *Os leitores de Machado de Assis*. São Paulo: Nankin/ EDUSP, 2012, p. 192.

41 SEREZA, Haroldo Ceravolo. "O Brasil na Internacional Naturalista: adequação da estética, do método e da temática naturalistas no romance brasileiro do Século 19". Tese de doutorado. Universidade de São Paulo, FFLCH-USP, 2012, p. 63.

42 CANDIDO, Antonio, *Op. Cit.*, 1995, p. 29.

43 ASSIS, Machado de, *Op. Cit.*, vol. I, 1994, Capítulo 91.

se de evidente sátira em relação ao Positivismo, ao Naturalismo e ao Cientificismo evolucionista de seu tempo. A teoria do "ao vencedor, as batatas" pode ser lida como uma paródia das leis científico-evolutivas, da "luta pela vida com sobrevivência do mais apto".[44] Lembremos que Brás Cubas, em *Memórias póstumas* (1881), busca notoriedade por meio de um emplastro, uma invenção científica.

Não há dúvida que livros como *O Mulato* (1881) e *O Cortiço* (1890), ambos de Aluísio Azevedo – cuja proximidade com o Republicanismo, o Positivismo e o Abolicionismo são evidentes –, se encaixaram melhor no horizonte de expectativa literária de Sílvio Romero. Romances como *Memórias póstumas de Brás Cubas* (1881) e *Dom Casmurro* (1899), narrados em primeira pessoa e pautados pela (auto) reflexão, pelo apuro da linguagem e pelo caráter especulativo – que narra antes pensamentos e sentimentos do que acontecimentos e descrições, quase sempre em tom subjetivo e interno –, contraditavam vivamente a expectativa literária de Romero, que cobrava dos escritores engajamento nas lutas do mundo e do tempo, fé na ciência, vontade (liberal) de progresso, empenho na construção da nacionalidade (não apenas literária). No Machado maduro, além das questões universais – como o ciúme, o interesse, a dissimulação – há também, como sugere Candido –, questões relativas à "estrutura social" próprias da sociedade em que o escritor fluminense viveu:

> Pela sua obra toda há um senso profundo, nada documentário, do *status*, do duelo dos salões, do movimento das camadas, da potência do dinheiro. O ganho, o lucro, o prestígio, a soberania do interesse são molas dos seus personagens, aparecendo em *Memórias póstumas de Brás Cubas*, avultando em *Esaú e Jacó*, predominando em *Quincas Borba*, sempre transformando em modos de ser e fazer. E os mais desagradáveis, os mais terríveis dos seus personagens, são homens de corte burguês impecável, perfeitamente entrosados nos mores da sua classe.[45]

A obra de Machado de Assis é marcada por recusas. Uma delas foi a de aderir às escolas naturalistas e realistas, tal como haviam feito escritores europeus como Émile Zola ou Eça de Queiroz (1845-1900), de grande repercussão no Brasil do

44 CANDIDO, Antonio, *Op. Cit.*, 1995, p. 34.

45 CANDIDO, Antonio, *Op. Cit.*, 1995, p. 38.

último quartel do século XIX. Recusa extensiva à própria ciência da época, da qual Machado guardou distância ou ironia. Recusa que já estava configurada na famosa crítica de Machado de Assis a Eça de Queiroz, por "atirar-se ao inventário", sem esquecer nem ocultar nada, na condição de discípulo realista-naturalista que acredita que "só chegará à perfeição no dia em que nos disser o número exato dos fios de que se compõe um lenço de cambraia ou um esfregão de cozinha".[46] Machado, apesar de não ocultar a dissidência, não condena escolas literárias e seus autores de modo absoluto, mas defende seu próprio projeto literário, marcado pela recusa estilística e temática tanto do Naturalismo como do Realismo.[47]

O Machado de Assis da segunda fase também recusou uma sensibilidade de cunho nacionalista, atitude política e intelectual incomum em fins do século XIX, tempo de intenso nacionalismo em todo o Ocidente. Mas não pôde fugir de tão candente assunto. Em 1873, o autor escreveu um célebre artigo intitulado "Instinto da nacionalidade", em que se pode ver um Machado respeitoso em relação à tradição herdada do Romantismo, em que ainda se vê o uso da expressão como a "cor local". O escritor enxergou linhas de continuidade na jovem tradição literária luso-brasileira – desde Santa Rita Durão (1722-1784), no século XVIII, até o indianismo de Gonçalves Dias (1823-1864) –, cujas linhas deveriam continuar na "geração que ainda agora madruga", a despeito das diferenças. Machado de Assis, diferentemente de Sílvio Romero, não leu a tradição com o gosto moderno pelo futuro e retórica do progresso, reconhecendo no Romantismo brasileiro – empenhado em narrar a índios alegóricos e a natureza tropical – o "instinto da nacionalidade":

> Quem examina a atual literatura brasileira reconhece-lhe logo, como primeiro traço, certo instinto de nacionalidade. Poesia, romance, todas as formas literárias do pensamento buscam vestir-se com as cores do país, e não há como negar que semelhante preocupação é sintoma de vitalidade e

46 ASSIS, Machado de, "O primo Basílio". In: ______, *Op. Cit.*, vol. III, 1994, p. 913.

47 Por importante que seja, não nos interessa aqui aprofundar as diferenças e matizes entre o Naturalismo e o Realismo. A discussão é extensa, mas um excelente ponto de partida está em "Machado de Assis e o problema do 'realismo-naturalismo'". Cf. SEREZA, Haroldo Ceravolo, *Op. Cit.*, 2012, p. 60-96. Sobre Eça de Queiroz e o Brasil, ver: NASCIMENTO, José Leonardo. *O "Primo Basílio" na imprensa brasileira do Século 19 – Estética e História*. São Paulo: Editora da UNESP, 2008.

> abono do futuro. [...]. Interrogando a vida brasileira e a natureza americana irão dando fisionomia própria ao pensamento nacional.[48]

A percepção machadiana não se pautou pela negação absoluta da tradição, como fizera Romero, que identificava no Romantismo literário brasileiro "a falta de crítica, a paixão da *palavrosidade* com prejuízo das ideias e um otimismo extravagante sobre os nossos homens e as nossas coisas".[49] Machado de Assis não aceitou restringir a literatura às obras que versassem sobre assunto "local" ou "nacional", pois antes interessava a condição propriamente literária do fenômeno, independente de outros compromissos. Para ele, o que se deveria "exigir do escritor antes de tudo, é certo sentimento íntimo, que o torne homem do seu tempo e do seu país, ainda quando trate de assuntos remotos no tempo e no espaço".[50] Sem destruir a tradição, valendo-se da estratégia de afirmar, legitimar e, posteriormente, negar e atenuar, o romancista acabou por romper a linearidade do paradigma em torno do nacional.

O crítico português Abel Barros Baptista, ao comentar o "Instinto da Nacionalidade", influente ensaio de 1873, e a realização de *Memórias póstumas de Brás Cubas*, o importante romance de 1881, nota a recusa machadiana em aceitar a prescrição nacionalista herdada da geração anterior sem, contudo, negar a validade da operação nacional levada a cabo pelos fundadores da Literatura Brasileira. Machado teria procurado "delimitar um estatuto para a sua assinatura resistindo à lei nacional", afirma Barros Baptista. Para ele, a "reflexão machadiana sobre a questão da nacionalidade literária desarticula a retórica solidária do projeto nacional legado pelo Romantismo, quebrando o laço entre a realidade brasileira entendida como realidade fundadora e a literatura".[51] Em outras palavras, Machado não teria se engajado na tarefa de construir o Brasil, mas sim de construir uma literatura que, por mais brasileira que fosse, seria antes de tudo literatura. A perspectiva de Machado de Assis não exige da Literatura Brasileira um compromisso final com

48 ASSIS, Machado de, *Op. Cit.*, 1994, p. 801.

49 ROMERO, Sílvio. *A literatura e a crítica moderna.* Rio de Janeiro: Imprensa Industrial de João Ferreira Dias, 1880, p. 186.

50 ASSIS, Machado de, *Op. Cit.*, 1994, p. 804.

51 BAPTISTA, Abel Barros Baptista. *A formação do nome: duas interrogações sobre Machado de Assis.* Campinas: Editora da UNICAMP, 2003, p. 42.

a construção do próprio país. O texto literário deveria servir-se de liberdade criadora, e não ser determinado por fatores extraliterários: "tudo é matéria de poesia, uma vez que traga as condições do belo ou os elementos de que ele se compõe".[52]

Machado de Assis, ao propor o "sentimento íntimo" como fundamento do "instinto da nacionalidade", conseguiu desvincular-se da tradição romântica, sem com isso aderir às escolas e teses hegemônicas de fins do século XIX, o que possibilitou um prudente afastamento dos determinismos étnicos e geográficos, tentação que poucos homens de letras de seu tempo souberam evitar. A noção machadiana de "sentimento íntimo" foi suficientemente aberta para não negar as condições nacionais e suas possibilidades literárias, mas "recusar" o exclusivismo nacionalista e determinista. Trata-se de criativa elisão do nacionalismo mais empobrecido. Em Machado predomina uma visada interior, subjetiva e reflexiva. Ao evitar tanto a tradição romântica, quanto às novidades conceituais recém-desembarcadas da Europa da segunda metade do século XIX, o escritor soube perceber a dimensão teleológica do horizonte discursivo do modernismo cientificista da "nova geração", que lhe pareceu "o inverso da tradição bíblica: é o paraíso no fim".[53] Tratava-se, pois, de uma crítica à visão redentora do progresso, bem como uma recusa a automática adesão (ou ruptura) frente ao passado europeu, inclusive recolhendo da tradição europeia o que ela própria desvalorizava no século XIX; Cervantes, por exemplo. Como Jorge Luís Borges (1899-1986) fez depois, Machado teria escolhido seus precursores. Ao recusar a dimensão totalizadora do projeto nacional e da retórica do progresso, estava por recusar as tradições hegemônicas do século XIX. Nada mais antirromeriano.

O escritor como crítico do crítico

Quando Sílvio Romero elogiava o estilo do escritor fluminense – "parece que honro Machado de Assis, quero dizer, rendo-lhe a homenagem de que é merecedor, como príncipe do estilo entre nós"[54] – tratava-se, na verdade, de uma crítica, pois servia para representar um Machado alheio à luta política e social. É preciso lembrar que Romero simplesmente não podia identificar em Machado

52 ASSIS, Machado de, *Op. Cit.*, 1994, p. 806.

53 *Ibidem*, p. 811.

54 ROMERO, Sílvio, *Op. Cit.*, 1992, p. 117-129.

a crítica social, patente na exibição das hierarquias e na dependência dos pobres livres e agregados em relação às classes proprietárias, inclusive a forma máxima de dependência e hierarquia, a escravidão. Essa tradição crítica – aberta por Roberto Schwarz, John Gledson e Sidney Chalhoub, entre outros – evidentemente não estava, nem podia estar, no horizonte interpretativo romeriano. Não podemos esquecer que a crítica, além de histórica, é permeada por tradição discursiva que educa o olhar e a recepção. Romero recepcionou a literatura de Machado em linha com seu compromisso com a nacionalidade e o progresso: "como todas as literaturas do mundo, deve ser a expressão positiva do estado emocional das ideias e dos sentimentos de um povo". Mas, quem era o "povo brasileiro"? "Ora, nosso povo não é o índio, não é o negro, não é o português; é antes a soma de todas estas parcelas atiradas ao cadinho do Novo Mundo", já o dissera na *História da literatura brasileira*.[55]

Machado de Assis seria "um brasileiro em regra, um nítido exemplar dessa sub-raça americana, que constitui o tipo diferencial da nossa etnografia [...]. Ele é um dos nossos, um genuíno representante da sub-raça brasileira cruzada".[56] Por parecer, aos olhos de Romero, um "nítido exemplar" de nossa "sub-raça", caberia a Machado um investimento nas questões brasileiras que o escritor fluminense teria se recusado. Como um mulato nascido pobre no Morro do Livramento, no Rio de Janeiro,[57] que veio a tornar-se grande escritor, nem condenou nem defendeu a mestiçagem, e também não escreveu páginas vibrantes sobre os grandes dramas do país? Romero pretendeu ler a obra de Machado "à luz de seu meio social, da

55 ROMERO, Sílvio, *Op. Cit.*, 1953, p. 412.

56 ROMERO, Sílvio. "Século XIX (Fase Romântica), 1830-1880, vol. III – Prosadores: ainda dramaturgos e romancistas". In: ROMERO, Sílvio. *Compêndio de História da Literatura Brasileira* – Obras Completas de Sílvio Romero, Rio de Janeiro/Aracaju: Imago Editora/ Editora da UFS, 2001a, p. 281.

57 Joaquim Maria Machado de Assis nasceu na região central – zona portuária do Rio. O Morro do Livramento localiza-se entre os Morros da Conceição e da Providência. A casa em que nasceu em 1839, aos 21 de junho – e que ainda hoje resiste, quase em ruínas, passados 177 anos do nascimento do escritor –, ficava em terras do engenheiro-militar e senador do Império do Brasil, Bento Barroso Pereira (1785-1837). Sua viúva, Dona Maria José de Mendonça Barrozo Pereira, foi madrinha de Machado. Para maiores informações sobre o nascimento e os primeiros anos do escritor, ver: PEREIRA, Lúcia Miguel. *Machado de Assis*: estudo crítico e biográfico. Belo Horizonte/São Paulo: Editora Itatiaia/EDUSP, 1988, p. 28-44.

influência de sua educação, de sua psicologia, de sua hereditariedade fisiológica e étnica, mostrando a formação, a orientação normal de seu talento".[58] A leitura do crítico, nota Hélio Seixas Guimarães, estava interessada em ver no texto literário o "fator de diferenciação e progresso", capaz de "refletir a sociedade a que pertence".[59]

Ao não assumir a sua condição de "meridional e mestiço", o escritor fluminense soava-lhe afetado, constituindo-se em uma espécie de impostura, artificial, alheio ao meio (brasileiro). Sem muita sutileza, como lhe era característico, Sílvio Romero assentava no colo de Machado a imagem do mulato pernóstico, afrancesado, com afetação de erudição e finura, incapaz de aceitar o seu lugar na sociedade. Trata-se de uma imagem recorrente no século XIX, e mesmo depois. A propósito, Gilberto Freyre (1900-1987), em livro de 1955, em que confronta as obras de José de Alencar (1829-1877) e de Machado de Assis, retoma essa percepção:

> Um Machado a fingir-se o tempo inteiro de branco fino: o tempo inteiro a bater janelas e a fechar portas contra toda espécie de paisagem mais cruamente brasileira, fluminense ou carioca em suas cores vivas; contra todo o arvoredo mais indiscretamente tropical que lhe recordasse sua meninice de rua e de morro, sua condição de filho de gente de cor, filho de família plebeia, de descendente de escravo negro. Nada de paisagem, nada de cor, nada de árvore, nada de sol.[60]

A observação de Freyre, hostil a Machado, é digna de Romero, para quem Machado sofria a "moléstia da cor", despeitado em relação aos "que gozam da superioridade da branquidade". Apesar do tom francamente racista, Sílvio Romero considerou a presença africana muito mais importante e influente na formação do Brasil do que a dos indígenas. Aludiu positivamente a mestiçagem entre brancos e negros, cujo "influxo penetrou em nossa vida íntima", definindo os africanos como "robustos, ágeis". Além disso, o negro seria "domável", diferente dos indígenas, "im-

58 ROMERO, Sílvio, *Op. Cit.*, 1992, p. 79.

59 GUIMARÃES, Hélio de Seixas. "Romero, Araripe, Veríssimo e a recepção crítica do romance machadiano", *Revista Estudos Avançados,* vol. 18, n. 51, 2004, p. 269-298. Sobre a recepção mais ampla de Machado, ver: GUIMARÃES, Hélio de Seixas, *Op. Cit.*, 2012.

60 FREYRE, Gilberto. *Reinterpretando José de Alencar*. Rio de Janeiro: Ministério da Educação e Cultura - Serviço de Documentação, 1955, p. 9.

produtivos". Ao referir-se à escravidão, Romero não empregou o verbo *escravizar*. Preferiu outro modo de dizer: o colono português "recorreu a um auxiliar poderoso, o negro da África". A citação é longa, mas proveitosa:

> A raça africana tem tido no Brasil uma influência enorme, somente inferior à da raça europeia; seu influxo penetrou em nossa vida íntima e por ele moldou-se em grande parte nossa vida psicológica popular. [...] O português julgou-se fraco para repelir o selvagem e para o amanho das terras, e recorreu a um *auxiliar poderoso*, o negro da África. Ao passo que o índio tornava-se improdutivo, fugia, esfacelava-se e morria, durante mais de três séculos foram chegando levas e levas de africanos robustos, ágeis e domáveis, e foram fundando as fazendas e engenhos, as vilas e as cidades e permanecendo no seio das famílias coloniais.[61]

Sílvio Romero não reduziu a mestiçagem a um fenômeno meramente biológico, mas o estendeu à cultura popular. Abordou o "fenômeno da fusão e mestiçamento das cantigas populares, romances, xácaras, orações, parlendas"[62] e das alterações linguísticas pela qual a língua portuguesa passara no Brasil: "O luso-brasileiro contém inúmeras palavras tupis [...]. Encerra um grandíssimo número de termos de origem africana, como: batuque, cafuné, senzala, cachimbo, maracatu, quiabo, munganga, xará, calunga, mocambo etc.".[63] Se o leitor associou o argumento romeriano à obra de Gilberto Freyre, convém saber que em *Casa-Grande & Senzala*, Sílvio Romero foi citado em notas de rodapé e no corpo do texto por diversas vezes. O próprio Freyre, em artigo de jornal de 1951 – por ocasião do centenário do nascimento de Sílvio Romero –, elogiou voluptuosamente a busca romeriana por uma "brasilidade" mestiça, ao afirmar que "*História da literatura brasileira* é um desses livros que protegem um povo contra a agressão e o desânimo, como se fossem fortalezas, e, ao mesmo tempo, igrejas".[64]

61 ROMERO, Sílvio, *Op. Cit.*, 1953, p. 147.

62 ROMERO, Sílvio. "Novas contribuições para o estudo do folclore brasileiro". In: ______, *Op. Cit.*, 1953, p. 185. (Obs. O texto, de 1910, foi incluído por Nélson Romero na História da literatura brasileira – a partir da 3ª edição – e publicada pela José Olympio).

63 ROMERO, Sílvio, *Op. Cit.*, 1953, p. 143.

64 FREYRE, Gilberto. "O gigante Sílvio Romero", *Correio Popular* (Campinas), 22 de abril de 1951.

Seria fácil, e sobretudo equivocado, reduzir a má vontade de Romero em relação a Machado em função da condição de mulato do autor de *Dom Casmurro*. Mulato também o era seu mestre do Recife, Tobias Barreto, a quem Romero destinava eloquentes elogios. Para Candido, Romero acabou "não compreendendo nem querendo compreender" a obra de Machado, pois escaparia à "orientação esquemática e maciçamente naturalista do seu espírito".[65] Diferentemente do que sugere o professor Antonio Candido, é possível argumentar que Romero assumiu a onerosa missão de enfrentar Machado de Assis justamente por que compreendeu sua obra. O crítico identificou no discurso literário machadiano um poderoso adversário frente aos ideais nacionalistas, cientificistas e progressistas (no sentido de republicano militante, partidário do progresso, da imigração estrangeira e da ciência etc.). A obra de Machado havia se convertido num verdadeiro problema para o autor da *História da literatura brasileira*, pois sequer podia ignorá-la, devido ao prestígio que o Machado de Assis alcançara; nem podia aceitá-la, sob pena de comprometer todo o seu edifício intelectual e político. Afinal, não eram nem as questões formais e estilísticas, nem a especificidade do escritor que o interessavam, mas, sim, a capacidade do literato em expressar, sociologicamente, a vida do país e da história, do "povo" e da "raça", tal como Romero afirmara em 1888:

> O meio de evitar estes desacertos díssonos e comprometedores é, repetimos, generalizar: ver o povo, onde de ordinário só se costuma enxergar o indivíduo; tomar a evolução das letras e das artes como uma coisa impessoal, de superior às *cotteries* de momento, como espécie expoente da vida nacional, uma função da capacidade espiritual da raça. Olhando desta altura da região das ciências, letras e artes, não deixa ela ver os rancorosos conflitos do egoísmo, a pequenez dos temperamentos, o lado passageiro das paixões, para só descortinar aos olhos do observador os grandes, os nobres esforços da alma do povo para a luz, para a glória, para o belo, para os deslumbramentos do porvir.[66]

65 CANDIDO, Antonio Candido, *Op. Cit.*, 1995, p. 38.

66 ROMERO, Sílvio, *Op. Cit.*, 1953, p. 43.

A partir desse horizonte interpretativo, enxergou no *humour* machadiano a imitação afetada de autores ingleses, em desacordo com o "caráter" do povo brasileiro, supostamente mais afeito à "sátira" que à ironia: "o temperamento, a psicologia do notável brasileiro não são os mais próprios para produzir o *humour*, essa particularíssima feição da índole de certos povos".[67] Tampouco o humor de Machado seria "compatível com as nossas raças ibero-áfrico-americanas".[68]

Como foi dito, Sílvio Romero sustentava o Realismo, o Naturalismo e o Cientificismo, bem como a retórica do progresso, pautando-se nos autores europeus da segunda metade do século XIX, como Hippolyte Taine, Ernest Renan e, sobretudo, Herbert Spencer. Já Machado de Assis voltava-se com frequência para autores como Dante (1265-1321), Gil Vicente (1465-1537), Fernão Mendes Pinto (1509-1583), Camões (1524-1579/80), William Shakespeare (1564-1616), Miguel de Cervantes (1547-1616), Pascal (1623-1662), Molière (1622-1673) e Racine (1639-1699), bem como aos autores do século XVIII, como Voltaire (1694-1778), Diderot (1713-1784) e, principalmente, Laurence Sterne (1713-1768) e Xavier de Maistre (1763-1852). Ou ainda aos clássicos greco-latinos e a Bíblia. O Machado da segunda fase, posterior a 1880, ao recusar os pressupostos da ficção realista, nas palavras de Roberto Schwarz, recusara "os andaimes oitocentistas da normalidade burguesa".[69] A própria forma que Machado assume é uma recusa em relação ao narrador confiável e onisciente em benefício de um narrador sinuoso, subjetivo, cheio de dúvidas e truques. João Cezar de Castro Rocha afirma que "a partir de *Memórias póstumas de Brás Cubas* é como se Machado de Assis escrevesse a fim de pensar a literatura".[70]

De certo modo, Romero percebe que a força de Machado vem justamente da linguagem, embora Machado estivesse longe de ser um mero esteta, como insinuava o crítico. Ao contrário, sua obra comporta uma poderosa, ainda que dissimulada crítica ao Brasil de seu tempo, esboçando-a em filigranas capazes de expor os

67 ROMERO, Sílvio, *Op. Cit.*, 1992, p. 133.

68 *Ibidem*, p. 189.

69 SCHWARZ, Roberto. "A viravolta machadiana". In: *Martinha versus Lucrécia*. São Paulo: Companhia das Letras, 2012, p. 248.

70 ROCHA, João Cezar de Castro. *À roda de Machado de Assis*: ficção, crônica e crítica. Chapecó: Editora Argos, 2006, p. 18.

interesses dominantes, as hierarquias sociais que inferiorizavam os pobres livres, mesmo a centralidade da escravidão.[71] Romero preferiu apresentar a sutileza machadiana como um meio-termo "indeciso" entre o Romantismo que entardecia e o Realismo e o Naturalismo que despontavam: "Machado de Assis é, disse eu, um representante do espírito brasileiro, mas num momento mórbido, indeciso, anuviado, e por um modo incompleto, indireto, e como que a medo".[72]

O engajamento político, para Sílvio Romero, seria uma missão do intelectual, do escritor e do artista. Engajar-se nas grandes causas públicas tornar-se-ia, nas últimas décadas do século XIX, uma forma dos escritores participarem da esfera pública por meio da palavra. O Caso Dreyfus (1894)[73] e o famoso artigo de Émile Zola – intitulado "*J'accuse*" e publicado no jornal *L'Aurore*, em Paris, a 13 de janeiro de 1898 – são o exemplo máximo da intervenção do intelectual no espaço público por meio da escrita. Machado de Assis era o avesso do intelectual militante e Romero captou perfeitamente esse traço acusando-o de tibieza e "absenteísmo", pois a "virtude" dos "homens de letras" se provaria nas "lutas" em nome das grandes causas da "pátria".

> [...] certo absenteísmo muito do gosto dos ânimos fracos, que entendem de salvaguardar a própria pureza, fugindo sistematicamente das tentações. É proceder que nunca aplaudiremos. A virtude prova-se no meio da luta. [...]. Devemos todos, homens de letras ou não, interessar-nos pelas pugnas e pelas dores da pátria.[74]

---

71 A crítica social em Machado (já sinalizada por Antonio Candido, *Vários Escritos*, 1995) fez longa carreira na crítica machadiana. Sobre o assunto, para citar apenas alguns autores entre os mais significativos exemplos, ver: SCHWARZ, Roberto. *Um mestre na periferia do capitalismo: Machado de Assis*. São Paulo: Duas Cidades/Editora 34, 2012; SCHWARZ, Roberto. *Ao Vencedor as Batatas: forma literária e processo social nos inícios do romance brasileiro*. São Paulo: Duas Cidades/Editora 34, 2012; GLEDSON, John. *Machado de Assis: Imposturas e realismos*. São Paulo: Companhia das Letras, 2005; CHALHOUB, Sidney. *Machado de Assis, Historiador*. São Paulo: Companhia das Letras, 2012.

72 ROMERO, Sílvio, *Op. Cit.*, 1992, p. 153.

73 Alfred Dreyfus (1859-1935). Capitão do Exército francês, de origem judaica, envolvido em um processo caluniador de viés antissemita que o fez ser julgado e condenado (em 1894) à prisão perpétua, a ser cumprida na Ilha do Diabo, colônia penal na Guiana Francesa. Em 1906, foi provada sua inocência e reabilitado junto às armas. Morreu aos 75 anos de idade, em Paris.

74 ROMERO, Sílvio, *Op. Cit.*, 1992, p. 31.

No final do século XIX, a literatura representou um espaço privilegiado para o debate público e a militância de ideias. Apesar do modesto público leitor, em um país de maioria analfabeta, os jornais conferiam considerável espaço às discussões literárias. Nesse contexto, as polêmicas em que os autores se envolviam eram também formas de se inserir no debate público. Machado, ao contrário de Romero, não escondia em *A Nova Geração* (1879) seu menosprezo pela postura polêmica, que muitas vezes descambava para o insulto:

> [...] criticados que se desforçam de críticas literárias com impropérios dão logo ideia de uma imensa mediocridade – ou de uma fatuidade sem freio – ou de ambas as coisas; e para lances tais é que o talento, quando verdadeiro e modesto, deve reservar o silêncio do desdém: *Non ragioniam di lor, ma guarda, e passa.*[75]

Machado de Assis respondeu ao livro que Sílvio Romero lhe dedicara justamente com "o silêncio do desdém", pois, argumentava, a "tolerância é ainda uma virtude do crítico".[76] Romero, ao contrário, foi um dos maiores polemistas de seu tempo, prática comum na tradição intelectual e jornalística da época, profundamente marcada pela tradição bacharelesca. Para Roberto Ventura, "a polêmica se apropriava da argumentação jurídica: cada um dos debatedores advogava a sua própria causa, como se estivesse diante de um júri hipotético, formado por um público incumbido de assistir à apresentação e a exposição das partes".[77] Era a polêmica que Sílvio Romero almejava, ao contrário do Machado maduro, que as evitava, com seu "tédio à controvérsia", bem ao gosto do Conselheiro Aires.[78]

Diferente da proposição de Antonio Candido, Sílvio Romero compreendeu o dissenso representado por Machado de Assis e por isso mesmo o atacou, em defesa de seu próprio projeto intelectual. Ao assinalar o que seriam "os defeitos" do escritor, o crítico foi capaz de captar a incômoda novidade machadiana. Romero, entre todos os leitores contemporâneos de Machado, nota argutamente

75 ASSIS, Machado de. "A nova geração". In: ______, *Op. Cit.*, vol. III, 1994, p. 829.

76 ASSIS, Machado de, *Op. Cit.*, 1994, p. 800.

77 VENTURA, Roberto Ventura, *Op. Cit.*, p. 149.

78 Personagem central do último romance de Machado de Assis, *Memorial de Aires*, de 1908.

João Cezar de Castro Rocha, foi quem melhor assinalou o que hoje se considera como as principais qualidades literárias da narrativa machadiana:

> Por tudo dizer sem rodeios, Sílvio Romero talvez tenha sido o leitor contemporâneo mais agudo de Machado de Assis, porque foi o único que destacou, com ênfase, as qualidades que hoje reconhecemos como tipicamente machadianas. Somente Romero viu nessas características defeitos que comprometeriam o talento que nunca negou ao escritor fluminense [...]: a fragmentação narrativa; a recusa do grandiloquente; a visão de mundo cética; a desconstrução de sistemas filosóficos; a irônica compreensão da formação social brasileira; a tartamudez, ou seja, a escrita de um narrador ébrio, que atravessa o texto ziguezagueando, deixando os leitores do usual romance oitocentista literalmente tontos.[79]

Sílvio Romero sentiu-se compelido a atacar Machado, pois percebeu a radical recusa de seus pressupostos contida na obra machadiana. Romero afirmou que Machado "não é da raça dos humanitários propagandistas e evangelizadores de povos ao gosto de Tolstói. É, a meu ver, uma espécie de moralista complacente e doce, eivado de certa dose de contida ironia".[80] A rigor, propagandista e evangelizadora era, sim, a própria obra romeriana. O "esquema de Machado" era outro. Através de personagens como Bento Santiago e Brás Cubas, ambos proprietários, inclusive de escravos, o escritor explorou um olhar intimista, marcado pelo pessimismo e pela nostalgia de um mundo que declinava, o da escravidão, de onde provinha o sentimento de traição dos agregados, que já não mais atendiam a vontade senhorial, como sugere Sidney Chalhoub.[81] Ou seja, o modo machadiano de se engajar na vida de seu "país e do tempo" era por meio da literatura, de fato bem diferente dos "propagandistas e evangelizadores de povos", tão ao gosto dos escritores e intelectuais realistas e naturalistas. Para Romero, "Machado de Assis é bom

---

79 ROCHA, João Cezar de Castro. "'O ruído das festas' e a fecundidade dos erros: como e por que reler Sílvio Romero", Revista *Tempo Brasileiro: Repensando o Brasil com Sílvio Romero*, 145, 2001, p. 84-85.

80 ROMERO, Sílvio, *Op. Cit.*, 1992, p. 318-19.

81 Sidney Chalhoub explora as relações entre Machado de Assis e o declínio da escravidão. Fundamentado na História Social, o historiador talvez exagera no olhar documental, ainda que seu livro seja proveitoso. Cf. CHALHOUB, Sidney, *Op. Cit.*, 2012.

quando faz narrativa sóbria, elegante, lírica dos fatos que inventou ou copiou da realidade; é quase mau quando se mete a filósofo pessimista e a sujeito caprichosamente engraçado".[82] Para o autor da *História da literatura brasileira*, a experiência brasileira não pedia ironia, mas crítica; o atraso do país não justificava um pessimismo elegante, mas um otimismo mobilizador das forças; o atraso e a pobreza não autorizariam o *humour*, mas o espanto. A obra literária de Machado de Assis não apenas divergia de seu projeto político e intelectual, como lhe criticava severa e silenciosamente o âmago de intelectual mobilizado pela retórica da ciência e do progresso, da nacionalidade e das "dores da pátria".

Machado de Assis, como se sabe, não cedeu ao cientificismo determinista e racista de seu tempo, antes o ironizou, como já foi apontado. A sua recusa foi de grandes proporções, pois o livrou de condenar os negros, os mestiços e a desconfiar do futuro do país, como intelectuais modernizantes o fizeram, entre eles, Sílvio Romero. Mas por que Machado foi capaz de operar essa recusa? Para o escritor mexicano Carlos Fuentes, a resposta está na biblioteca de Machado de Assis, que não se deixou aprisionar nem colonizar pelas percepções hegemônicas na Europa da segunda metade do século XIX, marcadas pelo Realismo e Naturalismo e, junto deles, o cientificismo e o determinismo, buscando referências em outros autores e noutros tempos. A tradição crítica em torno da obra de Machado de Assis já apontou a ponte entre o escritor e as obras, como já dissemos, de Shakespeare, Voltaire, Laurence Sterne, Xavier de Maistre, entre outros, mas Carlos Fuentes (1928-2012) salienta a relação entre Machado e a tradição literária herdada de Miguel de Cervantes (1547-1616), de onde teriam vindo novos elementos para operar uma recusa criadora e, por isso mesmo, crítica:

> [...] el milagro se sostiene sobre una paradoja: Machado asume, en Brasil, la lección de Cervantes, la tradición de La Mancha que olvidaran, por más homenajes que cívica y escolarmente se rindiesen al Quijote, los novelistas hispanoamericanos de México.[83]

---

82 ROMERO, Sílvio, *Op. Cit.*, 1992, p. 320.

83 [...] o milagre se sustenta num paradoxo: Machado assume no Brasil a lição de Cervantes, a tradição esquecida de La Mancha, por mais que rendam homenagens cívicas e escolares ao Quixote, os romancistas hispano-americanos do México. FUENTES, Carlos. *Machado de la Mancha*. Ciudad del México: Fondo de Cultura Económica, 2002, p. 10.

Sílvio Romero, como a maioria dos intelectuais latino-americanos do século XIX, sentiu-se impedido de buscar nas tradições ibéricas e ibero-americanas as fontes capazes de alimentar suas inquietações, optando por desbragada obsessão pelo progresso, com tudo o que isso significava. Diz Fuentes: "*Había que ser yanque, francés, o britanico para ser moderno y para ser, aún más, próspero y civilizado*".[84]

Para Romero, os fundamentos essenciais da nacionalidade residiriam na formação de uma tradição popular, associada a histórica presença lusitana, indígena e africana, que remontava ao passado colonial, gerador da mestiçagem brasileira. E "todo brasileiro é mestiço, quando não no sangue, nas ideias".[85] Mas na herança colonial também estaria a origem do atraso brasileiro, pelas mesmas razões: o legado luso-mestiço e escravocrata teria deixado para o futuro a falta de uma "mentalidade industriosa". O próprio colonizador ibérico foi apresentado de um modo sinuoso, ora louvado, ora detratado, daí a necessidade de uma nova direção para o Brasil, que superasse sua herança colonial. O elogio às "grandes nações criadoras" significou a defesa do mundo moderno, ao qual Sílvio Romero relacionava às "nações anglo-germânicas", países que teriam aberto a "era moderna" e nelas poderiam ser encontradas as "lições" a fim de "corrigir as debilidades latinas".

> O povo brasileiro não pertence ao número das nações inventivas; tem sido, como o português, organicamente incapaz de produzir por si.

> Tanto quanto se deve aos povos fracos aconselhar que busquem exemplo nas grandes nações criadoras [...]. Tocando em fatos diretos, basta não esquecer que às gentes do Norte, tendo hoje a sua frente os ingleses e alemães, está reservado o papel histórico, já vinte vezes cumprido, de tonificar de sangue e ideias os povos latinos, célticos e ibéricos do Meio-Dia.[86]

Para reorientar a cultura brasileira no sentido da Europa do Norte era preciso, pensava Romero, assumir uma postura militante, ensinando os brasileiros a serem

84 *Ibidem*, p. 9.

85 ROMERO, Sílvio, *Op. Cit.*, 1953, p. 55.

86 ROMERO, Sílvio, *Op. Cit.*, 1953, p. 167.

outros. Postura narrativa muito distante de Machado, cujo texto dialoga com o leitor, ironiza, mas não "ensina", nem assume uma voz de autoridade, à maneira de Sílvio Romero. A perspectiva machadiana era muito diferente da postura de um narrador onipotente, pronto para "ensinar", como em Sílvio Romero, que se dirigia ao leitor em tom professoral, discorrendo com a autoridade da ciência, portador de saberes autorizados e contemporâneos, rumo ao futuro. Não se trata apenas de uma diferença de estilos, abordagens ou capacidades, mas de diferentes funções atribuídas ao texto. Romero escrevia imbuído de uma missão: incitar a ação. Machado, ao contrário, foi muito menos suscetível aos discursos hegemônicos, menos interessado nas grandes teorias explicativas, antes disposto a flagrar a universalidade do homem nas suas estratégias veladas, no cálculo escondido atrás da generosidade ou da ingenuidade, no jogo das aparências e no interesse de classes dissimulado.

Sabemos que todo escritor ou historiador é, antes de tudo, um leitor. Entre a leitura e a escritura há vasos comunicantes decisivos, pois quem escreve o faz a partir de suas leituras, de seus fantasmas, de seu horizonte político e teórico, de suas vivências, bem como de sua historicidade, etc. Logo, todo texto é permeado pelo repertório cultural e político do escritor por múltiplas e variadas razões. As diferenças e desavenças entre Romero e Machado passaram, em boa medida, por suas leituras e bibliotecas.

Como a fortuna crítica em torno de Machado amplamente demonstrou, o Bruxo de Cosme Velho rejeitou o essencialismo biologizante nascido da ciência do século XIX, diferente das reflexões de muitos intelectuais da geração de 1870. Os argumentos de Machado foram de natureza histórica e cultural, distantes das categorias biológicas e raciais tão presentes na obra Sílvio Romero, um intelectual comprometido com a retórica do progresso e da nacionalidade que assentava sua condição de leitor nos autores do século XIX. Suas leituras do evolucionismo de Spencer, do monismo de Haeckel, da crítica de Hippolyte Taine e Ernest Renan, acionaram nele um avassalador dispositivo determinista, caracterizado pela adoção dos princípios constitutivos das Ciências naturais e do saber empírico e objetivista, inclusive o racialismo. Outro horizonte da leitura romeriana foi a apropriação dos autores alemães e, por meio deles, a adesão ao nacionalismo estético e político. Lembremos que grande parte da cultura intelectual alemã, certamente diversa, foi marcada pela busca e afirmação do nacional. Sobre isso, são esclarecedoras as palavras do próprio Romero:

> E hoje é preciso ser muito refratário a certa forma superior da cultura para não ter lido Kant, Hegel, Schopenhauer, Hartmann, Nietzsche, Lange, Zeller, Bluntschli, Holltzendorf, Savigny, Ihering Mommsen, Curtius, Sybel, Droysen, Gneist e Max Müller, Strauss, Haeckel, Vogt e cinqüenta outros.[87]

Em outro momento, Romero reforça a sua herança alemã:

> O século XVIII no seu final é altamente importante por dois fatos capitais que o dominam: a agitação política que se afirma na Revolução Francesa e a agitação literária e científica que se resolve no romantismo alemão, precursor do romantismo inglês e francês, e na crítica de Lessing, de Wolf, de Herder, de Kant, de Winckelmann, os grandes guias do pensamento germânico.[88]

Não apenas por essas passagens, mas pelo conjunto de sua obra, o engajamento de Sílvio Romero como crítico e intelectual foi muito diferente do de Machado de Assis como escritor, pois praticou uma leitura e uma obra a partir dos horizontes letrados hegemônicos na Europa Ocidental do século XIX – Alemanha, França e Inglaterra, à frente. Machado de Assis, por sua vez, não aderiu nem ao cientificismo em termos teóricos, nem ao naturalismo em termos literários, e nem mesmo ao nacionalismo em termos políticos. Justamente por isso Machado não se viu na obrigação de condenar o Brasil pelas "raças" que o compunham, nem questionar suas mestiçagens. Por não aderir à retórica do progresso, o escritor não se viu na obrigação de combater o "atraso" brasileiro.

O Machado da segunda fase, de *Memórias póstumas de Brás Cubas* (1881) em diante, não se limitou ao diálogo com os grandes autores de seu tempo – de Victor Hugo (1802-1885) a Flaubert (1821-1880), de Zola a Eça de Queiroz – enfim, da grande tradição romântico-realista do século XIX, nem se deixou pautar pelos teóricos cientificistas da segunda metade do século XIX, mas também praticou uma longa e contínua leitura com outros tempos, outras temporalidades, valorizando a longa tradição douta do Ocidente.[89] Esse diálogo fez que Machado evitasse o tom

87 ROMERO, Sílvio, *Op. Cit.*, 1953, p. 337.

88 *Ibidem*, p. 460.

89 João Cezar de Castro Rocha, em *Machado de Assis: por uma poética da Emulação* (*Op. Cit.*, 2013), desenvolve uma pormenorizada explicação para o salto qualitativo do Macha-

doutrinário e "evangelizador" da ciência moderna, do Naturalismo e do Realismo, cultivando o humor e a dúvida e, sobretudo, valorizando a relação, assumindo um tom fragmentário e subjetivo.

Para Alfredo Bosi, Machado foi um profundo leitor dos jansenistas franceses, o que teria feito dele um herdeiro da vertente cética do Iluminismo.[90] A precisão da leitura de Bosi não é fundamental para esse trabalho, mas sim a tese segundo a qual Machado, ao contrário de Romero, dialogou com tradições letradas próprias de outros tempos, o que permitiu que o escritor fluminense relativizasse, ou mesmo se opusesse, a retórica do progresso (com seus cientificismos biologizantes). No entanto, diálogos com antigas tradições letradas não retiram de Machado a condição de atento observador de seu país e de seu tempo, como querem John Gledson, Roberto Schwarz e Sidney Chalhoub. Sua capacidade de criticar tanto a ordem liberal conservadora, monárquica e escravocrata que entardecia, quanto o cientificismo republicano que amanhecia, mostra a força de sua dissidência.

Enquanto Romero defendia o "homem de ciência" e o militante político engajado nas lutas e "dores da pátria",[91] Machado, de modo aparentemente conservador, propunha a independência da literatura frente a objetivos políticos, à maneira de um letrado "absenteísta", segundo a retorica romeriana. O engajamento do "liberal spenceriano" Sílvio Romero o levou à condenação racista de grande parte da população brasileira, de um modo determinista e autoritário.[92] Já o Machado da se-

do de Assis da segunda fase. O escritor teria recuperado a prática retórica da *aemulatio*, própria da cultura letrada do Antigo Regime, cujo princípio central está na "emulação" dos grandes autores da tradição clássica. Machado, deliberadamente anacrônico, por isso criativo e pós-romântico, teria recuperado elementos da prática literária pré-romântica. O romantismo, com sua defesa da originalidade e da singularidade, prescindiu do domínio da cultura clássica. Machado teria sido capaz de produzir uma prática literária nova justamente por que soube retomar velhos diálogos, produzindo uma literatura para além dos cânones oitocentistas. Não é objeto deste artigo avaliar a instigante e bem documentada tese do autor em questão, mas insistir na postura de Machado leitor dos antigos, como Castro Rocha demonstra. O que permitiu a Machado superar os limites oitocentistas, vale dizer, e contornar as limitações impostas pela retórica do progresso e do nacionalismo.

90 BOSI, Alfredo. *Machado de Assis*. Coleção Folha Explica. São Paulo: Folha Publicações, 2003.

91 ROMERO, Sílvio, *Op. Cit.*, 1992, p. 31.

92 MISKOLCI, Richard. "Machado de Assis, o outsider estabelecido". *Sociologias*, Porto Alegre, ano 8, nº 15, jan/jun 2006, p. 352-377, p. 373

gunda fase, pós-romântico e pós-realista, praticante de uma literatura subjetivista e fragmentária, permeada pelo diálogo transtemporal com os antigos, possibilitou que criticasse a ordem social, sem jamais aderir incondicionalmente aos pressupostos oitocentistas do progresso e da modernidade. Machado soube recusar o racismo e o eurocentrismo, de um modo que o nacionalista e cientificista Sílvio Romero (e da maioria dos homens de sua geração) não foi capaz de fazer.

Em texto de 1882 – um ano após o lançamento de *Memórias póstumas de Brás Cubas* (1881) – Romero publicou *Introdução à história da literatura brasileira,* no qual discutiu questões como a "fisiologia do brasileiro" e a influência do "meio", com ênfase em considerações de ordem cultural, mas também e, sobretudo, biológicas, acerca dos povos que habitavam o Brasil: "o sangue [...] fica [...] pouco estimulante; [...] não se arterializa como nos climas frios, onde a respiração é mais enérgica".[93] Os conhecimentos científicos que *inferiorizavam* os povos não europeus foram recepcionados e adaptados às condições brasileiras. A eminência do fim da escravidão deveria mudar a "respiração" do país, tornando-a "mais enérgica", como parte da modernização que deveria adequar a vida social brasileira ao mercado livre de trabalho.

Sílvio Romero propunha "levas de imigrantes" a fim de modernizar o país. Mas o que pensava o autor sobre os negros? Lembremos que os intelectuais e escritores ligados à tradição romântica e ao Império silenciaram sobre a escravidão africana e a vasta presença negra no Brasil. O tema era constrangedor e sobre o qual prevalecia o silêncio, com poucas exceções, como a voz de Castro Alves.[94] No entanto, a partir da virada antirromântica pós-1870 – da qual Romero fez parte –, o escravismo e a presença africana tornaram-se objeto do debate político e intelectual. Romero, na sua *História da literatura brasileira,* de 1888, não deixou de reconhecer a centralidade da presença da "raça negra":

> A falta de documentos não quer dizer que o negro não tenha influído intelectualmente no Brasil (...).

---

93 ROMERO, Sílvio. "Introdução à literatura brasileira". In: BARRETO, Luiz Antonio (org.). Literatura, história e crítica. Rio de Janeiro: Imago, 1992, p. 137.

94 SILVA, Alberto da Costa e. *Castro Alves: um poeta sempre jovem.* São Paulo: Companhia das Letras, 2006.

> A pobre raça escravizada não teve nunca o direito de entrar na história; seu trabalho intelectual foi anônimo, bem como seu trabalho físico. Ainda mesmo em fatos altamente épicos, em fenômenos extraordinários, como o do Estado de Palmares, a história é anônima. Como se chamava o herói negro, o último Zumbi, que sucumbiu à frente dos seus nos Palmares? Ninguém sabe. É de justiça conquistar um lugar para o africano em nossa história.[95]

Não deixa de ser surpreendente a defesa da importância dos negros na formação brasileira como um traço da nacionalidade, como parte da história e da cultura popular brasileira, embora o autor tenha aceitado a tese (cientificista) da inferioridade dos negros. Ainda na *História da literatura brasileira,* Romero reivindica de modo mais explícito um lugar para os negros na genealogia da nação, mesmo que numa posição evidentemente subordinada:

> O negro é adaptável ao meio americano; é suscetível de aprender; [...]; pode viver ao lado do branco, aliar-se a ele. Temos hoje muitos pretos que sabem ler e escrever; alguns formados em direito, medicina ou engenharia; alguns comerciantes ricos; outros jornalistas e oradores. Ao negro devemos muito mais do que ao índio; ele entra em larga parte em todas as manifestações de nossa atividade. Cruzou-se muito mais com o branco.[96]

De certo modo, a leitura de Sílvio Romero quanto à participação dos negros na história e na cultura brasileira foi singular, ainda mais se pensarmos nas perspectivas científico-racialistas que o próprio crítico assumia. No entanto, não podemos perder de vista o conjunto e a historicidade do olhar romeriano. Os negros no Brasil estariam condenados a desaparecer ou, ao menos, a ver sua presença fortemente mitigada em função da imigração europeia, que adensaria demográfica e culturalmente a presença branca no país. Além dos europeus que aportavam naquele momento (e continuariam a aportar nas décadas seguintes), somava-se a desejável miscigenação

95 ROMERO, Sílvio, *Op. Cit.*, 1953, p. 143.

96 *Ibidem*, p. 132.

entre os imigrantes e os brasileiros formados na "mescla índio-áfrico-portuguesa". A imigração e a mestiçagem fariam a "forma branca prevalecer".[97]

Ao passo que Romero propunha a imigração e a ciência como instrumentos capazes de colocar o país no caminho da modernização, Machado de Assis ironizava a ciência, como em *O Alienista* (1882). Enquanto o crítico falava dos inconvenientes da população africana e seus descendentes mestiços, Machado, ao falar do país por meio da literatura, jamais propôs imigrantes, nem condenou o país pelos seus negros e mestiços, mas não deixou de falar sobre a escravidão.

Como se sabe, a literatura de Machado recusou o estatuto científico das teorias racistas, ao qual destinou tenaz silêncio, só quebrado por mordazes ironias. Entre os escritores e intelectuais do período, ele não foi o único a recusar o cientificismo racista, mas foi um dos poucos.[98] O escritor carioca foi acusado de ter dado pouca atenção ao assunto, a começar por Romero. Mais do que isso: foi acusado de empenhar-se no seu próprio *branqueamento*. Dados biográficos demonstram como a condição de *mulato* e o casamento com a portuguesa Carolina Novaes foram usados como prova da vontade do "mulato meridional" passar-se por "branco

97 "Esta característica [a mestiçagem] é verdadeira no presente e no futuro, quer predomine sempre a atual mescla índio-áfrico-portuguesa, quer venham a predominar, mais ou menos remotamente, os elementos italiano e germânico, trazidos por uma colonização até hoje mal dirigida e pior localizada". Sílvio Romero pleiteava a imigração, mas criticava a excessiva concentração no sul do Brasil. Os imigrantes deveriam se miscigenar com os brasileiros. E alerta: "O meio de trazer o equilíbrio seria distribuir a colonização regularmente [...], facilitando às nossas populações a assimilação desses novos elementos. Se não o fizerem, as três províncias do extremo sul terão, em futuro não muito remoto, um tão grande excedente de população germânica válida e poderosa, que sua independência será inevitável" (ROMERO, Sílvio, *Op. Cit.*, p. 132-133).

98 Joaquim Nabuco, autor de *O Abolicionismo* (1883), foi um dos intelectuais do período que não se pautava pelos conceitos científico-racialistas. CARVALHO, Maria Alice Rezende de. "Joaquim Nabuco: Minha formação". In: MOTA, Lourenço Dantas (org.). *Introdução ao Brasil: um banquete no trópico*. v. 1. São Paulo: SENAC-SP, 2001; ALONSO, Angela. *Joaquim Nabuco. Os salões e as ruas*. São Paulo: Companhia das Letras, 2007. Também Manuel Bomfim, em 1905 (*América Latina: males de origem*. Rio de Janeiro: Garnier, 1905), recusou a agenda biologizante. Ver: REIS, José Carlos. "Manoel Bomfim e a identidade nacional brasileira". In: LOPES, Marco Antônio (org.). *Grandes Nomes da História Intelectual*. São Paulo: Contexto, 2003. p. 493-505; AGUIAR, Ronaldo Conde. *O rebelde esquecido: tempo, vida e obra de Manoel Bomfim*. Rio de Janeiro: Topbooks, 2000.

puro", como acusou-o depois o crítico. Machado recusou o gesto militante e a voz de autoridade. No entanto, há em sua obra espaço para agendas históricas e sociais, mas sempre nas entrelinhas, ainda que se possam encontrar notas explícitas, em particular na crítica. Em trecho de carta endereçada a José de Alencar, de fevereiro de 1868, Machado de Assis elogia Castro Alves. O escritor fluminense reverencia *Gonzaga*, peça dramática do jovem baiano em tom fervorosamente abolicionista:

> Eu não podia, por exemplo, deixar de mencionar aqui a figura do preto Luiz. Em uma conspiração para a liberdade, era justo aventar a ideia da abolição. Luiz representa ao elemento escravo. Contudo o Sr. Castro Alves não deu exclusivamente a paixão da liberdade [...]. Luiz espera da revolução, antes da liberdade, a restituição da filha; é a primeira afirmação da personalidade humana; o cidadão virá depois. Por isso, quando no terceiro ato Luiz encontra a filha já cadáver, e prorrompe em exclamações e soluços, o coração chora com ele, e a memória, se a memória pode dominar a tais comoções, nos traz aos olhos a bela cena do rei Lear, carregando nos braços Cordélia morta. Quem os compara não vê nem o rei nem o escravo; vê o homem.[99]

Há muitas outras passagens que evidenciam um Machado sensível à causa da abolição, mas dentro de uma discussão mais ampla sobre a condição humana. Sidney Chalhoub, em *Machado de Assis, Historiador*,[100] empenhou-se em demonstrar um escritor que através de contos, crônicas e romances retratou a incapacidade da classe senhorial em pensar o mundo – ou o Brasil da época – sem o trabalho escravo. Chalhoub vai até à biografia de Machado para mostrar que sua atuação de funcionário do Ministério da Agricultura serviu para ampliar o alcance da Lei do Ventre Livre, de 1871. O assunto já foi trabalhado por muitos autores,[101] mas é importante registrar a presença de retratos da mentalidade senhorial nas obras de

99 ASSIS, Machado de; ALENCAR, Mario de (org.). *Crítica*. Rio de Janeiro: Livraria Garnier, s.d., p. 54 e 55.

100 CHALHOUB, Sidney, *Op. Cit.*, 2012.

101 O assunto em torno das relações entre Machado e a Abolição é longo e complexo, e já foi abordado pela fortuna crítica de Machado. Ver: GLEDSON, John. *Machado de Assis: ficção e história*. São Paulo: Paz e Terra, 2003; SCHWARZ, Roberto. *Martinha* versus *Lucrécia*. São Paulo: Companhia das Letras, 2012.

Machado de Assis. Nos contos *O caso da vara, O espelho* e *Pai contra mãe,* escritos após a abolição (1888), a escravidão é diretamente abordada. No entanto, para os limites deste texto, interessa investigar os anos finais da crise do escravismo. *Memórias póstumas de Brás Cubas,* publicado originalmente em 1881, foi escrito em um momento de pleno combate entre escravocratas e abolicionistas, quando os primeiros ainda gozavam de força política e social.

Brás Cubas viveu de 1805 a 1869, quando o escravismo vicejava em todos os poros da sociedade brasileira. A personagem viveu os momentos mais dramáticos da história do país, como a crise regencial e as revoltas regionais, o tráfico ilegal de escravos, as lutas pelo fim do tráfico, a Lei de Terras (1850) e a Questão Christie (1862). Brás Cubas, o "defunto autor", morreu em 1869. Machado de Assis escreveu o texto em 1880. Foi um tempo de batalha política em torno da Lei do Ventre Livre, conquistada apesar da resistência dos proprietários, bem como a politização dos debates em torno da escravidão, com o crescimento da agenda abolicionista.[102] Em *Memórias póstumas,* Machado descreve um escravocrata como muitos dessa classe social, que não alcançou a "celebridade", nem foi "ministro", "mas coube-me a boa fortuna de não comprar o pão com o suor do meu rosto".[103]

Brás Cubas encarna o ócio e o privilégio, em desalinho com a instituição de um ordenamento liberal que a retórica do progresso propunha, baseado no elogio do trabalho e do empreendimento. Trata-se, entre outras dimensões, de uma sátira da classe senhorial brasileira que aceita com entusiasmo novidades técnicas e teóricas vindas da Europa, mas empregadas como instrumentos de legitimação de prestígio e preservação do poder. Nos oito anos de "estudos" na Europa, Brás Cubas angariou o preparo necessário para "a ornamentação, a fraseologia, a casca", aprendendo apenas o "liberalismo teórico e o romantismo prático".[104] Vale a pena observar as palavras do autor-defunto sobre si mesmo e seu gosto pela "nomeada":

102 ALONSO, Ângela. *Flores, Votos e Balas:* O Movimento Abolicionista Brasileiro (1868-1888). São Paulo: Companhia das Letras, 2016, p. 152-185 (especialmente o Capítulo 5).

103 ASSIS, Machado de; COUTINHO, Afrânio (org.). *Memórias póstumas de Brás Cubas.* In: *Machado de Assis – Obra completa.* 3v, v. I. Rio de Janeiro: Nova Aguilar, 1994, p. 639.

104 GLEDSON, John, *Op. Cit.*, 2003, p. 145.

> Agora, porém, que estou cá do outro lado da vida, posso confessar tudo: o que me influiu principalmente foi o gosto de ver impressas nos jornais, mostradores, folhetos, esquinas, e enfim nas caixinhas de remédio, estas três palavras: Emplasto Brás Cubas. Para que negá-lo? Eu tinha a paixão do arruído, do cartaz, do foguete de lágrimas. [...]. Assim, minha ideia trazia duas faces, como as medalhas, uma virada para o público, outra para mim. De um lado, filantropia e lucro; de outro lado, sede de nomeada. Digamos: — amor da glória.[105]

Além do gosto aristocrático pelo nome e pelo prestígio, Machado de Assis chegará ao tema da escravidão, inseparável da vida dos homens e das mulheres que habitavam os círculos do país de Brás Cubas. Quando criança, a personagem ganhara o apelido de "menino diabo", com a graça e simpatia do pai amoroso, que endossa a "divertida" mania de quebrar a cabeça de uma escrava que lhe nega mimos e doces, e de montar em Prudêncio – menino negro e escravo –, transformado em montaria do "menino diabo".

> Prudêncio, um moleque de casa, era meu cavalo de todos os dias; punha as mãos no chão, recebia um cordel nos queixos, à guisa de freio, eu trepava--lhe ao dorso, com uma varinha na mão, fustigava-o, dava mil voltas a um e outro lado, e ele obedecia, – algumas vezes gemendo, – mas obedecia sem dizer palavra, ou, quando muito, um – "ai, nhônhô!" –, ao que eu retorquia: – "Cala a boca, besta!"[106]

Brás Cubas nasceu na elite agrária e dependente da escravidão. Machado não entra nesse assunto, mas sabe que o leitor conhece a centralidade do escravismo. Tão central que o negro escravo é o "cavalo" (e brinquedo) daquela sociedade. O "menino-diabo", ainda criança, talvez pouco antes da Independência, em uma festa dada pelo pai, escuta alguém dar a notícia sobre o problema do tráfico de escravos, assunto corriqueiro para homens como o pai de Brás Cubas.

Os últimos anos do escravismo e do Império foram conturbados com a crescente força dos discursos abolicionistas e republicanos. Uma série de conver-

---

105 ASSIS, Machado de; COUTINHO, Afrânio (org.), *Op. Cit.*, 1994, p. 515.

106 *Ibidem*, p. 527.

gências e divergências marcaram ambos os movimentos. O que viria primeiro, a República ou a abolição? Muitos dos integrantes da geração de 1870 associaram-se a um e a outro movimento, mas dividiam-se quanto às prioridades e sobre o modo como os movimentos se articulavam. Não há espaço, nem é o foco deste texto aprofundar a questão, mas é importante salientar as clivagens entre os homens da época e notar, como faz Maria Fernanda Lombardi Fernandes, que as bandeiras abolicionistas e republicanas não necessariamente foram carregadas em conjunto, e muitas vezes estavam separadas:

> Era plenamente possível ser republicano e defender, se não a escravidão, a protelação da abolição, ao mesmo tempo em que era possível defender o fim da escravidão, sem mais delongas, e a manutenção da Monarquia. Várias posições intermediárias também eram possíveis. [...]. Em torno desses dois temas [...] eram construídas as alianças – temporárias ou definitivas – entre membros, a princípio, pertencentes a correntes antagônicas.[107]

Machado de Assis – como seu amigo Joaquim Nabuco e outro abolicionista importante, André Rebouças – foram monarquistas convictos, ao passo que Sílvio Romero foi republicano de longa data. A simpatia de Machado à Monarquia não o impediu de tratar do escravismo em suas obras, com sutileza e radicalidade, nem de retratar a elite brasileira oitocentista com severidade, como já demonstrou Roberto Schwarz[108] e muitos outros estudiosos. Para este texto, no entanto, é fundamental observar a historicidade da crítica ao escravismo existente no romance machadiano, sobretudo em *Memórias póstumas*. Embora não haja na literatura de Machado – nem em sua vida privada – o ativismo militante dos abolicionistas, sua intervenção literária da década de 1880 fez parte do processo de deslegitimação do escravismo e da crítica à *coisificação* dos cativos, comparáveis ao gado: "cerca de quarenta *cabeças*". A condição de mercadoria vendável dos escravos fica bem clara no debate entre Brás

107 A autora nota que Silva Jardim, embora republicano e antiescravista, era sensível à causa da lavoura e defendia a indenização aos proprietários; diferente dos abolicionistas, que pleiteavam a Abolição imediata e sem indenização. Ver: FERNANDES, Maria Fernanda Lombardi. *A esperança e o desencanto: Silva Jardim e a República*. São Paulo: Humanitas/FAPESP, 2008, p. 26.

108 SCHWARZ, Roberto. *Um mestre na periferia do capitalismo: Machado de Assis*. São Paulo: Duas Cidades, 2012; e ______. *Que horas são?* São Paulo: Companhia das Letras, 1997.

Cubas, a irmã Sabina e o cunhado Cotrim. Após a morte do pai dos Cubas, os herdeiros debatem a partilha dos bens, aí incluídos os escravos da família:

> — Ora, mano, deixe-se dessas coisas, disse Sabina, erguendo-se do sofá; podemos arranjar tudo em boa amizade, e com lisura. Por exemplo, Cotrim não aceita os pretos, quer só o boleeiro de papai e o Paulo [...]
> — O boleeiro não, acudi eu; fico com a sege e não hei de ir comprar outro.
> — Bem; fico com o Paulo e o Prudêncio.
> — O Prudêncio está livre.
> — Livre?
> — Há dois anos.
> — Livre? Como seu pai arranjava estas coisas cá por casa, sem dar parte a ninguém! Está direito. Quanto à Prata [...] creio que não libertou a Prata?[109]

Cotrim, o cunhado de Brás Cubas – que havia sido contrabandista de escravos –, não gostava deles, mas não abria mão dos cativos, pois eram importantes em sua desarvorada luta pela ascensão social. Ele agia com rigor e violência contra os escravos "fujões", chicoteando-os até arrancar-lhes sangue. Machado põe a acusação na boca dos inimigos de Cotrim, deixando ao leitor o arbítrio. Ficamos sabendo que o "gênero de negócio" que o cunhado atuava necessitava de "modos duros":

> Como era muito seco de maneiras tinha inimigos, que chegavam a acusá-lo de bárbaro. O único fato alegado neste particular era o de mandar com frequência escravos ao calabouço, donde eles desciam a escorrer sangue; mas, além de que ele só mandava os perversos e os fujões; ocorre que, tendo longamente contrabandeado escravos, habituara-se de certo modo ao trato um pouco mais duro que esse gênero de negócio requeria [...].[110]

Machado de Assis, contudo, não foi um ativista da causa abolicionista – como eram seus contemporâneos André Rebouças, José do Patrocínio, Joaquim Nabuco e Luís Gama –, mas era um fino observador da vida brasileira, expressando-se pela literatura, o que não deixa de ser uma intervenção no mundo. John Gledson, ao tratar das relações entre Machado e a abolição, observa que o escritor

---

109 ASSIS, Machado de; COUTINHO, Afrânio (org.), *Op. Cit.*, 1994, p. 562.

110 *Ibidem*, p. 620.

assumiu certo relativismo, pois, ainda que se libertassem os escravos, eles teriam de viver do trabalho em condições miseráveis. Machado, entre ironias e chistes, nota Gledson, chama ao juízo o leitor para algo importante: "A abolição não é um movimento da escuridão para a luz, mas a simples passagem de um relacionamento econômico e social opressivo para outro [...]".[111]

Machado de Assis, implicitamente, recusara a retórica do progresso que assumiam os abolicionistas, para quem a abolição redimiria o país. De fato, o escritor relativizava e mesmo desconfiava dos grandes engajamentos de seu tempo. Mas a causa abolicionista no Brasil da década de 1880 mobilizou corações e mentes, e Machado – sempre cético e irônico –, nesse assunto talvez tenha sido menos relativista do que supõe Gledson. Observemos a reflexão de Brás Cubas quando encontra Prudêncio, o menino negro transformado em "cavalo" – agora livre e dono de um escravo, agindo como um senhor que de fato se tornara.

> [...] era um preto que vergalhava outro na praça. O outro não se atrevia a fugir; gemia somente estas únicas palavras: – "Não, perdão, meu senhor; meu senhor, perdão"! Mas o primeiro não fazia caso, e, a cada súplica, respondia com uma vergalhada nova.
> — Toma, diabo! Dizia ele; toma mais perdão, bêbado! – Meu senhor! Gemia o outro.
> — Cala a boca, besta! Replicava o vergalho.
> Parei, olhei [...]. Justos céus! Quem havia de ser o vergalho? Nada menos que o meu moleque Prudêncio – o que meu pai libertara alguns anos antes. Cheguei-me; ele deteve-se logo e pediu-me a bênção; perguntei-lhe se aquele preto era escravo dele.
> — É sim, nhonhô.
> — Fez-te alguma coisa?
> — É um vadio e um bêbado muito grande. Ainda hoje deixei ele na quitanda, enquanto eu ia lá embaixo na cidade, e ele deixou a quitanda para ir na venda beber.
> — Está bom, perdoa-lhe, disse eu.
> — Pois não, nhonhô. Nhonhô manda, não pede. Entra para casa, bêbado![112]

111 GLEDSON, John, *Op. Cit.*, 2003, p. 124.

112 ASSIS, Machado de; COUTINHO, Afrânio (org.), *Op. Cit.*, 1994, p. 581-582.

A passagem é rica e caberia análise mais densa, mas o que interessa é evidenciar o quanto as *Memórias póstumas* exibiram as perversidades da escravidão, concorrendo para deslegitimá-la. Machado não pensava em termos raciais, o que não era trivial em tempos cientificistas. Não é por que Prudêncio seja negro que não possa ser "senhor" e, como tal, violento. Negro e ex-escravo, Prudêncio se tornara um pequeno senhor, mas jamais se igualaria ao "*nhonhô*" Brás Cubas. Questão de classe e de cor. Prudêncio, ao ver Brás Cubas, pede a bênção e imediatamente atende ao pedido do seu antigo senhor, pois: "*Nhonhô* manda, não pede". É como se Machado quisesse dizer que um Prudêncio da vida, um negro livre, pode até se tornar um proprietário de escravo – possibilidade legal para qualquer homem livre do Império –, mas nunca seria um Brás Cubas: um homem branco, de estirpe e grande proprietário, que andara a estudar pela Europa. Machado de Assis também sugere que um negro como Prudêncio pode até ser um pequeno escravocrata, mas os escravos, de Prudêncio ou de Brás Cubas, serão sempre negros. Se nem todos os negros e mulatos são escravos, todos os escravos são negros e mulatos.

A questão da escravidão como pano de fundo voltaria a aparecer em *Dom Casmurro*, romance de 1899, quando a abolição já completara mais de uma década. No texto, Bentinho aponta para os escravos, em diálogo com Escobar, e narra a origem rural e escravocrata da família.

> Contei-lhe o que sabia da vida dela e de meu pai. Escobar escutava atento, perguntando mais, pedindo explicações das passagens omissas ou só escuras. Quando eu lhe disse que não me lembrava nada da roça, tão pequenino viera, contou-me duas ou três reminiscências dos seus três anos de idade, ainda agora frescas. E não contávamos voltar à roça?
> — Não, agora não voltamos mais. Olha aquele preto que ali vai passando, é de lá. Tomás!
> — Nhonhô!
> Estávamos na horta da minha casa, e o preto andava em serviço; chegou-se a nós e esperou.
> — É casado, disse eu para Escobar. Maria onde está?
> — Está socando milho, sim, senhor.
> — Você ainda se lembra da roça, Tomás?

— Alembra, sim, senhor.
— Bem, vá-se embora.[113]

Noutra passagem, fica claro que grande parte da renda da família de Bentinho provém do trabalho escravo. Não se trata de questão de somenos importância: "– E estão todos aqui em casa? Perguntou ele [Escobar]. – Não, alguns andam ganhando na rua, outros estão alugados. Não era possível ter todos em casa. Nem são todos da roça; a maior parte ficou lá".[114]

É preciso reconhecer a diferença de historicidade entre *Dom Casmurro* (1899) e *Memórias póstumas de Brás Cubas* (1881), escrita no início da dramática década de 1880, tempo de encarniçadas lutas entre abolicionistas e escravocratas. Em *Memórias póstumas*, a cena doméstica é apresentada com absoluta naturalidade, como a reforçar a condição de *coisa* dos escravos. O efeito no leitor é o de chamar a atenção para uma naturalidade escravocrata que, naqueles anos, passara a ser alvo dos ataques abolicionistas. Angela Alonso nota que um dos grandes esforços dos abolicionistas foi justamente o de retratar os negros escravizados como pessoas, insistindo no que a pesquisadora chamou de "retórica da compaixão", que servia poderosamente para deslegitimar o sistema. A militância abolicionista dava-se sobretudo entre os grupos médios da população urbana do Rio de Janeiro e de outros centros urbanos, formada ao menos em parte por leitores de jornais, romances e frequentadores de teatro. Era precisamente o público dos escritores da época. Machado de Assis, como sabemos, conferia importância e atenção aos leitores.

No trecho a seguir, o narrador mostra mais um episódio da infância de Brás Cubas, onde os escravos comparecem à cena como parte do ambiente doméstico de uma família abastada e, naturalmente, escravocrata: "Pedi em voz baixa o doce; enfim, bradei, berrei, bati com os pés. Meu pai, que seria capaz de me dar o sol, se lho exigisse, chamou um escravo para me servir o doce. A tia Emerenciana arrancara-me da cadeira e entregara-me a uma escrava, [...]".[115] Na cena, "a escrava" não tem nome, o que reforça a ideia de que a presença da escravidão não é trivial. Não se

113 ASSIS, Machado de; COUTINHO, Afrânio (org.), *Op. Cit.*, 1994, p. 899-900.

114 *Ibidem.*

115 ASSIS, Machado de; COUTINHO, Afrânio (org.), *Op. Cit.*, 1994, p. 530-531.

pode esquecer que Machado era amigo pessoal e interlocutor frequente de Joaquim Nabuco. É absolutamente impossível que o tema do trabalho escravo e da abolição não comparecesse em suas tertúlias. Notemos que já no início de *O Abolicionismo* – obra de 1883, publicada só dois anos depois de *Memórias póstumas* –, Nabuco chama atenção para a existência de uma espécie de *linha de cor*, como uma característica incontornável do escravismo moderno. De fato, somente os homens de "cor preta" foram sistematicamente escravizados no Novo Mundo por mais de três séculos:

> A escravidão moderna repousa sobre uma base diversa da escravidão antiga: a cor preta. Ninguém pensa em reduzir homens brancos ao cativeiro: para este ficaram reservados tão somente os negros. Nós não somos um povo exclusivamente branco, e não devemos, portanto, admitir essa maldição pela cor.[116]

Justamente entre 1880 e 1881, os abolicionistas, liderados por José do Patrocínio e André Rebouças, organizaram no Rio de Janeiro uma série de conferências-concertos. Patrocínio e Rebouças eram mulatos como Machado de Assis, ou seja, *mulatos* na linguagem do século XIX; hoje, dir-se-ia que eram negros. Os conferencistas atacavam os escravocratas, mencionavam a ineficácia da Lei do Ventre Livre, denunciavam os maus-tratos impostos aos negros e defendiam a abolição imediata sem indenização aos proprietários. Em alguns casos, os abolicionistas concediam cartas de alforria, com recursos arrecadados no evento, sempre revestido de tom patriótico, pois consideravam a abolição uma nova independência. Joaquim Nabuco foi um dos conferencistas, embora não pertencesse ao círculo mais próximo de José do Patrocínio e tivesse posições mais moderadas que ele, porém foram aliados na causa. Após as palavras dos líderes abolicionistas, ou de seus convidados – evidentemente simpatizantes da causa –, ocorriam apresentações musicais e teatrais, o que garantia casa cheia e dava sentido político aos eventos.[117] Em fins do ano de 1880 – quando *Memórias póstumas* circulava em folhetim pela cidade do Rio de Janeiro –, Sílvio Romero, que se apresentava como abolicionista, foi convidado a proferir uma dessas conferências. Mas não compareceu, sob

116 NABUCO, Joaquim. O *Abolicionismo*. Rio de Janeiro: Nova Fronteira, 1999, p. 24.

117 ALONSO, Ângela, *Op. Cit.*, 2016, p. 113-151.

o pretexto de estar doente. Alguns meses depois, em fevereiro de 1881, o mesmo Romero publicou, na *Revista Brasileira*, artigo intitulado "A questão do dia – a emancipação dos escravos". No texto, ele definiu a natureza de seu abolicionismo:

> Quero a libertação dos escravos pelo meio prático de uma *reductio ad absurdum* da escravidão, sem que para isto se lhe marque um prazo; porque esta ideia foi repelida, e sem que seja necessário inverter a história de nossa civilização, que é uma civilização fundada pelos brancos e não inventada pelos negros. Não exijo destes que renunciem e posterguem a sua raça, mas deixem aos brancos o direito de também defenderem a sua. Quero a libertação como o resultado de uma transformação orgânica da sociedade, e não como um produto das declamações sem alvo do Sr. Nabuco, ou uma inversão das teorias negristas;[118] quero-a, como a devem querer aqui os representantes do espírito civilizador europeu [...][119]

A década de 1880 foi um tempo decisivo na vida intelectual de Machado de Assis, na qual publicou obras importantes, como *Memórias póstumas de Brás Cubas* e *O Alienista* (1882), bem como na trajetória de Sílvio Romero, que publicou *Introdução à literatura brasileira* (1880) e *História da literatura brasileira* (1888). Era um tempo em que a crise da escravidão estava na ordem do dia. No artigo em questão, Romero afirma que "aqui não há escravocrata", mas evita uma adesão política ao abolicionismo. Os escravocratas – que haviam sido contrários à Lei do Ventre Livre – durante a década de 1880, agora se agarravam a ela, a fim de evitar novas reformas. Romero também pensava assim: "depois da lei de 28 de setembro de 1871, a escravidão é um fenômeno mórbido, uma instituição que vai morrer, uma árvore daninha a que se cortaram as raízes".[120] Para ele, o caminho para a emancipação dos escravos deveria ocorrer sem intervenções do Estado, pela própria dinâmica econômica, argumento tipicamente liberal.

> O melhor meio de acabar com a escravidão não é formular projetos absurdos e combinações legislativas engenhosas. O melhor meio de acabá-la é

---

118 Grifo nosso.

119 ROMERO, Sílvio. "A questão do dia – a emancipação dos escravos". In: *Revista Brasileira*. Rio de Janeiro, 1881, p. 203.

120 ROMERO, Sílvio, *Op. Cit.*, 1881, p. 192.

> cerceá-la, pô-la em estado de sítio, estabelecer com ela a concorrência, torná-la inútil, e depois impossível. É fazer crescer a seu lado o trabalho livre, mais fecundo, e depois mais fácil, mais barato; é, em uma palavra, matá-la economicamente. Aquele órgão se atrofiará por falta de função. Não será preciso, portanto, pedir ao governo que decrete leis contra a escravidão.[121]

Sílvio Romero assumiu uma perspectiva liberal, na qual a abolição teria de vir, mas não como fruto de uma intervenção política-estatal, e sim da dinâmica modernizadora do processo produtivo, de um modo "orgânico". A ideia de que as sociedades emulavam organismos vivos foi importantíssima na segunda metade do século XIX.[122] Fundamentado no liberalismo organicista, cientificista e raciológico, de fundo spenceriano, Romero afirma: "deixem aos brancos o direito de também defenderem a sua civilização".[123] Celia Maria Marinho de Azevedo observa que a convivência, e mesmo a convergência, entre o liberalismo e o cientificismo de fundo racista foi comum no Brasil de fins do século XIX.[124] Romero é um exemplo de um autor (timidamente) antiescravista, cujos argumentos liberais e raciais confluíram para a elaboração de um discurso, segundo o qual a escravidão é economicamente irracional e atrasada. Foi com um arsenal teórico e político fundado na retórica do progresso nacionalista e no cientificismo raciológico, que Romero interpretou a Escravismo e a presença negra no Brasil. Discurso muito diferente do de Joaquim Nabuco, que não falara em "raça", mas em "cor". E, como sabemos, também de Machado de Assis, que não cedeu ao discurso científico-racialista.

---

121 *Ibidem*, p. 196.

122 HAWKINS, Mike. *Social Darwinism in European and American Thought 1860-1945 – Nature as a Model and Nature as a Threat*. Cambridge/UK: Cambridge University Press, 1998.

123 A passagem de 1888 é representativa do viés cientificista de Romero: "A hereditariedade representa os elementos estáveis, estáticos, as energias das raças, os predicados fundamentais dos povos; é o lado nacional das literaturas. A adaptação exprime os elementos móveis, dinâmicos e genéticos, transmissíveis de povo a povo; é a face geral, universal da literatura. São duas forças que se cruzam, ambas indispensáveis, ambos produtos naturais do meio físico e social". Ver: ROMERO, Sílvio, *Op. Cit.*, 1953, p. 55 (Apud SCHNEIDER, *Op. Cit.*, 2005, p. 41).

124 AZEVEDO, Celia Maria Marinho de. *Onda negra, medo branco*. São Paulo: Annablume, 2015, p. 55.

Não se sabe exatamente o que Sílvio Romero entendia por "teorias negristas", expressão usada no artigo da *Revista Brasileira*, sobre *a questão do dia – a emancipação dos escravos*. Porém, sabemos que dois dos três maiores líderes abolicionistas eram negros ou mulatos, como as fontes do século XIX se referem a José do Patrocínio e André Rebouças. Outro líder abolicionista de relevo era o amigo de Machado de Assis, Joaquim Nabuco – filho do senador liberal e Ministro da Justiça do Império, Nabuco de Araújo. Além de pleitearem o fim imediato da escravidão sem indenização aos proprietários, Rebouças, um dos "negristas", ainda falava em "democracia rural" em contestação ao latifúndio.[125] Patrocínio, também "negrista", era mais belicoso e loquaz, politicamente próximo de Rebouças, porém mais radical. Patrocínio dirigia-se menos às instituições e mais ao público, diretamente por meio da *Gazeta da Tarde* – jornal abolicionista –, e, mais tarde, via jornal *Cidade do Rio*, de onde desancava o escravismo e os escravocratas.[126] Outro militante negro do movimento foi Vicente Souza, médico e professor de ativa atuação na Confederação Abolicionista (CA) liderada por Patrocínio, Rebouças e João Clapp, filho de pai norte-americano e fundador da Sociedade Brasileira Contra a escravidão (SBCE). Nabuco assumira uma posição mais institucional e tivera, na década de 1880, importante atuação fora do país, capaz de obter apoio e contato ativo com importantes instituições internacionais, como a *Anti-Slavery Society* e a prestigiosa *British and Foreign Anti Slavery Society*.[127] É possível observar a maneira com que Romero se refere a Nabuco e aos *sang-mêlés*, Patrocínio e Rebouças:

> Quem já não vê que a questão [da emancipação dos escravos] passou de seu momento agudo sem que nada se haja resolvido, sem que outra coisa tenhamos apreciado além das coquetices do pedantocrata Joaquim Nabuco

125 PESSANHA, Andréa Santos da Silva. "Pela palavra e pela imprensa: André Rebouças e propostas sociais para o Brasil do final do XIX". In: *XXVII Simpósio Nacional da ANPUH: conhecimento histórico e diálogo social*. Natal/RN, 2013; MATTOS, Hebe. "André Rebouças e o Pós-abolição: entre a África e o Brasil (1888-1898)". In: *XXVII Simpósio Nacional da ANPUH: conhecimento histórico e diálogo social*. Natal/RN, 2013.

126 ALONSO, Ângela, *Op. Cit.*, 2016, p. 85-112.

127 ALONSO, Angela. "Joaquim Nabuco e os abolicionistas britânicos. Correspondência, 1880-1905". In: Revista *Estudos Avançados*. v. 23, n. 65, São Paulo, 2009.

> e das declamações ingênuas e inofensivas de um ou outro *sang-mêlé* transformado de chofre em vidente e diretor da opinião brasileira?[128]

O "pedantocrata" Joaquim Nabuco, até onde a pesquisa alcançou, não reagiu, mas o *sang-mêlé*[129] José do Patrocínio partiu para grossa pancadaria. Em artigo na *Gazeta de Notícias* acusou Sílvio Romero de "teuto maníaco de Sergipe", "Spencer de cabeça chata", "sectário de um materialismo energúmeno", "lacaio", "canalha" e "escravocrata".[130] A ira de Patrocínio é compreensível mas, a rigor, Romero não era um "escravocrata" em sentido estrito. Era, antes, um liberal spenceriano (portanto cientificista e racialista), portador de sensibilidade conservadora quanto a esta agenda, a ponto de espezinhar os abolicionistas justamente quando o escravismo se encontrava sob forte ataque. Em termos políticos, trata-se de uma posição amigável aos escravocratas, o que torna a acusação de Patrocínio compreensível. Em *Estudos sobre a poesia popular do Brasil* (1888), Romero havia defendido a abolição da escravidão; certamente por isso foi chamado para uma conferência abolicionista, à qual se negara a participar. O entusiasmo do crítico estava noutro lugar. Ele se colocava fortemente em defesa da "civilização" de matriz lusitana, mestiça, mas

---

128 ROMERO, Sílvio, *Op. Cit.*, 1881, p. 192.

129 A expressão francesa *sang-mêlé* significa "sangue misturado" e era portadora de alto teor pejorativo. Além do peso histórico do escravismo e do racismo, somava-se naqueles anos a penetração do moderno discurso científico-racialista no mundo. Arthur de Gobineau, que fora nomeado embaixador da França no Rio de Janeiro, em 1869, havia escrito o *Essai sur l'inégalité des races humaine (*1853-1855). Para ele, a mistura de "raças" levaria à degeneração. Gobineau insistia que o destino do Brasil estava definido e era altamente negativo. Apenas a imigração europeia poderia remediar o quadro. Sílvio Romero e outros intelectuais brasileiros conheciam a obra de Gobineau. Usar a expressão *sang-mêlé*, em francês, era evidentemente um instrumento de ataque aos abolicionistas negros, como José do Patrocínio e André Rebouças. SANTOS, Ricardo Alexandre. "A extinção dos brasileiros segundo o conde Gobineau". In: *Revista Brasileira de História da Ciência*. v. 6. n. 1. Rio de Janeiro, jan./jun. 2013, p. 21-34.

130 A polêmica repercutiu por todo o Brasil e o artigo em questão foi republicado por diferentes jornais, inclusive *O Libertador*, de Fortaleza e, possivelmente, em outros jornais (*Gazeta de Notícias*, de 7 de fevereiro de 1881). Sobre a imprensa abolicionista, ver: PINTO, Ana Flávia Magalhães. *Fortes laços em linhas rotas: literatos negros, racismo e cidadania na segunda metade do Século XIX*. 2014. Tese (Doutorado em História) – IFCH / Unicamp. Campinas/SP, 2014, p. 150.

embranquecida (e que deveria *embranquecer* muito mais, pela imigração). Era fundamental viabilizar o progresso, o que passava por *civilizar* "os índios que restam" e *emancipar* os "ignorantes" cativos.

Imagem 3: Retrato de José do Patrocínio

A acusação de "escravocrata" perpetrada por José do Patrocínio tem a ver com a posição de Sílvio Romero quanto à sua interpretação acerca dos negros como "raça inferior". No referido artigo da *Revista Brasileira*, de 1881, Romero defendia que o Estado *jamais* extinguisse a escravidão, porém argumentava em defesa do uso de fundos públicos para comprar o maior número possível de manumissões. Como já se observou, a sensibilidade liberal e conservadora de Romero o fazia respeitoso quanto ao direito de propriedade e defensor de um caminho gradual rumo ao trabalho livre, sensível aos interesses dos proprietários. Além disso, suas posições teóricas – signatárias de um pensamento científico-racialista – levaram-no a considerações abertamente racistas, posições que certamente chocaram a José do Patrocínio e a André Rebouças.

Para Sílvio Romero, "o Brasil não é, não deve ser, o Haiti", ainda em referência ao artigo da *Revista Brasileira*, que insistia na inferioridade dos negros e citava, como voz de autoridade, o naturalista britânico Thomas Henry Huxley, que se apresentava como defensor da teoria da evolução de Darwin, e que afirmava: "O negro é um ponto de vista vencido na escala etnográfica, e o Brasil não é, não deve ser, o Haiti. Eu não sei se os nossos publicistas de cor terão a veleidade de suporem-se mais ilustrados, mais lúcidos, mais desprendidos de prejuízo do que o ilustre naturalista Huxley".[131] E continuava:

> Pode ser absolutamente certo, diz Huxley, que alguns negros sejam superiores a alguns brancos; mas nenhum homem de bom senso, bem esclarecido sobre os fatos, poderá crer que em geral o negro valha tanto quanto o branco e muito menos seja-lhe superior. E se assim é, [...], nossos irmãos prognáticos possam lutar com vantagem com os seus irmãos melhor favorecidos de cérebro. Não só os irmãos negros não poderão, pois, chegar aos mais altos lugares da hierarquia estabelecida pela civilização, ainda que não seja necessário confiná-los lá para a última classe.[132]

A comparação com o Haiti é um velho *topos* oitocentista. O medo de uma suposta *haitianização*, no caso de Sílvio Romero, é menos o temor de uma possível rebelião escrava e/ou negra, e mais o de uma eventual *africanização* da população brasileira, razão pela qual o crítico defendia a imigração europeia. Ao invés de se *africanizar* como o Haiti, o Brasil deveria orientar-se no sentido de uma civilização branca e moderna. André Rebouças, em seu diário pessoal, registrou a crítica de José do Patrocínio a Romero de modo breve e contundente: "Conflito com o escravocrata Sílvio Romero. As resistências dos escravocratas se acentuam".[133] O que as poucas palavras de Rebouças insinuam, talvez involuntariamente, é que durante os anos 1880 vivia-se uma modernização da *negrofobia*. Na medida em que a escravidão dava sinais inequívocos de esgotamento, perdendo sua legitimidade

131 ROMERO, Sílvio, *Op. Cit.*, 1881, p. 197-198.

132 *Ibidem.*

133 REBOUÇAS, André. *Diário e Notas Autobiográficas.* Rio de Janeiro: José Olympio, 1938, p. 293. Ver: CARVALHO, Maria Alice Rezende de. *O quinto século, André Rebouças e a construção do Brasil.* Rio de Janeiro: Revan/Iuperj, 1998; SANTOS, Sydney dos. *André Rebouças e seu tempo.* Rio de Janeiro: Vozes, 1985; TRINDADE, Alexandro Dantas. *André Rebouças: da Engenharia Civil à Engenharia Social.* 2004. Tese (Doutorado em Ciências Sociais). IFCH-UNICAMP. Campinas/SP, 2004.

e viabilidade política, surgia uma nova forma de *inferiorização* dos negros pela via do discurso cientificista – mas também por meio da retórica do progresso e de um nacionalismo mestiço embranquecedor –, fundado no *topos* dos "três povos", que Gilberto Freyre daria continuidade nos anos 1930.[134]

Machado de Assis, como Sílvio Romero, também não tomou parte nos comícios abolicionistas. Mas, diferentemente de Romero, prosseguia produzindo sua contundente literatura. Em 1882, o escritor publicou *Papéis avulsos*, livro de contos em que se encontra *O Espelho: esboço de uma teoria da alma humana*. Enquanto o discurso senhorial ligava os escravos e os negros à indolência, à promiscuidade e à selvageria, apresentando os próprios senhores como sujeitos dotados de moralidade e civilidade, Machado, ao contrário, constrói um personagem denominado Jacobino. Trata-se de um rapaz que, ao que tudo indica, era branco e de origem social modesta. Mas a promoção ao posto de Alferes da Guarda Nacional altera sua condição. Na fazenda da tia – uma senhora escravista –, o jovem Jacobino deixa de ser chamado pelo nome, de acordo com ordens da família. É o título que passa a identificar o sujeito, acima do próprio nome. Os escravos foram obrigados a tratá-lo por "senhor Alferes". Um dia, no entanto, na ausência da tia, os escravos abandonam a fazenda e o Alferes vê-se privado não só do trabalho dos escravos, mas, também, da reverência que eles estavam obrigados a prestar-lhe.

> Achei-me só, sem mais ninguém, entre quatro paredes [...]. Nenhum fôlego humano. [...] ninguém, um molequinho que fosse. Gatos e galinhas tão-somente, um par de mulas, que filosofavam a vida, sacudindo as moscas, e três bois [...] nenhum ente humano. Pareceu-lhes que isto era melhor do que ter morrido? Era pior.[135]

Sem os escravos para sustentar a identidade de um homem superior, o Jacobino não se encontra no espelho. Sem escravos, a ordem escravocrata desaparece. Sem eles, desaparece o poder e prestígio proporcionado aos proprietários,

---

134 Sobre as relações entre Romero e Freyre, ver: "Gilberto Freyre, leitor de Sílvio Romero". In: SCHNEIDER, *Op. Cit.*, 2005, p. 221-245.

135 Ver ASSIS, Machado de. "O Espelho". In: ASSIS, Machado de; COUTINHO, Afrânio (org.), *Op. Cit.*, 1994, p. 349.

ferindo o que Sidney Chalhoub chamou de "ideologia senhorial".[136] Para se refletir com rigor histórico sobre o Brasil do último quartel do Oitocentos, período que corresponde à grande parte da produção de Sílvio Romero e de Machado de Assis, é preciso notar que *escravos* e *negros* não são sinônimos, inclusive em termos demográficos. Já no Censo de 1872, os escravos representavam apenas 15,24% da população brasileira, de menos de 10 milhões de habitantes. Ainda de acordo com o Censo, a população branca do Império era de 38,1%, o que indica uma vasta gama de negros e mestiços livres. Em outras palavras, em torno de 58% dos habitantes do Brasil eram, para usar a linguagem da época, "pretos" (como André Rebouças e Vicente Souza) e "pardos" (como José do Patrocínio e Machado de Assis).

Imagem 4: Retrato de André Rebouças

Intelectuais e escritores como Romero e Machado, naquele período, sabiam perfeitamente que a escravidão caminhava para o ocaso. Se o instituto legal do escravismo – bem ou mal – estava prestes a ser destruído, a presença de negros e mestiços na população brasileira era uma realidade inescapável.[137] Em outras pa-

136 CHALHOUB, Sidney, *Op. Cit.*, 2003.

137 IBGE. *Censo demográfico de 1872.* Disponível em: http://biblioteca.ibge.gov.br/biblioteca-catalogo.html?view=detalhes&id=225477 Acesso: 08/02/2016.

lavras, o binômio *senhor e escravo* lentamente ia cedendo lugar a outro binômio: *brancos e negros*, como se pode observar nas palavras do próprio Romero, justamente em 1888, ano da abolição no Brasil.

> A História do Brasil, como deve ser hoje compreendida, não é, conforme se julgava antigamente e era repetida pelos entusiastas lusos, a história exclusiva dos portugueses na América. Não é também, como quis supor o romanticismo, a história dos tupis, ou, segundo o sonho de alguns representantes do africanismo entre nós, a dos negros em o Novo Mundo. É antes a história da formação de um tipo novo pela ação de cinco fatores, formação sextiária, em que predomina a mestiçagem.[138]

Na passagem não há referência ao escravismo ou qualquer outro tipo de formação social, política ou econômica, mas seu evolucionismo organicista falará em "raças" ou "sub-raças". No trecho aparecem "lusos", "tupis", "negros" e "mestiços". A desigualdade e a diferença não estavam mais no estatuto legal do escravo, mas, sim, na "raça". A desigualdade e a diferença não vinham mais da velha ordem escravocrata, mas da moderna ciência (a mesma ciência que Machado de Assis recusara). Para Sílvio Romero, "a literatura (e a história) rege-se pela lei do desenvolvimento à maneira das formações biológicas. Ainda como as criações biológicas, ela tem a sua luta pela existência, onde as ideias mais fracas são devoradas pelas mais fortes".[139] Se Romero não gastou maiores esforços em atacar o escravismo, embora se dissesse "abolicionista", escreveria sobre os negros e gastaria longas páginas versando sobre os mestiços e a mestiçagem (e, cada vez mais, também sobre um novo personagem da vida brasileira: o imigrante). Não é a proposta deste texto oferecer uma leitura global do pensamento de Romero,[140] mas assinalar que o crítico literário leu a formação brasileira e sua literatura a partir das "raças" que compuseram o país. É o que torna compreensível a percepção de Romero, para quem Machado seria "um brasileiro de regra, um nítido exemplar dessa sub-raça

138 ROMERO, Sílvio, *Op. Cit.*, 1953, p. 85.

139 *Ibidem*, p. 100.

140 Para uma análise global da obra de Sílvio Romero, ver: VENTURA. Roberto, *Op. Cit.*, 1991; COSTA FILHO, Cícero João da. *No limiar das raças: Sílvio Romero (1870-1914)*, Tese (Doutorado em História Social). FFLCH - USP, São Paulo, 2013.

americana que constitui o tipo diferencial de nossa etnografia".[141] Para Sílvio Romero, Machado de Assis recusava a luta. Ou seja, luta em defesa da nacionalidade e do progresso, os dois grandes pilares políticos e intelectuais do século XIX.

O sentido político e histórico da modernidade do pensamento romeriano esteve na reposição da desigualdade, ou melhor, na *modernização do princípio da desigualdade*. Na medida em que o escravismo declinava e se instaurava a igualdade jurídica, a penetração do ideário científico da raça – ou, na linguagem romeriana, a aplicação do "critério étnico", "evolucionista" e "determinista" – resguardado pela autoridade da Ciência, repunha a desigualdade, que agora não mais se encontrava circunscrita à esfera da Lei, mas inscrita no corpo, na "biologia". Como mostra o antropólogo Louis Dumont, o racismo científico emergiu, nas últimas décadas do século XIX, justamente quando as hierarquias de classe enfrentavam a emergência de ideários igualitários, que apostavam na educação e na cultura como reversão da desigualdade de nascimento.[142]

Machado, por sua vez, foi uma espécie de anti Romero. Aliás, com alguma licença poética, podemos afirmar que Machado de Assis transformou Sílvio Romero em personagem, em uma espécie de Simão Bacamarte.[143] Romero compreendeu a crítica machadiana e, por isso mesmo, defendeu sua própria obra, atacando o escritor carioca em *Machado de Assis: estudo comparativo de literatura brasileira* (1897). Romero percebeu com notável perspicácia as recusas de Machado de Assis. O crítico não perdoava no escritor o suposto desinteresse pelas grandes conquistas do mundo moderno, nem aceitava a sua (presumida) falta de entusiasmo pelo país. Para Romero, a experiência brasileira não pedia "*narrativa sóbria, elegante ou lírica*" [144] à maneira de Machado, mas crítica moderna e científica, a fim de pôr o país no caminho da modernidade ocidental. O atraso nacional não justificava o "*pessimismo elegante*" do Bruxo de Cosme Velho, mas o otimismo mobilizador das forças, a fim de viabilizar a abolição e a imigração, tornando o Brasil um país de população, sociedade e cultura predominantemente branca

141 ROMERO, Sílvio. *Machado de Assis: estudo comparativo de literatura brasileira.* Campinas/SP: Editora da UNICAMP, 1992, p. 66-67.

142 DUMONT, Louis. *Homo Hierarchicus.* São Paulo: EDUSP, 1992.

143 Simão Bacamarte é o cientista, personagem principal do Alienista (1882).

144 ROMERO, Sílvio, *Op. Cit.*, 1992, p. 320.

e ocidental. O atraso e a pobreza não autorizava o *humour* de Machado, mas espanto ou ira, em favor do progresso e da ação.[145]

145 O ideal de progresso foi caro a Sílvio Romero e os Estados Unidos pareceram-lhe a encarnação da "prosperidade". Embora o presente artigo se ocupe fundamentalmente da década de 1880 e, em menor grau, 1890, vale citar uma passagem de 1911, em que o velho Sílvio Romero reitera de modo claro e loquaz a perspectiva liberal de progresso e a simpatia em relação aos Estados Unidos. "Em se tratando de prosperidade de um país qualquer, quando se afirma que esse país avança a passos largos na direção de amplo futuro, ocorre logo, ao espírito do que se ouve, que nessa terra se abriram novas e fecundas fontes de prosperidade, surgiram indústrias que não existiam; que o povo, disciplinado no trabalho, multiplica as colheitas, impulsiona a produção, acumula a riqueza; que o capital cresce e se avoluma; como se vê a população inteira na faina; nota-se uma espécie de consensus, de harmonia em todas as classes de alto a baixo e por todos os recantos do território (...). Ninguém se lembra de indagar o que faz o governo. Sabe-se, de antemão, que, nestas terras privilegiadas do trabalho, ele se limita a deixar sem peias as forças propulsoras da nação". ROMERO, Sílvio. *Estudos sociais: o Brasil na primeira década do XX*. Lisboa: Mala da Europa, 1911, p. 199.

II. TENSÕES DO NACIONALISMO (I): SÍLVIO ROMERO E A INVENÇÃO DO FUTURO: O "ALEMÃO DO SUL" COMO OUTRO

Ao contrário de Machado de Assis, que não se encantou pelo progresso, não se enamorou do futuro, nem quis consertar o povo brasileiro, Sílvio Romero identificou na imigração europeia uma via para a modernização do país. Mas não se trata de qualquer imigração, nem imigração de qualquer jeito ou de qualquer lugar. Apesar de se apresentar como admirador do empreendedorismo dos alemães, Sílvio Romero viveu um profundo incômodo quanto à presença alemã no sul do Brasil. O chamado "perigo alemão" só pode ser compreendido a partir da reconstituição das condições que conformam o pensamento nacionalista e científico-racial do autor, uma estrela em uma constelação simultaneamente nacionalista e cientificista.

A imigração europeia para o Brasil

O Brasil – em particular o Sul e Centro–Sul – foi marcado pela imigração europeia de finais do século XIX, começo do XX. Os números são controversos, mas entre 1820 e 1939 teriam ingressado no Brasil 1.507.581 imigrantes italianos, 1.428.032 portugueses,[1] 596.961 espanhóis, 233.382 de língua alemã (incluindo-

1 Segundo Maria Ioannis Baganha, especialista na emigração lusa ao Brasil, para o período de 1855 e 1940, deixaram Portugal rumo ao Brasil 1.970.000 pessoas, constituindo-se no maior grupo de imigrantes europeus no país. BAGANHA, Maria Ioannis. Historiografia da emigração portuguesa para o Brasil: algumas notas sobre o seu passado, o seu presente e o seu futuro. In: ARRUDA, J. J.; FONSECA, L. A. (orgs.). *Brasil-Portugal: História, agenda para o milênio*. Bauru: EDUSC, 2001, p. 449-450.

-se austríacos e suíços de língua alemã), 182.799 japoneses.[2] O censo de 1920 contava ainda 50.246 sírios e libaneses.[3] De acordo com o censo de 1872 – antes da grande onda imigratória ocorrida entre as décadas de 1870 e 1930 – a população brasileira era composta por 9.930.478 habitantes, dos quais em torno de 58% eram negros e mestiços. Entre eles o país contava 1.510.806 de negros escravizados.[4] Portanto, os afrodescendentes (livres ou escravos) eram a maioria da população brasileira. O expressivo número de quase 4 milhões de imigrantes europeus alterou o perfil demográfico da população, ao menos nos atuais sul e sudeste do Brasil, onde se concentraram a grande maioria dos imigrantes.

2 Sobre o montante de imigrantes por nacionalidade, ver: CARNEIRO, José Fernando. *Imigração e colonização no Brasil.* Rio de Janeiro: Universidade do Brasil, 1950.

3 Mais dados podem ser encontrados em DIEGUES Jr, Manuel. *Etnias e Culturas no Brasil.* Rio de Janeiro, Biblioteca do Exército, 1980.

4 Se, grosso modo, o Brasil recebeu quase 4 milhões de europeus entre 1820 e 1939, o historiador Luiz Felipe de Alencastro chama atenção para o fato de que, entre 1550 e 1850, o Brasil recebeu mais de 4 milhões de africanos. Ver: ALENCASTRO, Luiz Felipe de; RENAUX, Maria Luiza. Caras e modos dos migrantes e imigrantes. In: ALENCASTRO, L. F. de (org). *História da Vida Privada no Brasil Volume 2. Império*: a corte e a modernidade nacional. São Paulo: Companhia das Letras, 1997, p. 315.

Imagem 5: Postêr alemão de propaganda de viagens para imigrantes para o Brasil

Para Romero, a crença racista no branqueamento da "raça brasileira" e a relativa positivação da mestiçagem, uma característica que marcou a formação da população brasileira desde o período colonial,[5] levaram-no a defender a imigração, mas sob certas condições, como já alertara na *História da literatura brasileira*, texto originalmente publicado em 1888:

> O Brasil possui uma certa unidade étnica que lhe tem garantido a existência até hoje. Mas esta unidade não deve ser perturbada com a ingestão sis-

---

5 Positivar a mestiçagem, como Sílvio Romero fazia, estava em desacordo com o pensamento europeu da época. O célebre zoólogo da Universidade de Harvard, o suíço Jean Louis Rodolphe Agassiz (1807-1873) – autor de *A Journey in Brazil*, Boston Fields, Osgood, 1871, em consonância com o pensamento hegemônico na segunda metade do século XIX, foi crítico da mestiçagem brasileira. O mesmo se pode dizer de Joseph Arthur de Gobineau (1816-1882), um diplomata francês que serviu no Rio de Janeiro na década de 1860, que, em seu livro *Essai sur l'inégalité des races humaines* (1855), apontou os malefícios da mestiçagem.

> temática de elementos estrangeiros em privilegiada zona do país, nem deve ser posta em prova com um projeto perigoso de federação. (...) O Brasil todo aí está; espalhem-se, tenham o mesmo trabalho que tiveram outrora os portugueses. Espalhem-se e misturem-se às populações nacionais. Não vejo motivo para não aceitarem este sistema. Nada de privilégio de zona; o clima do país é todo apto a colonização.[6]

A passagem acima alude à concentração de imigrantes alemães no sul do Brasil. Para Sílvio Romero caberia aos imigrantes "espalharem-se e misturarem-se às populações nacionais". Em texto de 1890, intitulado *A imigração e o futuro do povo brasileiro*, o autor voltou a manifestar-se criticamente quanto à presença de imigrantes alemães e italianos no sul do país, cujo resultado poderia ser, no futuro, o desaparecimento da língua portuguesa e da cultura luso-brasileira naquela região:

> (...) compreendendo as extremas províncias do Sul, vai escapando cada vez mais a influência portuguesa com a enorme incorporação de colonos italianos e alemães. Dentro de dois séculos a língua de Camões terá desaparecido talvez do Rio Grande do Sul, de Santa Catarina, do Paraná e de São Paulo.[7]

Para Emilio Willems, teriam se estabelecido no Brasil, entre 1886 e 1936, 280 mil imigrantes de "língua alemã",[8] número talvez exagerado. Sejam quais forem os números, os alemães nunca passaram de 6% do conjunto dos imigrantes que chegaram ao Brasil no período em questão, embora em aglomeração em certas regiões eram vistos como fonte de problemas, pois comprometeriam a almejada unidade nacional.

A defesa da imigração por certos grupos de intelectuais remonta ao começo do século XX. Mesmo antes do pensamento científico-racialista da segunda metade do XIX, a negrofobia dos letrados foi considerável. Em 1850, não sem tenaz resistências dos proprietários rurais, o tráfico de escravos foi finalmente abolido.

6 ROMERO, Sílvio. *História da literatura brasileira*, Tomo 1. Rio de Janeiro: José Olympio, 1953, p. 44-45.

7 ROMERO, Sílvio. "O elemento português no Brasil". In: Romero, S. Discursos. Porto: Lello & Irmão Editores, 1904, p. 310.

8 WILLEMS, Emilio. *A aculturação dos alemães no Brasil*. São Paulo: Cia. Editora Nacional, 1946.

Concorreu para tanto a pressão inglesa[9] e a participação na esfera pública de outros atores sociais, como juristas, jornalistas e outros letrados que criticaram não só a escravidão, mas também a presença negra.[10]. Embora anterior, o debate imigrantista e o próprio início da imigração em massa só se tornaram realmente centrais na década de 1880, às vésperas da queda do escravismo (1888) e do Império (1889), um tempo que coincide com a obra e o prestígio de Sílvio Romero.

Para compreendermos o significado mais profundo da crítica à imigração alemã no sul do Brasil, é necessária uma pequena digressão sobre a formação dessas colônias ao longo do século XIX. Sem compreendermos a historicidade e o discurso que os próprios imigrantes e seus descendentes produziram não é possível compreender os demônios que povoaram a consciência nacionalista (e racista) de Sílvio Romero.

Os alemães no Sul do Brasil e o "perigo" separatista

O Império e as próprias províncias do Brasil meridional, ao longo do século XIX, se empenharam em implantar fortes políticas imigratórias. Ao conceder terras para estrangeiros – particularmente alemães e italianos, embora os primeiros tenham chegado décadas antes que os segundos[11] –, o Estado brasileiro objetivava formar uma camada de camponeses livres e brancos, pequenos agricultores que pudessem ocupar os chamados "vazios demográficos"[12] cujo clima, segundo se acreditava em tempos de determinismos climáticos, seria ideal para receber imi-

9 BETHELL, Leslie. *The Abolition of the Brazilian Slave Trade*: Britain, Brazil and the Slave Trade Question 1807-1869. Cambridge: University Press, 1970.

10 RODRIGUES, Jaime. *O infame comércio:* Propostas e experiências no final do tráfico de africanos para o Brasil (1800-1850). Campinas: Ed. da UNICAMP, 2000.

11 As primeiras comunidades alemãs, no Rio Grande do Sul, remontam ao distante ano de 1824, com a instalação da colônia de São Leopoldo, marco inicial da imigração alemã no sul do Brasil. Em 1829, foram criadas colônias alemãs em Santa Catarina e no Paraná. Os primeiros *imigrantes italianos* começaram a chegar ao Brasil meridional apenas em 1870, avolumando-se daí em diante.

12 A rigor, não se tratava de "vazios demográficos", pois havia numerosos grupos indígenas, sobretudo guarani e kainguangs por toda a região. O hábito de tomar chimarrão, comum em grande parte do sul do Brasil (e incorporado pelos imigrantes europeus e seus descendentes) é justamente uma herança dos povos guaranis, que habitavam partes expressivas do sul do Brasil, mas também do Paraguai e de algumas províncias argentinas, como Missiones.

grantes das regiões frias da Europa. A imigração alemã (e italiana) no sul do Brasil, portanto, tiveram características diferentes daquela experimentada no Sudeste, particularmente no Rio de Janeiro e em São Paulo.[13]

Nas províncias do Sul os imigrantes receberam lotes de terras em regiões florestais "desabitadas", formando colônias em geral afastadas dos escassos núcleos urbanos e relativamente independentes da economia pastoril, de modo que o latifúndio e a pequena propriedade puderam coexistir, ocupando regiões distintas. Essa imigração foi diferente da considerável massa humana que se dirigiu para o sudeste do país, São Paulo em particular, onde a imigração contemplou diretamente os interesses dos setores vitais da economia, fosse na grande lavoura cafeeira, ou mesmo na emergente atividade industrial. Em São Paulo e no Rio de Janeiro os vínculos econômicos e a proximidade entre os imigrantes e a população brasileira tornaram a integração social e cultural dos estrangeiros consideravelmente mais fácil. Também se deve levar em consideração a proximidade cultural, linguística e religiosa entre portugueses, italianos e espanhóis e os brasileiros do século XIX. Entre os imigrantes alemães, além do relativo isolamento em colônias, havia uma maior distância cultural, linguística e até mesmo religiosa já que entre eles havia uma porção expressiva de imigrantes luteranos.[14]

O custo da instalação dos novos imigrantes era elevado. Apenas a título de exemplo, na década de 1870, a imigração e a colonização com populações oriundas da Europa consumiu 10% do orçamento do Império, especialmente nos Gabinetes de Rio Branco (1871-1875) e Caxias-Cotegipe (1875-1878), momento em que se investiu fortemente na formação de núcleos coloniais de pequenos proprietários.[15] A partir do final da década de 1880, a imigração italiana para São Paulo – a mais expressiva – foi fortemente subvencionada, em grande parte, pela Província, depois Estado, de São Paulo.

---

13 KLUG, João. Imigração no Sul do Brasil. In: GRINBERG, Keila; SALLES, Ricardo (orgs.). *O Brasil imperial.* Vol 3. Rio de Janeiro: Civilização Brasileira, 2010, p. 207.

14 Sobre o assunto, ver: KLUG, João. *Imigração e luteranismo em Santa Catarina:* a comunidade alemã de Desterro – Florianópolis. Florianópolis: Papa Livro, 1994; e DREHER, Martin. *Reflexões em torno de Lutero v. II.* São Leopoldo: Sinodal,1984a.

15 MACHADO, Paulo Pinheiro. *A Política de Colonização do Império*. Porto Alegre: Ed. da UFRGS, 1999, p. 13.

Antes da imigração, as províncias do sul do Brasil restringiam-se praticamente à criação de gado, à produção de charque e ao tropeirismo. O latifúndio ganadeiro ocupava as regiões dos campos naturais, o que abriu a possibilidade para a instalação de imigrantes europeus nas regiões florestais, sem ferir os interesses da elite latifundiária, até beneficiando-a, pois os colonos europeus desbravariam a floresta subtropical, tornando-se produtores de alimentos e consumidores do gado produzido pelos estancieiros gaúchos. Havia, no entanto, outros fatores a considerar.[16] Povoar as províncias do sul, em particular o interior do Rio Grande do Sul, era geopoliticamente importante para o Império do Brasil, atento a consolidação da fronteira Sul e o povoamento do antigo território das missões jesuítas.

A relativa endogamia e, consequentemente, a considerável homogeneidade étnica no interior das colônias alemãs foi facilitada pelo contexto histórico e pelo sistema de colonização adotado, formador de comunidades rurais. A isso se somou a efetiva disposição dessas comunidades em manter a língua alemã, cultivando valores culturais próprios, ainda que paulatinamente modificados pela experiência histórica em curso. A política de permanecer "alemães", mesmo em solo brasileiro, pode ser sintetizada no conceito de *Deutschtum*, espécie de discurso cultural e político em torno do germanismo herdado do século XIX.[17]

A noção de *Deutschtum* deriva da noção de *Volkstum*, definido pelo nacionalismo romântico do século XIX como a expressão étnico-cultural de um indivíduo, fundamentalmente a língua e as tradições culturais que independem do Estado no qual um indivíduo nasce ou vive, pois a nação estaria no sangue, na língua e na cultura, e não na cidadania. Nesse sentido, o *Deutschtum*, portanto, seria o *Volkstum* alemão. Na tradição nacionalista do século XIX, os dois termos proporcionavam uma espécie de consciência nacional quando a Europa germânica ainda era dividida em pequenos Estados independentes.[18] Esse discurso alimentou o nacionalismo germânico desde o princípio do século XIX e foi utilizado pelas lideranças

16 ROCHE, Jean. *A colonização alemã e o Rio Grande do Sul*. Porto Alegre: Globo, 1969.

17 SEYFERTH, Giralda. *Nacionalismo e identidade étnica*. Florianópolis: Fundação Catarinense de Cultura, 1982.

18 SEYFERTH, Giralda. A identidade teuto-brasileira numa perspectiva histórica. In: MAUCH, Claudia; VASCONCELLOS, Naira (orgs.). *Os alemães no Sul do Brasil*. Canoas: Ed. da Universidade Luterana do Brasil, 1994, p. 18.

alemãs no sul do Brasil, inclusive alimentando uma perspectiva frequentemente racista contra os brasileiros negros e mestiços.

Até a década de 1920 vigorou uma formação cultural e econômica em que predominou uma economia camponesa, permeada por valores e tradições germânicas adaptadas àquele contexto específico. Mesmo nas cidades maiores, como Porto Alegre, Joinville ou Curitiba, havia uma considerável sociabilidade entre os alemães e seus descendentes, embora nessas cidades já se pudesse notar sinais de integração.[19] As associações comunitárias desenvolveram uma rede privada de ensino de primeiras letras em língua alemã, ligada às igrejas, católica e principalmente luterana. Também eram publicados em alemão jornais e almanaques.[20] A manutenção da língua e a formação de uma rede escolar assustou intelectuais brasileiros como Sílvio Romero, pois viram nisso a prova do expansionismo germânico.

19 MAGALHÃES, Marionilde Brepohl de. *Pangermanismo e nazismo:* a trajetória alemã rumo ao Brasil. Campinas: Editora da Unicamp, 1998, p. 19-35.

20 Especificamente sobre as questões relativas à imigração alemã, ver também: ROCHE, Jean. *A colonização alemã e o Rio Grande do Sul.* Porto Alegre: Globo, 1969; SEYFERTH, Giralda. Construindo a nação: hierarquias raciais e o papel do racismo na política de imigração e colonização. In: MAIO, Marcos Chor; SANTOS, Ricardo Ventura (orgs.). *Raça, ciência e sociedade.* Rio de Janeiro: FIOCRUZ/Centro Cultural Banco do Brasil, 1996; GERTZ, René. *O fascismo no Sul do Brasil:* germanismo, nazismo e integralismo. Porto Alegre: Mercado Aberto, 1987; DREHER, Martin. *Igreja e germanidade.* Caxias do Sul: Sinodal, 1984b; MAUCH, Claudia; VASCONCELLOS, Naira (orgs.). *Os alemães no Sul do Brasil.* Canoas: Ed. da Universidade Luterana do Brasil, 1994.

Imagem 6: Foto da Associação de Tiro (Schützverein) de Novo Hamburgo, de 1905, típico das comunidades alemãs no sul do Brasil

As comunidades alemãs pleiteavam o reconhecimento da cidadania pelo Estado brasileiro, sem renunciar ao ideal de pertencimento cultural e linguístico ao "povo alemão". O chamado *Deutschbrasilianertum* designa justamente esse duplo pertencimento: à nação alemã e ao Estado brasileiro. Ao contrário dos princípios constitutivos do nacionalismo alemão, no Brasil imperava o princípio da *jus soli*, que atribui a todo indivíduo nascido no país a condição de nacional, independente de sua origem étnica. Já o *Deutschtum* baseia-se no princípio da *jus sanguinis*, no direito de sangue e na herança cultural. Logo, seria alemão todo aquele que tivesse sangue, cultura e língua alemãs, independente do Estado onde tivesse nascido. Perspectiva política de pertencimento ajustada ao caso alemão antes da unificação alemã (1871), quando não havia um Estado alemão, mas vários. A defesa relativamente organizada de um ideal de pertencimento cultural à nacionalidade alemã, nas colônias, foi patente nas palavras do parlamentar teuto-gaúcho Carl von Koseritz ao jornal catarinense *Blumenau Zeitung*, em novembro de 1886: "Nós vivemos no Brasil e não sob a bandeira alemã, mas nós pertencemos à Alemanha pelos costumes e a língua, estamos afeiçoados à velha pátria (...). Mas pelo Estado somos brasileiros, cumprimos nossos deveres como cidadãos brasileiros (...)".[21]

21 Blumenau Zeitung, Blumenau, nov. 1886, apud: SEYFERTH, Giralda, op. cit., 1982, p. 81.

O modelo de colonização implantado no Sul do Brasil foi profundamente diferente do projeto assimilacionista e miscigenante desejado por Sílvio Romero, que identificou na implantação de colônias alemãs uma profunda imprudência do Império e das províncias, pois essa política imigratória contribuiria para afastar os imigrantes e seus descendentes do contato com as populações nacionais, tornando mais difícil a desejável integração e a consequente mestiçagem étnica e cultural. Em função dessa oposição, Sílvio Romero escreveu em 1906 o longo artigo intitulado *O Allemanismo no sul do Brasil* em tom de alarme e denúncia:

> [A imigração] É salutar, com a condição da inoculação de elementos étnicos de primeira ordem, por todas as regiões do país, de forma que sejam assimilados à nossa gente pelo uso de nossa língua.
>
> É o oposto do regime que temos seguido até agora, a datar de 1824, época em que se formaram os primeiros núcleos coloniais alemães nas províncias do Sul.
>
> Esse desgraçado modo de colonizar constitui o mais sério problema que o Brasil terá de resolver em futuro muito próximo (...).
>
> Não canso de repetir: tal sistema pode ser ótimo, e o é, por certo, do ponto de vista alemão; mas é péssimo, é perniciosíssimo, do ponto de vista brasileiro.[22]

Sílvio Romero foi um dos criadores da noção do "perigo alemão",[23] mas não foi o único intelectual brasileiro a criticar a presença alemã no Brasil e os reais ou supostos interesses expansionistas da Alemanha. O escritor Graça Aranha (1868-1931) tematizaria a questão alemã em diferentes textos, sobretudo em *Canaã*, romance de 1902.[24] Tanto Romero como Graça Aranha, ambos nacionalistas, fizeram referên-

---

22 O texto foi originalmente publicado em 1906: ROMERO, Sylvio. *O Allemanismo no Sul do Brasil: seus perigos e meios de os conjurar*, Rio de Janeiro, Heitor Ribeiro, 1906. ______. O allemanismo no Sul do Brasil. In: Romero, Sílvio. *Provocações e debates:* contribuições para o estudo do Brasil social. Porto: Chardon, 1910, p. 117-118. Utilizo a versão de 1910 por facilidade de acesso.

23 GERTZ. René. *O perigo alemão*. Porto Alegre: Mercado Aberto, 1991.

24 Sobre os textos políticos de denúncia do pangermanismo, ver Graça Aranha, "Brasil e pangermanismo", em CHÉRADAME, André. *O plano pangermanista desmascarado*. Rio de Janeiro: Livraria Garnier, 1917. Graça Aranha, em 1902, havia escrito *Canaã*, um romance ambientado em uma colônia de imigrantes alemães do Espírito Santo (no sudeste do Brasil,

cias ao fato de os alemães continuarem a praticar sua língua de origem, resistindo à adoção da língua portuguesa. Para entender os temores do nacionalismo brasileiro é preciso entender o discurso proferido pelas lideranças comunitárias no sul do Brasil. É preciso notar que os pressupostos que alimentavam a máquina discursiva do nacionalismo e do racismo estavam tanto do lado dos intelectuais brasileiros do período, como estavam contidos no *Deutschtum* assumido pelas lideranças das colônias alemãs no sul do Brasil. Herman Blumenau (1819-1899), fundador, em 1850, da colônia de São Paulo de Blumenau, atual cidade de Blumenau (no estado de Santa Catarina), refere-se "ao brasileiro" (no singular) nos seguintes termos:

> O brasileiro, por ser uma mistura de raças, demonstra em seu caráter uma grande indolência, preguiça, sensualidade, sofre de impetuosa paixão e irascibilidade, característica dos povos de países tropicais, como também gosta de enganar no comércio (...). Quanto mais ao norte e mais quente, mais perceptíveis são essas características. Mas o brasileiro também demonstra uma mente esperta e sensível, geralmente ágil na compreensão, tem muito talento, hospitalidade, simpatia e sociabilidade com relação aos estranhos, além de muita caridade, da qual, certos imigrantes alemães, que não gostam de trabalhar, abusaram, o que considero uma vergonha.[25]

As comunidades alemãs no final do século XIX apresentaram inúmeras manifestações desse discurso.[26] Apesar de todo o peso das leituras científico-racialistas, Romero defendeu a manutenção da formação histórico-cultural luso-mestiça, embora quisesse embranquecer e ocidentalizar o país. O discurso de líderes comu-

---

ao norte do estado do Rio de Janeiro), em que desenha uma imagem dual dos alemães. De um lado está o personagem Milkau, um alemão idealista, sensível e intelectualizado, vê a Europa como decadente e é capaz de ver aspectos positivos na mestiçagem brasileira. O outro personagem é Lentz, orgulhoso de sua "raça", que acredita na supremacia da "raça" branca, germânica em particular. Tanto Milkau como Lentz, acreditam que a cultura dos mestiços será sempre inferior, embora Milkau acredite que a educação pode enriquecer os mestiços brasileiros e civilizá-los, ao mesmo passo que Lentz os vê como degenerados.

25 FERREIRA, Cristina; PETRY, Sueli Vanzuíta. *Um alemão nos trópicos: Dr. Blumenau e a política de colonizadora no Sul do Brasil.* Blumenau: Cultura em Movimento, 1999, p. 53.

26 Sobre o assunto, ver: SEYFERTH, A Liga Pangermânica e o perigo alemão no Brasil: análise sobre dois discursos étnicos irredutíveis. In: *História: Questões e Debates*, Curitiba, v. 10, n. 18-19,1989.

nitários como Blumenau, insistindo na ideia de que os alemães eram mais aptos para o progresso em comparação com os brasileiros ("espertos" e "sensíveis", mas "indolentes" e "sensuais") não se diferenciava fundamentalmente do que o próprio Sílvio Romero acreditava, mas, paradoxalmente, despertou-lhe o temor, pois sentia complexa e ambígua identificação com uma suposta "essência" brasileira, lusa e mestiça, ainda que "inferior", como ele mesmo acreditava.

A expansão numérica das colônias – reabastecidas não apenas por novos imigrantes, mas pelo crescimento demográfico das próprias colônias – foi lida por Romero como um exemplo do "ímpeto de expansão" do "povo alemão". O autor chegou a fazer uma analogia entre a penetração dos "teutões" no Império Romano e a imigração alemã no sul do Brasil, como se fossem tributárias da mesma historicidade. "Os alemães", afirma Romero, são:

> os mais prolíficos e empreendedores, condenados a *busca de melhores terras* [grifo de Romero]. Foi sempre o seu papel durante os dois mil e duzentos anos de sua existência, depois que apareceram na história. (...)
>
> Assim, de todos os povos arianos os germânicos, portadores de qualidades de primeira ordem, são os piores aquinhoados no tocante a terra. E essa desproporção torna-se ainda mais chocante, se é comparada a de certos povos que com razão ou sem ela, os germânicos julgam seus inferiores (...).
>
> Meteram-se por todas as províncias, como hoje se metem pelo nosso Brasil meridional, fazendo protestos de paz.[27]

Ao passo que Sílvio Romero se exaltava com "os alemães", o escritor Aluísio Azevedo (1857-1913) parece lamentar o abrasileiramento do imigrante português Jerônimo, personagem de seu romance *O Cortiço*, publicado em 1890. Quando cai apaixonado por Rita Baiana, mulata e sensual, o português começa sua degradação. A princípio trabalhador, católico e bom marido, Jerônimo começa a gostar de rodas de viola, mudando até seus gostos alimentares, como narra o romance:

> E assim, pouco a pouco, se foram reformando seus hábitos de aldeão português; e Jerônimo abrasileirou-se; (...), aguardente de cana substitui o vinho; a

27 ROMERO, Sílvio, *Op. cit.*, 1910, p. 118-120.

> farinha de mandioca sucede à broa; a carne-seca e o feijão-preto ao bacalhau com batatas e cebolas cozidas; a pimenta malagueta e a pimenta de cheiro invadiram vitoriosamente sua mesa (...) a couve à mineira destronou à portuguesa, o pirão de fubá ao pão de rala e, desde que o café encheu a casa com seu aroma quente, Jerônimo principiou a achar graça no cheiro (...).[28]

Para o bem ou para o mal, o personagem Jerônimo, como símbolo do imigrante português, abrasileirou-se. Nada disso estaria acontecendo no sul do Brasil. Além da herança cultural, Romero enxergava vínculos políticos entre as colônias alemãs e a vitalidade econômica, política e militar do Estado alemão. Eram instâncias diversas do dinamismo do "povo alemão" ou mesmo da "raça alemã". Sílvio Romero, em *O elemento português no Brasil,* texto de 1902, manifestou sua crença no peso da força "orgânica" das nações, capazes de criar e destruir Estados, separando ou ajuntando "povos" (entendidos como "raças"). Essa imaginação nacional, atemporal e teleológica, levou-o a acreditar no "princípio invencível do gênio dos povos", como a longa e decisiva citação evidencia.

> É o cimento indestrutível da raça que opera essas maravilhas.
>
> E a expressão raça aqui não a quero eu empregar apenas no sentido material do fenômeno; quero ver principalmente no fato o alto significado moral da língua, das tradições, dos afetos, dos ideais e aspirações comuns, a imortal feição histórica e cultural da coisa. (...)
>
> Sempre e sempre os ímpetos antagônicos de populações, inassimiláveis por índole, porque são produtos díspares das forças eternas que fundiram as almas dos povos. Vede agora a ação oposta, o reverso do quadro: a ação centrípeta da raça. Aí está esse belo leito da unidade italiana. A história, em seu curso caprichoso, muitas vezes inconsciente não raro insensato, pela ação dos poderosos e déspotas, tinha dividido a formosa terra encantada dos poetas e sonhadores em uma dúzia de reinos, ducados, principados autônomos, independentes, soberanos, muitos deles senhores de fortes exércitos. (...)
>
> Como uniformizar tudo isto? Como unir para fortalecer, para não vir a ser presa do estrangeiro?[29]

---

28 AZEVEDO, Aluísio. *O Cortiço*. Rio de Janeiro: 1973, p. 109-110.

29 A imigração e o futuro do povo brasileiro. In: Romero, S. *Discursos*. Porto: Lello & Irmão Editores, 1904, p. 170-172.

A imaginação[30] nacionalista de Sílvio Romero – racial e biologizante por um lado, mas ainda carregada de traços do nacionalismo romântico da primeira metade do século XIX, por outro – valorizava os *"folk-loristas"*, ou seja, os pesquisadores e os intelectuais que se ocupariam em narrar os admiráveis feitos do povo, com suas antigas tradições comuns. Só depois surgiria o Estado-Nação, quando os "estadistas" (como Bismarck) teriam encarnado enfim o "gênio da nação". Na percepção romeriana, o Estado – na condição de uma realização política – aparece como consequência natural da nação – considerada uma herança histórica e cultural profunda, que repousaria sobre uma "essência" popular, segundo os cânones do nacionalismo romântico do século XIX.[31]

O próprio Sílvio Romero dedicou-se ao *"folk-lore"*, coligindo criações populares, compreendidas como autênticas criações da nacionalidade. Entre outros textos, Romero publicou, em 1883, *Cantos Populares do Brasil*; em 1885, *Contos Populares do Brasil*, e, em 1888, *Estudos sobre a poesia popular no Brasil*. Por mais que a nacionalidade tivesse (uma suposta) existência concreta na vivência do povo, como ele acreditava, caberia aos escritores e intelectuais como ele próprio buscarem nas tradições populares os sentimentos mais fundos dessa nacionalidade que emergiria das criações populares. E as criações populares brasileiras seriam profundamente marcadas pela experiência histórica e cultural das "três raças":

> As tradições populares não se demarcam pelo calendário das folhinhas; a história não sabe o dia do seu dia natalício, sabe apenas das épocas de seu desenvolvimento. O que se pode assegurar é que, no primeiro século da colonização, portugueses, índios e negros, acharam-se em frente uns dos outros, e diante da natureza esplêndida, em luta, tendo obus, a flecha e a enxada, e por lenitivo as saudades da terra natal. O português lutava, vencia e escravizava... Todos deviam cantar, porque todos tinham saudades; o português de seus lares d'além mar, o índio de suas selvas, que ia perdendo, e o negro de suas palhoças, que nunca mais ia de ver.[32]

30 Ver ANDERSON, Benedict. *Comunidade Imaginadas*: reflexões sobre a origem e a difusão do nacionalismo. São Paulo: Companhia das Letras, 2008.

31 Ver THIESSE, Anne-Marie. *A criação das identidades nacionais*. Lisboa: Temas e debates, 2000.

32 ROMERO, Sílvio, *Op. Cit.*, 1953. A primeira edição foi publicada em Lisboa sob o nome *Cantos populares do Brasil*.

Os imigrantes alemães não deveriam sufocar a "essência" popular dessas "três saudades". A crítica às colônias alemãs no sul do Brasil é consequência de sua sensibilidade nacionalista e defensora do progresso, a mesma sensibilidade que o indispôs com Machado de Assis em "O perigo alemão", portanto, nasceu da defesa de uma certa concepção de Brasil, alimentada pelo ideário romântico de nação (que foi ajustado ao cientificismo de Romero). A questão, no entanto, ganhou novos contornos na primeira década do século XX, já de algum modo refletindo a beligerância nacionalista que precedeu a Primeira Guerra Mundial, incorporando preocupações geopolíticas.

O progresso exige imigrantes brancos

Sílvio Romero concebia a chegada de europeus como uma forma de aprimorar as qualidades étnicas e culturais do "povo brasileiro", uma vez que a chegada dos imigrantes adensaria a população do país com trabalhadores brancos, considerados morigerados e industriosos. No entanto, a imigração deveria ser conduzida pelo Estado de modo que resultasse em benefícios ao país e aos brasileiros. Esses imigrantes trariam novas técnicas, o gosto pelo trabalho regular, o espírito de poupança, além de contribuírem para a inversão da escala demográfica em favor da constituição de uma população majoritariamente branca: "Oxalá tivessem podido os neerlandeses perdurar aos milhares, ao menos a título de colonos, por uns quatro séculos nas províncias do Norte!".[33] No entanto, em *História da literatura brasileira* (1888), Romero censurou sem rodeios o modelo imigratório implantado:

> O Brasil possui uma certa unidade étnica que lhe tem garantido a existência até hoje. Mas esta unidade não deve ser perturbada com a ingestão sistemática de elementos estrangeiros em privilegiada zona do país (...). Quanto aos estrangeiros, deve-se fazer com eles o que intitulei a colonização integral, isto é, que se vão espalhando por todo o país, especialmente o norte e o grande Oeste. Nada de aglomerá-los às dezenas e centenas de milhares de uma só raça nas quatro províncias do sul.[34]

---

33 ROMERO, Sílvio. *Estudos sobre poesia popular no Brasil.* Rio de Janeiro: Laemmert, 1888, p. 134.

34 ROMERO, Sílvio, *Op. Cit.*, 1953, p. 44.

Sílvio Romero – como faria Euclides da Cunha nos *Sertões* (1902) – temia as diferenças e os "desequilíbrios" entre o Norte, "histórico e português", e o Sul, cheio de "elementos estrangeiros", o que feria a sua sensibilidade nacionalista e o afeto que destinava ao Norte do país, de onde ele, sergipano, provinha. Esse desequilíbrio lhe pareceu verdadeiramente trágico para a construção da nacionalidade, daí sua preocupação em cobrar do Estado uma atitude que evitasse a formação de dois Brasis. No norte o problema era o atrasado que viria do "*mulatismo*" e do "*caboclismo* noutros", cujo risco era o "predomínio de uma população igual a da República de São Domingos".[35] No Sul, o problema era outro: a tradição histórica luso-brasileira estaria "submergida pela onda estrangeira".

Em tom pessimista, o autor desenhou dois horizontes para o país: de um lado, prevaleceria a tradição colonial luso-brasileira e "mestiça", o que significaria atraso e pobreza. E, de outro, a excessiva concentração de imigrantes desfiguraria a unidade cultural que a colonização portuguesa teria imprimido ao Brasil, desfazendo a unidade brasileira, marcada pela mestiçagem entre portugueses, indígenas e africanos, sob a liderança lusa. Apesar de se assumir como "liberal spenceriano" e elogiar o progresso dos Estados Unidos, Romero demonstrava a crença no Estado como instrumento de correção da sociedade e de promoção do futuro: "Oxalá meditassem (...) aqueles que têm nas suas mãos os destinos do atual povo brasileiro. (...) não haverá um caminho intermediário entre aquelas duas soluções nocivas, uma para o Sul e outra para o Norte? Creio que sim".[36] Para o autor, o Estado deveria assumir a tarefa de construir a nação.

Em 1906, Sílvio Romero escreveu *O allemanismo no Sul do Brasil*, no qual o autor não se opunha à imigração espontânea de alemães para o Rio de Janeiro ou para São Paulo, por acreditar que, nessas regiões, mais cedo ou mais tarde, esses imigrantes se integrariam à população local, diferentemente do que ocorreria no Sul. A crítica à imigração alemã chamou a atenção de seus adversários. O crítico literário José Veríssimo o questionou em 1907: como pode o "germanófilo" da "escola do

35 Ibidem, p. 310-311.

36 Ibidem, p. 312.

Recife"[37] fazer tão acerbas críticas às colônias alemãs no Sul?.[38] Em *Zeverissimações ineptas da crítica* (1909) Romero se defende. A citação é extensa, mas esclarecedora.

> Houve um certo momento (1870-1889) em que se fez no país certo movimento em prol do alemanismo. Foi a propaganda constante de Tobias Barreto, principalmente naquele lapso de tempo, última fase de sua vida. Não foi de todo inútil essa cruzada. (...) espalhou-se nos círculos pensantes o gosto pelas ousadias intelectuais tedescas (...). Tivemos em um momento duas espécies de alemanismo: o literário, defendido, propagado por Tobias Barreto; e o da imigração, encomiado principalmente por [Afonso de] Escragnolle Taunay,[39] não falando já numa terceira fórmula que foi sempre a que principalmente defendemos: o alemanismo consistente em ensinar e demonstrar o valor, a importância, a influência política, social, histórica do elemento teutônico na civilização mundial, modo de pensar este que se conciliava com o do escritor sergipano [Tobias Barreto], por nós aplaudido.
>
> Ora, as duas correntes eram inarmônicas e os dois propagandistas cordialmente adversários. Tobias desejava, aplaudia o alemanismo, isto é, a assimilação da cultura e do pensamento alemão, como meio de fortalecer-nos a nós mesmos e habilitar-nos a lutar com os tedescos no momento oportuno. Era inimigo franco da colonização germânica pelo modo como tem sido feita no Sul do país. (...)
>
> O que havia de acertado na propaganda de Taunay era o zelo por fortalecer o nosso povo e ir apagando progressivamente os maus lados do mestiçamento atual.
>
> O que havia e há de mau em suas ideias era e é não atender que o duplo problema que tinha em vista não se resolve pelo sistema de aglomeração de homens de *uma gente estranha* à nossa em *uma* zona do país.
>
> Dividi-los, espalhá-los, difundi-los para serem assimilados e não perturbem a nação brasileira, que é uma formação luso-americana, é o que convém.[40]

---

37 A chamada "Escola de Recife", liderada por Tobias Barreto, reivindica o papel de introdutora dos intelectuais alemães no Brasil, fortemente marcada pela recepção dos intelectuais franceses. Sílvio Romero considerava Tobias Barreto seu grande mestre.

38 VERÍSSIMO, José. *Que é literatura? E outros ensaios*. Rio de Janeiro/Paris: Garnier, 1907.

39 Romero se refere a Alfredo d'Escragnolle Taunay (1843-1899), o Visconde de Taunay, autor de A retirada da Laguna (1871) e Inocência (1872).

40 ROMERO, *Op. Cit*, 1953, p. 337-338.

É importante observar que, para Romero, a mestiçagem brasileira seria positiva se possibilitasse a integração dos negros, indígenas, mas também os imigrantes, em um grande cadinho étnico, formador de um brasileiro mestiço, mas embranquecido e nacional, aclimatado aos trópicos e predominantemente luso-brasileiro.

A Geopolítica e a imigração

Sílvio Romero chegou a temer possíveis pretensões imperialistas por parte da Alemanha, país recentemente unificado (1871), mas que já alcançara a condição de potência econômica e militar de primeira ordem na virada do século XIX para o XX. A partir da *Conferência de Berlim* (1884-1885)[41] e da corrida imperialista que se seguiu, a Alemanha que até então não possuía colônias, passou a ocupar um lugar importante na geopolítica internacional. O período coincide com a crítica romeriana ao "alemanismo no Sul do Brasil":

> Para se ter uma ideia exata da gravidade do assunto, é mister ter estudado diligentemente o povo germânico, conhecê-lo bem no seu desenvolvimento histórico, e, acima de tudo, no seu assombroso progresso contemporâneo, nas indústrias, na navegação, no comércio, expansão colonial, direi melhor, na necessidade indeclinável que sente de escoar para *colônias suas* o excesso de sua população, que aumenta, a olhos vistos, de forma assustadora.[42]

A leitura de Romero deixou-se impregnar pelo intenso clima beligerante na Europa da época. Lembremos que o Império Alemão nas décadas de 1900 e 1910 era uma potência em franca ascensão econômica e militar, além de possuir uma política externa agressiva e beligerante. O intelectual brasileiro relacionou o cultivo do ideal do *Deutschtum* nas colônias aos interesses políticos, econômicos e estratégicos da Alemanha, chegando a aventar a possibilidade de uma intervenção militar no sul do Brasil em favor dos imigrantes, caso houvesse uma sublevação das colônias alemãs.

---

41 A Conferência de Berlim foi um encontro entre 13 países europeus, Estados Unidos e Império Otomano, com o objetivo de dividir territórios africanos entre si; apenas a Etiópia e a Libéria ficaram de fora da divisão, que atingiu todos os atuais Estados africanos. O evento foi um dos pontos marcantes do neocolonialismo.

42 ROMERO, Sílvio, *Op. Cit.*, 1910, p. 118

> Conhecedores do risco a correr com o levantar no mundo um enormíssimo alvoroço, se ousassem tratar terras americanas como fizeram às Costas d'África e de Nova-Guiné, receosos dum conflito armado com os EUA, que teriam a seu lado provavelmente a Inglaterra e a França, deixaram a conquista direta do Sul do Brasil, mudaram de tática, contentando-se, por enquanto, com a expansão do *Deutschtum*, com a formação dum Brasil *germânico* – ou duma *Alemanha Antártica.*
>
> Neste sentido, a propaganda nos últimos vinte e cinco anos tem sido duma tenacidade, como só eles sabem empregar!
>
> Os esforços despendidos são extraordinários e os resultados que vão obtendo esplêndidos.
>
> Se a propaganda em prol do *allemanismo*, do famoso *Deutschtum*, é feita com tanto calor, com tanta intrepidez em países, nos quais os alemães contam apenas grupos de compatriotas esparsos e prestes a serem assimilados, que não será em regiões como o Brasil, onde eles acham o terreno preparado por grupos compactos, que formam colônias cheias de cidades e vilas puramente germânicas?[43]

Ao chamar a atenção da opinião pública brasileira sobre eventuais interesses do Império Alemão no sul do Brasil, Romero salientava que o contexto internacional do início do século XX era muito diferente de quando as primeiras colônias alemãs foram instaladas no país, levando-o a temer pela unidade política e cultural do Brasil: "as lágrimas brotam espontâneas de todos que amam neste país a famosa peça de arquitetura política de que falava o grande Andrada"[44]. Romero acreditava que os imigrantes alemães e seus descendentes constituiriam outra nação no interior do Estado brasileiro e que poderiam buscar romper a unidade territorial do Brasil em eventual aliança com a Alemanha.

> Ora, os alemães do Brasil são, socialmente, completamente distintos e independentes dos nacionais. Têm outra língua, outra religião, outros costumes, outros gêneros e sistemas de trabalho, outros ideais. É absolutamente inegável. Logo, estão presos a nós somente pelo laço do território; porque

43 ROMERO, Sílvio, *Op. Cit.*, 1910, p. 135.

44 ROMERO, Sílvio, *Op. Cit.*, 1910, p. 135.

> de um laço político efetivo não se pode falar, desde que se sabe que eles não tomam a mínima parte em nossa vida por esse lado. Mas, em nosso território mesmo, as colônias constituem verdadeiras soluções de continuidade entre as populações nacionais.
>
> São como ilhas, ou oásis no meio do que costumam chamar de deserto brasileiro. Faltam-lhes, para de todo se separem de nós, formando um Estado a parte, duas condições apenas: uma população maior, e que essa população se espalhe a ponto de ligar entre si, mais ou menos intensamente, os diversos núcleos coloniais dos três Estados meridionais.
>
> A separação não se faz já, com o auxílio e sob o protetorado da Alemanha, por causa das perturbações que isto acarretaria diante da previdente doutrina Monroe (...)[45]

Para Sílvio Romero a "doutrina Monroe" – ou seja, o Pan-americanismo liderado pelos Estados Unidos – e a possível oposição da França e da Inglaterra teriam, até aquele momento, barrado o "atrevido" Império Alemão de ocupar militarmente o sul do Brasil. O próprio autor provavelmente sabia do exagero da tese, mas queria chamar a atenção da opinião pública e do Estado brasileiro. Era um comportamento característico do tribuno educado no século XIX, empenhado em persuadir a audiência nos marcos da cultura bacharelesca.[46] Romero, em 1906, com certa argúcia, vislumbrou que viriam a se opor os Estados Unidos, França e Inglaterra à Alemanha, sendo o Brasil aliado aos primeiros, como de fato aconteceu.[47]

---

45 Ibidem, p. 158.

46 Roberto Ventura identifica uma permanência da cultura oral nas polêmicas entre os intelectuais do fim do século XIX como se fossem debatedores modernos trovadores. Ver VENTURA, Roberto. *O estilo tropical:* história intelectual e polêmica literária no Brasil (1870-1914). São Paulo: Companhia das Letras, 1991, p. 149.

47 O Brasil entrou na Primeira Guerra ao lado dos Aliados após navios mercantes brasileiros terem sido afundados por submarinos alemães. Em 1917, declarou guerra contra os germânicos e, em 1918, a contribuição brasileira na guerra se deu com uma divisão naval patrulhando a costa da África; uma missão médica na França e um grupo de aviadores para atuar na Grã-Bretanha, Itália e França. Sobre o assunto, ver: Daróz,C. *O Brasil na Primeira Guerra Mundial: a longa travessia.* São Paulo: Contexto, 2016.

Romero enxergava a imigração alemã para os Estados Unidos como virtuosa, sugerindo, implicitamente, que a maneira como aqueles imigrantes se inseriam na sociedade norte-americana era diferente (e melhor), do ponto de vista dos interesses nacionais do país receptor. Nos Estados Unidos, os imigrantes rapidamente se integrariam na vida americana, ao passo que no sul do Brasil viveriam em "quistos", isolados da vida brasileira: "(...) entre os norte-americanos, acontece que, segundo conta Malte-Brun, os alemães, uma vez estabelecidos, não ficam mais alemães de nação. A vida fácil que encontram os leva a aceitar a nacionalidade estranha. A língua alemã continua a servir aos pais; os filhos nascem americanos (...)".[48] Os autores nos quais Romero fundamentou o "perigo alemão" eram quase todos franceses, que operavam dentro do clima de beligerância entre a França e a Alemanha.[49] Além de fonte de informação, citar autores estrangeiros, franceses em particular, era uma forma de ampliar o prestígio de sua tese e angariar simpatizantes à sua causa. Sílvio Romero cita Jules Stocklin, autor de *Les colonies et l'émigration allemandes*, acerbo crítico das pretensões expansionistas da Alemanha, visando reforçar seu argumento e revesti-lo de autoridade intelectual.

> Para eles [os alemães], para esses homens que sabem o que querem, *o critério supremo da nacionalidade* (grifo de Romero), o sinal revelador, o expoente excelso da raça é a *língua*, ouçam bem – é a língua. Este sinal é tudo. *Onde é a pátria alemã*? Perguntava o poeta, e ele mesmo respondia: – É onde se fala a língua...
>
> (...)
>
> Lê-se todo o livro de Stoecklin (...) esse pequeno volume em que o autor condensa a ação e os feitos dos alemães nas cinco partes do mundo, já como emigrantes, já como fundadores de colônias, e só se encontra, como padrão imorredouro da inépcia brasileira, *uma exceção, uma só, a única*

---

48 ROMERO, Sílvio, *Op. Cit*,1910, p. 125-126.

49 A França do começo do século XX vivia clima cultural e político marcado pela admiração e o ressentimento em relação a Alemanha, muito em função da derrota na guerra franco-prussiana (1870-1871), quando a Prússia, liderada por Otto von Bismarck, vergou a França e unificou sob sua liderança a Alemanha. Desde então a rivalidade franco-germânica não deixou de crescer. HOBSBAWM, Eric J. *A Era dos Impérios*. Rio de Janeiro: Paz e Terra, 1988, p. 474-475.

> *em todo mundo de um país* estranho onde os descendentes dos emigrantes alemães conservam o uso completo, exclusivo de sua língua: é no Sul do Brasil... (grifo do autor).[50]

Para reforçar a credibilidade do "perigo alemão", Romero citou um artigo originalmente publicado no jornal francês *Européen*, mas traduzido pelo *Jornal do Commercio*, do Rio de Janeiro, em 5 de agosto de 1904. O texto ajustava-se perfeitamente à sua tese, contribuindo para torná-la politicamente legítima e intelectualmente respaldada. Romero via com enorme admiração a real ou suposta capacidade norte-americana de integrar culturalmente os imigrantes e promover o progresso material. Não era outra coisa o que autor almejava para o Brasil senão trazer imigrantes da Europa, espalhá-los pelo país e integrá-los na cultura brasileira através da miscigenação e da adoção da língua portuguesa. Sílvio Romero voltou a citar o *Européen* de 21 de janeiro de 1905, na versão do Jornal do Commercio de 18 de fevereiro de 1905, em que o periódico francês denunciava explicitamente os interesses do capitalismo alemão no sul do Brasil:

> Numerosas colônias alemãs espalham-se hoje pelo território oriental da parte Sul do Brasil, desde os arredores de Curitiba, capital do Paraná, até Pelotas. (...)
>
> Compreende no todo, com o acréscimo fornecido pelas cidades vizinhas, 300 a 350 mil alemães, dos quais 50 mil no Paraná, 100 mil em Santa Catarina e 150 a 200 mil (estes últimos saídos na maior parte da Pomerânia e do Hunsrück) no Rio Grande do Sul. (...)
>
> A Alemanha tem o maior e o mais real interesse, ao mesmo tempo moral e econômico, em preservar o mais possível de absorção essas colônias relativamente numerosas, que ficam impregnadas de seu espírito e são fiéis clientes da sua indústria. (...)
>
> O governo alemão tomou, há alguns meses, medidas nesse sentido. Poderosas companhias particulares também se ocupam em organizar no Sul do Brasil empresas de colonização (...).
>
> Por todos estes documentos, por todas estas citações, creio, que se terá compreendido a gravidade do caso teuto-brasileiro.

---

50 ROMERO, Sílvio, *Op. Cit*, 1910, p. 126-128.

> É vital para o Brasil ibero-latino, e admira o autor lembrado em princípio, num livro em que se discute o futuro das gentes latino-americanas[51] e inúmeras teses de *ommi rescibili*, não tivessem encontrado duas palavras para lhe consagrar.[52]

Essas leituras parecem ter impressionado Sílvio Romero, nutrindo seu antigo sentimento de temor (e admiração) pelos alemães, ou melhor, um temor que nascia da própria admiração. Olhar os alemães e vê-los como portadores de "qualidades superiores" não era uma particularidade romeriana. A "teutomania" (bem como a teutofobia) foi frequente na Europa em fins do século XIX e princípio do XX. Em autores europeus contemporâneos de Sílvio Romero – como Ernest Renan, de quem fora leitor – era comum considerações acerca da suposta superioridade dos alemães.[53] Após a unificação, em 1871, a cultura intelectual alemã passou a despertar ódios e paixões por todo mundo ocidental. Romero parece ter compartilhado desse clima.[54] Mas não bastava denunciar o perigo, era preciso indicar um caminho capaz de levar a "assimilação dos teutos na civilização brasileira". Foi o que fez em *O allemanismo no Sul do Brasil*. No texto, Romero lançou a base programática para a "solução" desse que parecia ser um dos maiores problemas nacionais. O autor buscou responder a seguinte questão: "que tem o Brasil a fazer para impedir essa desastrada solução do *Deutschtum* que nos ameaça no Sul?".[55] Ele mesmo respondeu:

---

51 Sílvio Romero se refere a Manuel Bomfim, autor de *América Latina: males de origem*, livro de 1905 (BOMFIM, Manoel. *A América Latina*: males de origem. Rio de Janeiro: Topbooks, 1993), contra o qual Romero escreveu *A América Latina: análise do livro de igual título do Dr. Manoel Bomfim* (1906).

52 *Jornal do Commercio*, Rio de Janeiro, 18 fev. 1905, apud: Romero, "O allemanismo no Sul", p. 139-40.

53 Ver POLIAKOV, León. *O mito ariano*. São Paulo: Perspectiva, 1974.

54 Sílvio Romero não foi o único intelectual brasileiro do período a se preocupar com os alemães. Além do já citado Graça Aranha, um prestigioso político e intelectual da época, Rui Barbosa, também atacou os interesses alemães na América do Sul, em conferência proferida no Rio de Janeiro em 17 de setembro de 1916. Ver BARBOSA, Rui. Embaixada a Buenos Aires. In: BARBOSA, Rui. *Obras completas de Rui Barbosa vol. 48, tomo 1*. Rio de Janeiro: MEC, 1981, p. 191-92.

55 Romero, Sílvio, *Op. Cit.*, 1910, p. 161.

> 1º Proibir as grandes compras de terrenos pelos sindicatos alemães, máximo nas zonas das colônias;
>
> 2º Obstar-se a que estas se unam, se liguem entre si, colocando entre elas, nos terrenos ainda desocupados, núcleos de colonos nacionais ou de nacionalidades diversas da alemã;
>
> 3º Vedar o uso da língua alemã nos atos públicos;
>
> 4º Forçar os colonos a aprenderem o português, multiplicando entre eles as escolas primárias e secundárias, munidas dos melhores mestres e dos mais seguros processos;
>
> 5º Ter o maior escrúpulo, o mais rigoroso cuidado em mandar para as colônias, como funcionários públicos de qualquer categoria, somente indivíduos da mais esmerada moralidade e de segura instrução;
>
> 6º Desenvolver as relações brasileiras de toda a ordem com os colonos, protegendo o comércio nacional naquelas regiões, estimulando a navegação dos portos e dos rios por navios nossos, criando até alguma linha de vapores que trafeguem entre eles e o Rio de Janeiro;
>
> 7º Fazer estacionar sempre vasos de guerra nacionais naqueles portos;
>
> 8º Fundar nas zonas do Oeste, tolhendo a expansão germânica para o interior, com fortes colônias militares de gente escolhida no exército.
>
> Estas e outras medidas, despertadas pela prática e pelo critério dos governos, poderão obstar o desmembramento do Brasil nas regiões Sul.[56]

Em conferência em 1902, no Gabinete Português de Leitura do Rio de Janeiro – intitulada *O elemento português no Brasil* (publicada em 1904) – Sílvio Romero discorreu sobre as origens históricas da nacionalidade brasileira, em que sintetiza suas especulações sobre a herança ibero-lusitana na formação histórica e cultural do Brasil. A opção pela imigração portuguesa está associada a crítica ao modelo imigratório em curso no sul do país, incapaz de promover a dispersão dos imigrantes pelo território e a integração deles à população brasileira.

> (...) se a nossa é uma nacionalidade luso-americana, e se ela quer continuar a ser o que é para ficar sendo alguma coisa, e não se pode conceber que

56 ROMERO, Sílvio, *Op. Cit*, 1910, p. 165-166.

> não o deseje, porque esse monstruoso fato seria o único em toda a vida da humanidade: se não chegamos ainda a um tal grau de loucura que prefiramos a nós mesmos os estrangeiros, isto é, os italianos e os alemães, que são os que emigram em massa e para pontos determinados e escolhidos do país; (...) nem o ideal de virmos a constituir um outro Haiti (...): se tudo isto é a verdade irrefragável, não temos outros recursos senão apelar para um reforço do elemento português, já que os europeus de outras origens quaisquer não querem cá vir espalhar-se um pouco por toda a parte, e as duas procedências que nos enviam imigrantes, por nefastos erros da mais estúpida das políticas, foram perturbadamente aglomerados nas belas regiões do Sul, e são hoje um perigo permanente para a integridade da pátria.[57]

Por uma série de razões que fogem ao escopo desse capítulo, as propostas de Sílvio Romero deitaram raízes. Durante a Primeira Guerra Mundial, entre os anos de 1917 e 1918, houve tentativas oficiais no sentido de nacionalizar as escolas e a imprensa vinculadas às comunidades teuto-brasileiras do sul do país. No entanto, terminada a Grande Guerra, não se notaram maiores alterações na vida das colônias. A derrota alemã em 1918 teria deixado aliviada a consciência nacionalista de Sílvio Romero, que havia morrido em 1914. No entanto, na reforma educacional de 1937, durante a Era Vargas (1930-1945), houve uma efetiva campanha de nacionalização compulsória das comunidades estrangeiras, especialmente as alemãs, italianas e japonesas.

É interessante observar os nexos entre o discurso de Sílvio Romero e as práticas políticas nacionalizadoras do Estado Novo. A campanha de nacionalização das comunidades imigrantes iniciou-se com o Decreto-lei de 4 de maio de 1938. De acordo com o decreto, as aulas escolares deveriam ser ministradas em português e o uso de línguas estrangeiras foi proibido para menores de 14 anos. As disciplinas de História e Geografia do Brasil e Educação Moral e Cívica tornaram-se obrigatórias. As escolas deveriam ter nomes brasileiros e os professores e diretores deveriam ser brasileiros natos e graduados em escolas brasileiras. Governos e instituições estrangeiras não mais poderiam financiar qualquer escola em território nacional. O estímulo aos valores patrióticos e bens simbólicos nacionais passou a ser destacado pela legislação. A campanha nacionalizadora culminou com o Decreto

57 Romero, Sílvio, *Op. Cit*, 1904, p. 175.

de 25 de agosto de 1939 – que proibiu o uso de idiomas estrangeiros em locais públicos, inclusive em cerimônias religiosas, cabendo ao exército nacional fiscalizar e fazer cumprir a lei. A partir de 1942, com a entrada do Brasil na Segunda Guerra Mundial, a legislação foi cumprida a ferro e fogo, inclusive com o auxílio das forças policiais e militares. O programa de Sílvio Romero foi quase integralmente cumprido. Pouco mais de três décadas depois da publicação de *O allemanismo no Sul do Brasil*, as proposições romerianas tornaram-se políticas públicas.

O "horizonte de expectativa" assumido por Sílvio Romero, ou seja, seu desejo de futuro, pelo progresso, conjugando nacionalismo e capitalismo, vincula-se a uma dupla recusa: por um lado, o intelectual queria evitar que o Brasil se tornasse "um outro Haiti", em clara alusão a maciça presença de populações negras e a própria revolução haitiana (1791-1804). Por outro, desejava manter as "belas regiões do Sul" majoritariamente ocupadas por populações embranquecidas, mas não desconectadas da matriz luso-mestiça, mantendo-as integradas cultural e linguisticamente ao Brasil. Seu "campo de experiência", ou seja, sua imersão no presente (e o peso da herança oitocentista), foi profundamente marcada pelo nacionalismo e o racismo característicos da história ocidental de seu tempo.[58] À luz dessas questões, caberia aos imigrantes europeus uma missão: "tonificar" os brasileiros, ocidentalizá-los, branqueá-los, mas não para substituí-los. Nesse sentido, as comunidades alemãs no sul do Brasil tornaram-se um problema, pois não serviam ao branqueamento e à ocidentalização do país, pois não estava em processo de miscigenação.

58 KOSELLECK, Reinhart. "Espaço de experiência e horizonte de expectativa". In: KOSELLECK, Reinhart. *Futuro Passado. Contribuição à semântica dos tempos históricos*. Rio de Janeiro: Contraponto/PUC-RJ, 2006, p. 305-327.

III. TENSÕES DO NACIONALISMO (II): EUCLIDES DA CUNHA ENTRE A CIÊNCIA EUROPEIA E A EXPERIÊNCIA BRASILEIRA: O SERTANEJO COMO OUTRO

Enquanto Sílvio Romero debateu-se com "o alemão" das colônias do Sul como outro "do brasileiro", como se um e outro portassem essências singulares, Euclides da Cunha (1869-1909) enfrentou o sertanejo encarnado, para o bem ou para o mal, como outro Brasil litorâneo e urbano.[1]

Euclides da Cunha foi homem atormentado e escreveu um livro que até hoje assombra a consciência brasileira. A memória de *Os Sertões* de certo modo se confunde com a de Euclides da Cunha. Quando se pensa em sua obra, imediatamente remete-se ao autor. Criador e criatura parecem não se distinguir, como se fizessem parte de uma unidade. A obra de Euclides é fruto de multiplicidades de experiências, que vão da formação intelectual até a sensibilidade ética e estética do autor, do clima de época à própria historicidade do Brasil daquela virada de século. Não se pode esquecer que o livro nasceu de uma viagem de apenas dezesseis dias ao sertão da Bahia, em 1897. Euclides havia escrito dois artigos de jornal, intitulados "A Nossa Vendeia",[2] o que lhe proporcionou o convite de *O Estado de S. Paulo* para acompanhar *in loco* a guerra. As notas da viagem ao teatro (trágico) dos acontecimentos, somadas à pesquisa que certamente fez, foram reescritas e estilizadas, gerando em 1902 uma obra singular: *Os sertões*. O jovem e desconhecido autor

1 As pesquisas que geram esse capítulo já aparecem: SCHNEIDER, Alberto Luiz. "Pensamento Social n'*Os Sertões* de Euclides da Cunha: entre a ciência europeia e experiência sertaneja". *Cadernos de História da Ciência*, v. 1, 2014.

2 ABREU, Regina. *O enigma de Os Sertões*. Rio de Janeiro: Rocco/ Funarte, 1998, p. 107.

publicou o livro que mudaria a sua vida, garantindo-lhe um lugar de destaque no cânone literário brasileiro.[3]

Durante toda a vida adulta de Euclides da Cunha, o Brasil debateu-se com um monstro que habitou as consciências letradas de seu tempo: a inexorável condição mestiça do país, cujo único "branco", no dizer jocoso do conde francês Arthur de Gobineau, teria sido o próprio Imperador.[4] Euclides viveu um tempo de fortes apelos nacionalistas, o que, ao menos em parte, explica o pessimismo que grassava entre as elites brasileiras, afinal como poderia o Brasil ser um país próspero, moderno e civilizado com as gentes que dispunha? No auge do prestígio das teses racialistas, a presença de uma vasta população negra e uma vastíssima gama de mestiços de todos os tons atormentou o espírito de classe e mobilizou a consciência racista de boa parte das inteligências da época. Fenômeno que abarcou inclusive intelectuais progressistas, como o próprio Euclides da Cunha, que logo se desiludiria com a República liberal, mas oligárquica e conservadora, que Sérgio Buarque definiu como o verdadeiro "império dos fazendeiros".[5]

A junção tensa entre raça, mestiçagem e ciência foi um dos temas mais recorrentes no debate sobre a modernidade não apenas no Brasil, mas também em outras sociedades multirraciais, especialmente nas Américas.[6] A noção de "degeneração" das populações mestiças, desde a segunda metade do século XIX, foi comum entre cientistas, viajantes e intelectuais, cujas crenças racialistas condenavam os países formados por uma acentuada heterogeneidade étnica. A *intelligentsia* latino-americana e brasileira, inclusive, ou principalmente, deixou-se afetar – com algumas exceções – pelas teorias raciais vindas da Europa, procurando

---

3 NASCIMENTO, José Leonardo & FACCIOLI, Valentim. *Juízos críticos: os sertões e os olhares da sua época*. São Paulo: Nankin Editorial / Editora da Unesp, 2003.

4 SOUSA, Ricardo Alexandre Santos de. "A extinção dos brasileiros segundo o conde Gobineau". *Revista Brasileira de História da Ciência*, Rio de Janeiro, v. 6, n. 1, p. 21-34, jan./jun. 2013.

5 HOLANDA, Sérgio Buarque. "Do Império à República". In: *História Geral da Civilização Brasileira*, vol. 7. São Paulo: Difel, 1983.

6 STEPAN, Nancy Leys, 1991. *A hora da eugenia: raça, gênero e nação na América Latina*. Rio de Janeiro: Fiocruz, 2005.

elaborar soluções locais para suas complexas sociedades multirraciais.[7] Euclides da Cunha partilhou dessa tradição intelectual, como se vê já no começo do livro:

> (...) intentamos esboçar, palidamente embora, ante o olhar dos futuros historiadores, os traços atuais mais expressivos das sub-raças sertanejas do Brasil. E fazemo-lo porque a sua instabilidade de complexos de fatores múltiplos e diversamente combinados, aliada às vicissitudes históricas e a deplorável situação mental em que jazem, as tornam, talvez efêmeras, destinadas a próximo desaparecimento ante as exigências crescentes da civilização e a concorrência material intensiva das correntes migratórias que começam a invadir profundamente a nossa terra.[8]

O século XIX foi marcado, intelectualmente, por um organicismo sociológico cujos vasos comunicantes com o naturalismo eram pronunciados. Esse fundo epistemológico tende a ver o pesquisador (sujeito que pesquisa) e o pesquisado (objeto da investigação) como instâncias separadas; postura "positivista" que marcou o nascimento das ciências sociais, o que implicaria em um projeto político destinado a administrar as populaçoes e gerenciar os espaços públicos. Euclides da Cunha é, claramente, herdeiro dessa cultura intelectual.[9]

7 Manuel Bomfim - em *América Latina: males de origem*, livro de 1905 - foi um dos poucos intelectuais a descartar a noção de "raça" como um problema, preferindo questionar o passado colonial ibérico e o desprezo pela educação e a ciência. Bomfim criticou a mentalidade aristocrática e formalista das elites ibero-americanas.

8 CUNHA, Euclides. *Os Sertões*. Rio de Janeiro: Francisco Alves, 1995, p. 7.

9 BLANCKAERT, Claude. *La nature de la société: organicisme et Sciences Sociales au XIX siècle*. Paris: L'Harmattan, 2004.

Imagem 7: Retrato de Euclides da Cunha, de 1906

A recepção de *Os Sertões*

Nos sete anos que separam a publicação de *Os sertões*, em 1902, e a morte trágica do autor, em 1909[10], o livro de Euclides ganhou três novas edições. De acordo com Sílvio Romero, "de Euclides da Cunha pode-se dizer que se deitou obscuro e acordou célebre".[11] *Os Sertões* atingiu 10 mil exemplares vendidos apenas naqueles poucos anos. Hoje, livros de pretensão intelectual raramente atingem a marca alcançada por Euclides da Cunha há um século, o que dá a dimensão do sucesso retumbante da obra, que continuaria a ser publicada durante todo o século XX, e ainda hoje é envolta numa atmosfera de prestígio, quando não alçada à condição de monumento da nacionalidade. Independente das qualidades da obra, o livro adquiriu uma força simbólica que transcende sua condição eminentemente intelectual.[12]

Num primeiro momento, a consagração de *Os Sertões* pode ser compreendida a partir do "espírito do tempo", eivado de sensibilidade nacionalista e vontade

10 Esse homem trágico, que viveu uma vida privada infeliz, morreu pelo gatilho ágil de Dilermando de Assis, o cadete do exército que fora o amante de sua esposa e de quem ela engravidara em uma de suas longas ausências.

11 ROMERO, Sílvio. "Academia Brasileira de Lettras: Discurso pronunciado aos 18 de dezembro de 1906, por occasião da recepção de Euclides da Cunha". In: *Provocações e Debate: contribuição para o estudo do Brazil social.* Porto: Livraria Chardron, 1910.

12 NASCIMENTO, José Leonardo. *Os Sertões de Euclides da Cunha: releituras e diálogos.* São Paulo: Editora da Unesp, 2003.

realista; daí a força do naturalismo e das perspectivas cientificistas na crítica literária então predominante.[13] O livro de Euclides de algum modo atendeu a essa agenda, ao descrever o que poderia ser definido como "realidade sertaneja", a partir de modernos métodos científicos. Era a ciência a serviço da literatura.[14] Essa perspectiva foi decisiva para catapultar o livro à condição de monumento das letras pátrias, já pelos seus contemporâneos.

Sílvio Romero, ao discursar na posse de Euclides da Cunha na Academia Brasileira de Letras, em 1906, pronunciou um discurso inflamado, em que se pode apreender o sentido político da recepção de *Os Sertões*, pois reúne o elogio ao livro à crítica contra as condições políticas e sociais do país. Na frente de ninguém menos que o então Presidente da República, Romero afirma que a República havia reestabelecido os governos oligárquicos nos Estados, "governichos criminosos", dos quais o país só se livraria por meio de uma revolução violenta. Para ele, o Brasil passava por uma evolução social desencadeada pela Abolição, mas a República teria comprometido a possibilidade de uma verdadeira revolução, impossibilitando a superação do legado colonial. Romero, não satisfeito, foi ainda mais radical, ao afirmar que a elite intelectual brasileira (a qual ele se referia jocosamente como crítica indígena), leu mal *Os Sertões*, elegendo a linguagem e as imagens literárias como um modo de esconder a radicalidade da crítica, pois Euclides da Cunha teria sido um escritor que sabia não apenas empregar pronomes, mas ter ideias e pensar o Brasil. Para Romero, *Os Sertões* é retratado:

> (...) como um trabalho de sociologia – não como obra exclusivamente literária ou como panfleto político – voltado para a descrição da população de trabalhadores que sustenta materialmente, segundo ele, os embevecimentos de uma elite chique, ociosa e disposta nas magníficas cidades da franja

13 Sobre a crítica em fins do século XIX, princípio do XX, ver: WEBER, João Hernesto. *A nação e o paraíso: a construção da nacionalidade na historiografia literária brasileira*. Florianópolis: Editora da UFSC, 1997; GUIMARÃES, Hélio de Seixas. "Romero, Araripe, Veríssimo e a recepção crítica do romance machadiano". *Estudos Avançados*, vol.18, nº 51,. São Paulo, Mai/Ago. 2004.

14 ABREU, Regina. "O livro que abalou o Brasil: a consagração de *Os Sertões* na virada do século". Rio de Janeiro. *Revista Manguinhos* – História, Ciências, Saúde, vol. 5, suplemento, p. 101-102, jul./ago. 1998.

> litorânea brasileira (...) a intelectualidade local, para exorcizar a denúncia que contém, definiu a obra como arte literária: (...) a crítica indígena (...) não vos compreendeu cabalmente. Tomou o vosso livro por um produto meramente literário (...). Viu nele apenas as cintilações de estilo (...) considerou-o ao demais como uma espécie de oposição política (...). Vosso livro não é um produto de literatura fácil, ou de politiquismos inquietos. É um sério e fundo estudo social de nosso povo.[15]

Para Sílvio Romero e Euclides da Cunha – ambos formados na ambientação intelectual nascida do cientificismo e do racialismo, em tempos de Abolição e República – a questão da "raça" era tema central. A aceitação de teses fundadas na suposta superioridade da "raça branca" representou um problema de grandes proporções, pois embargava a confiança de grande parte dos intelectuais brasileiros no futuro do país, com raras exceções, como Manuel Bomfim, em *A América Latina, males de origem* (1905).[16] Tanto Euclides como Romero não compartilhavam do "chiquismo da Rua do Ouvidor".[17] Um e outro, partindo de posições diversas, mas conectados pelo nacionalismo, pelo cientificismo e pela perspectiva biologizante de raça, refletiram sobre as categorias de nação e povo.[18]

Euclides da Cunha não partilhava dos grupos intelectuais elegantes que frequentavam os cafés da Rua do Ouvidor, liderados por Machado de Assis, José Veríssimo, Joaquim Nabuco e muitos outros. Quando o Presidente Floriano Peixoto, em 1893, recebeu Euclides no Palácio – talvez como uma homenagem à rebeldia do jovem cadete que havia se sublevado contra a Monarquia – perguntou-lhe que cargo gostaria de ocupar no governo. O engenheiro recém-formado respondeu que queria

---

15 ROMERO, Sílvio. "Academia Brasileira de Lettras. Discurso pronunciado aos 18 de dezembro de 1906, por occasião da recepção de Euclides da Cunha". In: *Provocações e Debate: contribuição para o estudo do Brazil social.* Porto: Livraria Chardron, 1910, p. 365.

16 BOMFIM, Manuel. A América Latina: males de origem. Rio de Janeiro: Garnier, 1905.

17 A expressão é de Sílvio Romero, utilizada diversas vezes em sua obra, inclusive em ROMERO, Sílvio. *Machado de Assis* – estudo comparativo de literatura brasileira. Campinas: Editora da Unicamp, 1992.

18 Sobre Manoel Bomfim e Euclides da Cunha, ver: KROPF, Simone. "Manoel Bomfim e Euclides da Cunha: vozes dissonantes aos horizontes do progresso". Revista Manguinhos - História, Ciências Saúde, vol. 3, n. 1, 1996; VENTURA, Roberto. Euclides da Cunha e a República. Revista Estudos Avançados. São Paulo, vol.10, n. 26, p. 275-291, jan./abr.1996.

que fosse cumprida a lei, ou seja, um ano de estágio na Central do Brasil. Euclides – mais jacobino que o líder dos jacobinos – simplesmente detestou o Presidente. E assim se referia a ele, anos mais tarde, em *Contrastes e Confrontos* (1907):

> O seu valor absoluto e individual reflete na história a anomalia algébrica das quantidades negativas; cresceu, prodigiosamente, à medida que prodigiosamente diminuiu a energia nacional. Subiu, sem se elevar – porque se lhe operara em torno uma depressão profunda.[19]

Não é o objetivo deste artigo investigar de modo mais profundo a recepção de *Os Sertões*, mas convém notar que o livro assumiu, desde de seu lançamento, um papel de "obra sagrada" e "bíblia da nacionalidade".[20] Essa construção remonta às primeiras resenhas de Araripe Junior e José Veríssimo, passando pelo discurso de Sílvio Romero na recepção de Euclides na Academia Brasileira de Letras (1906), chegando aos elogios fúnebres de Edgar Roquette-Pinto (1909). No início da década de 1950, Getúlio Vargas, ao visitar Canudos, quando da construção da Usina de Paulo Afonso, deixou-se fotografar com *Os Sertões* debaixo do braço. Juscelino Kubitschek, às vésperas da inauguração de Brasília, cita Euclides da Cunha, colocando-se como o presidente-pioneiro, desbravador dos ermos profundos do Brasil. Euclides era apresentado como "o novo bandeirante de uma nova entrada para a alma da nacionalidade brasileira".[21] Ana Maria Roland também chama atenção para a junção de uma recepção que identifica o texto euclidiano como "poema épico" e "crônica histórica" da formação brasileira.[22]

Em *Os Sertões*, a ciência racialista (europeia) herdada da segunda metade do século XIX, que será abordada adiante, ocupa um lugar importante, mas a recepção da obra euclidiana elegeu como "lugar da memória" a dimensão literária do texto e a certa sensibilidade nacionalista que perpassa à obra.

---

19 CUNHA, Euclides da. *Contrastes e Confrontos*. Rio de Janeiro: Record, 1975.

20 ABREU, Regina. *O Enigma de Os Sertões*. Rio de Janeiro: Rocco: Funarte, 1998, p. 22 e 24.

21 ABREU, Regina. "Veredas dos Sertões". Caderno Mais. *Folha de S. Paulo*. 02/08/2009.

22 ROLAND, Ana Maria. *Fronteiras da Palavra, fronteiras da história: contribuição à crítica da cultura do ensaismo latino-americano através da leitura de Euclides da Cunha e Octavio Paz*. Brasília: Editora da UnB, 1997, p. 160.

Ciência e linguagem

O enredo *de Os Sertões* é conhecido. O autor narra o confronto de um movimento messiânico, milenarista e sertanejo. Entre 1896 e 1897 Antônio Conselheiro lidera 30.000 pessoas, provenientes de todo o Nordeste brasileiro. Canudos chega a ser a segunda maior concentração urbana da Bahia formada por cearenses, pernambucanos, baianos, alagoanos que para a região convergiram. Após quatro expedições finalmente o movimento é derrotado pelos melhores equipamentos militares de que o Brasil dispunha.

O livro está dividido em três partes: *A Terra, O Homem* e *A Luta*[23]. O primeiro capítulo do livro, *A Terra,* pode ser lido como uma analogia do homem do sertão, duro, seco e hostil. Só penetra em suas entranhas quem as conhece. Nos mandacarus e outros cactos ficam farrapos das fardas dos soldados, punindo-lhes a intromissão. As cabeças-de-frade – um cacto redondo, espinhento, de flor vermelha – faz lembrar a Euclides as cabeças decepadas da guerra. Uma guerra sem prisioneiros, pois degolados.

No capítulo *O Homem,* Euclides descreve os mestiços do Brasil do interior: de três raças em guerra-e-paz, em três séculos de história. A narrativa euclidiana é embalada pela antropologia biológica da Europa de seu tempo. No texto, vemos a autoridade da ciência condenar as gentes "cruzadas", "degeneradas" e "neurastênicas" do Brasil profundo, mas absolve o homem do sertão de juízo mais severo.

Antes da Guerra, os jornais do Rio e de São Paulo consideram Canudos uma conspiração monarquista, cujo objetivo seria restaurar o Império. Terminada a Guerra – que Euclides assistiu *in loco,* como correspondente de O *Estado de S. Paulo* – foi possível perceber aquela experiência de outro modo: o autor foi para o sertão da Bahia com a mesma cabeça dos seus pares do Rio e de São Paulo que, como ele, pertenciam aos círculos letrados. Ele – um republicano exaltado e radical educado na escola de engenharia do Exército – foi para Canudos para ver de perto "a conspiração monarquista", que fatalmente significaria um retrocesso para

23 Na primeira parte Euclides narra a constituição geológica do continente americano, envolvendo a flora, a fauna, o clima, com ênfase no fenômeno da seca. No capítulo *O Homem,* o autor trata do povoamento, da miscigenação entre as "três raças", fundindo história e biologia, segundo a tradição intelectual organicista do século XIX. *A Luta* é a última parte do livro, a mais longa e a mais dramática, na qual Euclides narra a guerra.

o país. Não foi o que viu. Ainda em solo baiano Euclides começou, aos poucos, a mudar sua percepção. Ao voltar da Guerra, finda em 1897, começou a estudar a história do Brasil e de seu povoamento. Queria entender o homem de modo científico, de acordo com o cientificismo de fins do século XIX, com suas formulações sobre as raças, as supostas inconveniências da miscigenação, entre outros legados do darwinismo social.[24]

Segundo Jorge Coli, Euclides da Cunha escreveu uma epopeia decadentista, que se esmerava no emprego de formas elegantes para descrever sangue, sexo, violência, podridão e outros aspectos da sordidez humana[25]. Quem quer que empreenda a leitura de *Os Sertões* há de notar o estilo tortuoso, gramaticalmente rebuscado e ricamente adjetivado da escrita, ornada com toda a terminologia científica da época, até o limite do esdrúxulo. Euclides não poupa os leitores dos detalhes mais cruentos da guerra.

Em conformidade com o espírito positivista de fins do século XIX, ele busca o relato preciso, a decifração da natureza, inclusive humana. Do compromisso com a ciência, evidenciado na linguagem e patente no arsenal teórico, preside a narrativa. Junto à fúria cientificista, há um elemento redentor, como uma espécie de verdade revelada, na qual emergem os homens de Canudos, seus valores, sua coragem, seus deuses, suas misérias e grandezas. Todos esses elementos representados enquanto verdade transcendente, religiosa, mais que uma mera verdade positiva, científica. O estilo, aqui, não é retórica ou verniz, mas fundante, capaz de fazer emergir a história e a geografia e a etnologia. O estilo alimenta a interpretação e não se dissocia dela. Nesse sentido, guardadas as proporções, a narrativa de Euclides lembra o romantismo historiográfico de Jules Michelet e a qualidade estilística de Ernest Renan, autores franceses que Euclides conhecia. A dimensão épica do texto dá relevo à miscigenação, às três raças, à guerra. Uma épica antes trágica:

---

24 Especificamente sobre cientificismo, evolucionismo e racialismo em Euclides da Cunha, ver: BERNUCCI, Leopoldo. "Cientificismo e Aporias em *Os Sertões*". In: BERNUCCI, Leopoldo. *Discurso, Ciência e Controvérsia*. São Paulo: Edusp, 2008. SOUZA, Vanderlei Sebastião. "O Naturalismo de Euclides da Cunha: Ciência, Evolucionismo e Raça Em *Os Sertões*". Fênix – *Revista de História e Estudos Culturais*, Vol. 7, 2010, Ano VII, nº 2; LIMA, Nísia Trindade. "Missões civilizatórias da República e interpretação do Brasil". *Revista Manguinhos* – História, Ciências, Saúde, Rio de Janeiro, vol. 5, suplemento, 1998.

25 Caderno Mais! Folha de S. Paulo (02/08/2009). Jorge Coli foi um dos tradutores de *Os Sertões* para o francês.

> E estava intacto. Murchara apenas. Mumificara, conservando os traços fisionômicos, de modo a incutir a ilusão exata de um lutador cansado, retemperando-se em tranquilo sono, à sombra daquela árvore benfazeja. Nem um verme – o mais vulgar dos trágicos analistas da matéria – lhe maculara os tecidos. Volvia ao turbilhão da vida sem decomposição repugnante, numa exaustão imperceptível. Era um aparelho revelando denodo absoluto, mas sugestivo, a secura extrema dos ares.[26]

A percepção do autor, hoje caduca, é revigorada pela potência da palavra, rigorosa e poética, subvertendo o próprio texto e permitindo múltiplas ressignificações e aproveitamentos. A palavra ilumina o particular, contradizendo a generalidade daquela ciência, hoje esquecida, como sugere sua leitura do sertanejo.

> O sertanejo é, antes de tudo, um forte. Não tem o raquitismo exaustivo dos mestiços neurastênicos do litoral.
>
> A sua aparência, entretanto, ao primeiro lance de vista, revela o contrário. Falta-lhe a plástica impecável, o desempeno, a estrutura corretíssima das organizações atléticas.
>
> É desgracioso, desengonçado, torto. Hércules-Quasímodo, reflete no aspecto a fealdade típica dos fracos. O andar sem firmeza, sem aprumo, quase gingante e sinuoso, aparenta a translação de membros desarticulados. Agrava-o a postura geralmente abatida, num manifestar de displicência que lhe dá um caráter de humildade deprimente. A pé, quando parado, recosta-se invariavelmente ao primeiro umbral ou parede que encontra; a cavalo, se sofreia o animal para trocar duas palavras com um conhecido, cai logo sobre um dos estribos, descansando sobre a espenda da sela. Caminhando, mesmo a passo rápido, não traça trajetória retilínea e firme. Avança celeremente, num bambolear característico, de que parecem ser o traço geométrico os meandros das trilhas sertanejas. E se na marcha estaca pelo motivo mais vulgar, para enrolar um cigarro, bater o isqueiro, ou travar ligeira conversa com um amigo, cai logo – cai é o termo – de cócoras, atravessando largo tempo numa posição de equilíbrio instável, em que todo o seu corpo fica suspenso pelos dedos grandes dos pés, sentado sobre os calcanhares, com uma simplicidade a um tempo ridícula e adorável.[27]

---

26 CUNHA, Euclides da. *Os Sertões*. Rio de Janeiro: Francisco Alves, 1995, p. 373.

27 CUNHA, Euclides da, *Op. Cit.*, 1995, p. 129.

O estilo "decadentista" se ajusta à obra, cujo texto narra a desventura de uma guerra que opôs os mestiços dos sertões profundos do Nordeste brasileiro aos mestiços do litoral a serviço do Exército, expondo nos confins da Bahia o drama de um país inteiro. *Os Sertões* foi capaz de tocar uma multiplicidade de questões que vão do econômico-social (o latifúndio, a pobreza) ao político (a República e seus limites), do intelectual (o cientificismo, o naturalismo, o decadentismo) ao religioso (o messianismo, o catolicismo popular). Por essas razões, *Os Sertões* pode ser entendido como reflexo e reflexão de um país carregado de temporalidades polissêmicas e contraditórias.

A narrativa de Euclides da Cunha – apesar da linguagem trabalhada, com clara intenção literária – fundamenta a legitimidade de seu discurso na autoridade de quem presenciou os acontecimentos, como um viajante que observa a cena em questão. E nisso dialoga implicitamente com a tradição dos relatos de viagens e das expedições científicas. Tradição que remonta a Alexander Von Humboldt.[28] Euclides filia-se, argumenta Fernando Nicolazzi, "a uma tradição extensa de representação do real", em que o narrador se pleiteia "a sinceridade do relato, o desenho correto dos eventos sem, todavia, fazer perder seu colorido e, por conseguinte, sua própria realidade".[29] Outra fonte de autoridade de *Os Sertões*, como já se disse, está no compromisso com a ciência, fundada na prova empírica, capaz de conduzir a leis gerais, de modo que decifrar a sociedade implicaria em seguir as mesmas leis que regiam a química ou a matemática, observa ainda Regina Abreu.[30] Em outras palavras, o narrador busca o relato objetivo e cientificamente informado, mas em linguagem cuidadosamente trabalhada, com passagens de teor poético, a fim de descrever a natureza (ou o homem) do sertão, o que corresponde à expectativa da

28 De acordo com o depoimento do repórter Alfredo Silva, do jornal *A Notícia*, Euclides, ainda em Monte Santo, observava com precisão a natureza à maneira de um viajante-naturalista. Sobre isso, ver: VENTURA, Roberto. "Visões do deserto: selva e sertão em Euclides da Cunha". In: BRAIT, Beth (org.). *O sertão e Os sertões*. São Paulo: Arte & Ciência, 1998.

29 NICOLAZZI, Fernando. "O narrador e o viajante: notas sobre a retórica do olhar em *Os sertões*". *História da Historiografia*. Nº. 02, março. 2009, p. 68.

30 ABREU, Regina. "O livro que abalou o Brasil: a consagração de Os Sertões na virada do século". Rio de Janeiro. *Revista Manguinhos* – História, Ciências, Saúde, vol. 5, suplemento, p. 80, jul./ago. 1998.

alta cultura de seu tempo, em que a literatura gozava de grande prestígio. A passagem a seguir demonstra o esforço em juntar literatura e ciência:

> As mesmas assomadas gnáissicas caprichosamente cindidas em planos quase geométricos, à maneira de silhares, que surgem em numerosos pontos, dando, às vezes, a ilusão de encontrar-se, de repente, naqueles ermos vazios, majestosas ruinarias de castelos.[31]
>
> (...)
>
> E por mais inexperto que seja o observador – ao deixar as perspectivas majestosas, que se desdobram ao Sul, trocando-as pelos cenários emocionantes daquela natureza torturada, tem a impressão persistente de calcar o fundo recém-sublevado de um mar extinto, tendo ainda estereotipada naquelas camadas rígidas a agitação das ondas e das voragens...[32].

Além das influências do cientificismo positivista de August Comte – particularmente forte na Escola Militar de Engenharia do Rio de Janeiro, onde Euclides se formou – é importante atentarmos para a ambiência literária que circunda a obra. Naquela virada de século, o prestígio da literatura de Emile Zola (1840-1902), talvez já declinante na França, mas de renome no Brasil. O autor de *Germinal* (1883) foi uma espécie de paradigma do romance naturalista. Zola acreditava que o literato deveria emular o método do cientista, a fim de reportar a natureza (inclusive dos homens), o que produzia um efeito de verdade, impossível à imaginação romântica (contra a qual ele se insurgia).[33] Nicolau Sevcenko notou que *Os Sertões* radicaliza a herança de Eça de Queiroz, contribuindo para formar um caldo de cultura realista, naturalista e cientificista, no qual Euclides bebeu, levando-o a ceder à ficcionalidade em benefício das potências naturais e das (supostas) realidades sociais.[34]

---

31 CUNHA, Euclides da. *Os sertões*. Ed. crítica organizada por Walnice Nogueira Galvão. São Paulo, Brasiliense, 1985, p. 101.

32 *Ibidem*, p. 103.

33 ZOLA, Emile. *O romance experimental e o naturalismo no teatro*. São Paulo: Perspectiva, 1982.

34 SEVCENKO, Nicolau. *A Literatura como Missão: tensões sociais e criação cultural na Primeira República*. São Paulo: Brasiliense, 1999, p. 200.

É preciso notar que o estilo não é um modo de pensar, na medida em que a linguagem não é uma variável neutra. O estilo cientificista não era exclusividade de Euclides da Cunha, mas partilhado por outros escritores da época, como Júlio Ribeiro (1845-1890), Aluísio Azevedo (1857-1913) ou Raul Pompéia (1863-1895), assim como a crítica a maneira de Sílvio Romero. Como vimos, Machado de Assis (1839-1908) estava noutra trincheira, cujo estilo – não raro arcaizante e subjetivista, com laivos de "realismo mágico" *avant la lettre* (como em Brás Cubas, o defunto narrador) – era francamente oposto à linguagem objetivista dos cientificistas. Machado em *O alienista* (1882) ironizou o cientificismo e o determinismo reinantes em seu tempo. Não é à toa que Sílvio Romero – um crítico que estava próximo dos valores esposados por Euclides da Cunha – tenha sido adversário de Machado de Assis.[35] Coerentemente, foi Sílvio Romero quem saudou, em 1906, o autor de *Os Sertões* na Academia Brasileira de Letras.

Raça e mestiçagem

A mobilização dos referenciais evolucionistas e cientificistas levaram Euclides da Cunha a vocalizar um profundo mal-estar em relação aos mestiços do litoral, especialmente os mulatos. Muito diferentes eram os mestiços do sertão. O sertanejo, adaptado ao meio, misto de europeu e indígena, era uma "sub-raça", muito mais homogênea que mestiços "degenerados do litoral". Em geral a mestiçagem é, para Euclides, negativa, "ante as conclusões do evolucionismo", tornando o mestiço "quase sempre, um desequilibrado", quando não um "decaído", sem "a energia física dos ascendentes selvagens" e sem a "altitude dos ancestrais superiores". Seriam "as fatalidades das leis biológicas",[36] que vão da incapacidade intelectual à fragilidade física. O mestiço, insiste Euclides, "não é uma integração de esforços; é alguma coisa de dispersivo e dissolvente".[37]

---

35 ROMERO, Sílvio. *Machado de Assis: estudo comparativo de literatura brasileira*. Campinas: Ed. da Unicamp, 1992; ROCHA, João Cezar de Castro. "O ruído das festas" e a fecundidade dos erros: como e por que reler Sílvio Romero. *Tempo Brasileiro: Repensando o Brasil com Sílvio Romero*. Rio de Janeiro, n. 145, abr./jun. 2001.

36 CUNHA, Euclides da, *Op. Cit.*, 1995, p. 97.

37 *Ibidem*, p. 97.

Mas de onde vem a "instabilidade" e o "desequilíbrio" do mestiço? Viria, argumenta Euclides, da "sobrecarga intelectual e moral de uma civilização". Os artefatos da civilização seriam tão pesados para quem não atingiu o estágio evolutivo compatível, levando o mestiço ao desajuste mental. Em outras palavras, a "raça inferior" seria ferida pela "superior", pois "neste caso a raça forte não destrói a fraca pelas armas, esmaga-a pela civilização".[38] O sertão, onde a civilização moderna não havia chegado, permitiu que o sertanejo se adaptasse ao seu meio, podendo aguardar a paulatina incorporação dos valores e dos instrumentos do mundo civilizado, diferentemente do "mestiço neurastênico do litoral", atropelado pela civilização que o "degenera".

Euclides destaca a existência de muitas "raças mestiças" no interior do território brasileiro, fruto da multiplicidade do "meio", da "raça" e do "momento" (ou seja, da história, pois, mesmo sem usar repertório histórico, Euclides reconhece a existência de múltiplas temporalidades). O fato de não haver "um tipo étnico único, quando há, certo, muitos", leva-o a argumentar, em tom pessimista, que "não temos unidade de raças. Não a teremos, talvez, nunca", restando uma nesga de esperança, na medida em que o futuro e as circunstâncias haviam reservado ao Brasil "a formação de uma raça histórica em futuro remoto". Como se alcançaria o futuro? Pela evolução (biológica, social, civilizacional), daí a frase famosa: "Ou progredimos, ou desaparecemos".[39] O problema é que o "progresso" do Sul,[40] de clima "ameno" e maior incidência de "brancos", e o "atraso" do Norte, "mestiço", de clima "tórrido", herdeiro de outra história, poderiam inviabilizar o Brasil como uma nação étnica culturalmente integrada. Tudo seria contraste, desde os canaviais da costa e o sertão agreste no interior, até o mar e o deserto da caatinga:

> Enfeudando o território, dividido pelos donatários felizes, e iniciando-se o povoamento do país com idênticos elementos, sob a mesma indiferença da metrópole, voltada ainda para as últimas miragens da "Índia portentosa", abriu-se separação radical entre o Sul e o Norte.

---

38 *Ibidem*, p. 99.

39 CUNHA, Euclides da, *Op. Cit.*, 1995, p. 63

40 Grosso modo, na época de Euclides da Cunha, o "Norte" compreendia os territórios localizados ao norte de Minas Gerais, e o Sul abrangia de Minas para o sul.

> Não precisamos rememorar os fatos decisivos das duas regiões. São duas histórias distintas, em que se averbam movimentos e tendências opostas. Duas sociedades em formação, alheadas por destinos rivais – uma de todo indiferente ao modo de ser da outra, ambas, entretanto, evolvendo sob os influxos de uma administração única. Ao passo que no Sul se debuxavam novas tendências, uma subdivisão maior na atividade, maior vigor no povo mais heterogêneo, mais vivaz, mais prático e aventureiro, um largo movimento progressista em suma – tudo isso contrastava com as agitações, às vezes mais brilhantes mas sempre menos fecundas, do Norte – capitanias esparsas e incoerentes, jungidas à mesma rotina, amorfas e imóveis, em função estreita dos alvarás da corte remota.[41]

Assim como Romero, também Euclides debatia-se com as diferenças supostamente instransponíveis entre o norte e o sul do Brasil. Para Euclides, as populações dos sertões do nordeste do Brasil viviam em outra temporalidade, embora existissem no mesmo tempo físico do narrador. Os sertanejos estariam fora da modernidade ocidental contemporânea: o jagunço "está na fase evolutiva em que só é conceptível o império de um chefe sacerdotal ou guerreiro", daí sua inadequação a República. Por essa razão, o sertanejo é um "retrógrado", pois estaria preso a uma expectativa de amanhã messiânico e místico resultado de "uma sociedade velha, uma sociedade morta, galvanizada por um doido".[42]

O sertanejo, tal como Euclides formulou, seria síntese do clima, do solo, das raças, das múltiplas mestiçagens. É um homem em "contrastes e confrontos" (nome de um livro menos famoso que fala de outro sertão, a Amazônia). O sertanejo seria valente, mas supersticioso; magro, raquítico até, mas forte; fanático, mas generoso. Crédulo, mas desconfiado. Não haveria uma "raça brasileira", definida, mas teríamos um exemplo de formação futura. Embebido das teorias europeias, afirma que: "A mistura de raças mui diversas é, na maioria dos casos, prejudicial" e o mestiço é "quase sempre" um desequilibrado – e dá-lhe termos negativos ("decaído", "híbrido moral", etc). Mas usa esse "quase sempre", "na maioria das vezes", para salvar o sertanejo. Ou seja, diferentemente do mestiço do litoral, esse sim um "decaído", o homem do sertão seria um "retrógrado", mas não um "degenerado", e,

---

41 CUNHA, Euclides da, *Op. Cit.*, 1995, p. 94.

42 *Ibidem*, p. 210.

por fim a senteça célebre: "o sertanejo é, antes de tudo, um forte".[43] Fortes e estáveis, os "rijos caboclos" formariam "o núcleo de força da nossa constituição futura, a rocha viva da nossa raça".[44]

Imagem 8: Foto de 400 jagunços prisioneiros no Arraial de Canudos, em 1897

Fonte: Flávio de Barrros. Acervo do Museu da República

Euclides foi para Canudos a fim de assistir, senão aplaudir, a uma guerra legítima, mas a complexidade do que enxergou o levaria a ver outra realidade, fora da ciência. O intelectual embebido de teorias raciológicas, sem suspender seu juízo, acabou por ver o homem do sertão com simpatia, apesar da artilharia cientificista. Horrorizou-se com as degolas e as torturas, levando-o a denunciar os massacres cometidos pelas forças republicanas. A rigor, o centro da narrativa não está na revolta, mas na repressão. O sertanejo, em princípio arcaico e bárbaro, torna-se aos poucos objeto de sua admiração. Os militares, seus companheiros de formação, os proclamadores da República pela qual militara são, ao fim, criminosos:

43 CUNHA, Euclides da, *Op. Cit.*, 1995, p. 102

44 *Ibidem*, p. 547.

> Havia ali uma inversão de papéis. Os homens aparelhados pelos recursos bélicos da indústria moderna, é que eram materialmente fortes e brutais, jogando pela boca dos canhões toneladas de aço em cima dos rebeldes que antepunham a esgrima magistral de inextricáveis ardis.[45]

Euclides referiu-se a guerra como um "crime na acepção integral da palavra", enojando-se com a ferocidade das forças oficiais, maravilhando-se com a astúcia dos insurretos, ante a estupidez dos militares. Admirou o caráter de Antônio Conselheiro, mesmo vendo-o como "doente" num momento "atrasado" da evolução. Ainda sobre o Conselheiro, diz Euclides: "o infeliz destinado à solicitude dos médicos, veio, impelido por uma potência superior, bater de encontro a uma civilização, indo para a história como poderia ter ido para o hospício".[46] O Conselheiro encarnou a grandeza trágica, mas admirável, em contraposição à barbárie civilizada e racionalista de sua decapitação e exumação. Nos "bárbaros" sertanejos, Euclides encontrou as qualidades maiores dos homens ditos civilizados, provenientes do mundo da moderna razão.

Euclides da Cunha, de certa maneira, contradiz seus próprios pressupostos – senão anulando-os, ao menos mitigando-os –, o que acaba por condenar duas barbáries: por um lado, o misticismo "retrógrado" dos seguidores de Conselheiro e, por outro, a modernidade cega e violenta representada pelo Exército. O autor insistia em assinalar os equívocos que levaram os republicanos a se engajarem contra Canudos, colocando frente a frente o fanatismo dos militares que gritavam "Viva a República!" diante de homens que não a entendiam, pois dela estavam fora. E, por outro lado, o messianismo dos revoltosos. Ao opor a "sub-raça sertaneja" em formação à mestiçagem "generalizada" e "degenerada" do litoral, alude à diversidade racial e à multiplicidade cultural do país. Ao afirmar que os soldados quando perdiam seus uniformes tornavam-se indistintos dos sertanejos, acabou por mostrar, talvez involuntariamente, o quão semelhante eram mestiços do litoral e do sertão.

A admiração que, por vezes, os sertanejos lhe causou não foi capaz de reverter sua consciência mobiliada à ciência europeia. Para Euclides, a sociedade mo-

45 *Ibidem*, p. 498.

46 CUNHA, Euclides da, *Op. Cit.*, 1995, p. 165.

derna era um destino inexorável. A violência do exército republicano pode ter-lhe embargado o otimismo com o regime, mas não a fé no progresso, na civilização e na ciência, que permanecia senão intacta, ao menos em pé. O sertão permanece o "outro", outra gente, outro tempo. Essa noção, que já aparecia em *Os Sertões*, envolta em linguagem rebuscada, reaparece em conferência proferida por Euclides, de maneira crua e direta: "[...] a luta de 1897 nos sertões baianos, a despeito de sua data recente, foi um refluxo do passado; o choque da nossa pré-história e da nossa modernidade".[47] Barreto de Santana nota que, para Euclides, penetrar no interior do Brasil significava se deparar com outra camada de tempo, como o geólogo que, ao se aprofundar na terra, encontra outras camadas geológicas.

Apesar da força literária do texto – e da recepção que elevou o livro à condição de monumento literário da nacionalidade – Euclides quis erigir um texto científico, embora se mostrasse cioso do estilo e da linguagem, até como um modo de obter visibilidade num ambiente intelectual em que a literatura, a crítica e a história literária gozavam de grande prestígio. Luís Costa Lima observa que "em *Os sertões*, é permissível a entrada da literatura sob a condição de constituir uma cena de ornato".[48]

Euclides articulou uma relação complexa e imbricada entre a natureza e as formações sociais, entre literatura e ciência. As nações, como os indivíduos, necessitam do remédio certo, prescrito pela ciência, mas a narrativa precisa ser elevada, para ser ouvida por uma audiência elevada, beletrista. *Os Sertões* narra uma sociedade "doente" – noção cara numa época em que a eugenia representava um instrumento explicativo de prestígio – e Canudos era uma expressão perfeita da chaga da nação. Mas a guerra que destruiu aquela sociedade "velha" e "retrógrada", que habitava no corpo da modernidade brasileira, foi, no entanto, um crime, ou pior: uma covardia. A "sub-raça sertaneja", condenada ao desaparecimento, especulava Euclides, deveria progredir e, como um organismo vivo, progrediria, ou morreria. Não haveria outro remédio para o sertão senão a civilização. Logo, a "rocha viva" da nacionalidade deveria ser arrastada para o "nosso tempo", ainda que a guerra

47 *Apud* SANTANA, J. C. B. "Geologia e metáforas geológicas em *Os Sertões*". História, Ciências, Saúde - Manguinhos, v. 5, 1998.

48 LIMA, Luiz Costa. *O controle do imaginário: razão e imaginário no Ocidente*. São Paulo: Brasiliense, 1984, p. 137.

brutal não fosse remédio. A guerra foi a barbárie (do litoral e da civilização) contra a barbárie (do sertanejo místico e retrógrado).

A autoridade do texto euclidiano reside não apenas na ciência, mas também, como se argumentou acima, no olhar do "observador-viajante", na expressão de Leopoldo Bernucci. Não se trata, é certo, de mero relato de viagem, mas de uma complexa composição, em que os determinismos cientificistas, oriundos da cultura europeia de seu tempo, resultam relativizados pela observação direta. Já ao acolher um mestiço sertanejo como positivo, Euclides está a subverter a condenação das "raças mistas". Bernucci notou com pertinácia a dupla autoridade, a da ciência e da observação direta:

> (...) o que desnorteia Euclides, que busca uma relação congruente entre o que previamente (pensava que) sabia e o que depois vê, é a impossibilidade de facilmente harmonizar essas duas perspectivas, uma cognitivamente livresca; e a outra do saber da própria experiência ou da testemunha ocular.[49]

A tensão entre a ciência e a literatura e, sobretudo, entre a observação direta e a autoridade livresca nunca se resolve. Euclides não se desfaz da massa de argumentos científicos que custosamente adquiriu, até por que isso lhe proporcionava autoridade entre seus pares. No entanto, a força da observação *in loco* quebra a onipotência da ciência. Não é à toa que a força literária e da denúncia política nascem justamente da observação dos acontecimentos. No fim do livro, Euclides busca ativamente a cumplicidade do leitor ante os derrotados (não apenas pelo exército brasileiro, mas também pela ciência europeia), e conclui arrebatador:

> Canudos não se rendeu. Exemplo único em toda a História, resistiu até o esgotamento completo. Expugnado palmo a palmo, na precisão integral do termo, caiu no dia 5 [de outubro de 1897], ao entardecer, quando caíram seus últimos defensores, que todos morreram. Eram quatro apenas: um velho, dois homens feitos, e uma criança, na frente dos quais rugiam raivosamente 5.000 soldados.[50]

49 BERNUCCI, Leopoldo. Prefácio. In: CUNHA, Euclides da. *Os sertões: campanha de Canudos*. São Paulo: Ateliê Editorial/ Imprensa Oficial, 2001. p. 41.

50 CUNHA, Euclides. *Op. Cit.*, p. 778.

Enquanto Sílvio Romero olhou para os colonos alemães no sul do Brasil e viu o exército prussiano, Euclides da Cunha olhou para os sertanejos para condenar uma gente "raquítica" e "fanática" e acabou por ver a rocha "viva da nacionalidade", ainda que condenada a civilização.

PARTE 2

A INVENÇÃO (DA MEMÓRIA) DE SÃO PAULO: OS MÚLTIPLOS DISCURSOS BANDEIRANTES

I. AS LUTAS PELA MEMÓRIA DE SÃO PAULO (1890-1940)

A politização dos monumentos

Muito já se escreveu sobre a associação entre São Paulo e os bandeirantes – os antigos sertanistas da capitania de São Paulo que, no período colonial, penetraram ao interior do continente sul-americano. Ao longo da história somam-se diversificadas camadas de historicidade e seus correspondentes discursos. Como historiador interessado em história intelectual – ou seja, na história dos textos publicados que se enraízam no tempo e no mundo dos vivos – interessa compreender a historicidade e a polissemia dessa série múltipla de discursos.

No plano historiográfico e artístico, a construção da memória bandeirante foi mais forte em São Paulo na primeira metade do século XX, ainda que, como se verá adiante, a luta pela memória dos antigos moradores de São Paulo remonte ao século XVIII. Ecos dessas representações transcendem aos tempos e são constantemente ativadas e ressignificadas. Ainda hoje se encontram vozes ativas na vida cultural e política do Estado empenhadas em negar ou afirmar as representações dos velhos paulistas do período colonial, os chamados bandeirantes.

João Doria (PSDB), eleito governador de São Paulo em 2018, aliado do presidente Jair Bolsonaro, eleito no mesmo pleito, ainda nos primeiros dias de seu mandato, em artigo na *Folha de S. Paulo*, afirmou que seu governo se empenharia em acelerar o "desenvolvimento econômico", tarefa "árdua" que demandaria "coragem para fazer", arrematando o argumento com a seguinte frase: "Esse é o espírito que fez a história de São Paulo e, desde o tempo das bandeiras, expandiu as fronteiras do território e da economia do Brasil".[1]

1 Doria, João. "São Paulo vai ajudar no desenvolvimento do Brasil". Tendências/Debates. *Folha de S. Paulo*. Domingo, 6 de janeiro de 2019.

A referência histórica utilizada pelo governador sugere a força do imaginário bandeirante, ao menos entre os segmentos mais conservadores do Estado. Suas palavras poderiam ter sido ditas 50 ou 70 anos antes, ou mesmo 100 anos atrás. Não que significasse a mesma coisa. Em 1919 governava o Estado de São Paulo Altino Arantes (1876-1965), do Partido Republicano Paulista (PRP), agremiação que congregava os interesses dos fazendeiros de café e dominou a vida política do Estado e do país ao longo de quase toda Primeira República. Curiosamente, o mais prolífico historiador a escrever sobre os bandeirantes, Affonso de Taunay (1876-1958), foi nomeado para a direção do Museu Paulista justamente por Altino Arantes, em 1917. Taunay foi indicado com o objetivo de preparar o Museu Paulista para o Centenário da Independência, em 1922. Ele não apenas escreveu uma vasta obra, como organizou a formação de um discurso visual sobre a "epopeia bandeirante", cujo objetivo era apresentar os paulistas de outrora como os maiores responsáveis pela conquista de grande parte do território nacional. O "progresso" de São Paulo daqueles dias já distantes foi relacionado aos velhos bandeirantes, como se os paulistas, desde sempre, fossem "corajosos" e "empreendedores", palavras que o governador João Doria utilizou várias vezes em seu texto.

Foram muitos e variados os ataques à memória bandeirante ao longo dos últimos anos. Não me refiro às críticas historiográfica, sociológica e artística, mais antigas e já consolidadas, mas ataques como o de outubro de 2013, quando o *Monumento às Bandeiras* – obra de Victor Brecheret, instalada em 1953[2] – sofreu a mais grave contestação de sua história. Naquele momento tramitava no Congresso Nacional a Proposta de Emenda Constitucional 215-2000 (PEC 215). O projeto visava delegar exclusivamente ao Congresso Nacional a prerrogativa de demarcar territórios indígenas e quilombolas e contava com forte apoio da bancada identificada com os interesses do agronegócio e a consequente oposição dos indígenas, ecologistas e dos setores mais progressistas da opinião pública. Naquele momento, o pixador[3], ligado

2 O *Monumento às Bandeiras* – obra do escultor Victor Brecheret – foi instalada em 1953, em frente ao parque Ibirapuera, então em construção. O monumento fazia parte do conjunto de obras, eventos e festividades relativos ao IV Centenário da fundação da cidade de São Paulo, em 1954. Na época houve maciça utilização da memória dos bandeirantes.

3 A pichação, com "ch", é como tradicionalmente se grava a palavra, de conotação negativa. Já o termo pixação, ou pixo, com "x", ainda não dicionarizada, nomeia a prática feita em

ao grupo Pixo Manifesto, realiza uma intervenção política na escultura de Brecheret com os seguintes dizeres: "PEC 215 não" e "bandeirantes assassinos". Pouco tempo antes, manifestantes indígenas haviam tingido a escultura de Brecheret com tinta vermelha. O assunto reverberou fortemente na imprensa.[4] As fotos da intervenção política, ou dos ataques à monumentos públicos, conforme se pronunciou *O Estado de S. Paulo*, ocuparam a primeira página do jornal. Para os limites deste texto, importa salientar que ainda hoje o discurso bandeirante mobiliza vozes políticas, contra ou a favor, confirmando a força, a polissemia e a historicidade de sua memória.[5]

Imagem 9: Fotos do protesto no monumento às Bandeiras, junho de 2014

Foto: Rafael Nakamura

Thaís Waldman, ao estudar o assunto, trouxe o comentário do guarani Marcos Tupã, para quem a pedra sangrou por um dia e se transformou em um monumento à resistência guarani.[6] Os indígenas ostentavam faixas com os seguintes dizeres:

São Paulo, cuja "dinâmica social estabelecida há 30 anos e um estilo de letra específico, o tag reto, de formas pontiagudas", explica Gustavo Lassala. Por essa razão, optou-se pela grafia "pixação". Sobre o assunto, ver: LASSALA, Gustavo. *Pichação Não É Pixação*. São Paulo: Altamira Editorial, 2010.

4 O jornal *O Estado de S. Paulo* estampou na capa fotos dos monumentos pixados em 3 de outubro de 2013. Sobre o pixo e suas implicações nesse episódio, ver: ZIMOVSKY, Adauany Pieve. "Bandeirantes assassinos: representação e invisibilidade". In: Pixo: revista de arquitetura, cidade e contemporaneidade, v. 1, n. 1, 2017, p. 128-137.

5 Sobre a politização em torno dos monumentos bandeirantes, ver: WALDMAN, Thaís Chang. *Entre batismos e degolas: (des)caminhos bandeirantes em São Paulo*. Tese de Doutorado em Antropologia Social. FFLCH-USP, 2018.

6 WALDMAN, Thaís Chang, *Op. Cit.*, 2018, p. 191-192.

"Guarani resiste" e "Demarcação já", bem como folhetos onde se lia "os ruralistas de hoje são os bandeirantes de ontem".[7] Não é o caso de analisar questões políticas contemporâneas, mas evidenciar a oposição de setores significativos da opinião pública contra representações positivas dos bandeirantes. A mesma memória que o governador João Doria buscou ativar em benefício de seus interesses políticos.

Imagem 10: Ação que atingiu o Monumento às Bandeiras com tinta vermelha, desfigurando a cabeça de alguns personagens da escultura ao serem cobertas pela tinta

Fonte: *Brasil de Fato*, 9 de outubro de 2013.

Durante a mostra "Metrópole: experiência paulistana", o escultor paulista Flávio Cerqueira expôs a escultura de um bandeirante decapitado. A peça em bronze de oitocentos quilos e 2,5 metros de diâmetro, pensada para ser exposta no chão em locais públicos – intitulada "Tinha que acontecer (cabeça de bandeirante)", obra de 2016 –, mostra-nos um rosto de homem másculo, adulto, branco e barbado, caído ao chão, decepado. A imagem pode expressar muitos sentidos, inclusive a ideia da derrocada do discurso bandeirante ou, ao menos, o declínio da imagem positiva do herói de outrora; ou ainda, para ser mais exato, a ressignificação dos bandeirantes, agora retirado do lugar de grandeza e imponência.

A fala do guarani Marcos Tupã, do escultor Flávio Cerqueira e do governador João Doria, com sentidos políticos e estéticos diferentes, mostram que a me-

7 *Ibidem*, p. 268.

mória de São Paulo esteve, desde os tempos coloniais, como se verá adiante, em disputa. Plural e histórica, a memória bandeirante é um campo de batalha.

Imagem 11: Obra: *Tinha que acontecer (cabeça de bandeirante)*, 2016. Bronze, 135 x 250 x 160 cm, de Flávio Cerqueira, Estação Pinacoteca. Exibido na mostra *Metrópole: Experiência Paulistana*, com curadoria de Tadeu Chiarelli (2017).

Foto: Acervo Cedoc / Pinacoteca de São Paulo. Foto: Christina Rufatto, 2017. Imagem produzida para a exposição "Metrópole: Experiência Paulistana", 2017.

Para que o escultor Flávio Cerqueira cortasse a cabeça do bandeirante, muitos outros tiveram de edificá-la. Fica, portanto, a pergunta: quando surgiu, na cultura escrita e visual, uma memória positiva sobre os velhos sertanistas da capitania de São Paulo? Já no século XVIII, com letrados como Pedro Taques de Almeida Paes Leme (1714-1777), frei Gaspar da Madre de Deus (1715-1800) e Claudio Manuel da Costa (1729-1789), surgiram textos em expressa defesa do passado (e do presente) dos paulistas de outrora, que haviam penetrado os sertões distantes.[8] Os textos de Pedro Taques e Madre de Deus, no entanto, são marcados pela cultura política do Antigo Regime, portadores de uma historicidade e de um sistema discursivo próprios, muito diferentes dos textos da década de 1920, que também defenderiam a obra dos velhos sertanistas, erigindo o que Antônio Celso Ferreira chamou de "epopeia bandeirante".[9]

O significado historiográfico (e político) desse emaranhado de textos e imagens é muito diverso. Permanece, no entanto, uma questão: quando e por que, na modernidade, a saber, na temporalidade do Brasil-nação, surgiu um movimento historiográfico – mas não apenas, pois a escrita da história não se desliga de outras instâncias da cultura, como a literatura, a pintura etc. – interessado em debater as implicações e o legado das velhas bandeiras? Em outras palavras, quando e como os bandeirantes entram em circulação e quais foram seus significados?

Não há qualquer menção ao vocábulo "bandeirante" no Diccionario de Lingua Portugueza de Antônio de Morais Silva (1755-1824) – publicado em 1789 e depois 1813, embora já existisse o termo "bandeira", palavra que designa um grupo de homens que se embrenha pelo sertão.[10] Morais havia consolidado a lexicografia da língua portuguesa e, se o vocábulo bandeirante não aparece, é de se supor que esse sujeito não possuía maior relevância histórica, política ou econômica.

Mais de um século depois, no entanto, no *Grande e Novíssimo Dicionário da Língua Portuguesa*, de Laudelino de Oliveira Freire (1873-1937), publicado entre 1939 e 1944, o termo bandeirante aparece em duas acepções bem definidas: a) "indivíduo que, no Brasil, fazia parte dos bandos destinados a descobrir minas e

8 No final desse capítulo, o assunto será retomado e desenvolvido.

9 FERREIRA, Antônio Celso. *A epopeia bandeirante: letrados, instituições, invenções históricas (1870-1940)*. São Paulo: Editora Unesp, 2002. Para o autor, o período que vai de 1870 a 1940 representou, no pensamento intelectual paulista, o momento de produção de uma história do bandeirantismo, para o qual concorreram os intelectuais, instituições, os governos locais e a própria sociedade, em um tempo em que acabou por erigir uma verdadeira "epopeia bandeirante", cujo auge foi a historiografia que se consagrara nas décadas de 1920 e 1930, profundamente interessada em confirmar ou mesmo gerar uma identidade regional.

10 SILVA, Antônio de Morais. *Diccionario da lingua portugueza*. Lisboa: Officina de Simão Thaddeo Ferreira, 1789. SILVA, Antônio de Morais. *Diccionario da lingua portugueza*. Lisboa: Typographia Lacerdina, 1813.

cativar os selvagens"; b) "o mesmo que paulista".[11] Maria Isaura de Queiroz nota que o vocábulo só se consolida em princípios do século XX e nem sempre foi sinônimo de "paulista".[12]

Em 1913 o termo teria recebido a acepção de "descobridor", como se pode ver no dicionário de Antônio Candido de Figueiredo (1846-1925): "indivíduo que, no Brasil, faz parte dos bandos, destinados a explorar sertões, atacar selvagens etc."[13] Thaís Waldman observa que o lexicógrafo Antônio Houaiss faz uma referência ao dicionário publicado em 1871 "pelo frei Domingos Vieira, no qual bandeirante é definido como 'o afiliado da bandeira, ou companhia de exploração das matas virgens.'"[14] Seja como for, percebe-se que o termo "bandeirante" apenas se consolidou na língua corrente em fins do século XIX, começo do XX.

O termo opera significados certamente polissêmicos, obedecendo disputas, projetos, interesses, além de repercutir a própria historicidade que envolve todo e qualquer ente existente, das palavras às coisas, dos textos aos homens. O que se verá nas páginas que se seguem é o surgimento, na cultura intelectual e artística brasileira, paulista em particular, de um discurso sobre o bandeirantismo como fenômeno histórico. Interessa-nos, portanto, a história dessa construção.

Quando se pensa na "epopeia bandeirante", na historiografia e nas artes, imediatamente pensa-se na década de 1920. Foi naquele momento que o bandeirantismo recebeu um forte investimento visual, no Museu Paulista, sob a liderança do historiador Affonso de Taunay (1876-1958) que, em 1924, depois de outros textos sobre o assunto, publicou o primeiro volume de sua *História geral das bandeiras paulistas*. Alfredo Ellis Jr (1896-1974), também em 1924, publicaria *O bandeirismo paulista e o recuo do meridiano* e, em 1926, *Raça de gigantes*. Em 1925, o ensaísta Paulo Prado (1869-1943) mandou editar *Paulística*. Em 1929 veio a lume *Vida e morte do bandeirante*, do jurista José de Alcântara Machado. São livros certamente

11 FREIRE, Laudelino Oliveira. *Grande e Novíssimo Dicionário da Língua Portuguesa*. Rio de Janeiro, Editora A Noite, 1940-44, 5 vols.

12 QUEIROZ, Maria Izabel Pereira de. "Ufanismo Paulista: vicissitudes de um imaginário". *Revista da USP*, n. 3, 1992. p. 80.

13 FIGUEIREDO, António Cândido de. *Novo dicionário da língua portuguesa*. Lisboa: Tavares Cardoso & Irmão, 1899. 2ª Edição em 1913.

14 WALDMAN, Thaís Chang, *Op. Cit.*, 2018, p. 32.

diferentes, mas que tinham em comum uma atmosfera intelectual (e política) marcada pela vida social de São Paulo daqueles anos. No entanto, um nome, anterior a eles, ainda no século XIX, foi fundamental na formação da agenda historiográfica em torno das antigas bandeiras. Trata-se do historiador Capistrano de Abreu (1853-1927), um historiador que construiu uma agenda de pesquisa interessado no Brasil de dentro, dos sertões.

As origens do discurso bandeirantista em Capistrano de Abreu

João Capistrano de Abreu, como um intelectual do seu tempo, estava interessado na formação da nacionalidade e na renovação do entendimento sobre a História do Brasil.[15] O historiador empenhava-se no estudo da história dos primeiros habitantes e colonizadores e nos caminhos antigos, deslocando o foco da narrativa histórica. Enquanto Francisco Adolfo de Varnhagen (1816-1878) havia se concentrado na ocupação do litoral e no domínio político da Coroa Portuguesa sobre o território, preocupado em valorizar a obra civilizadora da monarquia lusitana, Capistrano – o maior expoente da historiografia brasileira de fins do século XIX, começo do XX – estava mais preocupado com o povoamento do interior do país, bem como na consequente formação de uma população mestiça, responsável pela ocupação do território.

Capistrano, quando da morte de seu "mestre", em 1878, escreveu *Necrológio de Francisco Adolfo de Varnhagen, Visconde de Porto Seguro,*[16] originalmente publica-

---

15 Não está entre os objetivos desse texto refletir sobre a obra de Capistrano de Abreu, mas é importante afirmar que ela impactou profundamente a moderna cultura historiográfica no Brasil, marcada pela emergência de novos temas, pelo rigor metodológico, com ênfase nos documentos e na pesquisa empírica. Sobre a obra de Capistrano de Abreu, ver: BARROS, José de Assunção. "Duas fases de Capistrano de Abreu: em torno de uma produção historiográfica". In: *Projeto História: Revista do programa de Estudos Pós Graduados,* PUC/SP, n. 41, 2010; GONTIJO, Rebeca. *O Velho vaqueano. Capistrano de Abreu (1853-1927): memória, historiografia e escrita de si.* Rio de Janeiro: 7 letras, 2013; GUIMARÃES, Manoel Salgado. "*Do litoral para o interior: Capistrano de Abreu e a escrita da história o Brasil*". In: CARVALHO, José Murilo de; NEVES, Lucília Maria (orgs). Repensando *O Oitocentos: cidadania, Política e Liberdade.* Rio de Janeiro: Civilização Brasileira, 2009; PEREIRA, Daniel Mesquita. *Descobrimentos de Capistrano. A história do Brasil a "grandes traços e largas malhas"*. Rio de Janeiro: Ed. Apicur/ PUCRio, 2010.

16 ABREU, João Capistrano de. "Necrológio de Francisco Adolfo de Varnhagen, Visconde de

do no *Jornal do Commercio*, do Rio de Janeiro, entre 16 e 20 de dezembro daquele ano. No texto, Capistrano delineou os desafios relativos à pesquisa e à escrita da história do Brasil, defendendo a produção de monografias detalhadas, sobre assuntos específicos, lastreadas em documentos históricos. Entre esses temas, negligenciados por Varnhagen, estava a valorização dos sertões do Brasil, com destaque para as sesmarias, as bandeiras, a descoberta das minas no interior do continente, a criação de gado nas beiras do São Francisco (interior da Bahia), os caminhos antigos e o povoamento das zonas interioranas.

O próprio Capistrano encarregou-se de levar a empreitada adiante. Em 1899, no mesmo *Jornal do Commercio*, então um dos mais importantes do país, ele publicou dois artigos, depois organizados no livro, *Caminhos Antigos e Povoamento do Brasil*. Esses textos estão na base do capítulo "O Sertão", o mais importante de seu livro de 1907, *Capítulos de História Colonial*, sua grande contribuição a historiografia brasileira. Na obra, Capistrano deu particular *ênfase ao sertão, seja como território físico, seja como espaço* cultural ocupado por indígenas e seus descendentes, os sertanejos, caboclos, caipiras.[17] É importante lembrar que, para Capistrano, a formação territorial do Brasil, um país "naturalmente fragmentado", deu-se a partir de quatro núcleos fundamentais de povoamento: Grão Pará e Maranhão, Pernambuco, Bahia e São Paulo. Bandeirantes de conquistas dos sertões não foram uma exclusividade paulista, mas comum a todos os núcleos povoadores, a despeito de as bandeiras paulistas, até pela localização geográfica de São Paulo, terem sido mais numerosas e atingido locais mais distantes.[18]

O interesse nas expedições ao interior do continente realizadas pelos sertanistas de São Paulo – assunto que os historiadores do século XIX, inclusive os paulistas, não conferiam um papel central – aproximou Capistrano de assuntos caros aos intelectuais paulistas do começo do século XX. As relações pessoais e historio-

---

Porto Seguro". In.: ABREU, João Capistrano de. *Ensaios e Estudos*. Rio de Janeiro / Brasília: Civilização Brasileira / INL, 1975.

17 ABREU, João Capistrano de. *Capítulos de História Colonial & Os Caminhos Antigos e o Povoamento do Brasil*. Brasília: Editora da UnB, 1963.

18 O assunto é recorrente na obra do autor, ver sobretudo "*Os Caminhos Antigos e o Povoamento do Brasil" (1899)* e "Sertões", em *Capítulo de História Colonial* (1907). ABREU, João Capistrano de, *Op. Cit.*, 1963.

gráficas entre Capistrano de Abreu – cearense que vivia no Rio de Janeiro desde a década de 1870[19] – e intelectuais paulistas como Affonso de Taunay[20] e Paulo Prado (1869-1943) foram intensas.[21] No ensaio intitulado "Sobre o Visconde de Porto Seguro", publicado em 1882, Capistrano retoma o que havia esboçado em "Necrológio de Francisco Adolfo de Varnhagen" (1878), insistindo no descaso com o interior do Brasil:

> Há a história das sesmarias, em que ninguém se atreveu ainda a tocar. (...). Há a história dos bandeirantes, que jaz esparsa pelos livros e pelos arquivos. Há a história dos Jesuítas (...) Há a história das minas (...) Por que ainda

19 Em 1879, Capistrano é aprovado em concurso para trabalhar na Biblioteca Nacional do Rio de Janeiro, que se torna uma espécie de laboratório de pesquisa. Além dos proventos necessários, fundamental para um sujeito de origem humilde, o serviço púbico em acervo com livros, documentos e códices manuscritos, em parte inéditos, permitiram que ele se dedicasse à pesquisa histórica e, mais especificamente, à pesquisa histórica nacional. Em 1893, aprovado para o cargo de professor de História e Geografia do Colégio Pedro II, permaneceu por apenas seis anos no cargo, pois uma reforma de ensino proposta, então, pelo Ministro da Justiça, acabou com a cátedra de História do Brasil, integrando-a à disciplina de História Universal. Posto em disponibilidade, Capistrano abandona a carreira docente e passa a viver do jornalismo e da pesquisa histórica. Sobre o assunto ver GONTIJO, Rebeca, O Velho vaqueano..., *Op. Cit.*, 2013.

20 Affonso d'Escragnolle Taunay – que dirigiu o Museu Paulista entre 1917 e 1946 e foi autor de uma vasta bibliografia dedicada ao bandeirismo – nasceu em Nossa Senhora do Desterro, hoje Florianópolis, quando o Visconde de Taunay (Alfredo d'Escragnolle Taunay - 1843-1899), seu pai, governava a província de Santa Catarina. Ambos são descendentes de Nicolas-Antoine Taunay (1755-1830), pintor francês que fez parte da chamada Missão Artística Francesa, que aportou no Rio de Janeiro em 1816, ao lado de pintores como Jean-Baptiste Debret. Nicolas-Antoine retornou a França, mas Félix Émile Taunay (1795-1881), pintor e professor de desenho e pintura, na Academia Imperial de Belas Artes do Brasil, permaneceu no país. Este foi pai de Alfredo de Taunay, o Visconde, por sua vez, pai de Afonso de Taunay. Em 1900, Afonso de Taunay transfere-se para São Paulo, ainda jovem, onde fez carreira. Sobre a biografia de Afonso de Taunay ver: MATOS, Odilon Nogueira de. *Afonso de Taunay, historiador de São Paulo e do Brasil – perfil biográfico e ensaio bibliográfico*. São Paulo: Universidade de São Paulo e Fundo de Pesquisas do Museu Paulista. Coleção Museu Paulista, série Ensaios. Vol.1., 1977.

21 Sobre a correspondência de Capistrano de Abreu, ver: RODRIGUES, José Honório (org.). *Correspondência de Capistrano de Abreu*. Rio de Janeiro: Ministério da Cultura, 1954, 3v; AMED, Fernando José. *As Cartas de Capistrano de Abreu: sociabilidade e vida literária na Belle Époque carioca*. São Paulo: Alameda Casa Editorial, 2006.

> não foi escrita a história da Casa da Torre, que começa com Tomé de Sousa e atravessa todo o período Colonial? Por que não se escreveu ainda a história das estradas?[22]

Em carta ao Barão do Rio Branco (1845-1912), de 17 de abril de 1890, Capistrano manifesta-se contra "os quadros de ferro de Varnhagen" em defesa não apenas da pesquisa sobre as bandeiras, os sertões, os caminhos e o povoamento das regiões interioranas, em contraposição a formação do Brasil litorâneo, mas também em defesa do ensino de outra história do Brasil:

> (...) introduzidos por Macedo no Colégio Pedro II, ainda hoje são a base de nosso ensino. As bandeiras, as minas, as estradas, a criação de gado pode dizer-se que ainda são desconhecidas, como aliás, quase todo o século XVII, tirando-se as guerras espanholas e holandesas.[23]

Capistrano de Abreu viveu um período marcado pela decadência do indianismo na literatura, gênero que, junto com a História, mas mais do que ela, concentrava o debate político e cultural sobre a nacionalidade. Como se sabe, o indianismo construiu um discurso nacional empenhado em sustentar uma identidade brasileira apartada da portuguesa. Visava também legitimar a política indianista "integradora", tornando os indígenas trabalhadores nacionais, de modo a "libertar" a nação da ameaça coletiva representada pela escravidão negra.[24] O indianismo tendia a ver o passado de modo cindido: de um lado estaria a ambição desmedida do colono português; de outro estaria a abnegação conversora e civilizadora dos jesuítas. Desse modo, o "pecado original"[25] da nação estaria no escravismo, que

22 ABREU, Capistrano de. "Sobre o Visconde de Porto Seguro". *In*: ______. *Ensaios e Estudos*. 1ª série. Rio de Janeiro: Livraria Briguiet, 1931, p. 205.

23 Carta de Capistrano de Abreu ao Barão do Rio Branco, 17 de abril de 1890. In: RODRIGUES, José Honório (org). *Correspondência de Capistrano de Abreu*. Rio de Janeiro: Civilização Brasileira. v. 1, 1977, p. 130.

24 Sobre o assunto, ver: VARNHAGEN, Francisco Adolfo. "Memorial Orgânico". In: *Guanabara, revista mensal, artístico, científico e literária*. Rio de Janeiro, Tipografia de Paula Brito, Out/Nov 1851.

25 Ver PUNTONI, Pedro. "Confederação dos Tamoios de Gonçalves de Magalhães. A Poética da História e a Historiografia do Império". In: *Novos Estudos*, Rio de Janeiro, n. 45, 1996.

exterminou os índios e introduziu os africanos. Logo, o pecado seria reparado com a "integração" dos índios e a promoção da imigração europeia.

Em suma, letrados como Januário da Cunha Barbosa (1780-1846),[26] fundador do IHGB em 1838, ou literatos indianistas como José de Alencar (1829-1877)[27] estavam interessados em "civilizar" os indígenas, construindo uma percepção positiva acerca da atuação dos jesuítas no período colonial. Postura muito diferente, como se verá adiante, dos cronistas paulistas do final do século XVIII, como Madre de Deus e Pedro Taques, que viam positivamente os sertanistas de São Paulo, como conquistadores dos sertões.

José Joaquim Machado de Oliveira (1790-1867), letrado paulista, membro do IHGB, autor do *Quadro Histórico da Província de São Paulo*, adapta a perspectiva indianista para interpretar a história da província. Para ele, a elite colonial era "ociosa". Os caçadores de índios teriam sido os mamelucos, "ingovernáveis" e "embrutecidos". Logo, "paulistas" e "mamelucos" não eram a mesma coisa. Ambos teriam se juntado para escravizar os índios.[28]

Danilo Ferretti – que estudou a relação de Capistrano de Abreu com a formação do discurso bandeirantista – observa que a representação bandeirante no século XIX soaria negativa quando se tratava da conquista dos índios, passando a ser positiva quando se trata da conquista do território.[29] Para Ferretti, o programa historiográfico de Capistrano mantinha uma matriz "territorialista", originalmente produzida pelo IHGB, assentada no diálogo com a geografia, mas inovando ao redirecionar o foco dos limites políticos do território para o interior do continente, o "deserto interior brasileiro", nas palavras de Capistrano.[30] O cerne da história

26 BARBOSA, Januário da Cunha. "Se a introdução dos escravos africanos no Brasil embaraça a civilização dos nossos indígenas". *Revista do Instituto Histórico Geográfico Brasileiro*. Rio de Janeiro, v. 1, p. 160, 1839.

27 Convém lembrar que José de Alencar, cearense como Capistrano, foi um dos responsáveis por socializar o jovem historiador nos círculos letrados do Rio de Janeiro.

28 OLIVEIRA, José Joaquim Machado d'. *Quadro histórico da Província de São Paulo*. São Paulo: Governo do Estado de São Paulo, 1978, p. 87-90.

29 FERRETTI, Danilo José Zioni. "Capistrano de Abreu e as bandeiras: entre a condenação indianista e a historiografia laudatória paulista". In: ROIZ, Diogo da Silva, et al (orgs). *Os bandeirantes e a historiografia brasileira: questões e debates contemporâneos*. Serra: Editora Mil Fontes, 2018, p. 123-127.

30 Não é foco deste texto tratar das relações entre Capistrano de Abreu e os institutos históricos.

do Brasil não estaria na formação das fronteiras políticas (limites, tratados, guerras), mas sim na efetiva e paulatina ocupação do sertão, na vitória do "colonizador", impondo-se ao "meio físico" e aos indígenas.

Capistrano, que conhecia e citava os letrados paulistas – sejam os cronistas do XVIII, Pedro Taques e Madre de Deus, seja a obra oitocentista de Machado de Oliveira –, assumiu uma visão marcada pela noção da conquista do território. Aliás, Affonso de Taunay – "discípulo" de Capistrano, como ele gostava de se apresentar, além de seu ativo correspondente – afirma que, em 1883, o historiador cearense, em homenagem à memória de Pedro Taques, tentou criar uma sociedade de pesquisa que seria intitulada *Pedro Taques*, da qual participariam, além de Capistrano, "eruditos" como Sílvio Romero e Araripe Junior, dois importantes intelectuais do fim do século XIX:

> Data de 1883 a primeira publica homenagem prestada á memoria do historiador primevo de São Paulo: a ideia da fundação, no Rio de Janeiro, de uma sociedade intitulada Pedro Taques, cujo fim era coligir materiaes para a história dos bandeirantes, ocorreu a um grupo de eruditos. No programma da associação se declara que seu titulo é "justa homenagem a Pedro Taques de Almeida Paes Leme, o notável autor da Nobiliarquia Paulistana". Cada sócio, diz ainda a notícia, ficará encarregado de extractar de determinados livros, e manuscriptos tudo o que diz respeito ao assumpto que se procura estudar. A distribuição do trabalho será methódica e dever-se á começar pelo século XVI. Um livro deverá conter o resultado das investigações. A esta sociedade pertenciam J. Capistrano de Abreu, Alencar Araripe Júnior, João Severiano da Fonseca, F. Ramos Paz, Sylvio Romero, Teixeira de Mello, Rodrigues Peixoto, Gama Berquó. Nada mais é necessário dizer sobre o valor desta homenagem à memoria do chronista, além dessa simples resenha de nomes.[31]

Mas o historiador cearense era bastante crítico em relação ao tipo de história produzida nessas instituições que, para ele, preferiam cerimônias, discursos e homenagens, deixando as atividades de pesquisa de lado. Mesmo assim, ele participou delas. Foi sócio correspondente do IHGB desde 1887, elevado a membro honorário em 1913 e, por fim, benemérito em 1917. No começo do século XX, podemos dizer que Capistrano era mais importante para os institutos, que os institutos para Capistrano. Ele foi também um dos primeiros sócios do IHGSP.

31 TAUNAY, Affonso de. *Pedro Taques e seu tempo (estudo de uma personalidade e de uma época)*. São Paulo: Diário Oficial, 1923. Separata do Tomo I dos *Annaes do Museu Paulista*, 1922; p. 225

A pretensão de Capistrano em fundar uma instituição de pesquisa destinada a investigar o sertão, com apoio de nomes importantes da época, ainda que não tenha prosperado, sinaliza claramente a emergência do tema. Janaína Amado observa que a questão da ocupação do interior entrou para a ordem do dia, tornando-se uma categoria de explicação para a compreensão do Brasil.[32] Com isso, Capistrano contribuiu para a legitimação do discurso bandeirante por meio de uma historiografia que conferiu importância a ocupação do sertão. Todavia, diferente de intelectuais paulistas como Affonso de Taunay e Paulo Prado, que construíram uma intepretação profundamente paulicêntrica, Capistrano, ao longo de sua obra, valorizava a diversidade interna na formação do Brasil, construindo uma visão marcada pela emergência de uma unidade brasileira precária. Para ele "os caminhos antigos" levariam ao povoamento e à consequente integração dos diferentes núcleos de ocupação herdados do período colonial. Daí o caráter integrador das velhas sendas coloniais e do próprio movimento dos sertanistas paulistas ao longo da Colônia. Esse tema reaparece no capítulo "O sertão".[33] Logo, as bandeiras se tornam fundamentais para o imaginário nacional (e nacionalista). Ele entendia a unidade brasileira como uma circunstância precária e incompleta herdada do passado, bem como projeto de futuro, mas nunca como uma essência original, muito menos como uma criação paulista.

Capistrano, porém, insistia na tese do isolamento e na autonomia dos paulistas coloniais, vendo-os como consequência da realidade geográfica, imposta pela barreira da Serra do Mar. Esse aspecto foi objeto desenvolvido por Paulo Prado em seu *Paulísticao* (1925), em tom monumentalista.[34] Capistrano, no entanto, jamais omitiu nem justificou a escravização indígena, como os intelectuais paulistas tendiam a fazer. Em *Capítulos de História colonial,* o historiador narra em cores vibrantes a violência dos bandeirantes – alimentado por suas fontes, compostas

32 AMADO, Janaína. "Região, Sertão, Nação". In: *Estudos Históricos*, Rio de Janeiro, n. 15, 1995, p. 146.

33 FERRETTI, Danilo José Zioni, Capistrano de Abreu e as bandeiras, *Op. Cit.*, p. 132.

34 Sobre a relação entre Paulo Prado e Capistrano de Abreu ver: WALDMAN, Thaís Chang. *Moderno Bandeirante: Paulo Prado entre espaços e tradições.* Dissertação (Mestrado em Antropologia Social) – Faculdade de Filosofia, Letras e Ciências Humanas, Universidade de São Paulo, São Paulo, 2010.

em grande medida pelos relatos dos jesuítas espanhóis, Ruiz de Montoya em particular, denunciando o horror e a violência, concluindo com a seguinte pergunta: "Compensará tais horrores a consideração de que por favor dos bandeirantes pertencem agora ao Brasil as terras devastadas?"[35]

A construção de um olhar para os sertões foi certamente plural e Capistrano de Abreu não foi, evidentemente, o único operador desse movimento, embora tenha sido o mais importante na historiografia. O engenheiro Teodoro Sampaio (1855-1937), por exemplo, realizou expedições e escreveu importantes textos sobre os sertões do Brasil, do interior de São Paulo aos sertões baianos do Rio São Francisco.[36] No entanto, a publicação de *Os sertões*, de Euclides da Cunha, em 1902, foi fundamental na produção de uma sensibilidade voltada ao interior profundo. Para aquela geração de intelectuais nacionalistas de fins do século XIX, princípio do XX, *Os sertões* teve um profundo peso, pois consolidava o deslocamento do olhar do litoral, "falso" e europeizado, em direção ao sertão, profundo e "verdadeiro", marcado pelo descaso das elites estrangeiradas. A pintura, com Henrique Bernardelli, no Rio de Janeiro, e Benedito Calixto, em São Paulo, também registrou esse movimento.

Henrique Bernardelli e Benedito Calixto: dissensos na iconografia bandeirante

Esse deslocamento do olhar em direção ao sertão – que viria impulsionar a historiografia bandeirante pouco mais tarde – mantém conexões com a pintura. Não é possível abordar a construção da chamada "epopeia bandeirante" sem levar em consideração a força das imagens. No mesmo período em que Capistrano de Abreu virava-se para o Brasil de dentro, Henrique Bernardelli (1857-1936)[37] pintou *Os bandeiran-*

35 Cf. ABREU, Capistrano de, *Op. Cit.*, 1963, p. 126; COPPES JUNIOR, Gerson Ribeiro. "Questões de limite e povoamento: a produção de Orville Derby e Teodoro Sampaio na revista do Instituto Histórico e Geográfico de São Paulo (1895-1901)". *História Unicap*, v. 3 , n. 5, jan./jun. 2016.

36 SANTOS, Ademir Pereira do. *Theodoro Sampaio: nos sertões e nas cidades*. Editora Versal \ Edições Culturais Odebrecht.

37 Henrique Bernardelli nasceu em Valparaíso, no Chile, em 1858, mas ainda criança, junto com sua família, transfere-se para o Rio Grande do Sul, onde os Bernardelli ficam até 1867, quando se mudam para Rio de Janeiro. Henrique, em 1870, ingressou na Academia

tes. A tela, de 1889, abordava um tema até certo ponto inédito. Se pintar indígenas e a natureza eram comuns na pintura brasileira do Oitocentos, abordar seus captores, os bandeirantes, não. Naquele momento estava-se longe da profusão de textos, imagens e discursos políticos que ocorreriam em São Paulo entre as décadas de 1920 e 1950.

Os bandeirantes, de Bernardelli – um pintor e desenhista cultural e esteticamente atualizado[38] –, retratou sertanistas cansados e envelhecidos, de certo modo vencidos pela força da natureza tropical. Esta narrativa visual distancia-se da virilidade superior e vencedora, como viria a aparecer na iconografia bandeirante das décadas seguintes, em particular a que viria compor o discurso visual do Museu Paulista. É importante frisar que, em fins do século XIX, a palavra bandeirante não estava umbilicalmente associada a paulista como viria a estar nas décadas seguintes.

Imperial de Belas Artes – junto com seu irmão, Rodolfo Bernardelli (1852-1831), que viria a se tornar um dos maiores escultores do país –, onde foi aluno de importantes pintores e professores, como Agostinho da Motta (1824-1878) e Victor Meirelles (1832-1903). Já formado, viaja para Itália, onde fica de 1878 até 1886. De volta ao Rio, realizou, juntamente com Nicolao Facchinetti, uma exposição que gerou forte impacto no meio artístico local, por trazer ao Brasil obras associadas à modernidade estética. Entre 1891 e 1905 foi professor da Escola Nacional de Belas Artes. Bernardelli realiza encomendas de pinturas e painéis decorativos para o Theatro Municipal e a Biblioteca Nacional, ambos no Rio de Janeiro, mas também para o Museu Paulista, entre outras instituições. Sobre Henrique Bernardelli, ver: CATÁLOGO dos Quadros de Henrique Bernardelli e Nicolao Facchinetti, expostos na Imprensa Nacional em 1886. Contribuição de Arthur Valle e Camila Dazzi. Disponível em: http://www.dezenovevinte.net/catalogos/catalogo_hb1886.htm. Acesso 13 outubro de 2018. DAZZI, Camila. *Relações Brasil-Itália na arte do segundo oitocentos: estudo sobre Henrique Bernardelli. (1880-1890)*. Dissertação de Mestrado em História. IFICH-UNICAMP, 2006; MIGLIACCIO, Luciano. "Os novos. Arte e crítica de arte no Brasil da Belle Époque". XXI Colóquio do Comitê Brasileiro de História da Arte, RJ/MNBA, 2001.

38 Sobre o assunto ver: DAZZI, Camila, *Op. Cit.*, 2006

Imagem 12: Os bandeirantes, de Henrique Bernardelli (1889), Óleo sobre tela, 400 x 290 cm.

Fonte: Acervo do Museu Nacional de Belas Artes, Rio de Janeiro. Disponível em: <http://warburg.chaa-unicamp.com.br/img/obras/eh-essahenrique_bernardelli_-_os_bandeirantes,_1889.jpg>. Acesso em 9 jan. 2019.

Maraliz Christo observa que, na tela de 1889, vemos um bandeirante esvaziado de heroísmo, de certo modo próximo de um discurso realista e naturalista, já distante da pintura histórica, "idealizada", do século XIX.[39] Nessa tela, Bernardelli

39 Maraliz Christo descreve "Os Bandeirantes" (1889) da seguinte maneira: "Em meio a uma escura floresta tropical, vê-se uma descida de índios. No primeiro plano, à direita, dois bandeirantes, deitados no chão, saciam a sede sorvendo, diretamente, água de uma poça. À esquerda, dois vigorosos índios, um em pé, com as mãos amarradas, e outro sentado, os observam. No segundo plano, um bandeirante anda com dificuldade por entre as pedras, apoiando-se a uma arma de cano longo. Seu corpo, iluminado por trás, parece translúcido; é uma imagem quase fantasmagórica". Ver: CHRISTO, Maraliz de Castro Vieira. 'Os Bandeirantes': quando a pintura nega a historiografia". ANPUH - XXII SIMPÓSIO NACIONAL DE HISTÓRIA - João Pessoa, 2003.

constrói um olhar muito diferente do painel *Ciclo da caça ao índio*, executado em 1925, feito sob encomenda de Affonso de Taunay para Museu Paulista, esse sim já ajustado à perspectiva engrandecedora em que os bandeirantes aparecem retratados em tom celebratório, já filho da "epopeia bandeirante".[40]

Imagem 13: Ciclo de caça ao índio, de Henrique Bernardelli (1925). Óleo sobre tela, 233,7 x 159 cm

Fonte: Acervo do Museu Paulista, São Paulo. Disponível em: <https://pt.wikipedia.org/wiki/Henrique_Bernardelli#/media/File:Henrique_Bernardelli_-_Ciclo_da_Ca%C3%A7a_ao_%C3%8Dndio,_Acervo_do_Museu_Paulista_da_USP.jpg>. Acesso em 9 jan. 2019.

40 Sobre as tensas relações em Henrique Bernardelli e Affonso de Taunay, responsável pela encomenda, ver: MARINS, Paulo Garcez. "Nas matas com pose de reis: a representação de bandeirantes e a tradição da retratística monárquica europeia". In: *Revista do IEB*, n. 44, 2007, p. 100-101.

Convém insistir que a tela *Os bandeirantes* foi adquirida pelo governo da República para compor o acervo do Museu Nacional de Belas Artes do Rio de Janeiro, discrepando substancialmente da tradição visual que viria a se formar em torno do Museu Paulista, cujas encomendas passavam pelo governo do Estado de São Paulo.[41] Como se sabe, os compromissos dos artistas e os interesses dos encomendantes são variáveis não desprezíveis na composição de uma obra, ainda que a arte transcenda os enquadramentos sociológicos. O fato da obra de Bernardelli não estar associada à produção de uma identidade paulista ajuda a compreender o tom não celebratório da tela: "Ao contrário da pose, o artista nos permite surpreender o bandeirante em suas vicissitudes, projetando no passado a mesma busca pela sobrevivência, consubstanciada nos atos mais simples".[42]

Se o quadro não celebra um bandeirante heroico, másculo e dominador, vemos já uma vontade de refletir sobre a dramática experiência da penetração aos sertões distantes, realizadas pelos antigos sertanistas (não necessariamente paulistas) em busca de riquezas. Resta-nos entender o que levou o pintor a compor, em 1889, um bandeirante bebendo água, quando quase ninguém escrevia sobre o assunto, com a exceção dos textos de Capistrano de Abreu – comentarista de livros na *Gazeta de Notícias*, funcionário da Biblioteca Nacional e professor, durante a segunda metade da década de 1880, do prestigioso Colégio Pedro II.

Vale lembrar que Capistrano, como Bernardelli, compunha a diminuta comunidade de intelectuais e artistas que viviam e produziam no Rio de Janeiro. Como se verá adiante, na segunda metade do século XVIII, frei Gaspar da Madre de Deus (1715-1800)[43] e Pedro Taques de Almeida Paes Leme (1714-1777)[44]

---

41 Não é o objetivo deste texto avaliar a formação do discurso visual acerca dos bandeirantes formado no Museu Paulista na gestão de Affonso de Taunay (1917-1945). Sobre o assunto, ver sobretudo: BREFE, Ana Claudia Fonseca, *Op. Cit. O Museu Paulista: Affonso de Taunay e a memória nacional, 1917- 1945*. São Paulo: Editora Unesp; Museu Paulista, 2005. MATTOS, Cláudia Valladão de. Da palavra à imagem: sobre o programa decorativo de Affonso Taunay para o Museu Paulista. *Anais do Museu Paulista* – História e Cultura Material, São Paulo, n. 6/7, p. 123-145, 2003. MARINS, Paulo Garcez, *Op. Cit.*, 2007.

42 CHRISTO, Maraliz de Castro Vieira, *Op. Cit.*, 2003.

43 MADRE DE DEUS, Frei Gaspar da. *Memórias para a História da Capitania de São Vicente*. Belo Horizonte, Ed. Itatiaia, São Paulo, EDUSP, 1975 (1ª ed. 1797).

44 LEME, Pedro Taques de Almeida Paes. *Notícias das Minas de São Paulo e dos sertões da*

haviam escrito positivamente sobre os antigos sertanistas de São Paulo, mas no século XIX não houve investimento historiográfico, nem pictórico ou literário em torno dos sertanistas coloniais.

O viajante francês Auguste de Saint-Hilaire descreve os paulistas como "*raça de gigantes*",[45] mas o bandeirante de Henrique Bernardelli é um sujeito frágil e cansado, bem distante dos "gigantes" de Saint-Hilaire. Nas letras do século XIX, uma das poucas vozes a abordar os sertanistas de São Paulo foi o historiador português Oliveira Martins, em *O Brasil e as colônias portuguesas* (1880). No livro, o autor descreve os paulistas do período colonial como aventureiros e intrépidos,[46] veio que, apenas muito mais tarde, foi explorado em São Paulo, aí sim, às raias da exaustão.[47] A leitura de Oliveira Martins, pouco simpático aos indígenas e às "raças inferiores", guarda profunda diferença com o discurso visual de Bernardelli, que representou os indígenas em posição ereta, em frente ao homem branco no chão, bebendo água como animais.

Bernardelli não produziu uma crítica social, mas por outro lado não animalizou os índios. Também não anistiou os bandeirantes, nem os ilustrou como valentes conquistadores dos sertões, tampouco os representou em trajes de gala vestidos e calçados, quando andavam maltrapilhos e descalços.[48] Henrique Bernardelli pro-

---

mesma capitania. Introdução e notas de Afonso de E. Taunay. Belo Horizonte, Ed. Itatiaia, São Paulo, EDUSP, 1980 (1ª ed. 1771); LEME, Pedro Taques de Almeida Paes. *Nobiliarquia Paulistana, Histórica e Genealógica*. São Paulo: Livraria Martins Editora, 1953. *Nobiliarquia paulistana* foi impressa pela IHGB a partir de 1869. Revista do IHGB, n. 32 (38), 1869; n. 33 (40), 1870; n. 33 (41), 1870; n. 34 (42), 1871; n. 34 (43), 1871; n. 35 (44), 1872; n. 35 (45), 1872.

45 SAINT-HILAIRE, Auguste. *Viagem à província de São Paulo*. São Paulo: Livraria Martins Ed., EDUSP, 1972.

46 MARTINS, Oliveira. *O Brasil e as colónias portuguesas*. 6ª. ed., Lisboa, Guimarães & C. Editores, 1953. Para um balanço da obra de Oliveira Martins na historiografia brasileira, ver: FRANCHETTI, Paulo. "Oliveira Martins e o Brasil". In: *Voz Lusíada – Revista da Academia Lusíada de Ciências, Letras e Artes*, n.º 10, São Paulo, Academia Lusíada de Ciências, Letras e Artes, p. 55-74, 1998.

47 Sobre as relações entre Paulo Prado e seu tio, Eduardo Prado, com os intelectuais portugueses da geração de 1870, de Oliveira Martins e Eça de Queirós, ver: BERRIEL, Carlos Eduardo Ornelas. *Tietê, Tejo, Sena; a obra de Paulo Prado*. Campinas: Papirus, 2000.

48 Sobre Henrique Bernardelli e os bandeirantes, ver: CHRISTO, Maraliz de Castro Vieira. "Bandeirantes na contra mão da história: um estudo iconográfico". In: *Projeto História, Revista PUC-SP*, n.º 24, 2002. p. 307-336. CHRISTO, Maraliz de Castro Vieira. "Bandei-

duziu outras telas tematizando os bandeirantes. Destaco *Últimos momentos de um bandeirante*, de 1932. Naquele momento a historiografia paulista estava no auge e o Estado de São Paulo vivia a traumática derrota na Revolução Constitucionalista de 1932. No quadro, o pintor retratou o momento da morte solitária de um sertanista envelhecido, magro e roto, deitado em uma rede, acompanhado por um cachorro, em um cômodo escurecido e desagradável, repleto de objetos de uso prático. Nada no quadro lembra qualquer traço de heroísmo e superioridade.

Imagem 14: *Últimos momentos de um bandeirante.* 1932. Óleo sobre papel cartão, 23 x 30,2 cm, de Henrique Bernardelli

Fonte: Acervo do Museu Paulista, São Paulo. Disponível em: https://commons.wikimedia.org/wiki/File:Bernardelli,_Henrique_-_Últimos_Momentos_de_um_Bandeirante.jpg

Seja em *Os bandeirantes*, de 1889, muito anterior a produção de uma memória pública e positiva sobre os sertanistas de São Paulo, seja em *Últimos momentos de um bandeirante*, de 1932, em meio a efervescente produção bandeirista, na literatura, nas artes e até no cinema, Bernardelli produziu obras profundamente diferentes

rantes ao Chão". In: *Revista Estudos Históricos*, n.º 30, Rio de Janeiro: CPDOC/ Fundação Getúlio Vargas, 2002.

do quadro em que o pintor paulista Benedito Calixto (1853-1927)[49] homenageia o célebre destruidor do Quilombo dos Palmares, na altura de 1690. A obra de Calixto intitulada *O mestre de campo Domingos Jorge Velho e o loco-tenente Antônio Fernandes de Abreu*, concluída em 1903, oferece ao público paulista do começo do século XX um rosto heroico e másculo dos bandeirantes. Fica, no entanto, uma questão: por que Domingos Jorge Velho e não Fernão Dias, Borba Gato ou Raposo Tavares, bandeirantes que, mais tarde, seriam "imortalizados" em monumentos públicos?

É difícil responder a questão. Mas naquele momento ainda não havia uma oferta de textos e de pesquisas sobre as bandeiras, como abundaria a partir da década de 1920. No entanto, sabe-se que, em 1885, Joaquim de Paula Souza publicou um romance chamado *Os Palmares*. No texto, de pobre qualidade literária, o autor exalta a vitória dos paulistas, liderados pelo sertanista Domingos Jorge Velho, mas toma o cuidado de citar referências de época – entre eles Luís António de Sousa Botelho Mourão (1722-1789), governador da capitania de São Paulo entre 1765 e 1775, e o viajante francês Saint-Hilaire (1779-1853) – que acabam por emprestar

49 Benedito Calixto de Jesus nasceu em Itanhaém, no litoral paulista, em 1853. Ainda jovem, transferiu-se para Brotas, interior de São Paulo, onde obteve noções de pintura com o tio, ao ajudá-lo na restauração de imagens sacras. Já em Santos, trabalha na oficina de Tomás Antônio de Azevedo e atua na decoração do Teatro Guarany. Em 1883, viaja a Paris, a fim de estudar desenho e pintura, financiado pelo visconde Nicolau Pereira de Campos Vergueiro. Na França frequenta ateliês reconhecidos, mas retorna precocemente ao Brasil, em 1884, passando a residir em Santos e São Vicente. Na bagagem, traz uma câmera fotográfica, o que o auxilia em suas composições. Calixto torna-se um importante autor de marinhas, tematizando o litoral paulista. Ao longo de sua vida produtiva realiza diversos painéis com temas religiosos para igrejas na capital e no interior do estado de São Paulo, pinta cenas urbanas de cidades de São Paulo e Santos. O porto de Santos foi tema de algumas de suas mais importantes telas. Também realizou estudos históricos e se preocupou com a preservação do patrimônio artístico e histórico de São Paulo. Publicou livros, como *A Vila de Itanhaém* (1895) e *Capitanias Paulistas* (1924). Foi um ativo membro do Instituto Histórico e Geográfico de São Paulo (IHGSP). Sobre a obra de Benedito Calixto, ver sobretudo: ALVES, Caleb Faria. *Benedito Calixto e a construção do imaginário republicano*. Bauru: EDUSC, 2003; EL BANAT, Ana Kalassa. "A cidade pelos olhos do pintor: memória e representação de Santos em Benedito Calixto entre 1890 e 1927". Anais do XXI Encontro Estadual da Anpuh-SP, 2014; PHILIPPOV, Karin. "A Produção Religiosa de Benedito Calixto e a Ótica do Mecenato Religioso", *IX EHA - Encontro de História da Arte – UNICAMP, 2013;* SOUZA, Marli Nunes de (org.). *Benedito Calixto: um pintor à beira mar*. Santos: Fundação Pinacoteca Benedito Calixto, 2002; LEITE, José Roberto Teixeira. *Benedito Calixto: memória paulista*. São Paulo: Pinacoteca do Estado, 1990.

autoridade ao texto.[50] Não resta dúvida que Benedito Calixto, como seus colegas do IHGSP, homens interessados na história de São Paulo, não apenas leram o livro de Joaquim de Paula Souza,[51] como ficaram impressionados, pois a tela de Calixto pode ser lida como uma tradução pictórica do livro de 1885.

Imagem 15: O mestre de campo Domingos Jorge Velho e seu lugar-tenente Antônio Fernandes de Abreu, por Benedito Calixto (1903). Óleo sobre tela, 140 x 99 cm.

Fonte: Acervo do Museu Paulista, São Paulo. Disponível em: <https://upload.wikimedia.org/wikipedia/commons/7/71/Jesus%2C_Benedito_Calixto de - Domingos_Jorge_Velho_e_o_Loco-tenente_Ant%C3%B4nio_F._de_Abreu.jpg.> Acesso em 09 jan. 2019.

50 SOUZA, Joaquim de Paula. *Os Palmares: romance nacional histórico*. Rio de Janeiro: Laemmert, 1885.

51 Ainda que não aprofunde, Paulo Garcez comenta rapidamente o livro, hoje esquecido, de Joaquim de Paula Souza. O assunto, por certo, merece pesquisa empírica aprofundada a fim de mensurar a circulação do livro e o impacto na vida cultural e historiográfica de São Paulo em fins do século XIX. MARINS, Paulo Garcez, *Op. Cit.*, 2007, p. 91.

A tela de Benedito Calixto abre uma longa trajetória de imagens que celebraram os antigos sertanistas mediante representações imponentes, de corte aristocrático: "a pose majestática utilizada por Calixto foi um artifício para caracterizar Domingos Jorge Velho como um 'maior', e sua memória certamente recorreu aos retratos que pudera observar na França".[52] A dimensão propriamente artística do quadro pode ter importante diálogo com a pintura francesa ou europeia da Idade Moderna, como apresenta Paulo Garcez, assunto relevante, por certo, mas, para os interesses deste texto, importa observar que a tela *O mestre de campo Domingos Jorge Velho e o loco-tenente Antônio Fernandes de Abreu*, pintado por um Calixto ainda na fase embrionária das narrativas que celebrariam a epopeia bandeirante, inventa um rosto e um tom, ou uma identidade visual, que a partir da década de 1920 passaria a constituir a imagem pública dos velhos sertanistas.

O referido quadro de Calixto foi adquirido pelo juiz de direito ituano José de Mesquita Barros e doado ao Museu Paulista, juntamente com o retrato do último capitão-mor de Itu, Vicente da Costa Taques Góes e Aranha, ainda na gestão Hermann von Ihering (1850-1930), médico, botânico e zoólogo germânico que ocupou o cargo de diretor do Museu Paulista entre 1895 e 1916. Sob Ihering, a instituição não tinha particular foco na história ou nos bandeirantes, mas já passou a abrigar, a partir dos primeiros anos do século XX, algumas pinturas históricas, entre elas estavam telas de Almeida Junior e Benedito Calixto, inclusive *Domingos Jorge Velho*, incorporado ao acervo do Museu ainda em 1903, inaugurando uma longa série de imagens encomendadas pelas instituições paulistas interessadas em celebrar os sertanistas do período colonial, agora invariavelmente denominados de bandeirantes paulistas.

Não é do interesse desse texto explorar a obra e o pintor como faria um historiador da arte, atento às circunstâncias internas e externas, técnicas e estéticas. Interessa-nos apenas notar a força fundacional desta tela, importante para a formação de um discurso visual (mas também historiográfico) sobre os bandeirantes paulistas mesmo antes do clímax da epopeia bandeirante.

É importante observar que Calixto se tornou membro do Instituto Histórico e Geográfico de São Paulo ainda 1895, logo após a sua fundação. O IHGSP foi um

---

52 MARINS, Paulo Garcez, *Op. Cit.*, 2007, p. 82.

autêntico viveiro de historiadores e outros letrados interessados em "levantamentos e descrições de fatos, biografias e relatos, nos quais o epicentro da vida nacional desloca-se para a geografia local",[53] elevando os paulistas à condição de desbravadores do território que viria formar o Brasil. Foi nesse ambiente que Calixto formou certa consciência histórica, assumindo, com seus confrades, um olhar positivo aos bandeirantes, agora sim plenamente paulistas. Conforme argumenta Paulo Garcez, Calixto consultou-se com seus confrades do IHGSP, Teodoro Sampaio e Washington Luís:

> Benedito Calixto submeteu sua intenção inicial de representá-lo em uniforme português a Teodoro Sampaio e a Washington Luís. O primeiro aquiesceu e o segundo a rejeitou. As palavras dos dois historiadores sintetizam e reapresentam o duelo entre idealistas e realistas, travado ao longo da segunda metade do século XIX na crítica da pintura acadêmica europeia e brasileira. Teodoro Sampaio respondeu a indagação optando por qualificar o retratado não sob o rigor das fontes, mas numa imagem construída em correspondência com o grau de dignidade daquele a quem denominava "o vencedor de Palmares" e que integraria uma série de pinturas destinadas a representar "os feitos gloriosos dos filhos de São Paulo"' (...)
>
> Washington Luís, então um político e historiador iniciante, pretendia uma interpretação balizada pela realidade, informada por fontes que considerava verídicas. Aliava a crença radical na veracidade dos relatos orais sobre a aparência física dos sertanistas a conjecturas quanto à sua indumentária, guiadas pela crença no caráter prático demandado pelas longas caminhadas. (...)
>
> Segundo Washington Luís, nesta obra, o autor "cingiu[-se] estritamente à verdade nas suas descrições", pois, além de consultar a documentação textual, o que era expresso pelo próprio Paula Souza, alicerçara-se na memória oral repassada por gerações de ituanos, que tinham razão de saber porque repetiam o que tinham ouvido de seus maiores, numa tradição constante e uniforme. Benedito Calixto optou por seguir rigorosamente as indicações dessa carta, pois sua pintura acompanhou de perto a descrição de Domingos Jorge Velho constante no romance de Paula Souza, transcrita por Washington Luís.[54]

53 OLIVEIRA, Emerson Dionisio G. "Instituições, arte e o mito bandeirante: uma contribuição de Benedito Calixto". Saeculum. *Revista de História*, João Pessoa, nº 19, jul./ dez. 2008, p. 132.

54 MARINS, Paulo Garcez, *Op. Cit.*, 2007, p. 93.

A longa citação é mais do que suficiente para evidenciar as profundas relações entre os homens do IHGSP onde, aos poucos, foram construindo e compartilhando saberes e percepções sobre os bandeirantes, cada vez mais paulistas.

Em termos propriamente artísticos, embora Calixto tivesse tido uma curta passagem por Paris, o pintor não teve uma formação rigorosa, nem na escola Imperial de Belas Artes, nem um longo aprendizado na Itália ou na França, como ocorreu com pintores de cenas históricas como Victor Meirelles (1832-1903), Pedro Américo (1843-1905) ou mesmo Almeida Júnior (1850-1899). Caleb Alves observa que o diletantismo de Calixto "deixa de ser um defeito temporário, desculpável devido à falta de instrução formal, e passa a ser uma qualidade",[55] que permitia exalar os sentimentos e as qualidades emocionais do artista interessado nas coisas de sua terra.

Calixto, um pintor de paisagem, sobretudo do litoral paulista, gostava de pintar o passado histórico de São Paulo, como o *Desembarque de Martim Affonso de Souza* (1900) ou o já mencionado *O mestre de campo Domingos Jorge Velho* (1903), ou então exibir o progresso do estado de São Paulo daquele início de século XX, retratando o urbanismo, como *Porto e cidade de Santos vista do Ipanema* (1922), entre outras telas.[56] Embora tenha se especializado em pintura de paisagem e pintura histórica, a tela de 1903 não era nem uma coisa, nem outra, mas sim um retrato. Calixto pintou muitos deles: Dom Pedro I, Costa Taques Góes, José Bonifácio, José Anchieta, Martim Afonso de Souza, padre Bartolomeu Gusmão, Brás Cubas, Marechal Deodoro, Benjamim Constant, entre outros.

Para compreender o significado do rosto do bandeirante contido em *O mestre de campo Domingos Jorge Velho* é necessário observarmos o texto que o Calixto historiador viria a escrever anos mais tarde, em que afirma: "Podiam os paulistas ser qualificados de violentos, às vezes até cruéis em suas acções, mas eram, entretanto, francos, honestos e sinceros e isto constituía uma das principais qualidades da nobreza e da firmeza de seu caráter".[57]

55 ALVES, Cabeb Faria, *Op. Cit.*, 2003, p. 170.

56 Sobre o assunto, ver: EL BANAT, Ana Kalassa, *Op. Cit.*, 2014.

57 CALIXTO, Benedito. *Capitanias Paulistas*. São Paulo: Estabelecimento Gráfico J. Rossetti, 1924, p. 131.

O ar severo e superior de Domingos Jorge Velho no retrato de 1903 confere dignidade e seriedade ao chefe paulista que, em fins do século XVII fora combater os negros aquilombados em Palmares, em benefício da elite açucareira do litoral. No princípio do século XX, quando os republicanos paulistas estavam no poder, a tela de Benedito Calixto parece empenhada em lembrar a elite nordestina dos serviços prestados pelos paulistas de outrora. Katia Abud,[58] Maria Isaura de Queiroz[59] e Antônio Celso Ferreira[60] já relacionaram o discurso bandeirante aos interesses da elite paulista, sobretudo na Primeira República. A pose aristocrática de Domingos Jorge Velho, em roupas limpas e bem compostas, em tom edificante, em que o espectador se depara com dois homens brancos e ibéricos, reforçaria e naturalizaria o domínio da elite cafeicultora, que buscava diferenciar-se dos mestiços de matriz afro-luso-ameríndia, ou seja, o caipira paulista.[61]

O quadro também servia para lembrar a nova elite imigrante o valor de seus (supostos) antepassados, os ditos quatrocentões. O bandeirante de Calixto encarna a representação mitológica do herói masculino, sujeito de força e coragem, comando e aventura, olhar firme no futuro, em possível contraste com os brasileiros mestiços, tidos como degenerados, preguiçosos e avessos ao progresso por grande parte da intelectualidade brasileira da época.[62] O bandeirante de Calixto, além de volumosas barbas brancas e bigode quase ruivo, possui ainda discretos olhos verdes, o que, talvez, não seja trivial em tempos de fortes discursos eugênicos. Seja como for, é evidente o tom grave e superior (e inequivocamente branco) do sertanista pintado por Calixto.

58 ABUD, Katia Maria. *O sangue intimorato e as nobilíssimas tradições: a construção de um símbolo paulista: o bandeirante*. Tese de Doutorado em História Social. Faculdade de Filosofia, Letras e Ciências Humanas, Universidade de São Paulo, São Paulo, 1985.

59 QUEIROZ, Maria Izabel Pereira de, *Op. Cit.*, 1992.

60 FERREIRA, Antonio Celso, *Op. Cit.*, 2002.

61 Em fins do século XIX, começo do XX, negava-se a presença africana em São Paulo. Os caipiras de Almeida Junior são retratados como mestiços de branco e índio, evitando traços negroides.

62 FLORES, Maria Bernardete Ramos. *Tecnologia e estética do racismo: ciência e arte na política da beleza*. Chapecó Argos, 2007, p. 200.

Convém recordar que a imagem das velhas famílias de São Paulo como brancas *não era consenso nem nos cronistas dos séculos XVIII, nem nos intelectuais contemporâneos a Benedito Calixto.* Em *Memórias para a história da capitania de São Vicente* (1797), frei Gaspar da Madre de Deus já valorizava a figura do mameluco, que soube se embrenhar pelo sertão à caça de índios e metais. No entanto, Benedito Calixto preferiu representar o bandeirante como um homem branco. O bandeirante branco não foi uma particularidade do pintor paulista. Também era branco o bandeirante de Henrique Bernardelli, como era branco o sertanista pintado por Antônio Parreiras em *Morte de Fernão Dias Paes Leme* (1920). Também eram brancos os bandeirantes encomendados por Affonso de Taunay.

O interesse pela história de São Paulo não aparece apenas nas pinturas que Benedito Calixto consagra ao tema, nem apenas ao célebre *Domingos Jorge Velho.* Em 1915, Calixto publicou uma versão preliminar de seu livro, *Capitanias Paulistas* (1924), na revista do Instituto Histórico Geográfico de São Paulo (IHGSP), sob o título "Capitanias de Itanhaen".[63] Para esse texto não nos interessa as questões genealógicas e fundiárias, mas sim a percepção que Calixto faz dos habitantes de São Paulo colonial, não apenas por meio do quadro de 1903, mas também pelo texto publicado anos depois, em que se vê uma representação francamente positiva dos bandeirantes:

> Alguns dicionários antigos definem a palavra paulista – no sentido figurado, como sendo synonimo de – teimoso, birrento. Não deixa de ser bem applicado o vocabulo, pois que a teimosia, a tenacidade enérgica, foi o que sempre distinguiu o caracter do Bandeirante Paulista. Foi com essa teimosia e tenacidade inquebrantavel que o paulista conseguiu através dos sertões tornar grande e unida esta Patria que tanto extremecemos[64].

63 No livro, Calixto aborda os primeiros anos da colonização do litoral vicentino, por meio das disputas entre as famílias herdeiras dos irmãos Martim Afonso de Souza e Pero Afonso de Souza. Tais disputas redundaram na querela entre as aristocráticas famílias dos Vimieiro e dos Monsanto, em Portugal, como herdeiras das capitanias de São Vicente e Itanhaém. Em 1709, as duas foram unidas a partir da fundação da capitania real de São Paulo e Minas de Ouro que, onze anos mais tarde, foi desmembrada dando origem à capitania de São Paulo e à capitania de Minas Gerais.

64 CALIXTO, Benedito, *Op. Cit.*, 1924, p. 97.

As fontes intelectuais que conferiam legitimidade ao discurso de Calixto estão nos cronistas do final do século XVIII – Pedro Taques e frei Gaspar da Madre de Deus – citados como fonte de inesgotável autoridade. Calixto também cita os contemporâneos Washington Luís – autor de *Contribuição para a História da Capitania de São Paulo* (1904)[65] –, além dos livros e artigos de Affonso de Taunay que, no começo da década de 1920, já era reconhecido como importante estudioso do assunto. Também citava fontes arqueológicas e documentos das Câmaras coloniais e até relatos orais. Diferente do tom empirista de Taunay, o Benedito Calixto historiador apelava para percepções nitidamente míticas: "O bandeirante paulista embrenhado no sertão, lia e decorava os *cantos* dos Luziadas, revendo e admirando nelles os feitos dos heroes luzitanos...".[66]

A construção de uma identidade visual em torno dos bandeirantes construída em São Paulo, sobretudo no Museu Paulista, é de algum modo tributária da tela de Benedito Calixto, um homem cuja sensibilidade histórica guarda relações não apenas com seu tempo, mas com as instituições, com destaque para o IHGSP, nas quais militou e onde formou uma rede de sociabilidade. As esculturas em bronze de *Manuel da Borba Gato* (1921), feita por Nicola Rollo (1889-1970), ou a de *Manuel Preto* (1921), produzida por Adrian Henri Vital van Emelen (1868-1943), além das monumentais estátuas dos bandeirantes *Fernão Dias Paes Leme* e *Antônio Raposo Tavares*, esculpidas em mármore de Carrara por Luigi Brizzolara (1868-1937) no princípio dos anos de 1920, guardam nítidos nexos com a imagem do bandeirante inventada por Calixto: todos eles barbados, fortes, másculos, brancos e bravos, de ar superior. São esses os rostos que atingiriam o grande público, pois a reprodução dessas imagens passou a ilustrar livros, compêndios didáticos e revistas.

65 SOUZA, Washington Luís Pereira de. "Contribuição para a história da capitania de São Paulo. Governo Rodrigo César Meneses". Revista do Instituto Histórico e Geográfico de São Paulo, vol. 8, 1904.

66 *Idem*, p. 138.

Imagem 16: Affonso de Taunay posando ao lado da escultura de Antônio Raposo Tavares, por ele encomendada para ornamentar o Museu Paulista (década de 1920).

Fonte: Museu Paulista. Escultura "Antonio Raposo Tavares" e Dr. Affonso Taunay. Fotografia/Negativo De Vidro. Vidro: 23,5 X 17,6 Cm. Crédito Fotográfico: Hélio Nobre/ José Rosael.

Imagem 17: Reprodução fotográfica de estátua em bronze Manuel de Borba Gato, por Nicola Rollo (1921).

Fonte: ROLLO, Nicola. *Manuel de Borba Gato*. 1921. Bronze. Acervo do Museu Paulista, São Paulo. Crédito fotográfico: Luiz Carlos Cappellano (2009).

Imagem 18: Manuel Preto, por Andrien Henri Vital van Emelen (1921)

Fonte: VAN EMELEN, Adrien Henri Vital. *Manuel Preto*. 1921. Bronze. Acervo do Museu Paulista, São Paulo. Crédito fotográfico: Hélio Nobre/José Rosael.

A antropóloga Thaís Waldman demonstra a eficácia desse discurso visual em atingir uma série de impressos, como *Breves lições de história do Brasil* (1922), de Celso Braga, que estampa *Domingos Jorge Velho*, de Calixto, descrito "como um 'corajoso sertanejo' que 'se ofereceu para acabar com os Palmares' (...). Na capa do livro, na parte inferior, há uma nota do autor informando que a obra foi aprovada em "solenes julgamentos" pelos conselhos de instrução e por outros órgãos do ensino público brasileiro, que decidiram adotá-la nas escolas do Distrito Federal e dos estados do Amazonas, Pará, Piauí, Ceará, Rio Grande do Norte, Paraíba, Pernambuco, Alagoas, Sergipe, Bahia, Espírito Santo, Rio de Janeiro, São Paulo, Paraná, Minas Gerais e Mato Grosso".[67] Por muitas e muitas décadas, de algum

67 WALDMAN, Thaís Chang, *Op. Cit.*, 2018, p. 52-53.

modo ainda hoje, a imagem do bandeirante são variações em torno de *Domingos Jorge Velho*, de Benedito Calixto.

Olavo Bilac e o "Caçador das Esmeraldas": a invenção de Fernão Dias

Na virada do século XIX para o XX, o escritor Machado de Assis (1839-1908) gozava de amplo reconhecimento entre o público letrado, mas era o poeta Olavo Bilac (1865-1918), carioca como Machado, quem obtinha audiência da juventude e da elite republicana, ainda em processo de afirmação. Em 1902, Bilac escreveu o poema "O caçador de Esmeraldas", em homenagem ao bandeirante Fernão Dias Paes Leme (1608-1681), o "descobridor das minas":[68]

68 Fernão Dias Paes Leme nasceu nas cercanias da vila de São Paulo, em 1608. Era descendente dos primeiros colonizadores e fazia parte da "nobreza da terra", como os abastados moradores do Brasil colonial se autodenominavam. Ele e seus parentes foram grandes proprietários de terras e escravos (indígenas ilegalmente escravizados). Fernão Dias, com sua parentela (Borba Gato era seu genro), participou de uma série de bandeiras, entre elas, a grande expedição liderada por Antônio Raposo Tavares que, em 1638, acabou por devassar missões jesuíticas (espanholas) localizadas onde hoje ficam os estados do Paraná, Santa Catarina e Rio Grande do Sul, chegando até o atual Uruguai. Fernão Dias ficou célebre – ou foi celebrado pela historiografia – pelas entradas nos territórios que hoje compõem os Estados de Minas Gerais e Espírito Santo, por onde buscava a mítica Serra do Sabarabuçu, na qual se acreditava haver grande quantidade de esmeraldas. Em 20 de junho de 1674, já idoso para época, escreveu uma carta ao Governador Geral do Brasil, Bernardo Vieira Ravasco, em que teria afirmado que partiria no dia seguinte, com 40 homens brancos e muitos agregados mamelucos indígenas. Morreu, depois de muitos contratempos, como o abandono de companheiros descrentes e rebeliões internas. Encontrou pedras verdes que morreu acreditando serem as famosas esmeraldas, mas eram turmalinas, de pouco valor. Sua entrada no território que posteriormente veio a ser Minas Gerais gerou a descoberta de ouro, o que não despertou-lhe maior atenção pois estava interessado nas esmeraldas. Morreu em 1681, num sítio chamado Sumidouro, no interior da mata, provavelmente próximo aos atuais limites entre Minas Gerais e Espírito Santo. Não há bibliografia atualizada especificamente sobre Fernão Dias. Sobre o assunto, ver: TAUNAY, Affonso de. *A Grande Vida de Fernão Dias Pais*. São Paulo: Typografia Diário Official, 1931. (O livro teve duas outras edições: José Olympio, 1955, e Melhoramentos, 1977). Sobre a economia paulista do século XVII, no tempo de Fernão Dias, ver: MONTEIRO, John Manuel. *Negros da Terra: índios e bandeirantes nas origens de São Paulo*. São Paulo: Companhia das Letras, 1994. Ver também, do mesmo autor, *Tupis, tapuias e historiadores: estudo de história indígena e do indigenismo*. Tese de livre docência. IFCH-Unicamp, 2001.

Foi em março, ao findar das chuvas, quase à entrada
Do outono, quando a terra, em sede requeimada,
Bebera longamente as águas da estação,
- Que, em bandeira, buscando esmeraldas e prata,
À frente dos peões filhos da rude mata,
Fernão Dias Pais Leme entrou pelo sertão.[69]

Olavo Bilac – entre outros intelectuais do período, como Afonso Arinos de Mello Franco (1869-1916) – estava sintonizado com o movimento nacionalista que atingira o clímax após a eclosão da Primeira Guerra Mundial (1914-1918). Não é do interesse deste texto analisar a obra de Bilac, mas convém chamar atenção para um aspecto relevante. A morte de Olavo Bilac, em 28 de dezembro de 1918 – período em que a memória bandeirante estava em construção –, causou grande comoção pública, não apenas em função da projeção que o poeta havia obtido por meio de suas obras, mas também e, sobretudo, pela militância "patriótica" e cívica.

Em 1915, Bilac havia discursado na Faculdade de Direito do Largo de São Francisco, em São Paulo, o que inspirou a criação de associações patrióticas, entre elas, a Liga Nacionalista, fundada em 1916. A agenda política que animava o grupo, vinculado aos fragmentos mais escolarizados da elite paulista, empenhava-se em defender o "programa de reforma das práticas políticas nacionais por meio da educação, do cumprimento das normas eleitorais e da garantia da integridade do voto",[70] bem como o serviço militar obrigatório.

Além da agenda política de momento, os paulistas não esqueceram do poema de 1902, que lançou luz sobre a memória de Fernão Dias e, por consequência, dos bandeirantes. Assim, não terá sido coincidência que menos de um ano após a morte de Olavo Bilac, a Câmara Municipal de São Paulo autorizou a abertura de crédito para auxiliar a construção de um monumento em homenagem ao poeta. Naquele momento Washington Luís (1869-1957) era prefeito de São Paulo (1914-1919), um homem altamente interessado na construção de uma memória

69 Ver poema completo: BILAC, Olavo. "O caçador de esmeraldas". In: *Poesias: antologia*. São Paulo: Martin Claret, 2002, p. 37-55.

70 HANSEN, Patrícia Santos. "Golpes de Memória: usos políticos de Olavo Bilac no século XX". In: *Revista do IEB*, n. 61, 2015, p. 125.

positiva sobre o passado paulista. Foram obtidos recursos adicionais por meio de uma campanha organizada por Frederico Vergueiro Steidel, um dos dirigentes da Liga Nacionalista, contando com intenso apoio e divulgação do jornal O *Estado de S. Paulo*. Desse esforço nasceu o monumento encomendado ao escultor sueco William Zadig, inaugurado em 7 de setembro de 1922, coincidindo com as comemorações do Centenário da Independência.

Imagem 19: Inauguração do monumento a Olavo Bilac

Fonte: NASCIMENTO, Douglas. "Monumento a Olavo Bilac". In: *São Paulo Antiga*, 28 mai. 2015. Disponível em: <http://www.saopauloantiga.com.br/monumento-a-olavo-bilac/>. Acesso em: 26 set. 2018.

Instalado na Avenida Paulista, próximo à Rua da Consolação, o monumento era composto por um conjunto de esculturas, com cinco obras em bronze, em referência a Olavo Bilac e alguns de seus poemas mais célebres:[71] "A tarde", "O beijo eterno", "Pátria e Família e "O caçador de Esmeraldas", edificado em homenagem,

71 HANSEN, Patrícia Santos, *Op. Cit.*, 2015, p. 130. O monumento não resistiu mais do que uma década principalmente por conta do fechamento da Liga Nacionalista, em 1924, acusada de participar do levante revolucionário ocorrido naquele ano. Em 1935, o jornal *A Gazeta* já anunciava a retirada do monumento, afirmando, inclusive, que há tempos havia a vontade de se retirar o monumento, pois "não estava mais à altura da educação artística de S. Paulo", e por conta de projetos urbanísticos do prefeito Fabio da Silva Prado (1934-1938).

como já foi dito, aos bandeirantes Fernão Dias e Borba Gato, conquistadores das minas, tomados como heróis da conquista do espaço territorial brasileiro.[72]

Imagem 20: Monumento em homenagem a Olavo Bilac, 1923.

Fonte: NASCIMENTO, Douglas. "Monumento a Olavo Bilac". In: São Paulo Antiga, 28 mai. 2015. Disponível em: <http://www.saopauloantiga.com.br/monumento-a-olavo-bilac/>. Acesso em: 26 set. 2018.

72 O conjunto foi removido em 1936, no âmbito das reformas urbanas. Os bustos de Fernão Dias e Borba Gato, intitulado "O Caçador de Esmeraldas", após ficarem por muitos anos em depósito da prefeitura, foram transferidos, em meados da década de 1950, para a Escola Estadual Fernão Dias Paes, no bairro de Pinheiros. Fundado em 1948 como Ginásio Estadual de Pinheiros, a escola foi rebatizada em 1950 em homenagem ao bandeirante. Sobre as relações entre projetos políticos, memória e historiografia, ver: CATROGA, Fernando. *Memória, História e historiografia*. Coimbra: Editora Quarteto, 2001.

Imagem 21: Reprodução fotográfica do Monumento a Olavo Bilac

Fonte: NASCIMENTO, Douglas. "Monumento a Olavo Bilac". In: São Paulo Antiga, 28 mai. 2015. Disponível em: <http://www.saopauloantiga.com.br/monumento-a-olavo-bilac/>. Acesso em: 26 set. 2018.

Embora o tema relativo a construção e o trânsito do *Monumento à Bilac* seja muito interessante, aqui interessa observarmos que o poema "O caçador de Esmeraldas", de 1902, contribuiu decisivamente para que os setores mais intelectualizados da elite paulista resolvessem homenagear o poeta carioca, que por sua vez, homenageara Fernão Dias, o conquistador paulista dos sertões. Mais importante ainda: no começo do século XX, o sertão, seus caminhos e seus conquistadores estavam na ordem do dia, o que está na base da agenda de pesquisa dos historiadores da década de 1920. Como sabemos, o olhar ao passado é sempre marcado pelo presente e suas circunstâncias.[73]

Ao logo da década de 1910 surge em São Paulo uma literatura regionalista, interessada em narrar a vida rural e caipira. *Urupês,* livro de contos de Monteiro Lobato, publicado em 1918, denunciava o abandono do sertanejo do sul, o caipira,

73 Sobre as relações entre projetos políticos, memória e historiografia, ver CATROGA, Fernando, *Op. Cit.*, 2001.

caricaturado na figura do Jeca Tatu.[74] Naturalmente não é caso analisar aqui a obra de Lobato, mas sugerir o nascimento de uma agenda política, intelectual e artística voltada ao interior do Brasil, como já o fizera Euclides da Cunha em Os sertões (1902).

Uma das consequências deste olhar para o sertão é justamente a valorização de um personagem histórico, os sertanistas do período colonial, os ditos bandeirantes. A visada patriótica e nacionalista acabou por relacionar os bandeirantes à ampliação do espaço territorial da colônia portuguesa nos séculos XVII e XVIII. Portanto, o movimento intelectual em torno das bandeiras constituiu a principal explicação para formação das fronteiras. Pela via do progresso, os sertões, vistos como "vazios demográficos", deveriam ser incorporados não apenas ao território político da nação, o que já havia sido garantido por uma série de tratados,[75] mas sim ocupados economicamente.[76]

---

74 OLIVEIRA, Lúcia Lippi. "A conquista do espaço: sertão e fronteira no pensamento brasileiro". In: *História, Ciências, Saúde – Manguinhos*, Rio de Janeiro, Vol. V (suplemento), pp. 195-215, jul. 1998.

75 O início do século XVIII marca um movimento da Coroa portuguesa em busca de legitimar o domínio político de amplos territórios da América do Sul através da negociação de novos tratados de limites com a Espanha. Nesses novos tratados substituiu-se o princípio de soberania baseado na autoridade papal – vigente até então na manutenção da linha demarcatória de Tordesilhas como marco a separar os territórios ibéricos na América – pelo princípio da posse efetiva da terra, também conhecido como *uti possidetis*. Desse modo, a Coroa que comprovasse ocupar efetivamente um dado espaço, teria reconhecida sua soberania sobre o mesmo. Os famosos Tratados de Madri (1750) e de Santo Ildefonso (1777) foram celebrados tomando como base justamente o princípio do *uti possidetis* o que, por sua vez, garantiu aos portugueses o avanço de milhares de quilômetros a oeste da antiga linha de Tordesilhas. Séculos mais tarde, já no período republicano, o Tratado de Petrópolis (1903), negociado pelo Barão de Rio Branco, concluiu outro conjunto de gestões políticas que garantiram o domínio político sobre o que hoje se conhece como território do Brasil. O que os mapas mostram como parte natural do território dos países foi, como se sabe, resultado de um complexo conjunto de gestões políticas, militares, econômicas e culturais. Sobre a busca da Coroa portuguesa a fim de legitimar o domínio político de seu território na América pela incorporação dos sertões, ver: BEIER, José Rogério. *Artefatos de poder: Daniel Pedro Müller, a Assembleia Legislativa e a construção territorial da Província de São Paulo (1835-1842).* 2015. 385 f. Dissertação (Mestrado em História Social). Faculdade de Filosofia, Letras e Ciências Humanas, Universidade de São Paulo, São Paulo, 2015, p. 237 e 248-251.

76 Para a socióloga Lúcia Lippi, a "noção de fronteira seria capaz de diluir a dicotomia litoral/sertão, já que significa a oportunidade de chegada da civilização-litoral ao sertão-interior,

É importante compreendermos que as noções de fronteira, sertão ou nação – assim como as de bandeirante – não são conceitos estáticos e atemporais. Em artigo no qual busca analisar "o sertão" a partir de uma perspectiva teórica, o geógrafo Antônio Carlos Robert Moraes traz uma contribuição importante ao caracterizá-lo como "uma ideologia geográfica".[77] Segundo o geógrafo, o sertão não é um lugar em si, mas uma condição atribuída a vários e distintos lugares: "trata-se de um símbolo imposto a determinadas condições locacionais, que acaba por atuar como um qualificativo local básico no processo de sua valoração"[78]

Dentro dessa perspectiva, Robert Moraes aponta um dos traços gerais da construção do imaginário sertanejo, que é justamente o de ser um valor que se aplica a novos lugares ou novas ondas colonizadoras. Logo, o sertão é concebido como um espaço para expansão. Robert Moraes nos ajuda a compreender as razões que levaram os bandeirantes, segundo a leitura proposta pela historiografia paulista, a serem lidos como os responsáveis pela incorporação de "fundos territoriais", pensados como "reservas de espaço para a expansão futura da ação colonizadora".[79] De modo complementar, o historiador Ilmar Rohloff de Mattos chama atenção para o fato de os construtores do Estado imperial terem introduzido uma nova concepção de Império, distinta da anterior, por referir-se a um Estado-nação "imaginado como um território nacional".[80] Tal mudança na concepção territorial de um Império levou Mattos à conclusão de que a expansão possível para o Império do Brasil deveria se dar no âmbito do território que o recém-nascido país herdara do período colonial.

---

conciliando a qualidade positiva do litoral – a civilidade – com a crença de que no interior/sertão está preservado um Brasil autêntico. Ver: OLIVEIRA, Lúcia Lippi, *Op. Cit.*, 1998, p. 9.

77 MORAES, Antonio Carlos Robert. "O Sertão: um outro geográfico". In: *Terra Brasilis* [Online], v. 4-5, 2003. Disponível em: <http://terrabrasilis.revues.org/341>. Acesso em: 10/01/2019.

78 MORAES, Antônio Carlos Robert, *Op. Cit.*, 2003.

79 MORAES, Antônio Carlos Robert. "Território, região e formação colonial. Apontamentos em torno da Geografia Histórica da Independência Brasileira". In: CARBÓ, Eulalia Ribera; VARGAS, Hector Mendoza; MARTÍN, Pere Sunyer (coords). *La integración del territorio en una idea de Estado. Mexico y Brasil, 1821-1946*. Mexico: Instituto de Geografia UNAM, 2007, p. 500-501.

80 MATTOS, Ilmar Rohloff de. "Entre a casa e o Estado. Nação, território e projetos políticos na construção do Estado imperial brasileiro". In: CARBÓ, Eulalia Ribeira; VARGAS, Héctor Mendoza; MARTÍN, Pere Sunyer (coords.), *Op. Cit.*, 2007, p. 589-608.

Em outras palavras, a expansão se daria "para dentro", justamente em direção aos espaços que ainda não haviam sido ocupados,[81] ou seja, os "fundos territoriais".

No começo do século XX há muito já estava garantido o domínio político do território. Nesse momento, portanto, seguia-se o processo da busca pelo controle econômico, cultural, populacional, militar e administrativo sobre os sertões que vinha se desenrolando desde o nascimento do Brasil como nação. O esforço dos intelectuais paulistas em valorizar os bandeirantes do século XVII e XVIII corresponde a um movimento político e econômico do país, capitaneado pela elite cafeeira paulista, que ganhou impulso no começo do século XX, interessado em completar a conquista do território brasileiro iniciada logo após a independência do país, ainda no Oitocentos. Em outras palavras, as expedições concretas do Marechal Rondon, nas décadas de 1910 e 1920, guardam nexos com a construção intelectual da epopeia bandeirante.

Aparentemente despretensioso, o poema de Olavo Bilac tinha grande atualidade, justamente porque tocava no tema da conquista do sertão (no passado e no presente), dialogando diretamente com os problemas que já vinham sendo abordados por intelectuais e artistas desde o fim do século XIX. A historiografia bandeirante da primeira metade do século XX, portanto, bebeu deste veio.

As décadas de 1910 e 1920 e a emergência da "epopeia bandeirante"

Como tem sido dito, em fins do século XIX, início do XX, ainda não estavam umbilicalmente associados os termos "bandeirantes" e "paulistas". Nomes como Henrique Bernardelli, Olavo Bilac e Capistrano de Abreu, entre outros, pensavam o Brasil a partir do Rio de Janeiro. O Instituto Histórico e Geográfico de São Paulo (IHGSP), fundado em 1894, foi uma instituição importante para enraizar o debate sobre os sertões em São Paulo.[82] Do IHGSP participaram todos os artífices da

81 *Ibidem.*

82 O IHGSP foi fundado em 1894, a partir da iniciativa de Domingos Jaguaribe Filho, médico, assíduo conviva dos salões de Veridiana Prado, do engenheiro Antônio de Toledo Pisa (1848-1905), e de Estevão Leão Bourroul (1856-1914), advogado. A instituição reuniu nomes importantes não só das letras, como da política e do dinheiro, como o conselheiro Antônio Prado, um de seus sócios fundadores. O prestígio do IHGSP junto aos grupos

memória bandeirante, de Benedito Calixto à Affonso de Taunay, de Alfredo Ellis Jr à José de Alcântara Machado. O bandeirante foi escolhido para encarnar o espírito de São Paulo, pois personificaria qualidades como a iniciativa, o arrojo, o heroísmo e a tenacidade. A prosperidade e a modernidade paulistas, em curso naqueles anos, pediam um ancestral digno seu progresso.[83]

Cabe, porém, destacar o nome de Washington Luís Pereira de Sousa (1869-1957) que, antes da carreira política que o levaria ao cargo de prefeito de São Paulo (1914-1919), presidente do Estado (1920-1924) e presidente da República (1926-1930), escrevia sobre a história colonial da Capitania. Graças a sua iniciativa, o Arquivo Municipal, em 1914, iniciou a publicação das *Atas da Câmara Municipal de São Paulo*. Em 1917, também sob as suas as ordens, foi publicado o *Registro Geral da Câmara Municipal de São Paulo*. Já em 1920, o Arquivo do Estado iniciou a publicação da série *Inventários e testamentos*. Não resta dúvida que a publicação desta extraordinária massa documental fez parte de um conjunto de esforços que visavam promover o passado (e o presente) de São Paulo.[84]

A preocupação da elite dirigente com a consolidação de um símbolo paulista torna compreensível o investimento das administrações públicas em localizar e publicar documentos antigos. A publicação da série *Documentos interessantes para a história e costumes de São Paulo*, iniciada ainda no final do século XIX, fez parte

---

econômicos e sociais dominantes da época fica claro na lista das personalidades e empresas que contribuíram para a construção do prédio do Instituto, à rua Benjamin Constant, inaugurado em 1909. Além de Antônio Prado, Prudente de Morais, às vésperas de tomar posse como o primeiro presidente civil da República; o presidente do Estado de São Paulo, Bernardino de Campos; o prefeito da cidade de São Paulo, Pedro Vicente de Azevedo; o presidente do Senado, José Alves Guimarães Júnior; entre outros nomes do poder. Além de uma infinidade de bacharéis em direito, ao longo das décadas de 1910 e 1920, foram membros do IHGSP nomes ligados às artes e à intelectualidade, como Paulo Prado, Euclides da Cunha, Sílvio Romero, Olívia Guedes Penteado, Sérgio Milliet, Mário de Andrade, etc. Sobre o IHGSP, ver: FERREIRA, Antônio Celso, *Op. Cit.*, 2002.

83 ABUD, Kátia. "A ideia de São Paulo como formador do Brasil". In: FERREIRA, Antônio Celso, DE LUCA, Tânia Regina e IOKOI, Zilda Grícoli (org.). *Encontros com a História: Percursos históricos e historiográficos de São Paulo*. São Paulo: Editora Unesp, 1999, p. 71 a 89.

84 Sobre Washington Luís, ver: DEBES, Célio. *Washington Luís*. São Paulo: Imprensa Oficial do Estado de São Paulo, 1993, 2 volumes.

deste esforço (político) de memória.[85] Esta base documental permitiu que vários historiadores empenhados na causa bandeirante construíssem textos empiricamente lastreados, conferindo legitimidade e modernidade científica à chamada epopeia bandeirante.[86] Com maior ou menor zelo, utilizaram-se dela, nos anos 1920 e 1930, historiadores como Affonso de Taunay, José de Alcântara Machado, Alfredo Ellis Jr, Paulo Prado, e mesmo Cassiano Ricardo ou Ernani Silva Bruno.

Não é necessário insistir nos nexos políticos e ideológicos em torno da invenção de um passado estável e sólido em tempo de grandes transformações sociais, marcado pela imigração, pela modernização e pela industrialização, em um momento que o domínio político da elite cafeeira, na Primeira República, era cada vez mais questionado. No entanto, convém acentuar, com Antônio Celso Ferreira, que certos grupos entre os intelectuais paulistas empenhavam-se em "criar uma história para um país de colonização recente e para uma nacionalidade em formação, que fosse capaz de oferecer os mitos e a solidez das origens, num contexto igualmente assinalado pela transitoriedade".[87] Já para Kátia Abud, a cristalização da simbologia bandeirante permitiria "a integração de uma parcela numericamente importante da população de São Paulo, que era constituída de imigrantes, que haviam assimilado a valorização do trabalho e a construção do progresso do estado, como uma característica de seus habitantes".[88]

É pouco dizer que a elite paulista fazia uso político do bandeirantismo, antes é preciso enfatizar que não havia um único discurso, mas vários, feito por diferentes sujeitos e em diferentes épocas. É evidente que intelectuais, com seus vínculos políticos e sociais, produziam repertórios ajustados aos seus próprios interesses e sensibilidades, tanto pessoais como coletivos. Na década de 1920 é possível ar-

85 MENDES, André Oliva Teixeira. *Os documentos interessantes para a história e costumes de São Paulo: subsídio para a construção de representações*. 2010. Dissertação (Mestrado em História Social) – Faculdade de Filosofia, Letras e Ciências Humanas, Universidade de São Paulo, São Paulo, 2010.

86 ABUD, Katia Maria, *Op. Cit.*, 1985, p. 78.

87 FERREIRA, Antônio Celso. "Vida (e morte) da epopeia bandeirante". In: *Encontros com a História: Percursos históricos e historiográficos de São Paulo*. FERREIRA, Antônio Celso, DE LUCA, Tânia Regina e IOKOI, Zilda Grícoli (org.), São Paulo: Editora Unesp, 1999, p. 96.

88 ABUD, Katia Maria, *Op. Cit.*, 1985, p. 79.

gumentar que a memória dos bandeirantes servia para lembrar os brasileiros de outros estados o lastro histórico do empreendedorismo dos paulistas, ou ainda, lembrar os imigrantes e seus descendentes, muitos deles já enriquecidos que, antes deles, houve quem pugnasse pelo progresso de São Paulo, aliás, desde os tempos coloniais, quando tudo era muito mais difícil e exigiam a bravura dos bandeirantes, em referência aos antigos moradores da Capitania. Posteriormente, com a crise política representada pela Revolução Constitucionalista de 1932, há uma evidente mutação de sentido. Bandeirantes não são apenas os descendentes das velhas famílias, dito quatrocentonas, mas todos os habitantes de São Paulo teriam herdado o "espírito" bandeirante, inclusive os imigrantes e seus filhos.[89]

Na década de 1920, a representação de São Paulo colonial, tanto nos textos como nos monumentos, buscou personagens singulares, com nome e sobrenome – sobretudo sobrenome. Esta construção ecoava o próprio paradigma historiográfico então reinante, fundamentado nos efeitos individuais, na história nacional e na exemplaridade dos grandes homens, ou, se quisermos, na história metódico-positivista.[90] Era um tempo em que, observa Paulo Garcez, as antigas famílias paulistas buscavam estabelecer genealogias que as conectassem aos velhos bandeirantes de outrora[91].

Se em 1922 imperavam heróis individuais, percepção que estava em linha com a historiografia dita positivista, em 1954, no IV Centenário da cidade de São Paulo, outra representação bandeirante se impôs. No *Monumento às Bandeiras* (1953), de Victor Brecheret, pode-se ver um retrato coletivo dos bandeirantes, sem nome, com feições mestiças e até africanas, além do próprio rosto de Brecheret, em clara referência aos imigrantes, como ele próprio. No monumento modernista, bandeirantes eram todos os paulistas. Vemos, portanto, não apenas outra estética, mas também outros significados políticos, até por que enraizado noutra época.[92]

---

89 QUEIROZ, Maria Isaura Pereira de, *Op. Cit.*, 1992.

90 Sobre o assunto, ver: DOSSE, François; DELACROIX, Christian, GARCIA, Patrick. "O momento metódico". In: *Correntes históricas na França - séculos XIX e XX*. Rio de Janeiro: Editora da FGV, 2013; BARROS, José D'Assunção. "O Positivismo". In: *Teoria da História.* v. 2. Petrópolis: Vozes, 2011.

91 MARINS, Paulo César Garcez. "O Parque do Ibirapuera e a construção da identidade paulista". In: *Anais do Museu Paulista*, n. ser. v. 6/7, São Paulo, p. 9-36, 2003, p. 17.

92 Sobre o IV Centenário, ver: LOFEGO, Sílvio Luiz. *IV Centenário da cidade de São Paulo: uma cidade entre o passado e o futuro*. São Paulo: Annablume, 2004. MARINS, Paulo Gar-

Neste momento, décadas de 1940 e 1950, na alta historiografia o tema da expansão paulista também estava em revisão. Sérgio Buarque de Holanda, em *Monções* (1945),[93] e, de modo mais sólido, em *Caminhos e Fronteiras* (1957),[94] produzira outra interpretação para o tema dos antigos sertanistas de São Paulo, em que se destaca a mestiçagem cultural e material, a dependência dos nativos e pobreza, relativizando ou mesmo desmontando a tese geoestratégica segundo a qual os bandeirantes alargaram as fronteiras da pátria.[95]

Aliás, já no Curso de Banderologia, realizado em São Paulo em 1946, do qual participaram, além de Sérgio Buarque, Affonso de Taunay, Virgilio Corrêa Filho, Afonso Arinos de Mello Franco, Alfredo Ellis Jr e Joaquim Ribeiro, entre outros, pode-se perceber nuances importantes. Diferente dos outros historiadores citados, Sérgio Buarque propõe, ainda que de modo sutil, uma visão mais crítica em relação aos bandeirantes, retomando e aprofundando o veio aberto por Capistrano de Abreu.[96] Sérgio Buarque sucedeu Taunay na direção do Museu Paulista, gerindo a instituição entre 1946 e 1956, estabelecendo novas prioridades para instituição.[97]

---

cez, *Op. Cit.*, 2003; MOURA, Irene. *A cidade e a festa: Brecheret e o IV Centenário de São Paulo*. 2010. Tese (Doutorado em História). Pontifícia Universidade Católica, São Paulo, 2010. UHLE, Ana Rita. *Monumentos celebrativos: a aproximações entre arte e história (São Paulo, 1925-1963). Programa de Pós-graduação em História*. IFCH-Unicamp, 2013.

93 HOLANDA, Sérgio Buarque. *Monções*. 4 ed. (Orgs. SOUZA, Laura de Mello CERQUEIRA, André Sekkel. São Paulo: Companhia das Letras, 2014 (1ª ed, 1945).

94 HOLANDA, Sérgio Buarque de. *Caminhos e Fronteiras*, São Paulo: Companhia das Letras, 1994. (1ª ed, 1957)

95 Sobre Sérgio Buarque e a expansão das fronteiras, ver: WEGNER, Robert. *A Conquista do Oeste: a Fronteira na Obra de Sérgio Buarque de Holanda*, Belo Horizonte: Editora da UFMG, 2000; ALBUQUERQUE, José Lindomar. "As fronteiras ibero-americanas na obra de Sérgio Buarque de Holanda". *Análise Social*, vol. XLV (195), 2010, p. 329-351.

96 Sobre Sérgio Buarque e Curso de Banderologia, ver: ROIZ, Diogo da Silva. *A dialética entre o "intelectual-letrado" e o "letrado intelectual": projetos, tensões e debates na escrita da história de Alfredo Ellis Jr e Sérgio Buarque de Holanda (1929-1959)*. Tese de Doutorado em História. Setor de Ciências Humanas, Letras e Artes, Universidade Federal do Paraná, 2013.

97 Durante o período em que dirigiu o Museu Paulista (1946-1956), Sérgio remodelou a área de pesquisa, contratou um corpo técnico especializado, com especial atenção a etnologia e as culturas indígenas. Essa vivência gerou, na década de 1950, a publicação de vários artigos que culminariam em *Caminhos e Fronteiras*, de 1957. Sobre o assunto, ver: FRANÇOZO, Mariana. "O Museu Paulista e a história da antropologia no Brasil entre 1946 e

Ao contrário do que frequentemente se imagina, a representação do que se convencionou a chamar de "bandeirantes paulistas" é instável no tempo e sempre esteve em disputa por meio de uma enorme série de textos, monumentos e imagens.[98] Como se pode ver, o passado colonial, personificado nos sertanistas dos séculos XVII e XVIII,[99] mobilizou e ensejou grandes lutas na historiografia, nas artes e no discurso museológico. O passado está(va) em disputa.

Em torno de 1922, ano do Centenário da Independência, nenhum nome se compara ao de Fernão Dias Paes Leme (1608-1681) em termos de construção de memória. Naquele momento, a liderança da velha elite paulista começava a ser

---

1956". *Revista de Antropologia*", v. 48, n. 2, p. 585-612, 2005; FRANÇOZO, Mariana. "Os outros alemães de Sérgio. Etnografia e povos indígenas em Caminhos e Fronteiras". *Revista Brasileira de Ciências Sociais*, v. 22, n.63, p. 137-152, 2007.

98 Há considerável oferta bibliográfica sobre as representações bandeirantes na historiografia, nas artes e na museologia. Sobre o assunto, ver: ABUD, Katia Maria, *Op. Cit.*, 1985; QUEIROZ, Maria Izabel Pereira de, *Op. Cit.*, 1992; BREFE, Ana Claudia Fonseca. *Um lugar de memória para a Nação. O Museu Paulista reinventado por Afonso d'Escragnolle Taunay (1917-1945)*. Tese (Doutorado em História) – Instituto de Filosofia e Ciências Humanas, Universidade Estadual de Campinas, 1999; OLIVEIRA, Cecília Helena de Salles. *O "Espetáculo do Ypiranga": Mediações entre história e memória*. Tese apresentada à Divisão de Acervo e Curadoria do Museu Paulista (USP). Concurso de Livre Docência, 2000; COSTA, Wilma Peres. "Affonso Taunay e a História Geral das Bandeiras Paulistas". In: MOTA, Lorenço Dantas. *Introdução ao Brasil: Um Banquete no Trópico*. São Paulo: SENAC, 2001, v. 2, p. 97-122; MAKINO, Miyoko. *A construção da identidade nacional: Afonso de E. Taunay e a decoração do museu paulista (1917-1937)*. Tese (Doutorado) – Faculdade de Filosofia, Letras e Ciências Humanas, Universidade de São Paulo, São Paulo, 2003; FERREIRA, Antônio Celso, *Op. Cit.*, 2002; ANHEZINI, Karina. *Um metódico à brasileira: a historiografia de Afonso de Taunay (1911-1939)*. Tese (Doutorado em História), Universidade Estadual Paulista, Franca, 2006; MARINS, Paulo Garcez, *Op., Cit*, 2007.

99 Para uma introdução atualizada acerca da expansão paulista e das bandeiras, ver: SOUZA, Laura de Mello e. "São Paulo dos vícios e das virtudes". In: *Sol e a sombra: política e administração na América portuguesa do século XVIII*. São Paulo: Companhia das Letras, 2006; SANTOS, Márcio Roberto Alves dos. *Bandeirantes Paulistas no Sertão do São Francisco*. São Paulo: Edusp, 2017; MONTEIRO, John Manuel. *Negros da Terra: índios e bandeirantes nas origens de São Paulo*. São Paulo: Companhia das Letras, 1994; ______. *Tupis, tapuias e historiadores: estudo de história indígena e do indigenismo*. Tese (Livre docência), Instituto de Filosofia e Ciências Humanas, Universidade Estadual de Campinas, Campinas, 2001; BLAJ, Ilana. "Mentalidade e sociedade: revisitando a historiografia sobre São Paulo colonial". In: *Revista de História*, FFLCH-USP, São Paulo, n. 142-143, 2000.

questionada, como nos dão conta as insatisfações sociais – entre elas a greve de 1917 e a emergência do movimento operário –, bem como as agitações militares (o tenentismo e a revolta militar de 1924) e a presença imigrante, cada vez mais numerosa, inclusive portadora de novas fortunas. Era preciso lembrar aos novos paulistas o valor dos antigos.

Com vistas ao Centenário da Independência, Affonso de Taunay, diretor do Museu Paulista entre 1917 e 1945, encomendou ao escultor Luigi Brizzolara duas grandes estátuas esculpidas em mármore de Carrara, ambas com cerca de três metros e meio de altura. São elas *Antônio Raposo Tavares*, representando o "ciclo da caça ao índio", e Fernão Dias, simbolizando o "ciclo do ouro".

Imagem 22: *Raposo Tavares*, por Luigi Brizzolara, 1922

Fonte: Mármore de Carrara. Acervo do Museu Paulista, São Paulo. Crédito fotográfico: Mike Peel (2018).

Imagem 23: Reprodução fotográfica da escultura em mármore de carrara *Fernão Dias Paes Leme*, de Luigi Brizzolara, 1922

Fonte: Acervo do Museu Paulista, São Paulo. Crédito fotográfico: Mike Peel (2018).

Os gigantescos bandeirantes ocupam as paredes laterais do Museu Paulista, ao pé da escadaria principal. Com tamanho, gestos e corpos vigorosos, eles sintetizariam, como destacou o próprio Taunay, as figuras máximas do movimento das entradas e da conquista do território nacional. O objetivo foi combater a "densa treva" que encobriria as ações e a personalidade dos bandeirantes.[100] A reabertura do Museu durante as comemorações de 1922 foi descrita por Taunay como o pagamento de "uma grande dívida" com os homens do Planalto Paulista que venceram

100 TAUNAY, Afonso de. Índios! Ouro! Pedras! São Paulo: Melhoramentos, 1926.

o meridiano de Tordesilhas rumo ao longínquo Oeste. No texto da placa comemorativa, no pedestal da estátua, vemos as seguintes inscrições:

> Fernão Dias Paes Leme (1608-1681)
> Governador das Esmeraldas
> Devassa terras do Paraná (1636-1660)
> Mato Grosso (1658)
> Minas Gerais e Bahia (1671; 1674-1681)
> Rio Grande do Sul e do Uruguai
> Prestando serviços imensos
> à obra do desbravamento do Brasil
> e da descoberta das Minas.[101]

Em 1921, enquanto fervilhava em São Paulo as encomendas de Affonso de Taunay para compor o discurso visual do Museu Paulista, que se preparava para o Centenário da Independência, no Rio de Janeiro, Antônio Parreiras (1860-1937) pintou *A morte de Fernão Dias Paes Leme*, o que apenas confirma a centralidade desse personagem na imaginação histórica deste período. Naquele ano, Parreiras realizou exposição no salão da Escola Nacional de Belas Artes, com 32 telas. Entre elas estavam outras pinturas históricas, como "O Evangelho das Selvas", sobre Anchieta pregando nos ermos do Brasil quinhentista, e Juan Hernandez, o navegador espanhol que naufragou nas costas de Santa Catarina em 1549. A Morte de Fernão Dias mostra ainda que o interesse na conquista do sertão não se restringia a São Paulo e aos paulistas.

Embora o quadro tenha sido adquirido pela Prefeitura de São Paulo posteriormente, não se tratava de encomenda.[102] Na tela de Parreiras, não vemos um ho-

---

101 Sobre os monumentos em São Paulo, inclusive os de Luigi Brizzolara, ver: LOPES, Fany Tamisa. *Cenografia e paisagem urbana: um estudo de caso da cidade de São Paulo*. 2012. Dissertação (Mestrado em História). Instituto de Filosofia e Ciências Humanas. Universidade Estadual de Campinas, Campinas, 2012.

102 Sobre as relações entre a pintura de Antônio Parreiras e o mercados de arte, ver: STUMPF, Lúcia. *A terceira margem do rio: mercado e sujeitos na pintura de história de Antônio Parreiras*. Dissertação de Mestrado. Instituto de Estudos Brasileiros, Universidade de São

mem barbado, másculo e forte, de corte aristocrático, como na tradição formada a partir do Domingos Jorge Velho (1903), de Benedito Calixto. Mas sim um homem envelhecido, de barba raspada e cabelos compridos, em roupas que sugerem a vida rural, em pose naturalista, morrendo ao pé de uma árvore, em meio da mata, com expressão de dor. Em artigo no Jornal do Brasil, do Rio de Janeiro, de 29 de maio de 1921, é possível ler um relato atribuído ao próprio Parreira, em que ele manifesta sua profunda sedução com a vida e a morte de Fernão Dias. Afirma inclusive que pintou outras obras sobre o bandeirante paulista.

> A leitura dos versos de Diogo Garção despertou-me a curiosidade e me fez procurar em fonte mais segura a história desse episódio dos bandeirantes.
>
> Muita coisa se tem escrito sobre o assunto e na História Antiga de Minas Gerais, Diogo de Vasconcellos lhe dedica várias páginas de detalhada descrição.
>
> Seduzido pela beleza do assunto, desde 1902 que o abordo.
>
> Nessa época, pintei Fernão Dias expirando nos braços do filho, Garcia Rodrigues. Nesse quadro, que ora deve estar nos Estados Unidos, dominava, porém, o cenário – paisagem. Em 1907, ainda uma vez tratei o mesmo tema. Representei a bandeira que Fernão Dias capitaneava em busca das esmeraldas. Mais uma vez, em 1912, pintei Fernão Dias morto junto a um grosso tronco. E, finalmente, agora, a 'Morte de Fernão Dias', em que a figura só domina, sem, contudo, sacrificar a paisagem, que uma e outra foram pintadas ao natural.
>
> Presumo ter, assim, conseguido o que há muito procuro.[103]

Paulo, São Paulo, 2014.

103 "Exposição Antônio Parreiras". Jornal do Brasil. Rio de Janeiro, 29 de maio de 1921, p. 5. Sobre o assunto, ver: MOTTA, Liandra. *Antônio Parreiras: a trajetória de um pintor através da crítica de sua época*. Dissertação de Mestrado apresentada ao Programa de Pós-Graduação em Artes. Instituto de Artes da Universidade Estadual de Campinas, 2006.

Imagem 24: Reprodução fotográfica do quadro *Morte de Fernão Dias Paes Leme*, por Antônio Parreiras, 1920, óleo sobre tela, 110,9 x 144,2 cm.

Fonte: Acervo da Pinacoteca do Estado de São Paulo, São Paulo. Crédito fotográfico: Stella Teixeira de Barros (2005).

A *Morte de Fernão Dias* (1921), de Parreiras, constrói uma imagem de Fernão Dias que nem remotamente lembra o monumento de Luigi Brizzolara produzido no mesmo momento, mas sob encomenda de Affonso de Taunay. É importante notar que os instrumentos discursivos voltados à produção de uma memória de Fernão Dias são portadores de uma longa historicidade e multiplicidade de suportes, linguagens, significados e sentidos. A década de 1920 esteve longe de esgotar o processo. Nas décadas seguintes, narrativas sobre a vida do velho sertanista chegariam, inclusive, ao cinema. Convém lembrar que em 1934 o cineasta Vitorio Capellaro (1877-1943) realizou o filme *O Caçador de Diamantes*, dedicado à Fernão Dias.[104] Em 1940, sob patrocínio do Instituto Nacional de Cinema Educativo (INCE), órgão estatal de

104 Sobre esse filme, ver: SANTOS, Márcia Juliana. *Da capital bandeirante às imagens do cinema institucional de São Paulo, 1930-1940*. Tese (Doutorado em História), Pontifícia Universidade Católica, São Paulo, 2011.

fomento ao cinema do Estado Novo, Humberto Mauro (1897-1983) realizou o filme *Os bandeirantes,*[105] em que um dos episódios é dedicado à morte de Fernão Dias nos sertões profundos. Em 1956, Alfredo Roberto Alves realizou outro filme: *Fernão Dias: o governador das Esmeraldas.*[106]. Em todos eles, a figura de Fernão Dias lembra sempre Domingos Jorge Velho, eternizada por Benedito Calixto.[107]

Na literatura, Paulo Setúbal escreveu um romance histórico, em 1928, intitulado *A Bandeira de Fernão Dias,* mas voltaria ao tema em *O sonho das esmeraldas,* romance de 1935, com ilustração de Wasth Rodrigues. Em outros romances, todos de qualidade literária limitada, mas com bastante aceitação popular, como as sucessivas reedições sugerem, o autor explorou a história colonial de São Paulo.[108]

Todas essas narrativas elaboradas nos campos das artes plásticas, do cinema e da literatura devem ser analisadas em seus próprios contextos, tanto históricos como artísticos, sem ignorar os institucionais e políticos. O que se quer nestas páginas é apenas registrar o alcance do investimento em torno das representações de Fernão Dias, para as quais os historiadores concorreram de modo decisivo. Em sua *História geral das bandeiras paulistas,* Taunay menciona centenas de vezes Fernão Dias, especialmente no volume publicado em 1930. Em 1931, Taunay reaproveita suas pesquisas e publica, em obra de quase 300 páginas, *A Grande Vida de Fernão Dias Pais.*[109]

---

105 Sobre esse filme, ver: MORETTIN, Eduardo. *Humberto Mauro, cinema, história.* São Paulo: Alameda, 2013.

106 Sobre esse filme, ver: GONÇALVES, Tereza Cristina Bertoncini. *Fernão Dias: uma trajetória cinematográfica*. Dissertação de Mestrado. Instituto de Artes – Unicamp, 1998.

107 Como se fosse pouco, em 1979, o cineasta Osvaldo de Oliveira (1931-2010) voltou ao tema, por meio do filme *O Caçador de Esmeraldas*, estrelado por Glória Meneses e Tarcísio Meira.

108 A 6 de dezembro de 1934, Paulo Setúbal foi eleito para cadeira número 31 na Academia Brasileira de Letras, sucedendo o historiador João Ribeiro, o que demonstra o prestígio do escritor. Há poucos estudos sobre Paulo Setúbal, um dos grandes difusores da "epopeia bandeirante" junto ao público. Sobre o autor, ver: JORGE, Fernando. *Vida, obra e época de Paulo Setúbal: um homem de alma ardente.* São Paulo: Geração Editorial, 2003.

109 TAUNAY, Afonso de. *A Grande Vida de Fernão Dias Pais.* São Paulo: Typografia Diário Official, 1931. O livro teve duas outras edições: José Olympio, 1955 e Melhoramentos, 1977.

Affonso de Taunay e a historiografia bandeirante

Muito antes de Affonso de Taunay escrever o primeiro volume da *História Geral das Bandeiras Paulistas,* em 1924, o autor já conhecia os textos de Capistrano de Abreu e com ele trocava cartas e conversava com frequência. Aliás, o menino Affonso de Taunay, entre 1888 e 1889, teve aulas particulares com ninguém menos que o próprio Capistrano, além do geógrafo Alfredo Moreira Pinto. Segundo Taunay, em discurso de posse da Presidência Honorária do Instituto Histórico e Geográfico de São Paulo (IHGSP) em 1939,[110] o desejo de escrever sobre as bandeiras teria aparecido em 1902, pouco mais de dois anos após sua transferência para São Paulo, durante uma visita de Taunay à Capistrano, quando o velho historiador desencorajou Taunay a escrever sobre antigos governadores, rogando-lhe que estudasse as bandeiras.

No alvorecer do século XX, depois de formado em engenharia pela Politécnica do Rio de Janeiro, o jovem Taunay se transfere a São Paulo. Em pouco tempo, tornou-se professor da Politécnica de São Paulo (1904) e do Ginásio de São Bento (1903). A partir de 1911 já o encontramos no IHGB e no IHGSP. Em seu discurso de posse no Instituto paulista, afirma Karina Anhezini, Taunay anunciou seu grande projeto: "São Paulo nunca coube dentro de suas fronteiras", enfatizando a "obra titânica da dilatação e da conquista do território".[111]

Antes de começar a publicar a *História Geral das Bandeiras Paulistas,* em 11 volumes publicados entre 1924 e 1950,[112] obra máxima da historiografia bandeirantista, Taunay, já membro do IHGSP, estudou os cronistas paulistas do século XVIII, Pedro Taques de Almeida Paes Leme (1714-1777), autor de *Nobiliarquia Paulistana, Histórica e Genealógica,* e frei Gaspar da Madre de Deus (1715-1800), autor de *Memórias para a história da Capitania de São Vicente, hoje chamada de*

110 TAUNAY, Afonso de E. Discurso de posse na Presidência Honorária do Instituto. RIHGSP, v. 37, p. 10-11, 1939.

111 ANHEZINI, Karina. "Entre 'rios da dúvida' e contínuas entradas: a construção do tema das bandeiras por Afonso de Taunay". In: ROIZ, Diogo da Silva, et al. (orgs), *Op. Cit.*, 2018, p. 154.

112 Para um balanço da obra, ver: COSTA, Wilma Peres. *Affonso Taunay e a História Geral das Bandeiras Paulista, Op. Cit.*, 2001, p. 97-122.

São Paulo; aproveitando-se do bicentenário de nascimentos de ambos, em 1914 e 1915, efeméride fartamente comemorada pelo IHGSP.

A atuação de Taunay no Instituto criou as condições para chegar ao Museu Paulista, em 1917, com a atribuição de reorganizar o Museu com vistas às comemorações do Centenário da Independência do Brasil, em 1922.[113] As relações de Taunay com Washington Luís e outros dirigentes paulistas foram decisivas para sua nomeação.[114] O cargo no Museu, por certo, subsidiou largamente a produção intelectual do autor. Indício disso é que, entre 1917 e 1923, Taunay publicou as seguintes obras: *São Paulo nos primeiros anos*[115] (1920); *São Paulo no Século XVI*[116] (1921); *Na Era das Bandeiras*[117] (1922); *Pedro Taques e seu tempo. Estudos de uma personalidade e de uma época*[118] (1922); *Piratininga: aspectos sociais de São Paulo seiscentista*[119] (1923). O acervo documental reunido por Affonso de Taunay, nesse período, foi importante para sua produção historiográfica.[120]

113 Sobre o assunto ver BREFE, Ana Claudia Fonseca, *Op. Cit.*, 2005.

114 ANHEZINI, Karina. "Museu Paulista e trocas intelectuais na escrita da História de Afonso de Taunay". In: *Anais Do Museu Paulista*, v. 10-11, n. 1, São Paulo, 2003, p. 37-60.

115 TAUNAY, Afonso de. *São Paulo nos Primeiros Anos*. Tours: E. Arrault et Cie, 1920.

116 TAUNAY, Afonso de. *São Paulo no Século XVI*. Tours: E. Arrault et Cie, 1921.

117 TAUNAY, Afonso de. *Na Era das Bandeiras*. São Paulo: Editora Companhia Melhoramentos de São Paulo – Weiszflog Irmãos, 1922. O livro foi publicado em versão preliminar em forma de capítulos pelo *Correio Paulista* (1917-1919) e, depois, publicado em artigo, no IHGB (1920).

118 TAUNAY, Afonso de. *Pedro Taques e seu tempo. Estudos de uma personalidade e de uma época*. In: *Anais do Museu Paulista*, tomo 1, p. 1-286, 1922.

119 TAUNAY, Afonso de. *Piratininga: aspectos sociais de São Paulo seiscentista*. São Paulo: Tipografia Ideal; Heitor L. Canton, 1923.

120 Ver "Coleção Arquivo Geral das Índias em Sevilha", "Coleção Arquivo Nacional da Torre do Tombo", "Coleção Bartholomeu Lourenço de Gusmão" e "Coleção Jesuítas no Brasil" guardados na Biblioteca do Museu Paulista.

Embora José de Alcântara Machado (1875-1941),[121] autor de *Vida e morte do bandeirante* (1929); e Alfredo Ellis Jr (1896-1974),[122] autor de *O bandeirismo paulista e o recuo do meridiano* (1924) e *Raça de gigantes* (1926), tenham contribuído decisivamente para historiografia acerca dos bandeirantes, Taunay foi o mais longevo pesquisador sobre o assunto. A gigantesca *História Geral das Bandeiras Paulistas* não teria sido possível se não fossem os fundamentos empíricos, documentais e intelectuais construídos nos produtivos anos de 1917 e 1923. Período em que o Museu Paulista tinha dotação orçamentária, visibilidade e prestígio, o que permitiu ao seu diretor tornar-se um historiador profissional.

Mesmo antes de 1917, Taunay já buscava se acercar das reflexões teóricas e epistemológicas em voga na época. No artigo de 1914, publicado na *Revista do IHGSP*, intitulado "Princípios Gerais da Moderna História", Taunay cita os historiadores franceses Charles-Victor Langlois e Charles Seignobos – autores de *Introduction aux études historiques*, de 1898, pertencentes à chamada escola metódica, um dos mais importantes manuais de pesquisa histórica de seu tempo. Tratava-se de dois historiadores dominantes na historiografia francesa no período em que Taunay se profissionalizava, logo eram referências autorizadas e atualizadas para a época.

Langlois e Seignobos conferiam às fontes documentais e à história da nação um peso inquestionável. Aliás, a centralidade das fontes é um aspecto que marca o moderno paradigma da história, construído no século XIX. Lembremos que a Revista dos Annales, fundada por Marc Bloch e Lucien Febvre, apareceria apenas em 1929, mas essa escola, que se propunha nova, só se tornaria hegemônica no pós-guerra, sob a liderança de Fernand Braudel (1902-1985), quando dominou a

---

121 José de Alcântara Machado escreveu *Vida e Morte do Bandeirante* em 1929. Para recente balanço de sua obra, ver: SOUZA, Laura de Mello e. "Texto introdutório, Vida e morte do bandeirante". In: *Intérpretes do Brasil*, volume I, 2ª edição, Rio de Janeiro: Nova Aguilar, 2002. VALLE, Franco Della. *Vida e morte do bandeirante: Alcântara Machado e a produção da história paulista.* 2015. Dissertação de Mestrado em História Social – Faculdade de Filosofia, Letras e Ciências Humanas, Universidade de São Paulo, São Paulo, 2015.

122 As principais obras de Alfredo Ellis Jr são *O Bandeirismo Paulista e o Recuo do Meridiano* (1924), *Raça de gigantes* (1926) e *Meio século de bandeirismo* (1939). Sobre Ellis Jr, ver: FERRETTI, Danilo. "O uso político do passado bandeirante: o debate entre Oliveira Vianna e Alfredo Ellis Jr (1920-1926)". Rio de Janeiro. In: *Revista Estudos Históricos*. 21 (41), 2008. ROIZ, Diogo da Silva. "Mito, História, Memória e Ação: bandeirantismo e usos do passado no pensamento de Alfredo Ellis Jr". In: *Revista OPSIS*, Goiânia, n. 12, 2012.

historiografia francesa e repercutiu em toda historiografia ocidental. Em outras palavras, o prestígio da obra de Affonso de Taunay decaiu não apenas por contextos políticos, teóricos e epistemológicos locais, mas também pela queda de toda uma tradição historiográfica internacional.

No Brasil, a hegemonia de uma nova forma de pensar a história deu-se tardiamente, já nos anos de 1960, com a institucionalização da pós-graduação e a penetração, nas universidades, do marxismo acadêmico e da perspectiva dos *Annales*. A partir desse momento, obras como as de Taunay soariam crescentemente datadas. No entanto, antes disso, a força de sua obra era inquestionável, o que nem sempre fica claro para os leitores contemporâneos.

De acordo com Langlois e Seignobos, os fatos poderiam ser individuais, particulares e passageiros (História política, diplomática e militar), ou coletivos, gerais e duradouros (História da civilização, dos costumes, das ideias). É a segunda variante que Taunay buscou seguir, também influenciado por Capistrano de Abreu. Taunay almejava uma história daqueles homens que operaram a "conquista do Brasil pelos brasileiros", a quem "o país deve dois terços de seu território atual", repetia ele. Taunay praticava uma historiografia de tradição metódica, fundada na fidelidade ao documento, ou, sem termos mais críticos, no culto ao documento, nos moldes da história-ciência. Argumenta, porém, que não era possível uma história-síntese, à maneira de Francisco Adolfo de Varnhagen, em função das exigências metodológicas da "moderna verdade histórica". Defendia – e praticou – monografias pormenorizadas, dotadas de recortes temporais precisos e erigidas a partir de documentos inéditos. A busca pela imparcialidade do juízo, a heurística e a hermenêutica das fontes seriam, para ele, procedimentos fundamentais, seguindo a perspectiva da Escola Metódica. Taunay assumia um traço historicista, herança da historiografia alemã do século XIX, mas também na escola metódica francesa da virada do século XIX para o XX.

Fiel aos seus pressupostos, Taunay defendia que o historiador moderno deveria documentar e narrar o "caráter nacional e o caráter de época".[123] Foi sob esta perspectiva metodológica que Taunay escreveu *História Geral das Bandeiras Paulistas*, atento às orientações de Capistrano, defensor de monografias especiali-

123 ANHEZINI, Karina, *Op. Cit.*, 2012.

zadas, bem documentadas em fontes primárias, e não de sínteses políticas da história do Brasil, ao estilo de Varnhagen. Embora Taunay sustentasse uma tese, a de que o país deve dois terços de seu território ao empreendimento das bandeiras paulistas, o historiador buscou lastrear sua narrativa em fontes, exaustivamente citadas. Karina Anhezini observa que nos três primeiros volumes da *História Geral das Bandeiras Paulistas*, publicados em 1924, 1925 e 1927, Taunay fundamenta seus argumentos na pureza racial dos primeiros colonizadores, tal como defendia Pedro Taques, na segunda metade do século XVIII e, podemos agregar, em linha com os teóricos que se pautavam no pressuposto cientificista da raça. A partir do quarto volume ganha força o mameluco. Na década de 1930, o prestígio de autores como Edgar Roquette-Pinto (1884-1954) e Gilberto Freyre (1900-1987), ambos críticos da noção de pureza racial, deve ter impactado sua obra, embora sejam necessários novos e mais detalhados estudos.[124] O certo é, que a partir daquele momento, Taunay evita passagens formalmente racistas.

O assunto é mais complexo do que sugerem essas páginas e há mais autores e desdobramentos, nuances de pluralidades que as aqui indicadas. Mas podemos afirmar que o auge da mirada bandeirante deu-se há 100 anos, quando o discurso em torno às bandeiras e aos bandeirantes era novo – mobilizava historiadores, ensaístas, intelectuais, artistas e instituições na produção de uma leitura do passado (e daquele presente); hoje é tão somente um velho e gasto discurso, como sugerem manifestações contra e a favor da memória bandeirante. Embora os significados do bandeirantismo sejam diversos e históricos, continuam a importar. João Doria, ao arrogar para São Paulo um passado de "desenvolvimento" – Altino Arantes que governava o Estado um século antes teria usado a expressão "progresso" –, busca atribuir ao "estado bandeirante" proeminência ante aos demais estados ou regiões do país, em linha com o velho discurso bandeirantista, paulicêntrico, triunfante na década de 1920.

---

124 Roquette-Pinto, então diretor do Museu Nacional, em 1929, havia assinado o Manifesto dos intelectuais brasileiros contra o racismo, junto com Gilberto Freyre, Artur Ramos, entre outros. O texto é abertamente contrário ao racismo e à teoria da degeneração racial em função da mestiçagem. De acordo com Karina Azenhini, foi justamente Roquette-Pinto quem realiza o discurso de recepção de Affonso de Taunay na Academia Brasileira de Letras, em 6 de maio de 1930, que critica, ainda que elegantemente, certas premissas de Taunay, afirmando que a mobilidade das bandeiras vinha muito mais dos indígenas. Sobre o assunto, ver: ANHEZINI, Karina, *Op. Cit.*, 2018, p. 162.

II. A LUTA PELA MEMÓRIA DA CAPITANIA DE SÃO PAULO VEM DE ANTES: FREI GASPAR DA MADRE DE DEUS E PEDRO TAQUES NO SÉCULO XVIII

Como vimos anteriormente, a primeira metade do século XX foi marcada por um grande esforço narrativo sobre a memória de São Paulo, esforço profundamente associado à imagem dos chamados "bandeirantes paulistas", expressão consagrada nas obras de historiadores como Affonso de Taunay ou Alfredo Ellis Jr ou mesmo ensaístas e ativistas políticos como Cassiano Ricardo. No entanto, a batalha pela memória de São Paulo é muito mais antiga, remontando ao período colonial, quando Pedro Taques e frei Gaspar da Madre de Deus, nas últimas décadas do século XVIII, se empenharam em defender a honra e o valor dos velhos moradores da capitania de São Paulo.[1]

O leitor deve observar que, entre as primeiras décadas dos séculos XX, já em plena modernidade, e as últimas do século XVIII, ainda nos marcos do Antigo Regime, não existe apenas um abismo temporal de pouco mais de um século, mas as imensas transformações pelas quais passaram toda cultura ocidental, derivada da modernidade oitocentista, um tempo de gigantescas transformações históricas e mentais, inclusive a perspectiva de Estado Nacional, que não estavam no horizonte dos cronistas coloniais.

As páginas que vêm a seguir retratam, portanto, outro mundo, outra cultura, outro modo de escrever e pensar a história, outros interesses. No entanto, esses mundos separados no tempo guardam sutis conexões que nos ajudam a com-

1 As pesquisas que geram esse capítulo já foram esboçadas em: SCHNEIDER, Alberto Luiz. Os paulistas e os outros: fama e infâmia na representação dos moradores da capitania de São Paulo nas letras dos séculos XVII e XVIII. Projeto História. *Revista do Programa De Estudos Pós-Graduados de História*, v. 57, p. 84-107, 2016a.

preender a verdadeira obsessão que Affonso de Taunay e outros historiadores do IHGSP tinham em relação a Pedro Taques e frei Gaspar da Madre de Deus, que ultrapassam a questão do bandeirismo.[2]

Os jesuítas e seus aliados contra os moradores de São Paulo

No século XVII as famílias patrícias da capitania de São Vicente[3] foram objeto de uma persistente detração produzida, em grande parte, pelos jesuítas espanhóis. A chamada "lenda negra" acerca dos paulistas – expressão de fundo pejorativo – remete à acusação de que os antigos sertanistas do planalto paulista, "os bandeirantes", teriam sido escravocratas sanguinários, assassinos de indígenas cristianizados pelos missionários católicos.[4] Trata-se de um intrincado emaranhado de representações políticas, sociais e culturais próprias do Antigo Regime ibérico submetidas às condições materiais e mentais da colonização portuguesa

---

2 Sobre o esforço de Affonso de Taunay em reeditar e comentar as obras de Pedro Taques e Madre de Deus, ver: ANHEZINI, Karina, *Op. Cit.*, 2011. p. 89-137.

3 A capitania hereditária de São Vicente, cuja primeira "cabeça" foi a vila homônima localizada na costa, contígua a Santos, não foi a única capitania que esteve na origem do que posteriormente se constituiu na capitania real de São Paulo. Outras capitanias, como a de Santo Amaro e a de Itanhaém, foram aglutinadas ao longo do tempo e, após longos processos judiciais, culminaram na capitania real de São Paulo. Após a Guerra dos Emboabas (1707- 1709), a Coroa portuguesa adquiriu a capitania de São Vicente do Marquês de Cascais e, mesmo sem acordo com os donatários das outras capitanias, fundou a capitania de São Paulo das Minas de Ouro. Em 1720, após a revolta de Vila Rica, a Coroa desmembrou a capitania de São Paulo e Minas do Ouro, criando a nova capitania de Minas Gerais, bem como a já citada capitania real de São Paulo. Em 1748 a capitania de São Paulo passou a ser subordinada à do Rio de Janeiro. Só em 1765 a capitania de São Paulo recuperou sua autonomia, sob a administração de Luís António de Souza Botelho Mourão, o terceiro Morgado de Mateus. Sobre a intricada história que culminou a capitania de São Paulo e a própria eleição de São Paulo de Piratininga como cabeça da capitania, ver: TORRÃO FILHO, A. "A marinha destronada: ou a famigerada São Vicente derrotada pela Rochela paulista. A afirmação de São Paulo como cabeça de capitania (1681-1766)". História (São Paulo), vol. 30 nº1, p.148-173, 2011.

4 Em polo oposto, a expressão "lenda dourada" remete ao elogio dos mesmos personagens, vistos como valentes, altivos e corajosos conquistadores dos sertões do Brasil, cuja origem letrada está ligada à produção historiográfica, ensaística e artística da primeira metade do século XX, mas também aos letrados do século XVIII, como frei Gaspar da Madre de Deus e Pedro Taques, como se verá adiante.

na América. As controvérsias entre diferentes memorialistas dos séculos XVII e XVIII constituiram uma das mais antigas representações de cunho "regional".

Na documentação do período colonial, especialmente nas crônicas, não são raras as considerações ora benevolentes, ora hostis aos paulistas. No século XVII foram comuns apreciações negativas aos paulistas, considerados rudes e um tanto "selvagens". Um exemplo é o texto escrito por Dom Luís Céspedes Xería, nomeado por Felipe IV de Espanha governador do Paraguai e que, em 1628, durante a União Ibérica (1580-1640), passou pela vila de São Paulo de Piratininga a caminho de Assunção pelo interior do continente.[5] Xería escreveu páginas pouco lisonjeiras sobre os moradores da vila, gente dada a crueldades e "latrocínios em vida tan infame y indigna de cristianos", capazes de "trayciones y vellaquerias".[6]

Durante União Ibérica (1580-1640) foram abundantes as críticas, entre os cronistas castelhanos, aos paulistas que, frequentemente, adentraram em território sob a jurisdição de Castela.[7] Lembremos que a junção das duas coroas ibéricas manteve o ordenamento legal, ainda que estivessem submetidas ao mesmo soberano.[8] Os ataques paulistas às reduções do Guairá, em 1628 e 1629, liderados respectivamente pelos sertanistas Raposo Tavares e Manuel Preto, geraram imediata resposta dos jesuítas espanhóis. Já em 1629, o padre Mansilla escreveu ao Geral da Companhia de Jesus acusando os moradores de São Paulo como "gente desalmada y alevantada que haze caso ni de las leys del Rey ni de Dios".[9]

---

5 Sobre o périplo de Dom Luís de Céspede Xería no caminho entre o Rio de Janeiro e Assunção, passando por São Vicente, São Paulo e descendo o Rio Tietê, ver: BOXER, C. R. *Salvador de Sá e a Luta pelo Brasil e Angola, 1602-1686*. São Paulo: Companhia Editora Nacional, 1973, p. 83-123.

6 TAUNAY, Afonso de E. *História das bandeiras paulistas*. Tomo 1. São Paulo: Melhoramentos, 1975, p. 39.

7 Sobre a presença paulista no Paraguai colonial, durante a União Ibérica, ver: VILARDAGA, José Carlos. *São Paulo no império dos Felipes: conexões na América Meridional (1580-1640)*. 1. ed. São Paulo: Intermeios/Fapesp, 2014.

8 Para uma compreensão pós-nacionalista da União Ibérica, ver: BOUZA, Fernando Alvarez. *Portugal no tempo dos Filipes: política, cultura, representações (1580-1668)*. Lisboa: Cosmos, 2000; SCHAUB, Jean-Fréderic. *Portugal na Monarquia Hispânica (1580 – 1640)*. Lisboa: Livros Horizonte, 2001.

9 TAUNAY, Afonso de E, *Op. Cit.*, 1975, p. 45-46.

A percepção de que os paulistas não temiam a Deus e não se submetiam ao rei se tornaria, ao longo do século XVII, um autêntico *topos*, para qual concorreram ativamente os escritos dos padres espanhóis da província jesuítica do Paraguai. Indignado com os ataques dos paulistas às missões do Guairá, Tape e Itatim – a fim de escravizar, ilegalmente, indígenas cristianizados –, o padre Antônio Ruiz de Montoya (1585-1652), jesuíta nascido em Lima (Peru), de grande prestígio em seu tempo, envolvido na catequização dos índios guarani na bacia do Prata, escreveu uma poderosa denúncia das incursões dos paulistas em seu livro *Conquista Espiritual feita pelos religiosos da Companhia de Jesus nas províncias do Paraguai, Paraná, Uruguai e Tape*, de 1639. O livro, de repercussão na Europa católica, teve seguidores, como Nicolau del Trecho, que veio a publicar, em 1663, sua *História de la província de Paraguay de la companhia de Jesus*. A obra dava sequência à detração dos paulistas como inimigos da evangelização dos índios. A oposição de Montoya aos paulistas não se limitou a seus escritos e a fazer circular papéis eruditos. Ainda na década de 1630, o padre escreveu ao rei solicitando o direito de armar os índios a fim de se defenderem dos homens de São Paulo:

> Senhor,
>
> Antonio Ruiz de Montoya, da Companhia de Jesus, Procurador da Província do Paraguai, em nome da dita Província e reduções (...) que com tanto trabalho e gosto da Fazenda Real tem a Companhia fundados na dita Província disse que as ditas reduções de alguns anos a esta parte recebera, muito dano e menoscabo pela muita mortandade que tem havido nelas, assim dos índios infiéis de quem estão próximos como das invasões que os vizinhos de São Paulo fizeram, cativando muitos índios e matando outros e alguns religiosos da dita Companhia por querer ampará-los e defendê-los, o que é inteiramente contra a promulgação do Santo Evangelho e ensino dos já convertidos, pois resulta leva-los cativos assim os ditos índios gentios, como os vizinhos de São Paulo para vende-los no Brasil para os engenhos de açúcar, por motivo do que vai tudo em grande diminuição por estarem as fitas reduções a mais de 100 léguas da cidade de Assunção, cabeça do Governo do Paraguai, de onde é impossível ter algum socorro para sua defesa, como consta do fato, pois nas invasões que os ditos vizinhos de São Paulo [fizeram] não foram socorridos e ajudados, pelo que os ditos vizinhos de São Paulo cativaram e levaram como escravos muitos índios e reduções inteiras, como consta pelo apoio que V. M. se serviu despachar para a recuperação dos ditos povos, os quais é impossível que se

> possam doravante guardar e defender em defesa com armas de fogo, como os demais que usam e exercem os vassalos de V. M. para defender suas reais terras e vassalos, que de outro modo será impossível caso os vizinhos de São Paulo voltem a infestar aquelas reduções pelo que:
>
> A V.M. pede e suplica fazer-lhe mercê de mandar das licenças para que as ditas reduções tenham as armas de fogo necessárias para defender-se das invasões quem fazem os ditos vizinhos de São Paulo, tão danosas aos ditos índios e suas reduções, pois se não há com que defende-las, ficarão todas desertas como estão muitas que eram as melhores que havia naquelas províncias (...)[10]

A expulsão dos padres jesuítas pelos moradores de São Paulo, em 1640, só agravou a má fama dos paulistas, considerados rebeldes indômitos, violentos, pouco respeitosos da sua condição de cristãos e súditos. A infâmia tinha, no entanto, uma contraparte, a extraordinária fama de guerreiros. Em *Informação do Estado do Brasil e de suas necessidades*, escrito, provavelmente, entre as décadas de 1680 e 1690, os paulistas foram apresentados como:

> [...] homens capazes de penetrar todos os sertões por onde andam continuamente, sem mais sustento que coisas do mato, bichos, cobras, lagartos, frutas bravas, raízes e vários paus e não lhes é molesto andarem pelos sertões por anos pelo hábito que feito aquela vida.[11]

O padre Antônio Vieira (1608-1697) sugeriu a Salvador Correia de Sá e Benevides (1602-1688), quando governador da capitania do Rio de Janeiro, entre 1637 e 1641, que, se quisesse tomar Buenos Aires, utilizasse os homens de São Paulo, pois eram os "mais valentes soldados do Brasil, e para aquela guerra os melhores do mundo".[12] É preciso lembrar que Vieira, o mais notável jesuíta de seu

---

10 WEHLING, A. (org.). *Documentos Históricos do Brasil*. Rio de Janeiro: Nova Aguilar, 1999, p. 70.

11 "Informação Anônima do Brasil". BNP. Códice 3, folha 209. *Apud* SOUZA, L. de M e. *O sol e a sombra:* política e administração na América portuguesa do século XVIII. São Paulo: Companhia das Letras, 2006.

12 *Apud* AZEVEDO, J. L. (org.). *Cartas do Padre Vieira*. Coimbra: Imprensa da Universidade, 1925, p. 135-137.

tempo, era acerbo adversário dos paulistas e crítico contumaz da escravização indígena, como se pode ver em sua carta, datada de 1653:

> Na primeira carta disse a V. Rev. a grande perseguição que padecem os índios, pela cobiça dos portugueses em os tornarem cativos. Nada há de dizer de novo, senão que ainda continua a mesma cobiça e perseguição, a qual cresceu ainda mais. No ano de 1649 partiram os moradores de São Paulo para o sertão, em demanda de uma nação de índios distantes daquela capitania muitas léguas pela terra adentro, com a intenção de os arrancarem de suas terras e os trazerem às de São Paulo, e aí se servirem deles como costumam![13]

A despeito da má fama, ou mesmo por causa dela, a fama dos moradores do planalto paulista como guerreiros temíveis se espalhara pela colônia, tanto que foram chamados a combater os tapuias na Guerra dos Bárbaros, em fins do século XVII, quando a criação de gado vacum deitava raízes pelos sertões profundos.[14] Os paulistas – com suas técnicas indígenas e seus guerreiros carijós – foram também escalados para combater os negros aquilombados nos Palmares, efetivamente derrotados apenas na última década do século XVII, quando o sertanista Domingos Jorge Velho foi contratado para fazer uma guerra de morte aos negros fugidos para os ermos da capitania de Pernambuco, hoje Alagoas. A força guerreira dos paulistas vinha das técnicas de combate indígenas, bem como da capacidade de percorrer longas distâncias quase sem bagagem, pois tiravam o alimento da mata. A capacidade de sobreviver com frutos silvestres, caça e pesca em situações inóspitas dava aos homens de São Paulo vantagens extraordinárias. Razão pelas quais foram contratados pelas autoridades coloniais para combater os tapuias e os quilombo-

---

13 VIEIRA, A. *Carta ao Padre Provincial*, 1653, Maranhão. Ver: VIEIRA, A.; S. J.; AZEVEDO, J. L. de (org.). *Cartas*. 2 v. Rio de Janeiro: Editora Globo, 2008.

14 Sobre a Guerra dos Bárbaros, ver: PUNTONI, Pedro. *A guerra dos bárbaros:* povos indígenas e a colonização do sertão nordeste do Brasil, 1650-1720. São Paulo: Hucitec / EDUSP / FAPESP, 2000; SILVA, Kalina Vanderlei. *Nas Solidões Vastas e Assustadoras* – A Conquista do Sertão de Pernambuco pelas Vilas Açucareiras nos Séculos XVII e XVIII. Recife: CEPE, 2009.

las. Disse o governador de Pernambuco, Souto Maior: "(...) por estes homens serem os verdadeiros sertanejos (...), os requeri para esta conquista dos Palmares".[15]

De acordo com o governador-geral frei Manuel da Ressurreição, os paulistas eram "gente acostumada a penetrar nos sertões e tolerar as fomes, sedes e inclemências dos climas e dos tempos".[16] Os paulistas aceitavam a encomenda militar em troca de peças (indígenas escravizados), sesmarias na região dos combates, hábitos das ordens militares, bem como a prestigiosa Ordem de Cristo e outros cargos e honrarias.[17] Sobre isso, é significativa a carta de João da Cunha Souto-Maior, capitão-general e governador de Pernambuco, datada de 3 de março de 1687. Embora longa, a citação é rica para demonstrar o quanto a Coroa, quando convinha, não hesitava em valer-se dos serviços militares dos paulistas.

> Capítulos e condições, que concede o Sr. Governador João da Cunha Souto-Maior ao coronel Domingos Jorge Velho, para conquistar, destruir e extinguir totalmente os negros levantados dos Palmares com a sua gente e oficiais, que o acompanham, tudo na forma referida, e ele se obriga nestes artigos a executar o deduzido. Que o Sr. Governador dá ao dito coronel dois quintais de pólvora e dois de chumbo para a primeira entrada (...).
>
> 1. Que lhe mandara dar o Sr. Governador 600 alqueires de farinha entre milho e feijão (...).
>
> 2. Que o Sr. Governador dá mais de mil cruzados de fazenda, entrando armas de fogo e outros apetrechos de campanha.
>
> 3. Que o Sr. Governador lhe larga os quintos, que das prezas tocarem a Sua Majestade e joia sua, para que tudo possa o dito coronel Domingos Jorge Velho repartir entre si e seus oficiais, na forma que lhe parecer.
>
> 4. Que depois de extinguidos os ditos negros não poderão servir deles nestas capitanias, e será ele, Domingos Jorge, obrigado a mandar pôr nesta praça do Recife todas as prezas, para dela as mandar vender no Rio de Janeiro ou a Buenos Aires.

---

15 ALENCASTRO, Luiz Felipe de. *O Trato dos Viventes:* formação do Brasil no Atlântico Sul. São Paulo: Companhia das Letras, 2000, p. 239.

16 TAUNAY, Afonso de E., *Op. Cit.*, 1975, p. 157.

17 ROMEIRO, Adriana. *Paulistas e emboabas no coração das Minas:* ideias, práticas e imaginário político no século XVIII. Belo Horizonte: Editora da UFMG, 2008, p. 242.

> 5. Que o Sr. Governador dará aos mesmos conquistadores referidos sesmarias nas mesmas terras dos Palmares, que estiverem livres, para as poderem povoar e cultivar como suas, vivendo sujeitos e as mesmas terras ao domínio de Sua Majestade, que Deus guarde.
>
> 6. Que o dito Domingos Jorge se obriga a não consentir negro algum que fuja a seu senhor para as ditas terras e povoações; mas antes os mandará logo entregar a seus senhores.
>
> 7. Que tendo notícia que existe alguns mocambos ou quilos nestes sertões, quer e promete nestas capitulações de os mandar cativar e extinguir onde quer que assistirem, e na sua venda usará como fica disposto no cap. 5.
>
> (...)
>
> 13. Que o Sr. Governador dá poder ao coronel Domingos Jorge Velho para mandar prender a qualquer morador destas capitanias, que com evidência lhe constar socorre aos negros dos Palmares; e o terá no seu arraial seguro, até mandar tomar conhecimento do crime, ou dispor dele o que lhe parecer, sem embargo ser pessoa de qualquer qualidade. E para firmeza assinaram todos aqui com o Sr. Governador debaixo do selo e sinete de armas do dito Sr., o qual ordena se registrem estes artigos na secretaria deste governo, e nas mais partes aonde tocar, para que conste em qualquer tempo.
>
> Olinda, 3 de março de 1687.[18]

Não foram apenas os jesuítas, inimigos declarados dos paulistas, que arranharam a reputação das gentes de São Paulo. Há uma série de outros cronistas que confirma a má reputação dos paulistas ao longo do século XVII, o "período da caça ao índio", na linguagem da velha historiografia de Affonso de Taunay. Os governadores e outras autoridades régias partilhavam do *topos* segundo o qual os paulistas seriam ingovernáveis, sem lei e quase nômades, em referências às heranças indígenas que os moradores de São Paulo carregaram nos costumes, na língua (geral),[19] nos modos e mesmo no corpo, em função das mestiçagens. O governa-

18 Carta de João da Cunha Souto-Maior. Olinda, 3 de março de 1687. In: WEHLING, Arno. (org.). *Documentos Históricos do Brasil.* Rio de Janeiro: Nova Aguilar, 1999, p. 74.

19 A historiografia tradicional enfatiza a chamada "língua geral", falada em São Paulo a partir da língua tupi. Pesquisas mais recentes, no entanto, além das heranças indígenas, têm encontrado fortes marcas do português arcaico. A língua usada pelos antigos moradores de

dor do Estado do Brasil entre 1690 e 1694, Antônio Luís Gonçalves da Câmara Coutinho, aristocrata de uma grande casa do reino, em documentação de 1692, deixa bem clara sua percepção acerca dos vicentinos:

> Assim que me parece inútil persuadi-los que façam serviço a Vossa Majestade, porque são incapazes, e vassalos que Vossa Majestade tem rebeldes, assim em São Paulo, donde são moradores, como no sertão, donde vivem o mais do tempo; e nenhuma ordem do governo geral guardam, nem as leis de Vossa Majestade.[20]

O historiador Russell-Wood afirma que os moradores do planalto paulista apresentavam grande especificidade cultural a ponto de poderem ser definidos como um grupo étnico específico, bastante diferentes dos reinóis e das populações do litoral açucareiro.[21] Na documentação colonial há inúmeras alusões aos paulistas como uma gente dotada de códigos culturais singulares e já distantes das demais populações da América portuguesa, patente no uso corriqueiro da língua geral e em uma série de hábitos culturais herdados da larga convivência com as populações indígenas, inclusive no tocante à cultura material.[22] A convivência com os indígenas, embora pautada pela violência e pela escravidão, gerou uma cultura particular, a ponto de Domingos Jorge Velho sentir-se na obrigação de explicá-la em carta ao rei. Para o sertanista predominava entre os paulistas o "costume da fru-

São Paulo que percorreram o Brasil central nos séculos XVII e XVIII - o que implicou em grandes massacres indígenas e na descoberta de ouro - acabaram por espalhar um idioma muito conservador, próximo do português medieval. A língua dos "paulistas" não era apenas uma forma adaptada do tupi ("a língua geral"), mas uma variante quase medieval do português, com muitas contribuições indígenas, porém mais lusitana do que se acreditava. Sobre o assunto, ver: MEGALE, Heitor. (og). *Filologia Bandeirante*. São Paulo: Humanitas, 2000.

20 *Documentos Históricos*. Rio de Janeiro: Biblioteca Nacional. v. 34, p. 84. *Apud* SOUZA, Laura de Mello e. *Op. Cit.*, 2006, p. 115.

21 Sobre o assunto, ver RUSSELL-WOOD, Anthony John R. *Identidade, etnia e autoridade nas Minas Gerais do século XVIII*: leitura do Códice Costa Matoso. *Varia História*, Belo Horizonte, Nº 21, Jul, 1999.

22 Sobre o assunto, ver: HOLANDA, Sérgio Buarque. *Caminhos e Fronteiras*. São Paulo: Companhia das Letras, 1994.

galidade com que são criados neste sertão, (...) sem galas no vestir".[23] O próprio governador do Rio de Janeiro, Antônio Paes de Sande, assim descreveu os paulistas:

> (...) briosos, valentes, impacientes da menor injúria, ambiciosos de honra, amantíssimo da sua pátria, benéficos aos forasteiros, e adversíssimos de todo ato servil, pois até aquele cuja muita pobreza (...) se sujeita antes a andar no sertão em busca de quem o sirva, do que servir a outrem um só dia.[24]

Além da clara referência à caça aos indígenas, que indispôs os moradores do planalto com os jesuítas, Paes de Sande nota a avidez com que os paulistas buscam honrarias, cargos e mercês, bem como a predisposição em servir ao rei apenas mediante recompensa pré-determinada. Em 1694, Paes de Sande afirmou que os paulistas apenas arriscavam suas vidas e fazendas no descobrimento das minas quando os interessava, pois "nunca serviam a seu rei nem ao bem público"[25] pela obrigação de súditos. A historiadora Adriana Romeiro explora o quanto a linguagem e a prática política dos paulistas rompiam com a cultura política do Antigo Regime, ferindo a noção de subserviência e compromisso corporativo que marcava a relação entre polos desiguais de poder:

> O teor contratualista das suas relações com a Coroa implicava que a gente de São Paulo não estava obrigada a prestar vassalagem a que estavam obrigados todos os habitantes do Reino e do Império português, da qual faziam parte os feitos e serviços prestados ao rei, considerados expressão de fidelidade.[26]

A fama positiva rapidamente virava infâmia. Os chefes paulistas, apesar de algum esforço em apresentar-se como leais súditos, deixavam transparecer que atuavam de acordo com seus interesses, como fica evidente na carta de Domingo Jorge Velho ao rei, em 1694:

---

23 [*Apud*] ENNES, Ernesto. *As Guerras nos Palmares*: subsídios para sua história. São Paulo: Editora Nacional, 1938, p. 326.

24 [*Apud*]. ROMEIRO, Adriana, *Op. Cit.*, 2008, p. 234.

25 *Ibidem*, p. 238.

26 *Ibidem*, p. 238, p. 240.

> Primeiramente nossas tropas com que imos a conquista do gentio brabo desse vastíssimo sertão, não é de gente matriculada nos livros de Vossa Majestade nem obrigada por soldo, nem por pão de munição; são umas agregações que fazemos alguns de nós, entrando cada um de nós com os servos de armas que tem e juntos imos ao sertão desse continente não para cativar (como alguns hipocondríacos pretendem fazer crer Vossa Majestade) senão para adquirir o tapuia gentio brabo comedor da carne humana para o reduzir ao conhecimento da urbana humanidade (...) para por esse meio chegarem a ter aquela luz de Deus e dos mistérios da fé católica que lhes basta para sua salvação (...). E se depois nos servimos deles em nossas lavouras, nenhuma injustiça lhes fazemos, pois tanto é para os sustentarmos a eles e a seus filhos como a nós e aos nossos: e isso bem longe de os cativar, antes se lhes faz um irremunerável serviço em os ensinar a saberem lavrar, plantar, colher e trabalhar para seu sustento, cousa que antes que os brancos lho ensinarem, eles não sabem fazer.[27]

Não é o objetivo deste artigo explorar a dimensão contratualista das práticas políticas dos antigos paulistas como fez, com rigor e erudição, a historiadora Adriana Romeiro.[28] No entanto, convém lembrarmos que a Guerra dos Emboabas (1707-1709) reuniu contra os paulistas os novos e os velhos inimigos, atualizando a "lenda negra" em torno dos homens de serra acima. A guerra, ainda no início da ocupação das Gerais, opôs os descobridores paulistas aos forasteiros, oriundos do litoral açucareiro e do Reino. Os "emboabas" afrontaram os paulistas e aclamaram seu líder, Manuel Nunes Viana, governador, à revelia das autoridades reais.

A guerra na região das minas obrigou o governador d. Fernando Martins Mascarenhas de Lencastre a se deslocar do Rio de Janeiro, a fim de tentar controlar a situação. Os paulistas se apresentaram como fiéis ao rei, no entanto, afirma Laura de Mello e Souza, fontes sugerem que, quando da viagem "pacificadora" de Antonio de Albuquerque à região, os paulistas teriam tramado em tupi a morte do governador. "Apesar desses ocorridos, os emboabas foram exaltados como fiéis, e

27 Carta autógrafa de Domingos Jorge Velho escrita do Outeiro da Barriga, campanha dos Palmares. 1694. *Apud*. ENNES, E. *As Guerras nos Palmares: subsídios para sua história*. Editora Nacional, 1938, p. 205.

28 ROMEIRO, *Op. Cit.*, pp. 226-275.

os paulistas detratados como indômitos".[29] Não é o caso de aprofundarmos a compreensão sobre a Guerra dos Emboabas,[30] mas chamar atenção para o fato de que este conflito, bem como as animosidades entre paulistas e jesuítas, seus "abusos" contra as autoridades coloniais, ou mesmo o "sangue infecto dos paulistas", alimentou a imagem negativa dos moradores de São Paulo. Não resta dúvida, afirma Adriana Romeiro, que a "legenda negra teve uma influência decisiva no malogro de suas aspirações. Sobre eles pesavam quase dois séculos de detração, cuja força e intensidade jogavam sombra sobre o reluzente feito dos descobrimentos do qual tanto se orgulhavam".[31] Os direitos de conquistas evocados pelos paulistas, como haviam recorrido os homens bons da capitania de Pernambuco quando da reconquista ante os holandeses,[32] não foram suficientes para apagar a aura de selvagens indômitos que os cercam.

A fama (ou a infâmia) dos moradores de São Paulo foi positiva ou negativamente tratada conforme a conveniência, os interesses e os compromissos de governadores, memorialistas e cronistas históricos. Predomina, porém, a hostilidade. Ao narrar a Guerra dos Emboabas, o cronista e historiador Sebastião da Rocha Pitta (1660-1738) insistiu na "crueldade dos paulistas", na "insolente turba", na "ofensa contra Deus e delito contra el-rei".[33] A percepção segundo a qual os homens do planalto paulista eram *mamelucos selvagens*, que viviam "nus, descalços, ligeiros como o vento, só com arco e flechas, entre matos, e árvores fechadas"[34] havia de fato se

29 SOUZA, Laura de Mello e. Vícios, Virtudes e Sentimento regional: São Paulo, da Lenda Negra à Lenda Áurea. *Revista de História*, 142-143. Especial 50 Anos. São Paulo: USP, 2000, p. 265.

30 Sobre a Guerra dos Emboabas, ver: ROMEIRO, Adriana, *Op. Cit.*, 2008; BOXER, Charles. *A Idade de Ouro do Brasil:* dores do crescimento de uma sociedade colonial. Rio de Janeiro: Nova Fronteira, 2000 [1. ed. Inglês, 1962]; GOLGHER, Isaias. *Guerra dos Emboabas:* a Primeira Guerra Civil nas América. Belo Horizonte: Conselho Estadual de Cultura de Minas Gerais, 1982.

31 ROMEIRO, Adriana, *Op. Cit.*, 2008, p. 226-251.

32 MELLO, Evaldo Cabral de. Loja x engenho. In: *A Fronda dos Mozambos.* São Paulo: Companhia das Letras, 1995, pp. 123-187.

33 PITTA, Sebastião da Rocha. *História da América portuguesa.* Lisboa: Francisco Arthur da Silva, 1880, p. 269.

34 *Apud* PUNTONI, Pedro, *Op. Cit.*, 2000, p. 198-199.

tornado uma imagem recorrente, como o relato de Rocha Pitta testemunha. Para ele, os moradores de

> [...] Sabarabuçu,[35] Caeté e Rio das Velhas caminharam a buscar a Manuel Nunes Viana, e o elegeram por seu governador e de todos os povos das Minas, para refrear os insultos dos paulistas e os obrigar a viverem sujeitos ao jugo das leis do reino, e não às de seu próprio arbítrio, pelas quais só se governavam, enquanto el-rei por seus governadores e ministros os não punha na obediência de vassalos, com a observância dos seus reais preceitos.[36]

A construção de uma imagem negativa dos paulistas continuou forte no século XVIII. E não vinha apenas de cronistas luso-americanos, como atestam as palavras do "baiense" Rocha Pitta. Os ataques mais ferozes aos paulistas, contudo, foram perpetrados pelo jesuíta francês Pierre-François-Xavier Charlevoix (1682- 1761), autor da *História del Paraguay*, publicada em 1757, em seis tomos. O beneditino francês José Vaissette, autor de *História geográfica, eclesiástica e civil*, de 1755, também havia repercutido a fama dos homens de São Paulo. Mas nem Charlevoix, nem Vaissette criaram essas percepções, mas a retiraram da obra de Antônio Ruiz de Montoya, que publicou em Madri, no ano de 1639, o já citado *Conquista espiritual*.

Além de Montoya, Nicolau del Techo, autor de *Historia e Provincia e Paraguariae Societatis Jesu* (1673), e Francisco Xarque de Andela, autor de *Insignes Misioneros de la Compañia de Jesus en la Província del Paraguay* (1687), também alimentaram a imagem negativa acerca dos paulistas. Foram essas as obras que serviram de fonte para Charlevoix. Para ele, as virtudes da paisagem dos campos de São Paulo, como o clima e a fertilidade da terra, são contrabalançadas pelos vícios dos homens: a libertinagem e a rusticidade dos paulistas servia de vivo contraste com a beleza da natureza, obra divina, em tudo oposta às diabólicas ações dos mestiços dos campos de São Paulo.

> [...] todas as terras são férteis, e dão muito bom trigo; [...] e assim não por outro motivo, que pelo espírito de libertinagem, e pelos atrativos da pi-

35 Sabarabuçu é termo que significa "Serra Resplandecente, serra que brilha", em tupi.

36 PITTA, Sebastião da Rocha, *Op. Cit.*, 1880, p. 271.

> lhagem, é que eles por longo tempo concorreram com fadigas incríveis, e contínuos perigos, essas vastas regiões bárbaras, que despovoaram de dois milhões de homens.[37]

Charlevoix, na sua *História del Paraguay*, enfatiza os efeitos perversos da miscigenação: "o mal era proveniente da colônia contígua de São Paulo, no qual o sangue dos portugueses tinha miscigenado com o dos brasileiros[38] [...] e desta mistura nasceu uma geração perversa [...]".[39] Na *Conquista espiritual*, ainda na primeira metade do século XVII, apresenta os paulistas como "tigres raivosos" e "bestiais", prontos para fazer guerra aos indígenas aldeados, a fim de aprisioná- los e vendê-los.

> [...] quando toda essa terra se achava em plena paz e julgando-se, a partir de muitas e evidentes razões, que não seria possível entrassem nela esses homens paulistas, mesmo cinco anos antes determinada pessoa, à qual o céu havia revelado a destruição que fariam eles por ali, escreveu da seguinte forma num papel a um amigo seu, ocupado naquele ministério: "Dentro de cinco anos aparecerá por ali àquela gente perversa e, para comprová-lo, guarde este papel até que eles venham, pois então lho pedirei de volta!". Mas, a quem passaria pela cabeça que cristãos houvessem de fazer guerra à fé de Cristo, a não ser que, desde já, digamos que sejam hereges?! É que nesse tempo os moradores de São Paulo, Santos, São Vicente e de outras Vilas da Costa do Brasil, se preparavam para virem com nova guerra e perturbarem a paz, cativarem e matarem cristãos, incendiarem templos, ferirem e maltratarem os sacerdotes, despojarem as igrejas e porem fogo à virtude, bem como desarraigarem a religião cristã e plantarem uma sementeira de vícios detestáveis.[40]

A imagem de "gente perversa", a matar e cativar indígenas cristãos, acompanhou os "moradores de São Paulo, Santos, São Vicente e de outras Vilas da Costa

---

37 CHARLEVOIX, Pierre-François-Xavier. *Historia del Paraguay*. Madrid: Librería General de Victoriano Suárez, 1910, p. 119.

38 "Brasileiros", aqui, significando nativos autóctones.

39 CHARLEVOIX, Pierre-François-Xavier, *Op. Cit.*, 1910, p. 3.

40 MONTOYA, Antonio Ruiz de. *Conquista espiritual feita pelos religiosos da Companhia de Jesus nas províncias do Paraguai, Paraná, Uruguai e Tape*. 2. ed. Porto Alegre: Martins Livreiro, 1997, p. 271.

do Brasil" por quase todo período colonial, evocados sempre que os interesses convinham. Mas o surgimento de manifestações letradas luso-americanas do século XVIII – ainda marcadas pela escolástica e pela prática retórica da *aemulatio*, cujo princípio central está na "emulação" dos grandes autores da tradição clássica[41] – já aparecem elementos da vida americana. As agremiações literárias setecentistas, como a Academia dos Esquecidos (1724), a Academia dos Felizes (1736), a Academia dos Seletos (1752) e a Academia dos Renascidos (1759)[42] dão sinais da emergência de sensibilidades locais. Letrados como Rocha Pitta (1660-1738), Nuno Marques Pereira (1652-1728), Santa Rita Durão (1722-1784), Cláudio Manuel da Costa (1729-1789) e Alvarenga Peixoto (1742-1792) são exemplos de expressões luso-americanas que viriam a construir outras imagens acerca dos mazombos, termo depreciativo pelo qual os reinóis denominavam os descendentes de portugueses nascidos na colônia, mesmo que brancos e proprietários.

Frei Gaspar da Madre de Deus e Pedro Taques de Almeida Paes Leme em defesa dos paulistas

Expressões escritas das sensibilidades paulistas só correram apenas nas últimas décadas do século XVIII através de letrados como frei Gaspar da Madre de Deus (1715-1800) e Pedro Taques de Almeida Paes Leme (1714-1777), que atuaram no sentido de minimizar as querelas e as disputas no interior da capitania de São Paulo e, sobretudo, dirigiram forte hostilidade aos espanhóis. Eram respostas aos combates políticos do período acumulados desde o século XVII, alimentadas por "ressentimentos e ufanismos". Convém lembrar que boa parte dos escritos de Madre de Deus e de Pedro Taques correspondem à segunda metade do século XVIII, período de crescimento das disputas territoriais entre portugueses e espanhóis na América do Sul.

Para Michel Kobelinski, ao "dirigir a hostilidade aos espanhóis que rivalizavam nos territórios", os dois cronistas alimentavam-se das sensibilidades mani-

41 HANSEN, João Adolfo. *Notas sobre o 'Barroco'*. Revista do IFAC. Ouro Preto: Instituto de Filosofia Artes e Cultura da Universidade Federal de Ouro Preto, n. 4, dez. 1997, p. 11-20.

42 Sobre o assunto ver: KANTOR, Iris. *Esquecidos e na Renascidos:* historiografia acadêmica luso-americana. São Paulo: Hucitec, 2004.

puladas durante o governo de d. Luís Antônio Botelho Mourão, 4º Morgado de Mateus (1722-1798), à frente da capitania de São Paulo, entre 1765 e 1775), período em que a Coroa portuguesa não mediu esforços em consolidar e expandir conquistas territoriais, sobretudo ao sul e ao oeste da América do Sul, justamente as áreas que os antigos sertanistas de São Paulo, os "bandeirantes", haviam percorrido.[43] Entre as prioridades do Morgado de Mateus estava o combate ao governo dos espanhóis; a perseguição aos jesuítas; a assimilação dos indígenas; a reativação da economia e, por fim, o fortalecimento do poder central.[44]

Os domínios ibéricos na América do Sul durante a segunda metade do século XVIII ficaram marcados pela busca, por parte de ambas as coroas, em firmarem tratados territoriais que definissem os limites e seus domínios, sobretudo na região do Prata. Destacam-se, nesse sentido, os tratados de Madri (1750) e de Santo Ildefonso (1777). Em outras palavras, as questões de ordem territorial estavam no centro das preocupações da Coroa portuguesa, para quem a restauração da capitania de São Paulo era parte de uma estratégia geopolítica. Maria Fernanda Derntl argumenta que eram dois os principais focos de atenção dos portugueses: um na porção sudoeste do território, onde as missões jesuíticas concentradas às margens dos rios Paraguai e Uruguai eram vistas como ponto de concentração das forças inimigas; outro na porção sul, onde os portugueses se sentiam ameaçados pela possibilidade de avanço dos espanhóis via Rio Grande, a partir do porto de Viamão, a fim de chegarem às Minas e ao Rio de Janeiro.[45] Justamente por isso Pombal orienta o Morgado de Mateus a reforçar a necessidade de se recuperar as terras que haviam sido perdidas ao sul e a consolidar os domínios portugueses até as margens do Rio da Prata. A capitania de São Paulo

43 KOBELINSKI, Michel. *Heroísmos, sedições e heresias:* a construção do ufanismo e do ressentimento nos sertões da capitania de São Paulo (1768-1774). Tese de doutorado. Franca: Unesp, 2008, p. 59.

44 Sobre o assunto, ver: BELLOTTO, Heloísa Liberalli. *Autoridade e conflito no Brasil colonial: o governo do Morgado de Mateus em São Paulo (1765-1775).* 2ª edição revista. São Paulo: Alameda, 2007, p. 59-76. [1ª ed. 1979]. Para uma visão historiograficamente mais atualizada ver: TORRÃO FILHO, Amílcar. *Paradigma do caos ou cidade da conversão? São Paulo na administração do Morgado de Mateus (1765-1775).* São Paulo: Annablume, 2007.

45 DERNTL, Maria Fernanda. *Método e arte: urbanização e formação territorial na capitania de São Paulo (1765- 1811).* São Paulo: Alameda, 2013, p. 59.

servira como um "tampão defensivo" entre os domínios espanhóis na América e as áreas de mineração e o Rio de Janeiro.[46]

Não é o caso de aprofundar o assunto relativo ao governo do Morgado de Matheus (1765 e 1775), nem as pretensões de Pombal em explorar o território, povoar a região, fomentar a atividade econômica, fortalecer a defesa militar contra os espanhóis, especialmente no Prata.[47] Mas se deve enfatizar que o contexto animou os letrados de São Paulo, em um período de declínio da atividade mineradora e do fortalecimento comercial de São Paulo, a defender a honra e a obra dos antigos moradores de São Paulo.[48] Era momento oportuno para dar vazão às sensibilidades antes recalcadas e reivindicar uma nova imagem para os paulistas. Katia Abud afirma que a ausência de relatos dignificantes dos sertanistas de São Paulo vinculava-se à degradação de sua imagem, acusados da destruição e despovoamento das missões jesuíticas espanholas. Segundo a historiadora,

> somente quando as minas de ouro foram descobertas, o que se dá já no final do século XVII, começaram a surgir os primeiros documentos resgatando a História das Bandeiras, seja sob a forma poética, sob o intento da informação, ou como relatos. A descoberta das minas deu às bandeiras a legitimidade que elas não tinham conseguido, e possivelmente nem mesmo almejado, com o apresamento dos índios.[49]

Essa mudança no enfoque dado aos paulistas era obra de homens como Pedro Taques, frei Gaspar da Madre de Deus e mesmo Claudio Manuel da Costa, que buscaram edificar outra imagem sobre os sertanistas de São Paulo, em resposta à lenda negra que cercava os paulistas. Trata-se de descendentes dos antigos

---

46 BELLOTTO, Heloísa Liberalli, *Op. Cit.*, 2007, p. 40 e 60.

47 KOK, Gloria Porto. *O sertão itinerante:* expedições da capitania de São Paulo no século XVIII. São Paulo: Hucitec; FAPESP, 2004, p. 52.

48 BORREGO, Maria Aparecida de Menezes. *A teia mercantil:* negócios e poderes em São Paulo colonial (1711- 1765). São Paulo: Alameda, 2010.

49 ABUD, Katia Maria. *O sangue intimorato e as nobilíssimas tradições.* A construção de um símbolo paulista: o bandeirante. Tese de doutorado, Universidade do Estado de São Paulo, São Paulo, 1985, p. 32.

povoadores da capitania.[50] frei Gaspar da Madre de Deus (1715-1800), nascido em família patrícia de Santos, empenhou-se em construir uma imagem honrosa para a capitania de São Paulo. O beneditino vasculhou os arquivos de São Paulo, de Salvador da Bahia e do Rio de Janeiro em busca da história da Capitania de São Vicente, depois São Paulo. O objetivo foi o de recolher testemunhos que pudessem demonstrar a honra, o valor e o prestígio dos velhos paulistas.

Em *Memórias para a História da capitania de São Vicente,* obra de 1797, frei Gaspar da Madre de Deus atacou diretamente um dos maiores difusores da lenda negra: "o jesuíta Charlevoix caminha por estrada escorregadiça como a de Vaissette; e bem se percebe que ambos beberam no mesmo charco".[51] Como se sabe, os franceses setecentistas Charlevoix e Vaissette foram importantes difusores da imagem de rebeldes, violentos, mamelucos e libertinos que cercavam os velhos paulistas, como já aparecia nas páginas de seiscentistas do hispano americano Ruiz Montoya. Para Madre de Deus:

> As paixões cegam os homens e ofuscam os entendimentos. Charlevoix era Jesuíta; tinha lido nos escritos de seus sócios as conquistas dos paulistas nas Aldeias sujeitas à extinta Companhia de Jesus, quando principalmente estávamos em guerra com a Espanha; sabia que os paulistas expulsaram da sua Capitania os mesmos Jesuítas; esta injúria era muito sensível a toda a Sociedade; os seus indivíduos não se descuidaram de encobrir as verdadeiras causas do seu extermínio e de representarem nos seus escritos os paulistas como iníquos e depravados, para que somente sobre eles recaísse todo o opróbrio. Todas estas razões de tal sorte enfureceram a Charlevoix contra os moradores da Capitania de São Vicente, que lhe faltaram às luzes intelectuais necessárias para discernir o verdadeiro do falso.[52]

---

50 Pedro Taques e frei Gaspar da Madre de Deus eram paulistas que descendiam de velhas famílias de São Vicente, cujos antepassados remontam ao século XVI. Embora o pai de Cláudio Manuel da Costa, nascido na capitania de Minas e filho de pai reinol, sua mãe era paulista de Taubaté, de velha família paulista. Sobre o poeta, ver: SOUZA, Laura de Mello e. *Cláudio Manuel da Costa:* o letrado dividido. São Paulo: Companhia das Letras, 2011.

51 MADRE DE DEUS, Frei Gaspar da. *Memórias para a história da Capitania de São Vicente.* Belo Horizonte: Editora Itatiaia, São Paulo: EDUSP, 1975, p. 130. [1797]

52 MADRE DE DEUS, *Op. Cit.*, 1975, p. 105.

Na referida obra, Madre de Deus empenha-se em ressignificar as andanças dos sertanistas paulistas pelo continente, aproveitando-se dos esforços da Coroa em ocupar a imensidão colonial em fins do século XVIII. De caçadores de indígenas, violentos e selvagens, os velhos paulistas são apresentados como bravos e fortes conquistadores, capazes de alargar as fronteiras luso-americanas. É preciso notar que o ufanismo nasceu do ressentimento, observa ainda Michel Kobelinski.[53] Tratava-se, no caso, de transformar seus próprios antepassados em herdeiros da pequena nobreza portuguesa e heróis luso-americanos, que entre outras vantagens, habilitava a elite velha de São Paulo a obter mercês e favores da Coroa.[54]

Emanam dos escritos de Madre de Deus relatos das conquistas territoriais e dos feitos militares dos paulistas seiscentistas. A sensibilidade ressentida, ciosos da reconstrução de sua reputação de "homens bons" da capitania, bem no momento que o velho burgo piratiningano vivia um período de revalorização política, com as políticas pombalinas executadas pelo Morgado de Mateus (1765-1775), bem como pela pujança comercial lideradas por mercadores de origem reinol. Madre de Deus buscou desagravar a reputação dos antigos habitantes de São Paulo. Se, por um lado, admitiu a condição mameluca dos primeiros conquistadores, por outro, buscou retratá-los como audaciosos e valentes conquistadores do sertão, "enfrentando febre, chuva e, as feras da floresta", cuja valentia e inteligência teriam proporcionado às bandeiras a conquista do território. A miscigenação dos primeiros tempos – e só dos primeiros tempos – entre portugueses e tupis teria proporcionado a formação da gente de São Paulo, "cujas raízes se encontram em João Ramalho e Tibiriçá, em Antônio Rodrigues e Piquerobi", nota Katia Abud.[55] O objetivo de frei Gaspar da Madre de Deus não era outro senão contestar as narrativas de Charlevoix. Os primeiros mamelucos, ainda que "bastardos", teriam gerado descendência fecunda, que daria em homens como Fernão Dias Paes e Borba Gato.

> Eram os mamelucos os melhores soldados dos exércitos assoladores das Missões: eles muitas vezes foram os Chefes das Tropas conquistadoras, e

---

53 KOBELINSKI, Michel, *Op. Cit.*, 2008, p. 55-90.

54 Sobre o assunto, ver: QUEIROZ, Maria Isaura Pereira de. Ufanismo Paulista. *Revista USP.* Amazônia. São Paulo: CCS, 1992, n. 13, p. 78-87, março-maio 1992.

55 ABUD, Katia Maria, *Op. Cit.*, 1985, p. 95.

> por eles mandavam seus pais atacar os índios bravos, por conhecerem a suficiência destes filhos bastardos, criados na guerra, e acostumados ao trabalho, e por isso mais robustos e mais aptos do que os brancos para suportarem os incômodos dos Sertões.[56]

Madre de Deus menciona reiteradamente os textos de Vaissete e Charlevoix como material contaminado com informações falsas e sem prova. Era necessária outra história, "verdadeira dos fatos antigos".[57] Para frei Gaspar, a conquista das terras de Castela tornou os paulistas ainda mais dignos, em função dos serviços prestados ao rei de Portugal, pois diligentemente buscaram terra, ouro e metais pelos sertões. Se acabaram no pecado e na ilegalidade de cativar índios, o fizeram antes de tudo por lealdade ao rei.

> Também é certo que os moradores da Capitania de São Vicente, principalmente os de Serra acima, se esqueceram algumas vezes das Leis Divinas e humanas respectivas à inteira liberdade dos índios; mas é necessário confessar que a esperança moralmente certa do perdão, e a experiência das condescendências com eles tantas vezes praticadas nesta matéria, por interesse do Estado, principalmente de Descobrimentos de ouro, sumariamente recomendados pela Corte aos paulistas, foi a causa principal de transgredirem as leis, abusando daqueles únicos casos em que as mesmas permitiam o cativeiro ou a Administração dos Índios.[58]

Em um aspecto Madre de Deus concorda com Charlevoix, o de serem os paulistas os descobridores de ouro. O frei beneditino admite os pecados e os crimes dos paulistas quanto à liberdade dos índios, embora lembre que não foram apenas os moradores de São Paulo que os escravizavam ilegalmente. Mas a grandeza dos feitos dos velhos paulistas os justificaria ou mesmo os redimiria.

> [...] suas conquistas, são verdadeiras, os quais trabalhos e fadigas melhor compreendeu este francês [Charlevoix] do que alguns portugueses ingratos e

56 MADRE DE DEUS, *Op. Cit.*, 1975, p. 131.

57 *Ibidem*, p. 117.

58 *Ibidem*, p. 135.

> invejosos que afirmam não serem dignos de premio os descobridores das minas e sertões, com o falso e escandaloso fundamento de que os paulistas antigos se recreavam e faziam gosto de discorrer pelas brenhas e terras incultas.[59]

Além de Madre de Deus, seu primo Pedro Taques de Almeida Paes Leme emprestou sua pena à glória dos paulistas, ao conferir um lugar de honra aos paulistas antigos, em reação a má fama dos homens de serra acima. Autor de *Nobiliarquia paulistana histórica e genealógica* (1772), Pedro Taques descendia de antiga família. De acordo com Affonso de Taunay, entre seus antepassados estavam o dom Francisco de Souza, o sétimo Governador Geral, e Brás Cubas. Era também sobrinho-bisneto de Fernão Dias Paes.[60] Os velhos sertanistas de outrora são descritos como gente fidalga, herdeiros de antiga nobreza lusa transladada ao Novo Mundo no tempo de Martim Afonso de Souza, ainda nos idos do século XVI. Uma gente que fora capaz de conquistar índios bravos, territórios agrestes e descobrir minas de ouro para o rei de Portugal.

Diferente de Madre de Deus, que admite a mestiçagem na primeira geração, Pedro Taques em *Nobiliarquia paulistana histórica e genealógica* enfatizou a origem castiça e nobre dos paulistas, que teriam provindo das boas linhagens cristãs-velhas de Portugal, livres, pois, de qualquer mácula de sangue. Trata-se de construção retórica, ajustada ao *topos* aristocrático da nobreza ibérica. A descrição das honras de Fernão Dias Paes bem demonstra a busca de fidalguia para os paulistas mais ilustres:

> Este paulista soube conciliar um grande nome e igual respeito com grande paixão ao real serviço em todas as ocasiões que se ofereceram dele, e o seu nome depois de encher as praças do Brasil, passou aos ouvidos dos srs. reis [...] porque [...] mereceu honrosas cartas de agradecimento firmadas pelo real punho...[61]

---

59 MADRE DE DEUS, *Op. Cit.*, 1975, p. 135.

60 Sobre o assunto, ver: TAUNAY, Afonso de E. *Pedro Taques e seu tempo: Estudo de uma personalidade e de uma época.* Anais do Museu Paulista. São Paulo. Tomo 1. 1922.

61 LEME, Pedro Taques de Almeida. *Nobiliarquia Paulistana Histórica e Genealógica.* 3a ed. São Paulo: Martins Editora, 1954, p. 61.

Nos escritos de Pedro Taques – como *Notícias das Minas de São Paulo e dos sertões da mesma capitania* [1768] e outros papéis – o ressentimento quanto à perda do controle das minas após a Guerra dos Emboabas é evidente. À maneira de frei Gaspar, Pedro Taques contestou a perspectiva da "lenda negra" em torno dos paulistas propagada por Charlevoix e Vaissette, argumentando que o comportamento dos eruditos católicos franceses estava "arredado da verdade" e seria "odioso aos paulistas" por tratá-los como "mamelucos e lobos carniceiros contra os índios cristãos da redução dos padres da Companhia de Jesus". Por isso, concluiu Pedro Taques, "não merece muito crédito no sucesso que relata".[62] Para realçar a lealdade dos paulistas, o letrado realça a fidelidade dos paulistas na restauração portuguesa. Na aclamação do Duque de Bragança como Dom João IV, os camaristas de São Paulo informavam ao rei que

> os sertões da Capitania de São Paulo eram ricos de haveres incobertos, e ficavam dispostos os Vassalos Paulistas a penetrarem-nas para os descobrimentos de Ouro, e prata, porque esperavam que Sua Majestade tivesse nesta América outro Potoci como a Coroa de Castela [...].[63]

Pedro Taques e frei Gaspar da Madre de Deus, como aponta a historiadora Kátia Abud, escreveram ambos imbuídos do "orgulho de casta", ou seja, estavam à "procura das provas de ascendência ilustre para a classe dominante, ameaçada pelo grupo de recém-chegados",[64] como tropeiros, comerciantes portugueses, numa sociedade cada vez mais mercantilizada.[65] Também o poeta inconfidente Cláudio Manuel da Costa (1729-1789), no seu *Fundamento histórico ao poema Vila Rica*, escrito em 1773, se insurgiu contra a "lenda negra", creditando aos paulistas a ima-

62 LEME, Pedro Taques de Almeida. *Notícia histórica da expulsão dos jesuítas do Colégio de São Paulo*. 2a ed. São Paulo: Editora Melhoramentos, 1929. [c. 1768] p. 178/179. Também há registro de uma primeira edição datada de 1849, publicada pela R IHGB, em seu volume 12.

63 LEME, Pedro Taques de Almeida Paes. *Notícias das Minas de São Paulo e dos sertões da mesma capitania*. São Paulo: Livraria Martins Editora, 1953, p. 40

64 ABUD, Katia Maria, *Op. Cit.*, 1985, p. 90-91.

65 BLAJ, Ilana, *Op. Cit.*, 2000.

gem de leais vassalos, embora, paradoxalmente, atestasse a força da representação negativa sobre eles.[66]

> Os naturais da cidade de São Paulo, que têm merecido a um grande número de geógrafos antigos e modernos serem reputados por uns homens sem sujeição ao seu soberano, faltos de conhecimento e respeito que devem às suas leis, são os que nesta América têm dado ao mundo as maiores provas de obediência, fidelidade e zelo pelo seu rei, pela sua pátria e pelo seu reino.[67]

Não é fortuito que o discurso historiográfico de Affonso de Taunay,[68] entre as décadas de 1920 e 1950[69], partiu justamente da apropriação das obras de Pedro Taques e frei Gaspar da Madre de Deus,[70] fontes fundamentais e incontornáveis na construção da moderna mitologia bandeirante.[71] Essa apropriação foi facilitada pela postura de Pedro Taques e Madre de Deus, que já não se deixavam guiar como por posturas providencialistas, marcadas pela escatologia cristã, mas já valorizavam certa noção de pesquisa, interessados na documentação de época. Sobre isso as palavras de Maria Beatriz Nizza da Silva, sobre Madre de Deus, são esclarece-

---

66 Para maiores informações, conferir: SOUZA, L. de M. e. São Paulo dos vícios e das virtudes. In: ______, *Op. Cit.*, 2006, p. 109-147; ______, *Op. Cit.*, 2011; LIMA, Djalma Espedito. de. *A épica de Cláudio Manuel da Costa:* uma leitura do poema Vila Rica. 2007. 245f. Dissertação de Mestrado em História. Faculdade de Filosofia, Letras e Ciências Humanas da Universidade de São Paulo (FFLCH-USP), São Paulo.

67 COSTA, Claudio Manoel da. Fundamento histórico do poema Vila Rica. In: *Obras Poéticas*. 2 v. Rio de Janeiro: Livraria Garnier, 1903, p. 152.

68 TAUNAY, Afonso de E.,*Op. Cit.*, 1922, p. 1-286.

69 Para um balanço da obra de Affonso de Taunay, ver: ANHEZINI, Karina. *Um metódico à brasileira:* a história da historiografia de Afonso de Taunay (1911-1939). São Paulo: Editora da UNESP, 2011.

70 TAUNAY, Afonso de E., *Op. Cit.*, 1915, p. 221-242.

71 Sobre o tema, ver: FERREIRA, Antonio Celso. *A epopeia bandeirante:* letrados, instituições, invenção histórica (1870-1940). São Paulo: Editora da UNESP, 2002; BLAJ, I. Mentalidade e Sociedade: revisitando a historiografia sobre São Paulo colonial. *Revista de História*, 142-143. Especial 50 Anos. São Paulo: USP, 2000; RAIMUNDO, Silvia Lopes. Bandeirantismo e identidade nacional. In: *Terra Brasilis* [Online], 6 (2004). QUEIROZ, Maria Isaura Pereira de. *Op. Cit.*, p. 78-87.

doras: não se poderia "aceitar como verdadeiro aquilo que até então se escrevera sobre o Brasil, pois a descoberta e publicação de novos documentos vinham sem dúvida questionar a veracidade daquelas narrativas".[72] Para um historiador metódico como Taunay, a valorização documental dava foro de verdade ao discurso de Taques e Madre de Deus, o que certamente facilitou na eleição desses cronistas como fontes fundamentais para ereção da epopeia bandeirante.

A historiografia paulista, sobretudo da primeira metade do século XX – de autores como Paulo Prado,[73] Roberto Simonsen[74] e mesmo Caio Prado Júnior[75] –, contribuiu para a tese da decadência de São Paulo no século XVIII. Affonso de Taunay partilhou desta perspectiva, mas notou que "com a descoberta de ouro em Cuiabá afluíra grande número de reinóis a São Paulo e os descendentes dos velhos clãs vicentinos lhes faziam frente às pressões açambarcadoras de postos e cargos. Uniam-se os Pires aos Camargos contra as pressões emboabas e *frausterios*" (forasteiros, referência aos reinós).[76] De fato, tem sido bem documentada a presença de reinóis dedicados ao comércio no século XVIII. Esse aporte empírico e analítico recebeu grande investimento historiográfico – desde Sérgio Buarque de Holanda,[77] Mafalda Zemella[78] e, mais recentemente, os já citados trabalhos de Ilana Blaj[79] e Maria Aparecida de Menezes Borrego.[80]

---

72 SILVA, Maria Beatriz Nizza da. Frei Gaspar da Madre de Deus ou a controvérsia da História. *Revista do IHGSP,* vol 56, 1986, p. 26-42.

73 PRADO, Paulo. *Paulística.* São Paulo: Companhia das Letras, 2004. (1a Ed. 1926).

74 SIMONSEN, Roberto. *História econômica do Brasil (1500-1820).* São Paulo: Editora Nacional, 1937.

75 PRADO JÚNIOR, Caio. *Evolução política do Brasil e outros estudos.* São Paulo: Brasiliense, 1975.

76 TAUNAY, Afonso de E. *História da cidade de São Paulo no século XVIII.* São Paulo: Imprensa Oficial, 1931, p. 41.

77 HOLANDA, Sergio Buarque de. Movimentos da população em São Paulo no século XVIII. *Revista do IEB*, No. 1, 1966.

78 ZEMELLA, Mafalda. *O abastecimento da capitania das Minas Gerais no século XVIII.* São Paulo: Hucitec/Edusp, 1990.

79 BLAJ, Ilana, *Op. Cit.*, 2000.

80 BORREGO, Maria Aparecida de Menezes. *A teia mercantil:* negócios e poderes em São Paulo colonial (1711- 1765). São Paulo: Alameda, 2010.

Não é o objetivo deste texto discutir questões de fundo econômico, mas é fundamental notar a forte presença de reinóis na capitania de São Paulo ao longo do século XVIII, sempre ávidos por cargos na Câmara, na Santa Casa da Misericórdia e outras posições de prestígio e honra. A novidade representada pela força política e econômica desses novos agentes sociais, em competição com a "nobiliarquia paulistana", ou seja, com os descendentes dos "Pires e Camargos", na metáfora de Taunay, certamente ajudou a alimentar a produção letrada de Pedro Taques e frei Gaspar da Madre de Deus, homens que souberam dar vazão à sensibilidade e ao res(sentimento) das velhas famílias rurais da Capitania, de onde saíram os sertanistas seiscentistas, inclusive Fernão Dias Paes, o "descobridor das Minas" e antepassado de Pedro Taques.

A restauração da imagem dos antigos paulistas pelos cronistas do final do século XVIII atende a múltiplos interesses. Serve, por um lado, para resgatar ante a Coroa e outros luso-americanos a imagem dos velhos homens de São Paulo que, agora, passariam a ser representados como briosos, valentes e arrojados, e não mais os selvagens mamelucos, à maneira que os jesuítas os pintaram. Aliás, era mesmo o momento propício para refazer a imagem dos paulistas – agora que os padres inacianos, velhos inimigos dos paulistas, estavam em ruínas, expulsos do Império Português desde 1759. Aliás, Pedro Taques havia publicado *Notícia histórica da expulsão dos jesuítas do collegio de São Paulo em 1640*, obra de 1768, onde atacou os inacianos ancorando-se em documentos. Se o discurso valia para fora, também valia pra dentro. Nesse sentido, servia para lembrar os "emboabas" das últimas décadas do século XVIII – ou seja, os reinóis que competiam com as velhas famílias por cargos e honras na vila de São Paulo de Piratininga. Premidos pela concorrência com os mercadores lusos, recém-chegados, era preciso lembrar-lhes o valor das famílias mais antigas da terra.[81]

Não é, portanto, fortuito que a historiografia de Affonso de Taunay operacionalizou determinada apropriação das obras de Pedro Taques e frei Gaspar da Madre de Deus, já submetida a interpretação ajustada a outra temporalidade histórica, própria da primeira metade do século XX. Não custa relembrar aqui que

81 Sobre o assunto, ver: ABUD, Katia Maria. A ideia de São Paulo como formador do Brasil. In: FERREIRA, C. F. et al (org). *Encontros com a História:* percursos históricos e historiográficos de São Paulo. São Paulo: Editora da Unesp, 1999, p. 71-80.

muito antes da gigantesca *História Geral das Bandeiras Paulistas* (editadas entre 1924 e 1950, como dito antes), Taunay dedicou grande atenção às obras de frei Gaspar da Madre de Deus[82] (1915) e de Pedro Taques[83] (1922), as quais o antigo diretor do Museu Paulista reputava como fontes fundamentais e incontornáveis para a história de São Paulo.[84]

Esta operação historiográfica,[85] que conecta o final do século XVIII e a primeira metade do século XX, está na base da construção da moderna mitologia bandeirante.[86] O próprio Museu Paulista construiu um vigoroso discurso visual em torno dos bandeirantes que, de longe, já ressignificado e ajustado à modernidade de princípios do século XX, ecoa o discurso dos cronistas paulistas de fins do século XVIII. A memória dos antigos paulistas é um assunto de grande repercussão ao longo século XX e ainda hoje é objeto de acerba politização, como as recentes pixações do *Monumento às bandeiras* (Brecheret, 1953) evidenciam. Ou ainda o uso rasteiro de João Doria, o governador de São Paulo: "Esse é o espírito que fez a história de São Paulo e, desde o tempo das bandeiras, expandiu as fronteiras do território e da economia do Brasil".[87]

---

82 TAUNAY, Afonso de E., *Op. Cit.*, 1915, p. 221-242.

83 TAUNAY, Afonso de E., *Op. Cit.*, 1922, p. 1-286.

84 Para um balanço da obra de Affonso de Taunay, ver: ANHEZINI, Karina, *Op. Cit.*, 2018.

85 CERTEAU, Michel de. Operação historiográfica. *A escrita da História*. Rio de Janeiro: Forense Universitária, 1982, p. 56-108.

86 Sobre o tema, ver: FERREIRA, Antonio Celso, *Op. Cit.*, 2002; BLAJ, Ilana, *Op. Cit.*, 2000, p. 142-143; RAIMUNDO, Sílvia Lopes, *Op. Cit.*, 2004; QUEIROZ, Maria Isaura Pereira de, *Op. Cit.*, 1992.

87 Doria, João. "São Paulo vai ajudar no desenvolvimento do Brasil". Tendências/Debates. Folha de S. Paulo. Domingo, 6 de janeiro de 2019.

PARTE 3

GILBERTO FREYRE & CHARLES BOXER: O BRASIL A PARTIR DE UMA PERSPECTIVA LUSO-AFRO-ATLÂNTICA (DÉCADAS DE 1930 A 1960): UM DEBATE SOBRE A QUESTÃO RACIAL

I. EM TORNO DA QUESTÃO RACIAL: O DEBATE ENTRE CHARLES BOXER E GILBERTO FREYRE (1950-1960)

O brasileiro de Pernambuco Gilberto de Mello Freyre (1900-1987) e o inglês da ilha de Wight, Charles Ralph Boxer (1904-2000), foram intelectuais de reputação internacional, com livros e artigos publicados em muitos países, traduzidos em muitas línguas. Ambos produziram obras particularmente gigantescas. O brasileiro escrevia em português e conhecia muito bem a língua inglesa. O britânico escrevia em inglês, mas conhecia o português, língua na qual lia documentos do período colonial. Ambos passaram pelos Estados Unidos e, em diferentes momentos de suas vidas, partilharam de universidades estadunidenses. Ambos estiveram em e escreveram sobre Portugal e o extinto Império Português. O brasileiro esteve na Inglaterra muitas vezes ao longo da vida, chegando a estudar na Universidade Oxford em 1922 e a receber o título de "Cavaleiro do Império Britânico" em 1971.

Já o inglês esteve muitas vezes no Brasil, onde tinha amigos do porte de José Honório Rodrigues e Sérgio Buarque de Holanda. Ambos viveram o século XX e foram, cada um a seu modo, atravessados pelas avassaladoras transformações de seu tempo. O mundo que encontraram, quando jovens adultos, na década de 1920, e o mundo que deixaram, em fins do século XX, havia passado por duas grandes guerras mundiais, polarização ideológica, gigantescas transformações comportamentais, epistemológicas, políticas, econômicas e culturais.

Como pesquisadores, Freyre e Boxer estavam interessados no passado e por extensão no presente, pois não se olha o passado senão de onde estamos. Ambos se conheceram pessoalmente, citaram-se mutuamente e, na década de 1960, protagonizaram ruidosa polêmica, com implicações no Brasil e em Portugal.

O que se pretende nas páginas a seguir não é apenas mapear as divergências entre ambos intelectuais, embora elas tenham sido muito importantes, mas também compreender o percurso no largo do tempo desses dois homens que, a despeito de interesses comuns, eram muito diferentes nas opções intelectuais e políticas, nas trajetórias de vida e no modo como negociaram sua existência pessoal e intelectual. Compreender suas obras em suas razões profundas é uma estratégia de refletir, em escala internacional, as conexões entre Brasil, Portugal, a África e o Ocidente.

O salazarismo e o colonialismo no pós-guerra: Gilberto Freyre se aproxima do Regime

A virada da década de 1950 para a de 1960 acelerou a polarização ideológica em todo mundo. A chamada Guerra Fria, em muitos lugares do globo, explodiu em revoltas armadas. O ano de 1961 marcaria o início da longa guerra de libertação de Angola. Logo mais eclodiriam movimentos de contestação da presença colonial portuguesa em toda parte, inclusive a libertação de Goa, em dezembro daquele mesmo ano de 1961. Como corolário, assistiu-se à militarização do Estado Colonial Português, inclusive o esforço de propaganda que sempre acompanha as guerras. A instabilidade do presente torna instável a compreensão do passado.

A radicalização do conflito acelerou o processo de intensa politização do passado, repercutindo nas obras de Gilberto Freyre e Charles Boxer, recorte prioritário desta pesquisa, mas é preciso lembrar que havia federações de intelectuais – não necessariamente signatárias das mesmas posições teóricas ou políticas, mas que, naquele contexto, assumiam determinadas posições. As guerras de textos, como é evidente, guardam conexões, embora não determinações, com a vida política e social experimentada fora do texto. Apesar da busca pela autonomia de pensamento e do esforço por instâncias de legitimidade científica, interessado em desvincular-se de perspectivas imediatamente políticas, a crescente politização das abordagens tornou-se incontornável ante a extensão dos conflitos. Se a dimensão política do conhecimento não é uma novidade, este período amplia a polarização e radicaliza as disputas.

Tanto Boxer como Freyre frequentavam Lisboa entre as décadas de 1950 e 1960. Ambos participaram do V Centenário da Morte do Infante d. Henrique, cuidadosamente elaborado em 1960, num momento em que o regime português se encontrava sob forte tensão política, inclusive por parte da ONU e da opinião pública internacional. Interessava ao salazarismo exaltar os empreendimentos do primeiro (e último) império europeu na África. Participaram do evento inúmeros intelectuais, escritores e políticos, com particular destaque para Gilberto Freyre e para o então presidente do Brasil, Juscelino Kubitschek de Oliveira, além de António de Oliveira Salazar, evidentemente.

Além da parada naval, da edificação de monumentos e da confecção de medalhas e selos comemorativos, foi organizado na Universidade de Lisboa um encontro com 800 pesquisadores, provenientes de 85 países. O evento tinha a função de relembrar ao mundo a antiguidade e a legitimidade do antigo império europeu, então em perigo. Todo o investimento político e simbólico que o regime estabeleceu em torno das comemorações henriquinas, assim como na apropriação das teses luso-tropicais de Freyre, atendia a uma lógica cristalina: convencer o mundo (e a própria sociedade portuguesa) acerca da excepcionalidade das relações coloniais na África, marcadas, segundo o Estado salazarista, pela miscigenação e pela integração.[1]

Charles Boxer participou na condição de um dos principais oradores estrangeiros do evento, testemunhando sua natureza francamente política. O historiador discursou em nome dos representantes britânicos no congresso, citando evento similar em Londres, no *British Museum*, intitulado *Prince Henry the Navigator and the Portuguese Maritime Enterprise (Catalogue of an Exhibition at the British Museum, 1960)*, financiado justamente pela Comissão Executiva das Comemorações daquele V Centenário.[2]

O discurso em torno da miscigenação, da integração social e da suposta ausência do emprego sistemático da violência era, de fato, uma das linhas discursivas do regime – aqui o luso-tropicalismo de Freyre se ajustava como um aliado central –, mas não era o único discurso voltado a legitimar o colonialismo português. Diogo Ramada Curto observa que a afirmação histórica e geográfica da presença

---

1 GARCIA, João Carlos. *Um castelo de cartas antigas:* construir e comemorar o Império. In: COELHO, Teresa Pinto (coord.). *Os descobrimentos portugueses no mundo de língua inglesa (1880-1972)*. Lisboa/Portugal: Edições Colibri, 2005, p. 185. É importante notar a proximidade de Boxer com os círculos historiográficos portugueses próximos do regime salazarista. Muito saudado nos últimos anos, há quem apresente o historiador inglês como um conservador moderado, apenas pontualmente crítico do regime. Ver: CURTO, Diogo Ramada. "The debate on race relations in the Portuguese Empire and Charles R. Boxer's Position". In: *E-Journal of Portuguese History*, v. 11, n. 1, p. 1-63, 2013.

2 JOÃO, Maria Isabel. *Memória e império:* comemorações em Portugal (1880-1960). Lisboa/Portugal: Fundação Calouste Gulbenkian, 2002, p. 663-670.

portuguesa no mundo, desde o início da expansão europeia, bem como a formulação de uma política científica de produção do conhecimento em relação a África, eram também importantes instâncias de legitimação do regime.

Ao colonialismo português daquele momento interessava não apenas garantir o domínio político dos territórios colonizados, mas também viabilizar a imigração de portugueses brancos, explorar a mão de obra e os recursos naturais africanos, desenvolver cidades "civilizadoras" como Luanda e Lourenço Marques,[3] vistas como "laboratório social de miscigenação e integração", assim como fundar escolas que fossem, aos poucos, "civilizando" os africanos.[4] Por importantes que sejam esses temas, o que nos interessa aqui é refletir acerca dos meandros do discurso sobre a miscigenação e a integração social supostamente pacífica, atento às conexões brasileiras da problemática.

Em fevereiro de 1961 foi publicado em Lisboa *O Luso e o Trópico* (1961), livro de Gilberto Freyre editado no âmbito do V Centenário da Morte do Infante D. Henrique, marcado por flagrante "operação historiográfica"[5] pró-regime. Se é verdade que o luso-tropicalismo não é mera propaganda, guardando conexões com toda arquitetura política e intelectual de Freyre, não é menos verdade que *O Luso e o Trópico* assumiu nítido viés político. O livro aparece justamente no momento que eclode em Angola a revolta que contestava a tese propalada no livro, segundo a qual a colonização portuguesa seria marcada por relativa harmonia racial. O regime salazarista havia adotado a retórica da excepcionalidade portuguesa em relação aos povos tropicais, repercutindo as teses de um Gilberto Freyre ainda muito prestigiado em todo mundo.

3 Lourenço Marques, a velha cidade colonial portuguesa em Moçambique, chama-se, desde 1976, Maputo, a atual capital de Moçambique, localizada na Baia de Maputo, no Oceano Índico, no extremo sul do país, próximo da fronteira com a África do Sul e a Suazilândia.

4 CURTO, Diogo Ramada, *Op. Cit.*, 2013, p. 12-17.

5 O conceito é de Michel de Certeau. Sobre o assunto, ver: CERTEAU, Michel de. *A Escrita da História*. Rio de Janeiro: Forense Universitária, 1982.

Imagem 25: Encontro de Gilberto Freyre e Salazar em Lisboa

Na residência, em Lisboa, do Presidente do Conselho de Portugal: o autor, já pronto para sair, ouve um reparo do Professor Oliveira Salazar, cheio do melhor *humour*; e quando há *humour*, pode haver divergência até profunda de idéias.

As teses luso-tropicais marcaram a produção intelectual de Freyre na década de 1950 e início da de 1960 por meio de livros como *Um Brasileiro em Terras Portuguesas* (1953), *Aventura e Rotina* (1953) e *Integração Portuguesa nos Trópicos* (1958), além do já mencionado *O Luso e o Trópico* (1961). Como se verá adiante, a produção freyreana exerceu um papel considerável nas transformações pelas quais o regime salazarista passou, especialmente quanto ao estatuto administrativo das colônias do ultramar, a fim de inventar, no plano legal e retórico, o império colonial português em uma extensa nação multicontinental, cujas fronteiras se estenderiam do Minho, no norte de Portugal, até o distante Timor, passando por Angola e Moçambique, as valiosas colônias africanas.

O pensamento de Gilberto Freyre naqueles anos foi mobilizado não apenas como instrumento da propaganda salazarista, mas também e, sobretudo, na legitimação da continuidade dos domínios portugueses, especialmente na

África – tarefa hercúlea, se pensarmos no avançado processo de esgotamento do colonialismo europeu.

Em O *Luso e o Trópico*, repetindo o que dissera em outros textos, o intelectual brasileiro fala num "homem lusotropical" como um tipo histórico novo, "extra-europeu", "híbrido", sugerindo sempre o Brasil como um modelo de integração de lusos e tropicais:

> [...] se politicamente Portugal é hoje uma nação separada do Brasil que é a sua projeção no Trópico americano, sob aspecto cultural os dois têm sido há mais de um século partes igualmente vivas da mesma realidade lusotropical, ainda em pleno desenvolvimento. Desenvolvimento na América e desenvolvimento na África; e sobrevivência no Oriente. De modo que estamos – ao que parece – diante de um processo de formação de um terceiro homem ou de uma terceira cultura – um homem simbioticamente lusotropical, uma cultura simbioticamente lusotropical – de que vem resultando uma realidade ainda inacabada; e que se tem formado por ter o Português ido ao extremo, em época decisiva para o seu desenvolvimento extra-europeu, de, como nenhum outro europeu até hoje, ter renunciado à sua pureza, quer étnica, quer cultural, a favor de formas híbridas de homem e de cultura, das quais vêm participando raças, ambientes e culturas tropicais transeuropeizadas pela presença, entre elas, do Português.[6]

A questão será retomada à frente com o necessário vagar, assentada no interior da obra de Freyre e de suas circunstâncias, desde *Casa-grande & senzala* (1933). Aqui interessa reter que o autor construiu uma interpretação positiva do Brasil, segundo a qual havia se formado nas margens açucareiras do Atlântico Sul uma cultura moderna e católica, cultural e racialmente mestiça, aberta a práticas e sensibilidades não europeias. As colônias africanas de Portugal seriam uma espécie de Brasis na infância, cujo destino, a manterem-se os vínculos com Portugal, seriam formar, se já não eram, novas paisagens "transeuropeizadas" pela presença lusitana.

Nessa civilização tropical e mestiça, na qual Portugal ocupava o lugar de matriz e o Brasil de modelo, os africanos (e os indígenas) teriam aportado elementos de sua cultura e de seus saberes, ajudando a tropicalizar os colonos portugueses,

6 FREYRE, Gilberto. *O luso e o trópico*. Lisboa: Comissão Executiva das Comemorações do V Centenário da Morte do Infante D. Henrique, 1961, p. 88.

"intrinsicamente" aclimatáveis, pois dotados de uma miscibilidade herdada de velhas mestiçagens árabe-judaicas medievais. Os colonos teriam sido "cristocêntricos" (e não etnocêntricos como ingleses e holandeses), concorrendo ativamente para civilizar e cristianizar os tropicais, enquanto tropicalizavam-se, formando um amalgamento inter-racial luso-tropical, na África e na América.

É importante lembrar que, para Freyre, Angola viria a ser, no futuro, um novo Brasil, tão mestiço e integrado como este supostamente seria. Da leitura de Freyre depreende-se a ideia de que o português no século XVII, na Bahia, ou o português no século XX, na África, teriam um traço distintivo: diferentemente dos europeus do norte, inventores do capitalismo, os colonizadores lusitanos ao redor do mundo seriam fundamentalmente não racistas ou menos racistas.

Se ao leitor contemporâneo a tese soa absurda, na década de 1950 contava com considerável respeitabilidade intelectual. Quem produziu, ainda ontem, o nazismo? Os alemães, uma cultura de maioria protestante do norte da Europa. Quem havia inventado o apartheid? Os africânderes, a minoria branca da África do Sul, gente de descendência holandesa e inglesa. Até os anos 60, o racismo nos Estados Unidos estava impresso nos códigos da lei, além de ser uma prática social fortemente incrustrada naquele país, particularmente no sul.

Este cenário conferia às ideias de Freyre, em torno da excepcionalidade portuguesa, certa aceitação internacional, além de servir como mão-e-luva para as elites brancas do Brasil. Mas as coisas haviam começado a mudar. Os movimentos dos negros americanos e a contestação política e intelectual, bem como as próprias guerras de descolonização na África, começaram a desnaturalizar o racismo, a segregação e, claro, a presença colonial europeia na África.

Para o regime de Salazar, a leitura de Freyre, naquele turbulento quadrante histórico, era ainda mais valiosa. Como vimos, em 1961 a secular presença lusitana na África foi contestada pelos rebeldes angolanos, que iniciaram uma série de articulações e ataques armados contra as instalações coloniais. Em Guiné-Bissau, eclodiu um violento movimento cujo objetivo declarado era expulsar os portugueses da região. Naquele ano, o Conselho de Segurança da ONU, com o endosso formal e o apoio político dos Estados Unidos, expediu uma resolução condenando a repressão contra a população local. Em dezembro de 1961, o exército da Índia invadiu e ocupou Goa, colocando um ponto final em cinco séculos de presença portuguesa em território indiano, embora o regime de Salazar jamais o reconhecesse. Em Moçambique, durante o ano de 1962, eclodiu um movimento organizado cujo objetivo expresso era a libertação da região sob o secular domínio português. Aliados históricos de Portugal, como a Inglaterra, recusaram-se a socorrer o país, diplomática ou militarmente.

No Brasil, a posse de Jânio Quadros, em 1961, marcou uma inflexão na política externa brasileira, caracterizada pelo distanciamento brasileiro – ao menos no plano do discurso oficial[7] – em relação a Portugal e aos Estados Unidos e pelo apoio, nas Nações Unidas, à descolonização.[8] É preciso lembrar que a ONU, bem como os Estados Unidos (mas também a União Soviética e China), havia se colocado contra o velho colonialismo europeu.[9] Armando Cortesão, um intelectual português que, naquele momento, encontrava-se mobilizado em defesa do regime, em conferência de 1962 criticou a "ingenuidade" dos estadunidenses que concorrem "com comunistas russos e chineses no mesmo propósito de desacreditar os europeus e promover a sua expulsão total de África",[10] o que sugere o crescente incômodo das hostes salazaristas com a política externa dos Estados Unidos.

---

7 Apesar da retórica anticolonialista de Jânio Quadros e Afonso Arinos, Portugal conseguiu evitar que o Brasil se posicionasse de forma mais contundente na ONU contra as colônias portuguesas na África. Sobre o assunto, ver: BRASIL, Henrique Gerken. *Relações Externas Brasil-África: da Política Externa Independente ao governo Lula*. Dissertação de Mestrado, São Paulo: IEB-USP, 2016.

8 Sobre diplomacia, luso-tropicalismo e relações luso-brasileiras na segunda metade do século XX, ver: DÁVILA, Jerry. "Entre dois mundos: Gilberto Freyre, a ONU e o apartheid sul-africano". In: *História Social*, Campinas, n. 19, p. 135-148, 2010; RAMPINELLI, Waldir José. *As duas faces da moeda*: as contribuições de JK e Gilberto Freyre ao colonialismo português. Florianópolis: Editora da UFSC, 2004; CABRAL, Thais Pimentel. *O Luso-tropicalismo: reflexões sobre a cultura política luso-brasileira*. Dissertação (Mestrado em Relações Internacionais e Ciência Política) – Faculdade de Ciências Sociais e Humanas, Universidade Nova de Lisboa, Lisboa, 2010; GONÇALVES, Williams da Silva. *O realismo da fraternidade: Brasil-Portugal*. Lisboa: Imprensa de Ciências Sociais, 2003; GUIMARÃES, Lucia Maria P. *Afinidades atlânticas:* impasses, quimeras e confluências nas relações luso-brasileiras. Rio de Janeiro: Quartet, 2009.

9 MAXWELL, Kenneth. "Os Estados Unidos e a descolonização portuguesa". In: *Relações Internacionais*, dez. 2005. Disponível em: http://ipri.pt/images/publicacoes/revista_ri/pdf/r8/RI08_01_KMaxwell.pdf>. Acesso em: 28 jun. 2018.

10 CORTESÃO, Armando. *Realidades e desvarios africanos:* Discurso proferido na Sociedade de Geografia de Lisboa, quando da sessão de encerramento da Semana do Ultramar em

No Brasil, Gilberto Freyre, coerente com sua aproximação em relação ao salazarismo, criticou a política externa de Jânio. Para ele, seria uma irresponsabilidade do Brasil perante a "democracia étnica" representada pelas áreas de colonização lusitana, lamentando a anexação de Goa pela Índia e afirmando que "uma ferida portuguesa é uma dor brasileira".[11] Afonso Arinos, o arquiteto da política exterior do curto período de governo de Jânio Quadros, porém, manteve intacta a imagem gilbertiana do Brasil, segundo a qual o país era, conforme artigo assinado pelo próprio presidente na prestigiosa revista *Foreign Affairs*, o "exemplo mais bem sucedido de coexistência e integração racial que a história já conheceu".[12]

A politização da raça: o racismo e o colonialismo sob ataque

Lembremos que nos Estados Unidos, entre 1955 e 1968, o movimento pelos direitos civis liderado pelos negros daquele país ocupa um lugar de destaque na cena política. Em luta por reformas legais que abolissem a discriminação e a segregação racial no país, o movimento atinge grande repercussão internacional. Os conflitos se agudizaram a partir de 1955 e 1956, por meio de grandes mobilizações que culminariam na emergência de Martin Luther King como um importante líder afro-americano. Um dos momentos mais vibrantes foi a *Marcha de Washington*, ocorrida em março de 1963, quando 250 mil manifestantes, brancos e negros, sobretudo negros, se reuniram na capital dos Estados Unidos para protestarem em favor dos direitos civis.[13] É nesse contexto que, durante a década de 1960, surgem movimentos negros como o *Black Power* (Poder Negro) e o *Black Panther* (Panteras Negras), com ações específicas de grande impacto chamando atenção para a luta pelos direitos civis nos Estados Unidos.[14]

---

9 de junho de 1962. Lisboa: Sociedade de Geografia de Lisboa, 1962, p. 29.

11 FREYRE, Gilberto. *O Brasil em face das Áfricas negras e mestiças*: conferência proferida no gabinete português de leitura do Rio de Janeiro, Lisboa: [s.n.], 1963, p. 56.

12 DÁVILA, Jerry. *Hotel Trópico: o Brasil e os desafios da descolonização africana, 1950-1980*. São Paulo: Paz e Terra, 2011, p. 52.

13 Sobre Martin Luther King, ver: SHEPARD, Kris; CLAYBONE, Carson (Orgs.). *Um Apelo à Consciência*: Os melhores discursos de Martin Luther King. Rio de Janeiro: Jorge Zahar, 2006.

14 Para compreender o sentido global do movimento ver: KIRK, John A. *Redefining the Color Line:* Black Activism in Little Rock, Arkansas, 1940-1970. Gainesville: University of

Se o contexto estadunidense era importante para a politização da raça, tão ou mais importante era o debate sobre colonialismo na África, de onde vinham poderosos elementos de crítica ao racismo, radicalizadas pelo processo de independência das nações africanas e asiáticas após o fim da Segunda Guerra Mundial (1939-1945). Na Conferência de Bandung, realizada na Indonésia em 1955, 29 países africanos e asiáticos se reuniram com o intuito de traçar o futuro de uma nova força política global. Líderes como Jawaharlal Nehru (1889-1964) assumiram um crescente protagonismo internacional, questionando de modo visceral o colonialismo territorial. Não é o caso de analisar a questão, mas registrar a contestação e, no limite, a inviabilidade da continuidade da dominação europeia sobre vastas regiões da África e da Ásia.

Na Argélia o conflito foi sangrento, especialmente após 1954, com dura repressão das forças militares francesas. Em 1962, no entanto, a Argélia se declara, finalmente, independente da França.[15] No princípio dos anos 60 explodem os movimentos nacionalistas em Angola e Moçambique, mas também em Cabo Verde, Guiné-Bissau e São Tomé e Príncipe. A secular presença colonial portuguesa na África agora passa a ser contestada por todos os meios – políticos, militares e simbólicos.[16]

Não podemos esquecer que a produção intelectual (e artística) de uma época é alimentada pelo clima social, político e econômico vivido fora das páginas. Entre a segunda metade da década de 1950 e os primeiros anos da década de 1960, surgem livros importantes, na universidade e fora dela, politizando de modo críti-

---

Florida Press, 2002; ARSENAULT, Raymond. *Freedom Riders:* 1961 and the Struggle for Racial Justice. New York: Oxford, 2006.

15 Sobre o processo de descolonização na Argélia, ver: FERRO, Marc. *O livro negro do colonialismo.* Rio de Janeiro: Ediouro, 2004; YAZBEK, Mustafa. *A Revolução Argelina.* São Paulo: Unesp, 2010.

16 Sobre a descolonização portuguesa, ver sobretudo: PINTO, António Costa. *O fim do Império português:* a cena internacional, a guerra colonial, e a descolonização, 1961-1975. Livros Horizonte, 2001; CANN, John. *Contra-insurreição em África:* o modo português de fazer a guerra (1961-1974). São Pedro do Estoril: Atena, 1998; MACQUEEN, Norrie. *The decolonization of Portuguese Africa: metropolitan revolution and the dissolution of empire.* Longman, 1997; MARCUM, John. *The Angolan Revolution.* 2 vols., Cambridge Mass., MIT Press, 1969-1978; MATEUS, Dalila Cabrita. "A Guerra Colonial e o 25 de abril". In: VARELA, Raquel (coord.). *Revolução ou transição?* História e memória da Revolução dos Cravos. Lisboa: Bertrand Editora, 2012, p. 33-55.

co a questão racial. Essa produção intelectual, de um modo ou de outro, responde ao clima político da época.

Neste período, a politização da questão racial no pensamento intelectual era flagrante: pensemos nos contundentes livros de ativistas políticos, críticos do colonialismo, como Aimée Cesaire, autor de *Discurso sobre o colonialismo,*[17] de 1955; e Frantz Fanon, autor de *Pele negra, máscaras brancas,*[18] em 1952, e os *Condenados da terra*[19] em 1961. A partir da antropologia francesa, entre outros textos importantes, Claude Lévi-Strauss publica *Raça e Racismo,*[20] em 1952, e os *Tristes trópicos,*[21] em 1955, livro que aborda de modo central a questão indígena no Brasil. Ainda na França, naquele mesmo período, e não por coincidência, Michel Leiris lançou *Race et civilisation,* em 1951. Nos anos de 1950, a noção de *pluralidade cultural* consolidava-se, com crítica à s noções de superioridade ocidental.

Esses são apenas alguns exemplos – muito diferentes nos propósitos, nos regimes discursivos, no público-alvo, no lugar de fala – que formularam críticas ao racismo e ao colonialismo, um debate que estava na ordem do dia. Nesse contexto, claro que o colonialismo português (ou o racismo brasileiro) não ficariam de fora do escrutínio público.

Nunca é demais lembrar que, naquele período, a dominação portuguesa na África também foi objeto de severas críticas, que rapidamente ganharam espaço nas Ciências Sociais, na historiografia, bem como nos estudos literários e, claro, nos debates políticos. No plano acadêmico há uma crescente atenção aos temas africanos. É nesse contexto que é fundado, em 1960, o *Journal of African History*

---

17 CESAIRE, Aimée. *Discours sur le colonialisme.* Paris: Éditions Réclame, 1955. Trad. Brasileira: ___. *Discurso sobre o colonialismo.* Florianópolis: Letras Contemporâneas, 2010.

18 FANON, Frantz. *Peu Noire, Masques Blancs.* Paris: Seuil, 1952. Trad. Brasileira. ___. *Pele negra, máscaras brancas.* Rio de Janeiro: Fator, 1983.

19 FANON, Frantz. *Les Damnes de la terre.* Paris: François Maspero, 1961. Trad. Brasileira: ___. *Condenados da terra.* Juiz de Fora: Editora UFJF, 2005.

20 LÉVI-STRAUSS, Claude. *Race et Histoire.* Paris, Unesco, 1952. Trad. Brasileira: LÉVI-STRAUSS, Claude. *Raça e História.* Rio de Janeiro: Presença, 1973.

21 LÉVI-STRAUSS, Claude. *Tristes tropiques.* Paris: Librairie Plon, 1955. Trad. Brasileira: ______. *Tristes trópicos.* São Paulo: Anhembi, 1957.

junto à Universidade de Cambridge, no qual Boxer contribui, no primeiro número da revista, com uma resenha.[22]

Naquele momento o regime português foi objeto de duríssimas críticas de intelectuais estrangeiros, como o jornalista, escritor e africanista britânico Basil Davidson (1914-2010). Autor de *The Africa Awakening*,[23] publicado em 1955, o autor narra, na forma de um relato de viagem, a violência e o racismo da colonização no Congo Belga, sem deixar de abordar também Angola. O antropólogo Marvin Harris (1927-2001) havia pesquisado Moçambique entre 1956 e 1957 e denunciou a existência de trabalho escravo ou análogo a escravidão.[24] Harris e Charles Wagley[25] (1913–1991), na Universidade de Columbia, seguindo o grande antropólogo antirracista Franz Boas, passaram a estudar as relações raciais nas Américas, inclusive no Brasil, gerando livros como *Minorities and the New World: Six Case Studies*[26] (1958) e, mais tarde, *Patterns of Race in the Americas*[27] (1964).

Pode-se destacar, ainda, o trabalho do estadunidense James Duffy, que havia visitado Moçambique e Angola entre 1955 e 1956, também denunciou por meio de livros, textos e conferências a violência do colonialismo português, inclusive o racismo, afrontando a imagem produzida pelo regime e seus aliados.[28] O historia-

---

22 BOXER, Charles. "S. R. Welch and his History of the Portuguese in Africa, 1495-1806." In: *Journal of African History*, v. 1, n. 1, p. 53-63, 1960. Na resenha, Boxer critica severamente o historiador sul-africano Sidney R. Welch, autor de *Portuguese and Dutch in South Africa, 1641-1806* (Cape Town, 1951), por construir uma intepretação condescendente com a atuação dos portugueses no tráfico de escravos, bem próxima da visão sustentada pelos ideólogos do salazarismo.

23 DAVIDSON, Basil. *The Africa Awakening*. Londres: Cape, 1955.

24 HARRIS, Marvin. "Portugal's African 'Wards'". In: *Africa Today Pamphlets*, New York: America Committee on Africa, n. 2, 1958.

25 O antropólogo Charles Wagley conhecia bastante bem o Brasil, país sobre o qual escreveu vários textos, inclusive um livro introdutório, onde já levantava questões raciais. Ver: WAGLEY, Charles. *An Introduction to Brazil*. New York: Columbia University Press, 1963.

26 WAGLEY, Charles; HARRIS, Marvin. *Minorities and the New World: Six Case Studies*. New York: Columbia University Press, 1958.

27 HARRIS, Marvin. *Patterns of Race in the Americas*. New York: Walker and Company, 1964.

28 Obras de Duffy, do período aqui enfocado, acerca da presença portuguesa na África: DUFFY, James. *Portuguese Africa*. Cambridge: Harvard University Press, 1959; ____. *Portugal in Africa*. Harmondsworth: Penguin Books, 1962. ____. "Portugal's African Territories:

dor britânico Perry Anderson, em 1962, publicou um artigo na influente revista britânica *New Left Review*, ligada à esquerda acadêmica, apontando a iminência do colonialismo português na África.[29] Para Diogo Ramada Curto, o debate promovido pelos africanistas influenciou Boxer de maneira decisiva, ainda mais que a politização da raça nos Estados Unidos.[30]

No Brasil, a crítica mais contundente aos interesses portugueses partiu de José Honório Rodrigues, autor de *Brasil e África: outro horizonte*, publicado em 1961.[31] O historiador brasileiro, amigo e interlocutor de Boxer,[32] criticou severamente a política externa brasileira, acusando-a de subserviente tanto aos interesses dos Estados Unidos quanto aos de Portugal salazarista.[33] Em termos históricos afirmou que as hierarquias sociais não impediram que a miscigenação se processasse de maneira "desenfreada, apesar dos preconceitos, pela influência do sistema econômico de senhor e escravo."[34]

Em fins dos anos 1950, começo dos anos 1960, a questão racial também estava na agenda intelectual do Brasil, embora tributária da visão marxista, na qual a estrutura de classe é um fator dominante. Em São Paulo, naquele momento, um dos pesquisadores mais importantes era Florestan Fernandes (1920-1995) que, ao longo da década de 1950, vinha trabalhando com questões raciais a partir da Faculdade de Filosofia da Universidade de São Paulo. Um parceiro importante de Florestan foi Roger Bastide, autor que, em 1957, publica *Brasil, Terra de Contraste,*

Present Realities". New York: Carnegie Endowment for International Peace, "Occasional Papers", n.º 1, 1962.

29 ANDERSON, Perry. "Portugal and the End of Ultra-Colonialism". In: *New Left Review*, I, números 15-17, 1962.

30 CURTO, Diogo Ramada, *Op. Cit.*, 2013.

31 RODRIGUES, José Honório. *Brasil e África*: outro horizonte. Vol. 1. Rio de Janeiro, 1961.

32 SOUZA, Laura de Mello e. *Conduzindo Mr. Boxer*. In: *Ilustríssima – Folha de S. Paulo*. São Paulo, domingo 25 jul. 2010, p. 7.

33 THOMAZ, Omar Ribeiro. *Ecos do Atlântico Sul*: representações sobre o terceiro Império português. Rio de Janeiro: Editora da UFRJ, 2002; MAXWELL, Kenneth. *O Império derrotado*: revolução e democracia em Portugal. São Paulo: Companhia das Letras, 2006; e GUIMARÃES, Lucia Maria P. *Afinidades atlânticas:* impasses, quimeras e confluências nas relações luso-brasileiras. Rio de Janeiro: Quartet, 2009.

34 RODRIGUES, José Honório, *Op. Cit.*, 1961, p. 64.

onde as questões raciais compareciam.[35] Pouco antes, em 1955, Florestan, juntamente com Bastide, publicam *Brancos e negros em São Paulo,*[36] prenunciando sua obra mais importante, que viria a surgir quase uma década mais tarde, *A integração do negro na sociedade de classes*, em 1964.[37] No livro, o intelectual paulista buscou refletir sobre a participação dos negros, na primeira metade do século XX, na estrutura de classes de uma São Paulo em veloz urbanização e industrialização. Aqui Florestan Fernandes buscava atacar o mito da democracia racial atribuída a Gilberto Freyre, atrelando a politização da questão à estrutura de classe. Apesar de posições questionáveis,[38] a obra de Florestan faz parte de um grande movimento de politização das questões raciais, ainda caudatária de sua preocupação maior, a "revolução burguesa brasileira".

O negro como sujeito central da análise aparece na obra do sociólogo e historiador Clóvis Moura (1925-2003), autor de *Rebeliões da Senzala: quilombos, insurreições e guerrilhas,*[39] publicado em 1959, justamente quando a questão racial se encontrava em plena efervescência no plano internacional. Negro, com origem no Piauí, Clóvis Moura também contestou a visão de Gilberto Freyre, enfatizando a resistência à escravidão e a atuação dos quilombos. Partindo de Marx e do marxismo, mas politizando a questão racial de um modo mais radical que Florestan, o autor buscou articular questões de classe e raça no interior de uma sociedade

---

35 BASTIDE, Roger. *Brésil, terre des contrastes*. Paris, Hachette, 1957. Trad. brasileira. BASTIDE, Roger. *Brasil, terra de contraste*. Difusão Europeia do livro, 1959.

36 FERNANDES, Florestan; BASTIDE, Roger. *Brancos e negros em São Paulo*: ensaio sociológico sobre aspectos da formação, manifestações atuais e efeitos do preconceito de cor na sociedade paulistana. Editora Anhembi, 1955.

37 FERNANDES, Florestan. *A integração do negro na sociedade de classes*. São Paulo: Faculdade de Filosofia, Ciências e Letras da USP, 1964 (2a. ed., em dois volumes, São Paulo: Dominus/Edusp, 1965).

38 Florestan Fernandes, na obra em questão, avalia que os homens negros enxergariam o sexual como uma das poucas formas de prazer, já que o "trabalho íntegro" era obstruído em função do estigma de "malandro e vagabundo". As mulheres teriam mais facilidade em conseguir trabalho "honesto", como doméstica, por exemplo. Com isso, os homens negros se recusariam a trabalhar para poder viver às custas de sua mulher.

39 MOURA, Clóvis. *Rebeliões na senzala*: quilombos, insurreições, guerrilhas. São Paulo: Edições Zumbi, 1959.

formada pelo escravismo. Convém, ainda, destacar que o trabalho de Guerreiro Ramos, naquele momento, já contestava o mito da democracia racial e interpelava criticamente Gilberto Freyre[40].

Naturalmente, o objetivo destas páginas não é analisar todas as obras que politizaram a questão racial no Brasil e em Portugal no período[41], mas apenas apontar para a extensão e o alcance da discussão, marcada por críticas contundentes à dominação portuguesa. Em geral, essas obras não tratavam do período colonial, recorte sobre o qual Boxer tinha notável domínio, nem se demoram na antiguidade da presença portuguesa na África. Mas questionaram o colonialismo português na África moderna, bem como a violência do processo, em franca oposição ao discurso do regime e de seus partidários.

Foi neste contexto, de crescente polarização política em torno da questão racial nas sociedades e no campo intelectual, que Charles Boxer publicou o polêmico *Race Relations in the Portuguese Colonial Empire, 1415-1825*.[42] Convém recordar que o livro, publicado nos Estados Unidos em 1963, respondia a um clima de contestação do racismo, tema na ordem do dia, como já se destacou.

Pode ser tentador pensar que *Race Relations* foi uma obra construída para atacar Gilberto Freyre. No entanto, deve-se ter bem claro que havia uma federação de intelectuais, no Brasil, em Portugal e mesmo em outros países, que compartilhavam ou mesmo aceitavam a tese de que não haveria "problemas raciais" mais graves no "mundo que o português criou". A proximidade temporal com a trágica experiência do nazismo, na Alemanha; o apartheid na África do Sul;[43] o recrudescimento da *Ku*

40 RAMOS, Alberto Guerreiro. *Patologia social do branco brasileiro*. Rio de Janeiro: Editora Jornal do Commercio, 1955; ____. "À propos de Gilberto Freyre". In: *Arguments*, n. 1, 1956.

41 Sobre o contexto intelectual português da virada dos anos 1950 para os 1960, ver: CURTO, Diogo Ramada, *Op. Cit.*, 2013.

42 BOXER, Charles R. *Race Relations in the Portuguese Colonial Empire, 1415-1825*. London: Oxford University Press, 1963. Tradução brasileira: ___. *Relações Raciais no Império Colonial Português 1415-1825*. Rio de Janeiro: Edições Tempo Brasileiro, 1967.

43 Oficialmente o apartheid vigorou na África do Sul de 1948 a 1994. No período, a minoria branca segregava a maioria negra de modo legal e efetivo. Os africânderes, desde que chegaram ao poder, em 1910, passaram a adotar leis de segregação racial. Desde 1913 os negros, com exceção dos moradores do Cabo, eram formalmente proibidos de comprar terras fora das "reservas indígenas". A partir de 1918 foram implementadas leis que visa-

Klux Klan nos Estados Unidos da década de 1950, em oposição ao movimento pelos direitos civis, conferiam certa credibilidade à tese da excepcionalidade ibérica em relação a questão racial, portuguesa em particular. Freyre era, no entanto, a voz mais luminosa em defesa da positividade da herança ibérica, como se verá adiante.

Em Portugal daquele período, apenas a título de exemplo, podemos citar o geógrafo Orlando Ribeiro (1911-1997)[44] e o antropólogo Jorge Dias (1907-1973),[45] que argumentavam, especialmente este último, que a tradição histórico-cultural portuguesa, de matriz comunitária-patriarcal, teria levado à convivência pacífica entre as raças. Armando Cortesão (1891-1977) foi outro eloquente defensor do regime e da perspectiva do não racismo português. Cortesão foi um importante intelectual de posições republicanas que havia vivido nos Estados Unidos,

---

ram segregar os negros urbanos em áreas específicas das cidades. Mas foi apenas 1948 que o partido político que congregava o nacionalismo africânder chegou ao poder, implementando políticas racistas e segregacionistas de modo explícito. Sob a liderança de Daniel François Malan (1874-1959), um clérigo da Igreja reformada holandesa, os nacionalistas brancos da África do Sul instalaram o regime do apartheid. Se a discriminação racial já era uma realidade na sociedade sul-africana, agora fora elevada condição de uma filosofia política, com uma consequente prática de Estado. Para os líderes do Partido Nacional (que sustentava o apartheid), o Estado da África do Sul não formava uma única nação, mas sim quatro nações, formada por quatro grupos étnico-raciais distintos: os brancos (falantes de inglês e africânder), negros (dos mais diversos grupos étnicos), os mestiços e os indianos. Em 1949 foram proibidos os casamentos mistos. Em 1950 tornou-se crime relações sexuais entre pessoas de "raças" diferentes. Em 1953, o Estado determinou locais públicos específicos nos quais uma determinada "raça" poderia frequentar, inclusive praias, ônibus, hospitais, escolas e universidades. Em 1956, a discriminação racial, formalmente acomodada no corpo legal do país, chegou aos locais de trabalho. Esse conjunto de práticas brutalmente racistas contribuiu para conferir certa aceitação às ideias luso-tropicais de Gilberto Freyre, tornando crível, para certos grupos, a ideia de que os portugueses seriam menos racistas. Sobre o apartheid ver: CLARKSON, Nancy L.; WORGER, William H. "Basis of apartheid". In: *The Rise and Fall of South Africa*. London: Routledge, 2013; ALLEN, John. *apartheid South Africa: An Insider's Overview of the Origin and Effects of Separate Development*. New York: IUniverse Inc, 2005.

44 Ribeiro, Orlando. *Aspectos e problemas da expansão portuguesa*. Lisboa: Junta de Investigações do Ultramar, "Estudos de Ciências Políticas e Sociais", n. 59, 1962.

45 DIAS, Jorge. "Convívio entre pretos e brancos nas Províncias Ultramarinas Portuguesas". In: *Estudos Ultramarinos*, n. 3, 1960; ____. *Portuguese Contribution to Cultural Anthropology*. Joanesburgo: Witwatersrand University Press, 1961. Há vários outros textos nessa direção.

na Inglaterra e na França, antes de regressar a Portugal, em 1952, e se reconciliar com o regime. Junto com Avelino Teixeira Motta (1920-1982), Cortesão publicou, entre 1960 e 1962, no âmbito das Comemorações do V Centenário da Morte do Infante D. Henrique, *Portugaliae Monumenta Cartographica,* em seis volumes.[46] A obra apresenta grande número de litografias de mapas históricos, com mais de 600 estampas, além de biografias dos principais cartógrafos portugueses dos descobrimentos.[47] A inegável importância desta história da cartografia portuguesa deu legitimidade para que Cortesão se apresentasse como uma autoridade na história do Império, cartografando a presença portuguesa no Mundo. Em 1962, um ano após ser laureado com o título de doutor *Honoris Causa* na Universidade de Coimbra, Cortesão afirma que defende o colonialismo português e a própria figura de Salazar: "já no alto Outono da vida, enfrentou e enfrenta os ataques ao património ultramarino, que é de todos os portugueses, qualquer que seja o seu credo político ou religioso, a cor da pele ou o lugar em que vivam."[48]

Charles Boxer percebeu não apenas a inviabilidade da continuação da presença portuguesa na África, como também deixou-se atravessar por uma mutação político-intelectual em torno da questão racial. Aproveitou-se da instabilidade e das disputas pelo presente para exibir o passado do racismo e do colonialismo ao longo dos séculos XV ao XVIII, registrando com erudição documental a violência das relações entre portugueses e os povos ameríndios, africanos e asiáticos. Tal fato não só implicou em contestar o discurso salazarista, mas também todo edifício intelectual freyreano acerca da história das questões raciais.

46 CORTESÃO, Armando; MOTA, Avelino Teixeira da. *Portugaliae Monumenta Cartographica.* Lisboa: Imprensa Nacional; Casa da Moeda, 1960, 6v.

47 Sobre Armando Cortesão, ver: ANDRADE, Rui Silvestre de. *Armando Cortesão (1891-1977). Ideologia e nacionalismo na historiografia da cartografia portuguesa dos séculos XV e XVI.* Dissertação de Mestrado em História. Faculdade de Letras. Universidade de Lisboa, 2014; CURTO, Diogo Ramada. "A historiografia do império português na década de 1960: formas de institucionalização e projeções". In: *História da historiografia*, Ouro Preto, n. 10, p. 111-123, 2012.

48 CORTESÃO, Armando. *Realidades e desvarios africanos..., Op. Cit.*, p. 11-12.

II. GILBERTO FREYRE E A TRADIÇÃO IBÉRICA: MESTIÇAGEM, BRASIL-CENTRISMO E LUSO-TROPICALISMO (DÉCADA DE 1930 A DE 1960)

Gilberto Freyre na década de 1920

A proposta analítica desta seção obedece a um norte: compreender as fundas diferenças e desavenças entre Charles Boxer e Gilberto Freyre, entre fins dos anos 1950 e começo dos anos 1960, em torno da questão racial no mundo lusófono. Vale dizer, a princípio, que as diferenças entre os dois intelectuais não são importantes em função das singularidades pessoais, mas por representarem formas de pensar lastreadas na vida política, na sociedade e noutros historiadores e pensadores. As desavenças, por sua vez, não nascem apenas do contexto daquele período, o princípio dos anos 60, mas se enraízam no tempo. Razão pela qual, nas páginas a seguir, busca-se mergulhar na produção intelectual de Gilberto Freyre, desde a publicação de *Casa-grande & senzala* (1933) até *O luso e o trópico* (1961), atento às continuidades e transformações pelas quais Freyre, o Brasil e o mundo passavam entre as décadas de 1930 a 1960.[1]

Para compreender *Casa-grande & Senzala* se faz necessário aludir, ainda que de modo breve, aos anos imediatamente anteriores a publicação do livro, em 1933, obra que marca o pensamento de Freyre. Devemos reconhecer que uma obra com a potência de *Casa-grande* não se entrega à explicações fáceis, conclusivas e unívocas. Por isso é preciso observar o pensamento brasileiro das décadas de 1920 e 1930, tempos de grandes transformações políticas, culturais e econômicas ense-

1 Embora a discussão ganhou qualidade, densidade e volume, já esbocei a questão, ainda que em termos bastante sumários, em SCHNEIDER, Alberto Luiz. "Iberismo e luso-tropicalismo na obra de Gilberto Freyre". *História da Historiografia*, p. 75-93, 2012.

jadas pela Revolução de 1930 e, pós-1937, pelo Estado Novo. Dentre uma série de aspectos a se destacar durante a década de 1920, dois, referentes à "situação nacional", chamam atenção por sua força. De um lado havia uma forte crítica às instituições da Primeira República, com seu ordenamento liberal-oligárquico, em particular o estadualismo, considerado inadequado por suas consequências centrífugas, tal como se vê nas obras de Oliveira Vianna e Alberto Torres.[2] De outro lado ainda preponderava os debates sobre os supostos efeitos negativos da mestiçagem e da presença negra, marcados pela crença na suposta inferioridade dos povos não brancos, tal como pensavam Sílvio Romero, Nina Rodrigues e Oliveira Vianna,[3] entre muitos intelectuais do período. Para os propósitos deste trabalho importa observar de perto a resposta que Gilberto Freyre deu a estas duas questões.

Para o problema do estadualismo, Freyre já vinha formulando, e continuaria a formular, uma alternativa: o regionalismo, conceito que, para o autor, não se confunde com a defesa do liberalismo oligárquico e, após 1930, mostrou-se perfeitamente conciliável ao nacionalismo varguista, como se verá adiante. Ao refletir sobre a mestiçagem e a vasta presença negra no Brasil, Freyre valeu-se de novas formulações antropológicas, como as propostas interpretativas do antropólogo Franz Boas (1842-1942), a fim de contestar a tese da inferioridade racial e bio-

2 TORRES, Alberto. *A organização nacional*. São Paulo: Companhia Editora Nacional, 1933 (1ª ed. 1914); VIANNA, Oliveira. *Evolução do Povo Brasileiro*. São Paulo: Companhia Editora Nacional, 1938 (1ª ed. 1923); VIANNA, Oliveira. *Populações Meridionais do Brasil:* Populações rurais do centro-sul. Vol. 1. Niterói: EDUFF, 1987. (1ª ed. 1920). Não apenas Oliveira Vianna e Alberto Torres, mas muitos outros intelectuais do princípio do século XX acreditavam que os entraves pelos quais o Brasil passava originavam-se da inadequação das instituições políticas à realidade e à cultural nacional. A obsessão das elites brasileiras em "imitar" europeus e norte-americanos nos gostos, nas opções políticas e nas instituições seriam prejudiciais à nação. Freyre, ao afirmar a positividade da cultura brasileira, da mestiçagem e das tradições, de certo modo comungava com esse espírito de época.

3 ROMERO, Sílvio. *Provocações e debates:* contribuições para o estudo do Brasil social. Porto: Chardon, 1910; RODRIGUES, Raymundo Nina. *Os africanos no Brasil*. São Paulo: Companhia Nacional, 1933; VIANNA, Oliveira. *Raça e Assimilação*. 2ª ed. São Paulo: Companhia Editora Nacional, 1934. (1ª ed. 1932). A crença na desigualdade natural das raças, degenerescência ou ao menos do caráter negativo da mestiçagem era amplamente compartilhado pela elite brasileira. Freyre, ao se opor a essa tradição intelectual herdada do século XIX, operava uma importante ruptura mental.

lógica dos povos não brancos. Com referências antropologicamente atualizadas, Freyre considerava as diferenças humanas de ordem fundamentalmente cultural.

Para usar a expressão de Evaldo Cabral de Mello, Freyre transformou a mestiçagem de "hipoteca em lucro".[4] Ao romper com o racismo biológico e os efeitos supostamente deletérios da mestiçagem, Freyre abriu as condições para positivar a experiência brasileira, em particular a mestiçagem "integradora" experienciada com mais ênfase no Nordeste.[5] A colonização lusitana na América, apesar da escravidão, teria "transigido" com os negros e indígenas e, com eles, se "aclimatado aos trópicos". Dessa experiência histórica liderada pelos portugueses desde o século XVI – eles mesmos mestiços de judeus e mouros, mas profundamente católicos – teria se formado uma civilização nova, mestiça e tropical, largamente marcada pela experiência agrária, escravocrata e ibérica, livre do racismo inconciliável dos anglo-saxões e protestantes.

A renovação intelectual pela qual o país passou, na década de 1920, foi efetivamente plural. Embora o modernismo paulista, liderado por Mário e Oswald de Andrade, atento às vanguardas europeias, tenha impactado profundamente a cultura e as artes no Brasil do período, surge no Recife outro modernismo, de certo modo similar e antagônico. Gilberto Freyre e José Lins do Rego lideraram um movimento caracterizado por uma releitura da tradição e da região. Enquanto os modernistas de São Paulo leram o Brasil a partir de uma zona emergente – atravessada pela industrialização, a imigração e a urbanização –, o modernismo regionalista de Pernambuco leu o Brasil a partir de uma região em declinante poder político e econômico, mas herdeira de uma longa tradição cultural, tanto erudita quanto popular. Enquanto o modernismo de São Paulo produziu em linguagem irreverente e iconoclasta um "nacionalismo" estético, o modernismo regionalista do Nordeste foi mais generoso com a tradição, desconfiado da perspectiva urbana da literatu-

---

4 MELLO, Evaldo Cabral de. "O ovo de Colombo gilbertiano". In: *Folha de S. Paulo*, São Paulo, 12 mar, 2000, caderno +Mais!.

5 A expressão "Nordeste" é histórica e instável no tempo. Como sabemos, a região Nordeste, com a atual delimitação espacial, foi criada pelo IBGE apenas em 1969. Mas a expressão vem de antes. O IBGE já havia feito uma proposta de regionalização – que entrou em vigor em 1941 – na qual havia uma região Nordeste um pouco distinta da atual (sem os estados do Piauí e do Maranhão). Gilberto Freyre usa o termo "Nordeste" antes mesmo da existência do IBGE reportando-se à parte do Brasil que vai de Bahia ao Ceará ou Piauí.

ra praticada pelos paulistas.[6] Todavia, tanto Mário de Andrade quanto Gilberto Freyre empenharam-se na renovação estética e política, bem como na promoção de uma brasilidade. Enquanto Andrade pretendeu um brasileirismo "desgeografizado", Freyre buscou, ao contrário, valorizar o regionalismo nordestino[7].

Menos conhecidos, mas importantíssimos para entendermos o pensamento de Gilberto Freyre, são seus textos dos anos 20, em particular *O Manifesto regionalista*, de 1926, e o *Livro do Nordeste*, de 1925, em que o litoral açucareiro do Nordeste aparece como o lugar geográfico e cultural da tradição, descrito a partir das possibilidades criativas e criadoras que não deveriam ser esmagadas pela modernização das formas de vida, pelas "tentações falsamente modernizantes" e pelos "empreendimentos que cheiravam a um francesismo tardio ou a um americanismo mal digerido."[8]

Gilberto Freyre aceita a modernização desde que esta não comprometa as formas da herança luso-brasileira, fortemente assentada na tradição ibérica. No *Livro do Nordeste*, organizado para comemorar o centenário do *Diário de Pernambuco*, em 1925, Gilberto Freyre já expressava uma sensibilidade crítica à modernidade. O jo-

6 Gilberto Freyre não perdeu oportunidade de dar estocadas nos bandeirantes, estabelecendo um contraponto com os historiadores paulistas: "Se é certo que o furor expansionista dos bandeirantes conquistou-nos verdadeiros luxos de terras, é também exato que nesse desadoro de expansão comprometeu-se a nossa saúde econômica [em alusão dispersão dos colonos pelo território] e quase que se comprometia a nossa unidade política. Felizmente aos impulsos de dispersão e aos perigos, deles decorrentes, de diferenciação e de separatismo, opuseram-se desde o início da nossa vida colonial forças que eram quase da mesma agressividade, neutralizando-os ou pelo menos amolecendo-os". FREYRE, Gilberto. *Casa-grande & senzala:* formação da família brasileira sob o regime de economia patriarcal. 50ª ed. São Paulo: Global, 2005, p. 89.

7 Sobre o assunto ver: D'ANDREA, Moema Selma. *Tradição re(des)coberta:* Gilberto Freyre e a literatura modernista. Campinas: Editora da Unicamp, 1992; DIMAS, Antonio. "Um manifesto guloso". In: KOSMINSKY; LÉPINE; PEIXOTO (orgs.). *Gilberto Freyre em quatro tempos.* Bauru/São Paulo: Edusc/Unesp, 2003; ALMEIDA, José Maurício Gomes de. "Regionalismo e modernismo: as duas faces da renovação cultural dos anos 20". In: KOSMINSKY, Ethel Volfzon; LÉPINE, Claude; PEIXOTO, Fernanda Áreas (orgs.). *Gilberto Freyre em quatro tempos.* Bauru/São Paulo: Edusc/Unesp, 2003; GOMES, Heloísa Toller. "Menino de engenho: a memória das perdas". In: ROCHA, João Cezar de Castro (org). *Nenhum Brasil existe:* pequena enciclopédia. Rio de Janeiro. Topbooks/UniverCidade, 2003.

8 FREYRE, Gilberto. *Manifesto regionalista.* Recife: Massangana, 1996. p. 31.

vem, que havia chegado dos Estados Unidos e da Europa em 1923, mostrava-se pesaroso com a desagregação da "harmonia", ameaçada pela modernização.

> À vida nos engenhos faltam as condições de permanência e o ritmo patriarcal de outrora. Os proprietários vivem a deslocar-se para as cidades, para os balneários, para o Rio; vivem a fazer leilões de móveis numa volúpia de renovação; melhor lhes fora, talvez, morar em *wagons* de cigano do que em casa. Suas relações com os aderentes e a parentela e com os padres perderam todo o caráter patriarcal: rareiam hoje os senhores de engenho verdadeiramente donos de suas terras. As usinas de firmas comerciais trouxeram para a indústria do açúcar mecanismo das fábricas burguesas: as relações entre patrões que fumam charutos enormes como nas caricaturas de 'Simplicimus' e operários que só conhecem o patrão de vista. Dominam estas relações em vez da subserviência como que filial dos antigos trabalhadores aos senhores de engenho – tipos de uma fidalguia rústica. [...] As licenças de hoje, certos americanismos e modos de Hollywood, contrastam com os recatos daquelas nossas bisavós, que namoravam romanticamente às furtadelas e por meio de sinais de leques de renda e marfim.[9]

Não está entre os objetivos deste trabalho investigar o regionalismo de Gilberto Freyre senão naquilo que é mais essencial para compreendermos o sentido mais profundo de sua obra. Mas é fundamental observar a nota crítica com que Freyre vê a modernização da década de 1920, posicionando-se contra o cosmopolitismo colonizado, a estética do progresso que gera arremedos de modernidade, razão pela qual coloca-se na defesa da preservação da arquitetura colonial, dos traçados urbanos não geométricos das velhas cidades brasileiras,[10] das árvores

9 FREYRE, Gilberto (Org), *Livro do Nordeste*. Recife: Secretaria da Justiça / Arquivo Público Estadual, 1979, p. 79-80 (1ª ed. 1925).

10 Lembremos que as antigas cidades coloniais estavam sob ataque. A Avenida Paulista foi inaugurada em 1891. Nas décadas que se seguiram, a cidade de São Paulo foi inteiramente remodelada. Belo Horizonte foi construída em fins do século XIX e inaugurada em dezembro de 1897. As reformas urbanas do Rio de Janeiro, na gestão do prefeito Pereira Passos começaram em 1903. A "*Belle Époque* de Belém", com a riqueza que emanava da borracha, também passou por intensas reformas urbanas durante o governo do prefeito Antônio Lemos (1897-1911). Recife também passava por movimentos nessa direção. Para Gilberto Freyre, a descaracterização do Recife antigo, com seus prédios, nomes de ruas, móveis e feições resultavam-lhe altamente negativas, pois a velha cidade seria uma das ex-

nativas, enfim, contra o reformismo modernizante e ocidentalizante, não só das cidades, como nas formas quotidianas de viver. Faz parte deste enquadramento mental – preservacionista, se quisermos, mas atualizado quanto às referências culturais epistemológicas – tão caros ao espírito de renovação da década de 1920, do qual também participou o modernismo.

Assim, o movimento regionalista nordestino dos anos 20 pode ser considerado uma resposta moderna às questões da época, em particular à defesa freyreana da mestiçagem como um traço geral do Brasil, isto é, como fator de unidade nacional, ainda que se apresentasse de modo particular em cada região.

As especificidades do Nordeste açucareiro, com suas particularidades regionais, mestiças em sentido positivo, se manifestariam na cultura literária e artística. José Lins do Rego (1901-1957) se empenhara em entrelaçar as noções de moderno e tradicional, atraso e progresso, centralização e regionalização. Em *Menino de Engenho* (1932) ou, mais tarde, em *Fogo Morto* (1943), o autor buscaria condensar duas temporalidades: de um lado, o passado longínquo que se estenderia desde os tempos coloniais, rememorado por meio de narrativas em tom de lamento de um mundo em extinção; de outro lado, o passado próximo, de fins do século XIX e início do XX, marcado por perdas impostas pela modernização. Perspectiva esta que o próprio Freyre, parceiro de Lins do Rego no movimento regionalista, também assumiria.[11]

Entre vários outros nomes, como Jorge de Lima, convém destacar o diálogo entre Gilberto Freyre e seu conterrâneo e contemporâneo, o escritor modernista

---

pressões de uma tradição cultural legítima e profundamente assentada na história. A criação do Centro Regionalista do Nordeste (1924), a publicação do *Livro do Nordeste* (1925) e a realização do Primeiro Congresso Regionalista do Nordeste, realizado em fevereiro de 1926, vão nessa direção e têm em Gilberto Freyre um de seus mais importantes líderes. A crítica freyreana às reformas era contra-hegemônica na Primeira República. Sobre o assunto, ver: GIUCCI, Guillermo. *Gilberto Freyre, uma biografia cultural*: a formação de um intelectual brasileiro (1900-1936). Rio de Janeiro: Civilização Brasileira, 2007; LIRA, José Tavares Correia de. "Naufrágio e galanteio: viagem, cultura e cidade em Mário de Andrade e Gilberto Freyre". In: *Revista Brasileira de Ciências Sociais*, vol. 20, n. 50, 2005.

11 DANTAS, Cauby. *Gilberto Freyre e José Lins do Rego diálogos do senhor da casa-grande com o menino de engenho*. Campina Grande: Eduepb, *2015;* CHAGURI, Mariana. *O Romancista e o Engenho*: José Lins do Rego e o regionalismo nordestino dos anos 1920 e 1930, São Paulo: Anpocs/Hucitec, 2009; GOMES, Heloísa Toller. "Menino de engenho: a memória das perdas". In: ROCHA, João Cezar de Castro (org). *Op. Cit.*, 2003, p. 645-653.

Manuel Bandeira (1886-1968). Para o poeta, teria sido Freyre o responsável por criar um sentimento positivo de província, capaz de defender a cultura local. Segundo Silvana Moreli, das relações entre Freyre e Bandeira emanava "um modo diferencial de ser moderno, que procura[va] conciliar a abertura para o novo (...) junto a uma sensibilidade não de todo desatada das velhas formas e, de algum modo, enraizada na própria experiência subjetiva e coletiva."[12] As relações entre Bandeira e Freyre estão permeadas pela valorização das experiências culturais brasileiras, bem como o apreço pela tradição e pela região. Notemos que Bandeira escreveu, em 1925, o poema "Evocação do Recife",[13] a pedido do próprio Gilberto Freyre, como parte da comemoração ao centenário do jornal *Diário de Pernambuco*. Já Freyre escreveria o seu *Guia prático, histórico e sentimental da cidade do Recife*,[14] cuja primeira edição é de 1934, mas comporta artigos de jornal publicados nos anos anteriores. Freyre também escreveria "Bahia de Todos os Santos e de quase todos os pecados"[15] como desdobramento de uma viagem a Salvador, ao Rio de Janeiro e a São Paulo que ele fizera em 1926 e mandara publicar na recifense *Revista do Norte*. Aqui é importante notar como ambos valorizavam a regionalidade, a tradição popular e a mestiçagem.[16]

Nos anos 20 não havia como debater a regionalidade sem considerar a chamada "política dos governadores" ou a atuação das oligarquias locais. Consciente

12 DIAS, Silvana Moreli Vicent. "A província, das aporias às experiências repartidas: Gilberto Freyre e Manuel Bandeira no Brasil das décadas de 20 e 30". In: PRADO, Maria Emilia (org.) *Tradição e modernidade no mundo ibero-americano*. Rio de Janeiro, de 28 a 30 de maio. 2008, p. 2. Moreli destaca a atuação de Freyre e Bandeira no jornal "*A Província*", entre agosto de 1928 a outubro de 1930, mostrando sua relevância da publicação no cenário cultural do Recife dos anos 20, capaz de defender e valorizar a "província" em permanente diálogo com as vanguardas modernistas do Rio de Janeiro e de São Paulo.

13 BANDEIRA, Manuel. "Evocação do Recife". In: *Libertinagem*. Rio de Janeiro: Paulo Pongetti & Cia, 1930.

14 FREYRE, Gilberto. *Guia prático histórico e sentimental da cidade do Recife*. Recife: Propagandist, 1934.

15 FREYRE, Gilberto. *Bahia de Todos os Santos e de quase todos os pecados*. São Paulo: Global, 2018. (1ª ed. 1926).

16 Sobre o assunto, ver: OLIVEIRA, Lúcia Lippi. "Gilberto Freyre e a Valorização da Província". In: *Revista Sociedade & Estado*, Brasília, v. 26, n. 1, jan./abr. 2011; VELOSO, Marisa. "Gilberto Freyre e o horizonte do modernismo". In: *Revista Sociedade & Estado*, Brasília, v. 15, n. 2, 2000.

das críticas ao "estadualismo oligárquico" de Oliveira Vianna e outros críticos da Primeira República, a formulação regionalista de Freyre buscava diferenciar a valorização da região como paisagem social e humana, da defesa do ordenamento político liberal gerador das instituições políticas estadualistas, colocando-se a favor da unidade nacional: "Não me parece que seja mau o regionalismo ou o patriotismo regional cuja ânsia é a defesa das tradições e dos valores locais, contra o furor imitativo. Não me parece que semelhante corrente de sentimento ponha em perigo a unidade brasileira nas suas raízes (...)".[17] Mas foi em um poema de 1926 que o elogio à mestiçagem e a crítica ao estadualismo se articularam plenamente:

> Eu ouço as vozes
> eu vejo as cores
> eu sinto os passos
> de outro Brasil que vem aí
> mais tropical
> mais fraternal
> mais brasileiro.
> O mapa desse Brasil em vez das cores dos estados
> terá as cores das produções e dos trabalhos.
> Os homens desse Brasil em vez das cores das três raças
> terão as cores das profissões e das regiões.
> As mulheres do Brasil em vez de cores boreais
> terão as cores variamente tropicais.
> Todo brasileiro poderá dizer: é assim que eu quero o Brasil,
> todo brasileiro e não apenas o bacharel ou o doutor:
> o preto, o pardo, o roxo e não apenas o branco e o semibranco
> (...)[18]

Para Freyre, o Brasil em geral, e o Nordeste em particular, representariam uma sociedade nova, capaz de integrar as radicais diferenças e desigualdades herdadas do passado, diferentemente das sociedades racialmente fraturadas, como a

---

17 FREYRE, Gilberto. "Do bom e do mau regionalismo". In: *Recife: Revista do Norte*, Recife: n. 2, p. 5, 1924.

18 FREYRE, Gilberto. "O outro Brasil que vem aí". In: *Casa-grande & senzala: formação da família brasileira sob o regime de economia patriarcal.* 51ª ed. rev. São Paulo: Global, 2006, p. 7, (1ª ed. 1933).

norte-americana ou sul-africana. Trata-se de uma resposta otimista em relação aos problemas levantados por Oliveira Vianna e outros autores que, desde fins do século XIX, questionavam a herança ibérica, patriarcal e escravocrata.

Ao conferir relevo à tradição luso-brasileira de matriz colonial, em particular à cultura nordestina, Freyre e seus colegas regionalistas, como Lins do Rego, dão respostas aos ventos e eventos modernizadores que sopravam do Rio de Janeiro e de São Paulo:[19] o Nordeste "deve trazer à cultura brasileira uma nota distinta, um impulso original, uma criação sua. (...) e a arquitetura portuguesa adquiriu entre nós, nas "Casas-Grandes" e nas "Casas Fortes" dos engenhos, com a necessidade de defesa e a complexidade do domínio semifeudal, um ar próprio e inconfundível (...)".[20] Em síntese, para Freyre, toda formação brasileira teria matriz lusitana, profundamente marcada pelo escravismo, pelo hibridismo e pela tradição agrária-patriarcal.

É interessante observar que Freyre viveu ou visitou cidades como Nova Iorque, Londres e Paris antes de estar no Rio de Janeiro e em São Paulo, o que fez, efetivamente, apenas em 1926. Sob esse aspecto, vale pensar acerca de *Verdad y perspectiva* (1916),[21] artigo de Ortega y Gasset, no qual o autor espanhol defendia a ideia de que não se pode ver a realidade senão de um lugar determinado. Freyre leu o Brasil a partir de Pernambuco, mais especificamente do Recife, dispensando o filtro cultural das duas grandes capitais brasileiras.

Casa-grande & senzala

Quando *Casa-grande & Senzala* foi publicado em dezembro de 1933, Gilberto de Mello Freyre contava apenas com 33 anos de idade. Apesar da pouca idade do autor quando de sua publicação, *Casa-grande* é, ainda hoje, a mais célebre obra de Freyre, que depois escreveu dezenas de outros livros. É importante notar que a motivação fundamental de Freyre não era a defesa da mestiçagem em si mesma, mas o reconhecimento da positividade da experiência histórica brasileira e nordestina, da

19 D', Moema Selma. *A tradição re(des)coberta:* o pensamento de Gilberto Freyre e a literatura regionalista. Campinas: Editora da Unicamp, 1992.

20 FREYRE, Gilberto. *O outro Brasil que vem aí...*, *Op. Cit.*, p. 5.

21 GASSET, José Ortega Y. "Verdad y perspectiva". In: *El espectador*, Madrid: [s.n.], v. 1, 1916.

qual a mestiçagem era inseparável, como se pode depreender de seu diário, editado muitos anos mais tarde com os devidos ajustes da memória e do interesse.

Segundo o relato, Freyre, depois de sua curta passagem pela África, e já no percurso de volta até Lisboa, para onde acompanhara o governador Estácio Coimbra, derrubado pelo movimento de 1930, durante a desolação daqueles dias, sem dinheiro, refletia sobre o projeto de "seu grande livro":

> Não maldigo a angústia em que estou obrigado a viver, nestes dias de Lisboa, já dominado desde o Senegal, onde ficamos uns dias – pelo afã de escrever um livro que seja um grande livro, revivendo, o mais possível, o passado, a experiência, o drama da formação brasileira. Um drama demasiadamente humano. Um capítulo que não se escreveu da História ou da Aventura do Homem.[22]

O livro nasceu em resposta a uma agenda político-intelectual que remetia à década de 1920, em que Freyre apresentava o Brasil e o Nordeste como uma grande "aventura do homem", que exigia, por sua vez, "um grande livro". Com esse espírito o autor buscou olhar o Brasil mais profundo, em que a mestiçagem teria "corrigido" a distância social entre a casa-grande e a senzala.[23] Ao insurgir-se contra o pessimismo que conspurcou grande parte do pensamento sobre a formação brasileira, produzido sob a égide do cientificismo evolucionista, Freyre não apenas

---

22 FREYRE, Gilberto. *Tempo morto e outros tempos*: trechos de um diário de adolescência e primeira mocidade (1915-1930). Rio de Janeiro: José Olympio, 1975. p. 249.

23 No diário, Freyre busca revestir seu livro de compromisso com o passado do Brasil profundo, inclusive o que de africano e mestiço: "Essa angústia [do exílio e da falta de dinheiro] me faz conviver menos com a gente burguesa do que com a plebe rústica e folclórica: em Lisboa, entre saloios, fadistas, mulheres das chamadas vida alegre, de uma das quais, mulata de Angola, já aprendi que na África 'senzala' é 'sanzala', 'massangana' é 'massangano'. No Brasil, há muito convivo com gentes de xangô, em Pernambuco, e de candomblé, na Bahia, e de macumba em Niterói. Com babalorixás como Adão do Recife e Martiniano do Bonfim da Bahia. Com negras quituteiras. Com mulatas quase do mesmo tipo das que Lafcadio Hearn amou voluptuosamente em Martinica. Com barcaceiros alagoanos que me ensinaram a fumar maconha, sem o perigo de resvalar em 'amok'. Com 'gangs' de adolescentes desajustados. Com operários recifenses ingenuamente entusiastas do P.C. Com cariocas boêmios, tocadores de violão. Com gentes de clubes populares afro-brasileiros, de Carnaval, no Rio de Janeiro e no Recife". Ver: FREYRE, Gilberto, *Op. Cit.*, 1975, p. 249.

vê a mestiçagem como fardo a obliterar as aspirações civilizatórias do país, como a reveste em tintas altamente positivas:

> A miscigenação que largamente se praticou aqui corrigiu a distância social que doutro modo se teria conservado enorme entre a casa-grande e a mata tropical; entre a casa-grande e a senzala. O que a monocultura latifundiária e escravocrata realizou no sentido de aristocratização, extremando a sociedade brasileira em senhores e escravos, com uma rala e insignificante lambugem de gente livre sanduichada entre os extremos antagônicos, foi em grande parte contrariado pelos efeitos sociais da miscigenação.[24]

A função da mestiçagem no interior de *Casa-grande* só pode ser compreendida à luz do que Freyre entendia por patriarcalismo, descrito como uma instância social e cultural não apenas fundadora do país, como civilizadora, pois responsável pelo equilíbrio social, pela mestiçagem e mesmo pela unidade nacional. Um dos traços distintivos dessa "civilização mestiça" teria sido a tendência dos extremos a se conciliarem:

> Sem deixarem de ser relações – a dos brancos com as mulheres de cor – de 'superiores' com 'inferiores' e, no maior número de casos de senhores desabusados e sádicos com escravas passivas, adoçarem-se entretanto, com a necessidade experimentada por muitos colonos de constituírem família dentro dessas circunstâncias[25].

A desigualdade, que o autor não nega, teria sido minimizada pela mestiçagem. Por isso, para Gilberto Freyre, o Brasil sempre seria uma coisa e outra: casa-grande & senzala, sobrados & mocambos, ordem & progresso, jazigos & covas rasas,[26] de

---

24 FREYRE, *Casa-Grande & Senzala, op. cit.*, p. 33.

25 *Idem. Ibidem.*

26 Jazigos & Covas rasas é o livro que Gilberto Freyre nunca escreveu. Trataria da morte e seria o último volume de sua *Introdução à história da sociedade patriarcal.* Sobre o assunto, ver ARAGÃO, Solange. "Jazigos e covas rasas: o livro que Gilberto Freyre não escreveu?". In: *Oculum Ensaios*, Campinas, n. 13, 2011.

modo que "&" registra interpenetração conciliadora. A miscigenação, portanto, teria representado o maior dos "amortecedores", criador de zonas de "confraternização":

> Considerada de modo geral, a formação brasileira tem sido (...) um processo de equilíbrio de antagonismos. Antagonismos de economia e de cultura. A cultura europeia e a indígena. A europeia e a africana. A africana e a indígena. A economia agrária e a pastoril. A agrária e a mineira. O católico e o herege. O jesuíta e o fazendeiro. O bandeirante e o senhor de engenho. O paulista e o emboaba. O pernambucano e o mascate. O grande proprietário e o pária. O bacharel e o analfabeto. Mas predominando sobre todos os antagonismos, o mais geral e o mais profundo: o senhor e o escravo. É verdade que agindo sempre, entre tantos antagonismos contundentes, amortecendo-lhes o choque ou harmonizando-os, condições de confraternização e de mobilidade vertical peculiares ao Brasil: a miscigenação, a dispersão da herança, a fácil e frequente mudança de profissão e de residência, a acessibilidade a cargos e a elevadas posições políticas e sociais a mestiços e a filhos naturais, o cristianismo lírico, à portuguesa, a tolerância moral, a hospitalidade a estrangeiros, a intercomunicação entre as diferentes zonas do país.[27]

Como aponta Maria Lúcia Pallares-Burke, a Universidade de Oxford – onde Freyre esteve em 1922, após estudar nas universidades estadunidenses de Baylor e Columbia –, pareceu ao autor a "modernidade dentro da tradição". Na velha universidade europeia, Freyre consolidou a sua profunda paixão por certa tradição intelectual inglesa e vitoriana, enamorando-se de uma Inglaterra que povoou sua cabeça ao longo dos anos – e que não deixava de ser uma idealização, capaz de "conciliar" estabilidade social e desigualdade, liberdade e conformidade, tradição e modernidade. Freyre recolheu a noção de "equilíbrio" em Thomas Carlyle (1795-1881) e Herbert Spencer (1820-1903), e outros ensaístas ingleses.

A perspectiva de uma miscigenação conciliadora, capaz de legar algum equilíbrio ao Brasil, teria vindo daí. Não só Carlyle e Spencer – mas também Walter Pater (1839-1894), Lafcadio Hearn (1850-1904), George Santayana (1863-1952), Gilbert K. Chesterton (1874-1936), William Butler Yeats (1865-1939) – teriam desenvolvido em Freyre uma profunda sensibilidade para o valor e a legitimidade

27 FREYRE, Gilberto. *Casa-grande & senzala...*, *Op. Cit.*, p. 116-117.

das tradições culturais, populares ou aristocráticas.[28] Não é o caso de aprofundar as leituras de Gilberto Freyre, mas é importante insistir que a positivação da mestiçagem não nasceu apenas da antropologia de Franz Boas, mas também da leitura de uma série de outros autores que criticavam a tradição cientificista, dentre os quais pode-se destacar Lafcadio Hearn, autor de *Two Years in the French West Indies*,[29] que elogiou a mestiçagem e os trópicos.

Nesse sentido, também foram importantes autores brasileiros, como Roquette-Pinto, que desde a década de 1920 já questionava as teses racistas, sobretudo a suposta degeneração dos mestiços.[30] Seja como for, Freyre, com inédito desassombro para época, elogiará com eloquência a mestiçagem, em clara oposição às teses racistas, o que fez dele, nos anos de 1930 e 1940, um "mestre da radicalidade", como bem observou Antonio Candido:

> Esse Gilberto Freyre da nossa mocidade, cujo grande livro sacudiu uma geração inteira, provocando nela um deslumbramento como deve ter havido poucos na história mental do Brasil. (...) misturando à linhagem aristocrática de uma grande simpatia pelo povo, que o levara a combater as ditaduras e acreditar nas virtudes da mestiçagem como fator democrático, que deveria produzir nestes trópicos uma civilização ao mesmo tempo requintada e popular, herdeira da Europa e criadora de um nobre timbre próprio. (...) Depois disso, no correr dos anos mudou bastante. Mudou demais.[31]

Antes de "mudar demais", a obra de Freyre, em particular *Casa-grande & senzala*, representou enorme impacto na cultura brasileira. É preciso insistir que, no começo dos anos 30, o racismo científico ainda gozava de certa aceitação inte-

---

28 PALLARES-BURKE, Maria Lúcia. *Gilberto Freyre*: um vitoriano nos trópicos. São Paulo: Editora da Unesp, 2005, p. 53-147.

29 HEARN, Lafcadio. *Two Years in the French West Indies*. New York: Harper and Brothers, 1890.

30 Sobre a obra de Roquette-Pinto, ver: SOUZA, Vanderlei Sebastião de. *Em Busca do Brasil:* Edgard Roquette-Pinto e o Retrato Antropológico Brasileiro (1905-1935). 2011. Tese (Doutorado em História das Ciências e da Saúde) – Casa de Oswaldo Cruz, Fiocruz, Rio de Janeiro, 2011.

31 CANDIDO, Antonio. *Recortes*. São Paulo: Companhia das Letras, 1993, p. 82.

lectual e política em todo mundo ocidental.[32] No Brasil, a "mistura de raças" e a presença de grande contingente negro eram fontes de constrangimento nacional entre as elites, inclusive as elites letradas.

Freyre elogia a plasticidade e a vocação dos portugueses para a miscigenação. Ao contrário dos europeus do norte, os lusitanos seriam desprovidos de orgulho racial, como atestaria sua prática colonizadora em zonas tropicais do globo, capazes de criar um ambiente de interpenetração cultural e étnica. Logo na abertura do livro de 1933, Freyre menciona "a singular predisposição do português para a colonização híbrida e escravocrata dos trópicos", ancorada no "seu passado étnico, ou antes, cultural, de povo indefinido entre a Europa e a África":[33]

> O escravocrata terrível que só faltou transportar da África para a América, em navios imundos, que de longe se adivinhavam pela inhaca, a população inteira de negros, foi por outro lado o colonizador europeu que melhor confraternizou com as chamadas raças inferiores. O menos cruel nas relações com os escravos.[34]

A "bicontinentalidade" dos portugueses teria evitado "preconceitos inflexíveis". A interpenetração cultural – em *Casa-grande* muito associado ao contato sexual – teria atenuado a polaridade entre a casa-grande e a senzala, abrindo caminho para a integração dos negros na cultura e na sociedade brasileira. Embora não afirmasse expressamente, "integrar" implicava desafricanizar os negros e dar certo tom de africano aos brancos:

> Todo brasileiro, mesmo o alvo, de cabelo louro, traz na alma, quando não na alma e no corpo a sombra, ou ao menos a pinta, do negro. Na ternura, na mí-

32 A rigor, mostra-nos Ricardo Benzaquen de Araújo, Freyre mescla as noções de raça e cultura baseando-se: [...] na ilimitada aptidão dos seres humanos para se adaptar às mais diferentes condições ambientes, enfatizando acima de tudo a sua capacidade de incorporar, transmitir e herdar as características na sua – variada, discreta e localizada – interação com o meio físico. ARAÚJO, Ricardo Benzaquen de. *Guerra e paz*: Casa-grande e senzala e a obra de Gilberto Freyre nos anos 30. Rio de Janeiro: Editora 34, 1994, p. 39.

33 FREYRE, Gilberto. *Casa-grande & senzala*..., *Op. Cit.*, p. 66.

34 *Idem*, p. 265.

> mica excessiva, no catolicismo em que se deliciam nossos sentidos, na música, no andar, na fala, no canto de ninar menino pequeno, em tudo que é expressão sincera de vida, trazemos todos a marca inconfundível da influência negra.[35]

A "transigência" em relação aos povos não europeus que os colonos portugueses teriam legado aos seus filhos vinha de longe: os reinóis já teriam aportado na costa atlântica da América do Sul de algum modo mestiços, pois teriam elementos de árabes e judeus aprendidos na Península Ibérica ao longo do medievo e, mais tarde, no contato com os próprios negros escravizados. A tolerância de origem árabe-medieval e a plasticidade do homem comum português, alheio à lógica moderna do mundo e alimentado pela mensagem cristã-católica-romana, são vistas em oposição a modernidade, especialmente o individualismo protestante. Os ibéricos de modo geral, mas os portugueses, ainda mais que os espanhóis, teriam produzido um contato "cristocêntrico", mais gregário e comunitário, o inverso do cálculo moderno e do interesse econômico dos europeus do norte.[36]

A mestiçagem não seria fator de inferioridade nacional, ao contrário, por meio dela o Brasil formaria uma nação "integrada", diferente da segregação estadunidense. Não menos importante: *Casa-grande & senzala* confere dignidade e respeitabilidade a elite nordestina que, embora decadente, teria sido capaz de produzir uma cultura nova, adaptada aos trópicos. O diagnóstico de Freyre, ao ser reconhecido e validado no Rio de Janeiro, ajudava a conferir um lugar para a identidade nordestina – mestiça, original e criadora, como quer Freyre – no interior de um país em processo de modernização, urbanização e industrialização.[37] As perspectivas antiliberais, modernizadoras e centralizadoras do Estado Novo, de algum modo, compensavam e cooptavam as elites regionais perdedoras de poder.

---

35 *Idem*, p. 367.

36 BASTOS, Elide Rugai. "Brasil, um outro Ocidente? Gilberto Freyre e a formação da sociedade brasileira". In: *Cia & Tópicos*, Recife, v. 29, n. 1, p. 49-50, jan./jun, 2001.

37 Sobre as múltiplas recepções da obra de Freyre, ver: SORÁ, Gustavo. "A construção sociológica de uma posição regionalista: reflexões sobre a edição e recepção de Casa Grande & Senzala de Gilberto Freyre". In: *Revista Brasileira de Ciências Sociais*, v. 13, n. 36, 1998.

A obra de Gilberto Freyre e a herança ibérica

O pensamento histórico e antropológico de Gilberto Freyre, a despeito de sua experiência nos Estados Unidos e na Inglaterra,[38] guarda profunda relação com o pensamento espanhol de fins do século XIX em torno do iberismo e da modernidade. A obra de Freyre, múltipla e diversa, comporta um traço recorrente, marcado pela crítica ao Ocidente vencedor, moderno, industrial, urbano e científico. Para ele, tradições não eram apenas legítimas, mas portadoras de saberes e valores válidos, sob o risco da avassaladora onda modernizante que partia da Europa Ocidental e, sobretudo, dos Estados Unidos. A reflexão freyreana é, ao menos em parte, tributária do pensamento espanhol do século XIX e das primeiras décadas do século XX. Os intelectuais espanhóis daquela virada de século estavam atordoados com uma já antiga questão ibérica: a percepção da decadência dos povos peninsulares.[39]

Estas questões alimentaram as inquietações de intelectuais da "geração de 1898", como Miguel de Unamuno (1864-1936), Ángel Ganivet (1865-1898), Pío Baroja (1872-1956), Ramiro de Maeztu (1875-1936), Antonio Machado (1875-1939), e, anos mais tarde, de intelectuais da "geração de 1914", como Américo de Castro (1885-1972) e José Ortega y Gasset (1883-1955), os quais buscaram, por diferentes caminhos, discutir o assunto.[40] Gilberto Freyre conhecia muito bem tais

38 Em 1917, Gilberto Freyre, aos dezoito anos, com uma bolsa da Igreja Batista, vai estudar na Universidade de Baylor, no Texas, onde concluiu o bacharelado em Artes Liberais. Em seguida transfere-se para Universidade de Columbia, em Nova Iorque, obtendo o grau de Mestre. Em 1922, publica seu mestrado, intitulado *Social life in Brazil in the middle of the 19th century (Vida social no Brasil nos meados do século XIX)*, no periódico *Hispanic American Historical Rewiew*, volume 5. Antes de voltar ao Brasil, em 1923, faz uma longa viagem pela Europa, permanecendo vários meses na Inglaterra. Sobre o assunto, ver: PALLARES-BURKE, Maria Lúcia. *Gilberto Freyre*: um vitoriano nos trópicos. São Paulo: Editora da Unesp, 2005. Para dados biográficos mais amplos, ver: LARRETA, Enrique Rodríguez; GIUCCI, Guillermo. *Gilberto Freyre, uma biografia cultural*: a formação de um intelectual brasileiro (1900-1936). Rio de Janeiro: Civilização Brasileira, 2007.

39 Desde fins do século XVII e, sobretudo, no decorrer do século XVIII – em função das "Luzes", mas não apenas –, o sul da Europa passou a ser visto e a sentir-se como inferiorizado em relação ao norte, especialmente à Inglaterra e à França, mas também aos Países Baixos e à Prússia. Ver: HAZARD, Paul. *A Crise da consciência europeia: 1680-1715*. Lisboa: Edições Cosmos, 1948.

40 Sobre a relação entre a obra de Gilberto Freyre e o pensamento hispanista, ver: BASTOS,

autores, especialmente Miguel de Unamuno e Ortega y Gasset.[41] Na Espanha, em Portugal ou mesmo na América Latina as respostas foram variadas, mas convém destacar o incômodo, a insatisfação e a desconfiança – ou a esperança, conforme o caso – de que a modernidade ocidental da virada do século XIX para o XX impôs ao pensamento ibero. Para os limites desta pesquisa, importa assinalar que Gilberto Freyre, ao longo de sua obra, século XX adentro, dará a vazão a esta questão, perfilando-se ao lado dos defensores das tradições ibéricas, crítico da modernidade ocidental.

Este debate também foi importante em Portugal, onde Antero de Quental (1842-1891) escreveu *Causas da Decadência dos Povos Peninsulares nos Últimos Três Séculos*, em 1871,[42] até certo ponto repercutindo a obra do grande historiador português Alexandre Herculano (1810-1877). Para Antero, que deixaria muito seguidores, a existência de uma aristocracia decadente teria impedido, até ao século XIX, a formação de uma elevação da "classe laboriosa" que teria conduzido a indústria ao progresso. A questão da decadência foi um grande tema da cultura intelectual portuguesa do último quarto do século XIX, influenciando escritores e historiadores como Oliveira Martins (1845-1894), autor de *História da Civilização ibérica*,[43] em 1879, ou o escritor e poeta Guerra Junqueiro (1850-1923), dentre muitos outros autores.[44] Convém destacar as palavras de Eça de Queiroz (1845-

---

Elide Rugai. *Gilberto Freyre e o pensamento hispânico:* entre Dom Quixote e o Alonso El Bueno. Bauru: Edusc, 2003; CRESPO, Regina Aída. "Gilberto Freyre e suas relações com o universo cultural hispânico". In: KOSMINSKY, E. V.; LÉPINE, C.; PEIXOTO, F. A. (orgs.). *Gilberto Freyre em quatro tempos..., Op. Cit.*; e BAGGIO, Kátia Gerab. "Iberismo, hispanismo e latino-americanismo no pensamento de Gilberto Freyre". In: *Estudios del ISHIR*, Rosario, a. 2, v. 2, 2012, p. 109-131.

41 A influência de Unamuno e Ortega y Gasset é vasta e espraiada por toda a obra de Freyre, mas explícita e perfeitamente assumida em: FREYRE, Gilberto. *Como e por que sou e não sou sociólogo*. Brasília: Editora Universidade de Brasília, 1968.

42 QUENTAL, Antero de. *Causas da Decadência dos Povos Peninsulares nos Últimos Três Séculos*. Porto: Typographia Commercial, 1871.

43 MARTINS, J. P. Oliveira. *História da civilização ibérica*. Lisboa: Bertrand, 1879. (Bibliotheca das Sciencias Sociaes; 1).

44 Sobre o tema da decadência, ver: PRESCOTT, Vera Lúcia dos Santos Rocha. *A Decadência Nacional de Fim-de-Século. Estudo sobre Guerra Junqueiro*. 2009. Dissertação (Mestrado) – Faculdade de Letras, Universidade de Lisboa, Lisboa, 2009; PIRES, Machado. *A Ideia de decadência na geração de 70*. Ponta Delgada: Universidade dos Açores, 1980; PERUZZO,

1900),[45] para quem: "o país vive uma sonolência enfastiada (...) não é uma existência, é uma expiação",[46] ou ainda:

> Ainda ontem eu pensava que nós outros os peninsulares nem sempre tínhamos sido uma nação estreita, de pequenas tendências, sonolenta, chata, fria, burguesa, cheia de espantos e servilidades: e que este velho canto da Terra, cheio de árvores e de sol, tinha sido pátria forte, sã, viva, fecunda, formosa, aventureira, épica! Ah!, foi há muito tempo...[47]

Não é o caso de aprofundar a questão, mas não se deve olvidar que o sentimento de decadência em Portugal foi aguçado a partir do Ultimato britânico de 1890, quando a Inglaterra limitou severamente os interesses expansionistas na África, expondo a fraqueza do país peninsular. O debate girava em torno do aprofundamento do fosso cultural e econômico entre a modernidade ocidental, sobretudo França, Inglaterra e Estados Unidos, os "povos peninsulares", Portugal e Espanha, juntamente com os países de origem ibérica nas Américas.

Estes, assim como aqueles, não haviam incorporado alguns dos traços mais marcantes da modernidade ocidental, como a existência de uma burguesia urbana moderna, os progressos tecnológicos e industriais, os avanços educacionais e intelectuais – identificados com as revoluções burguesas –, tampouco possuíam grandes projetos políticos fundamentados na democracia liberal. Espanha e Portugal, e grande parte dos países hispano-americanos, permaneciam rurais e mantinham fortes laços com o catolicismo e o militarismo. A "civilização ibérica" estava em crise. As respostas foram múltiplas, mas em última instância seria preciso ou aderir

---

Eduardo Holderle. "O legado da *geração de 70*: decadência e degeneração". In: ______. *Jaime Cortesão, trajetória intelectual e projeto historiográfico (1910-1960)*. 2018. Tese (Doutorado em História Econômica) – Faculdade de Filosofia, Letras e Ciências Humanas, Universidade de São Paulo, São Paulo, 2018, p. 74-141.

45 Eça de Queiroz também participou desse debate, em chave crítica, vendo a Península Ibérica como decadente. Ver: QUEIROZ, Eça de. "A Península". In: *Prosas Bárbaras*. Porto: Lello & Irmão, 1912. p. 119.

46 QUEIROZ, Eça de. *As Farpas*. Ed. de Maria Filomena Mónica. São João do Estoril: Principia, 2004. (1ª ed. 1871).

47 QUEIROZ, Eça de. *A Península...*, *Op. Cit.*, p. 119.

à modernidade ocidental vencedora ou buscar na tradição os elementos capazes de retomar a vitalidade perdida.[48]

Na Espanha e na América hispânica, o ano de 1898 é um emblema desse debate. A entrada dos Estados Unidos na guerra de independência cubana, com a consequente derrota espanhola – que haveria de culminar na perda de Cuba, bem como de Porto Rico e das Filipinas –, liquidaria o Império Espanhol. Na América Latina a desconfiança em relação aos Estados Unidos ensejou o "arielismo" – alusão à *Ariel*, livro do uruguaio José Enrique Rodó, publicado em 1900, em que o intelectual latino-americano defendeu as vertentes mais "aristocráticas" ante o utilitarismo da sociedade moderna, marcada pela emergência da cultura de massa e da própria democracia liberal. A operação fundamental da obra de Rodó é antepor o "materialismo anglo-saxão" à vocação "cultural" da América Latina.[49]

É nesse enquadramento mental que Gilberto Freyre se encontra. Crítico da modernidade, ele não enxergava a indústria necessariamente como um bem e reconhecia o progresso como potencial destrutivo. Para ele os povos ibéricos não eram decadentes, mas diferentes. Ao se colocar em defesa da tradição ibérica, como Rodó, Freyre encontrava-se dentro de uma federação de intelectuais que, desde o século XIX, desconfiava da modernidade, como o espanhol Ángel Ganivet (1865-1898), um dos hispanistas mais admirados por Freyre. Ganivet afirmava que

> [...] la conservación de nuestra supremacía ideal sobre los pueblos que por nosotros nacieron a la vida es algo más noble y trascendental que la construcción de una red de ferrocarriles.[50]

48 CAPELATO, Maria Helena. "A data símbolo de 1898: o impacto da independência de Cuba na Espanha e Hispanoamérica". In: *História*, São Paulo, v. 22, n. 2, 2003, p. 39.

49 RODÓ, José Enrique. *Ariel*. Campinas: Editora da Unicamp, 1991. (1ª ed. 1900). Sobre o debate ver, principalmente: RETAMAR, Roberto Fernandez. *Calibán, apuntes sobre la cultura de nuestra América*. México: Editorial Diógenes, 1974; QUIJADA, Mónica. "Latinos y anglosajones. El 98 en el fin de siglo sudamericano". In: *Hispania*, 1997, v. LVII/2, n. 196, 1997; VIANNA, Luiz Werneck. "Americanistas e iberistas: a polêmica com Tavares Bastos". In: *Dados: Revista de Ciências Sociais*, v. 34, n. 2. Rio de Janeiro, 1991; DEVÉS, Eduardo. "El pensamiento latino-americano entre la última orilla del siglo XIX y la primera del siglo XXI". In: ZEA, Leopoldo; SANTANA, Adalberto (comp.). *El 98 y su impacto en Latinoamérica*. México: Fondo de Cultura Económica, 2001.

50 "[...] a conservação da nossa supremacia ideal sobre os povos que de nós nasceram à vida

Trata-se de uma evidente crítica à modernização que inferiorizava a Espanha em relação aos seus vizinhos do norte. Ganivet combateu a europeização da Espanha, afirmando que a resolução dos seus problemas estaria na afirmação do seu passado. Se o progresso material de outros países europeus havia sido maior, a Espanha, por sua vez, teria triunfado espiritualmente. A defesa da tradição e de antigas "harmonias" socioculturais não passa apenas pela esfera da vida privada, mas pelas instituições políticas e pela estrutura econômica. Assim como muitos intelectuais iberistas, Freyre recusou os esboços democráticos em defesa de modelos políticos lastreados na tradição e no catolicismo.[51]

Em *Interpretação do Brasil,* livro cuja edição brasileira foi publicada em 1947[52] – a rigor uma síntese das teses contidas em *Casa Grande & Senzala, Sobrados e Mucambos* e *Nordeste* –, Gilberto Freyre afirma que as particularidades da formação brasileira não podem ser reduzidas ao Ocidente: "(...) nem essas origens nitidamente portuguesas ou hispânicas, nem suas raízes católico-latinas fizeram do Brasil simples e pura extensão da Europa (...)". Além das referências afro-ameríndias, que fariam do Brasil uma sociedade mestiça como poucas outras, a própria fonte ocidental do Brasil, a Ibéria, também não era nem nunca teria sido plenamente ocidental, como a França. "(...) Espanha e Portugal, embora convencionalmente estados europeus, não foram nunca ortodoxos em todas as suas qualidades, experiências e condições de vida europeias ou cristãs – antes, por muitos e importantes aspectos, parecendo um misto de Europa e África, de cristianismo

---

é coisa mais nobre e transcendental que a construção de uma rede de ferrovias". *Apud* PINEDO, Javier. Ser otro sin dejar de ser uno mismo: España, identidad y modernidad en la generación del 98. In: ZEA, L.; SANTANA, A. (comp.). *El 98 y su impacto en Latinoamérica... Op. Cit.*, p. 84.

51 Sobre Gilberto Freyre e o debate em torno do iberismo, ver: BASTOS, Elide Rugai. *Gilberto Freyre e o pensamento hispânico..., Op. Cit.*

52 O texto tem origem em um conjunto de conferências, proferidas em 1944, na Universidade de Indiana, nos Estados Unidos, batizado de "Aspectos da formação social brasileira como processo de amalgamento de raças e culturas", o subtítulo do livro. Em 1945 o texto foi publicado em inglês e intitulado *Brazil: an interpretation* (New York: Knopf, 1945). Com o mundo horrorizado com as cenas dos campos de concentração nazistas, é possível imaginar a simpatia que um país mestiço, supostamente não racista, despertava nos círculos mais progressistas, tanto na Europa, como no Estados Unidos.

e maometismo".[53] O *não europeísmo* puro e simples da Península Ibérica, era uma ideia que circulava entre os já referidos autores espanhóis que, "como Ganivet, sustentam que é procurando o sul, a África, que Portugal e Espanha encontram a chave do seu futuro e a explicação do seu *ethos*".[54]

Em Ortega y Gasset (1883-1955) estava plenamente colocado o debate entre europeístas e iberistas. Para ele o racionalismo burguês, o gosto pelo futuro e pelo progresso não haviam se imposto na formação espanhola, como também não teria deitado raízes em Portugal. Em *Meditaciones del Quijote,* obra de 1914, Ortega y Gasset aborda a questão da especificidade cultural e histórica da Espanha, identificada como uma cultura mediterrânea, marcada pelo longo e continuado encontro entre o Oriente e o Ocidente através dos tempos, ensejada pela própria geografia – em particular o mar Mediterrâneo – tornando os povos do sul da Europa e norte da África relativamente próximos.[55] A Espanha seria portadora de uma cultura antes de tudo mediterrânea, muito diferente da Europa germânica ou mesmo latina. Esse debate contribuiu decisivamente para que Gilberto Freyre construísse a tese da bicontinentalidade de Portugal, que estaria na base da suposta abertura lusitana aos povos tropicais.[56]

A discussão é muito mais complexa e multifacetada que isso. Mas, para o interesse desta pesquisa, é fundamental observar a herança deste debate na obra de Gilberto Freyre,[57] especialmente na articulação entre o elogio da tradição ibérica, a defesa do Nordeste e a mestiçagem. É nesta perspectiva que Freyre, em *Interpretação do Brasil* (1947), sintetiza as teses centrais de *Casa-grande & senzala* (1933), *Sobrados e mucambos* (1936) e *Nordeste* (1937). Nesse texto, Freyre delineia as especificidades da sociedade brasileira, apresentando-a como uma formação que transcende as heranças ocidentais. Este *não europeísmo* remontaria à própria Península Ibérica. Citando Ganivet, afirma que Portugal havia encontrado

53 FREYRE, Gilberto. *Interpretação do Brasil. Aspectos da Formação Social Brasileira como Processo de Amalgamento de Raças e Culturas.* Rio de Janeiro: José Olympio, 1947. p. 41.

54 *Idem*, p. 42.

55 ORTEGA Y GASSET, José. *Meditaciones del Quijote.* Madrid: Alianza Editorial, 1987. 49 (1ª ed.1914).

56 Para uma síntese do assunto, ver: BASTOS, Elide Rugai."Iberismo na obra de Gilberto Freyre". In: *Revista da USP*, São Paulo, n. 39, jun. / ago. 1998.

57 Sobre o assunto, ver: BASTOS, Elide Rugai. *Gilberto Freyre e o pensamento hispânico...*, *Op. Cit.*

na África "a chave do seu futuro e a explicação do seu ethos",[58] representando uma transição entre Oriente e Ocidente.

> [...] a experiência de bicontinentalismo étnico e cultural começada há séculos em Portugal tomou nova dimensão no Brasil: três raças e três culturas se fundem em condições que, de modo geral, são socialmente democráticas, ainda que até agora permitindo apenas um tipo ainda imperfeito de democracia social; imperfeito tanto na sua base econômica como nas suas formas políticas de expressão.[59]

Enquanto a Europa Ocidental teria inventado a democracia política, com seus vários elementos, como o sufrágio universal e o Estado de Direito, o Brasil e outros países latino-americanos teriam criado uma espécie de *democracia social e racial*, herdeira de antigas tradições comunitárias, na qual a convivência não exclui a hierarquia. Para Gilberto Freyre, a criação luso-brasileira, herdeira da grande tradição ibérica em torno de uma "democracia social", é mais rica e mais legítima do que a moderna democracia política.

Outras instâncias culturais identificadas com a racionalidade burguesa-ocidental também o incomodavam, entre elas o alfabetismo, que – argumenta em texto de 1923, acerca da obra de Agripino Grieco – levaria à "mediania" e à homogeneização.

> Do ideal de alfabetismo escrevi que o resultado era a mediania de cultura. [...] Da instrução universal resultam as Suíças, as Finlândias e o muito que têm de 'bon enfant' os Estados Unidos. Democracias de cidadãos lavados, barbeados e bem penteados, irritantemente parecidos uns aos outros, medianos em tudo. [...] No artigo do Sr. Agripino Grieco [...] vêm ideias parecidas a estas. [...] Muito justo me parece o íntimo parentesco que entre os daninhos ideais de 'sufrágio universal' e 'instrução universal' estabelece o Sr. Grieco.[60]

É importante o leitor contemporâneo não tomar as sentenças mais vibrantes e peremptórias de Freyre como absolutas e, sobretudo, como inteiramente representativas de seu pensamento, no qual modernidade e tradição, progressismo

58 FREYRE, Gilberto. *Interpretação do Brasil...*, *Op. Cit.*, p. 42.

59 *Idem*, p. 189-190.

60 FREYRE, Gilberto. *Tempo de aprendiz.* São Paulo: IBRASA/INL-MEC, 1979, p. 305-306.

e conservadorismo convivem de modo tenso, não raro contraditório. Muitas de suas observações foram feitas no calor da hora, destinadas a jornais, onde o autor empenhava-se em criticar a penetração de uma modernidade que ele considerava, não sem alguma razão, muitas vezes destrutiva das velhas tradições, populares ou aristocráticas, assentadas nas antigas zonas açucareiras do Nordeste. No entanto, a defesa das tradições de matriz ibérica – regionais, populares e patriarcais – levou-o a desvalorizar, nos anos 1920, o sufrágio universal, a alfabetização e o "industrialismo", lidos como pilares da modernidade.

Em *Americanidade e latinidade da América Latina e outros textos afins* – reunião de artigos escritos durante viagem a Uruguai, Argentina e Paraguai, entre 1941 e 1942, originalmente publicados em jornais do Rio de Janeiro e do Recife –, Freyre rejeita a irrestrita adesão latino-americana aos valores da "Europa carbonífera e burguesa" e "do imperialismo dos Estados Unidos".[61] Durante a viagem escreveu um curioso texto sobre a capital do Paraguai, país apresentado como símbolo da América "Hispano-Índia". Assunção teria preservado as tradições mais profundas da sua cultura: tropicais, regionais e populares. Uma "cidade aristocrática", semelhante aos "burgos sossegados do extremo norte brasileiro, mais presos ao passado e ao sangue luso ameríndio", e muito diferente de Buenos Aires e de São Paulo, descritas por Freyre como metrópoles progressistas e descaracterizadas.[62] Assunção aparece na pena gilbertiana comparável a Charleston, a "quase estagnada" capital da Carolina do Sul.

> [...] a cidade de modos e gostos mais aristocráticos dos Estados Unidos. Cidade animada ainda hoje, de um desdém soberano pelos *yankees* que venceram a Guerra Civil e tornaram-se donos das indústrias, do comércio e das companhias de navegação do sul patriarcal.[63]

O elogio a Assunção e a Charleston obedece ao mesmo signo que alimenta a crítica à modernização da cidade do Recife ou a "industrialização carbonífera",

61 FREYRE, Gilberto. *Americanidade e latinidade da América Latina e outros textos afins.* Brasília: Editora da UnB, 2003, p. 45.

62 Sobre a relação entre Gilberto Freyre e a América hispânica, ver: BAGGIO, *Op. Cit.*

63 FREYRE, Gilberto. *Americanidade e latinidade da América Latina...*, *Op. Cit.*, p. 64.

assim como se coaduna com a sua sempre renovada defesa da "democracia social" – da qual o Brasil seria o paradigma –, em oposição à "democracia política" – encarnada na forma mais radical pela experiência estadunidense.[64] A tese do iberismo conduz a uma crítica à modernidade, cujo corolário foi o elogio à herança do colonizador lusitano supostamente capaz de conviver e transigir com os povos tropicais, formador de uma cultura imune a segregação de tipo norte-americano, como assistiu nos anos que passou no Texas entre 1917 e 1920.

A dimensão iberista de Freyre está presente em *Casa-grande & senzala*, ainda que o autor não enfatize a questão. O livro foi conceitualmente elaborado e portador de perspectivas inovadoras, mas não se pode dizer o mesmo acerca de *O mundo que o português criou*, publicado em 1940. Em primeiro lugar, porque repete a tese de *Casa-grande & senzala*, mas sem a sofisticação analítica e o lastro empírico do livro de 1933. Além de expandir geográfica e temporalmente a sua interpretação, Freyre enfatiza que os portugueses triunfaram onde os outros europeus falharam. De certo modo, aqui encontram-se elementos que alimentariam o luso-tropicalismo da década de 1950.

> [...] de formação portuguesa é a primeira sociedade moderna constituída nos trópicos com características nacionais e qualidades de permanência. Qualidades que no Brasil madrugaram, em vez de retardarem, como nas possessões tropicais de ingleses, franceses e holandeses. Outros europeus, estes brancos puros, dólico-louros habitantes de clima frio, ao primeiro contato com a América equatorial sucumbiriam ou perderiam a energia colonizadora, a tensão moral, a própria saúde física, mesmo a mais rija, como os puritanos colonizadores de Old Providence, os quais, da mesma fibra que os pioneiros da Nova Inglaterra, na ilha tropical se deixaram espapaçar nuns dissolutos e moleirões. Não foi outro o resultado da emigração de loyalistas ingleses da Geórgia, e de outros novos Estados da União Americana, para as ilhas Bahamas – duros ingleses que o clima tropical em

64 Sobre o olhar de Gilberto Freyre sobre as cidades, ver: *Guia prático, histórico e sentimental da cidade do Recife*, publicado em 1934. Sobre o assunto das cidades na obra do sociólogo pernambucano, ver: LIRA, José Tavares Correia de. "Naufrágio e galanteio: viagem, cultura e cidade em Mário de Andrade e Gilberto Freyre". In: *Revista Brasileira de Ciências Sociais*, v. 20, n. 50, 2005; GIUCCI, Guillermo. "Gilberto Freyre: as cidades". In: QUINTAS, Fátima (org.). *Anais do Seminário Internacional Novo Mundo nos Trópicos*. Recife: 21 a 24 de março de 2000.

> menos de cem anos amolengou em '*poor white trash*'. O português, não; por todas aquelas predisposições de raça, de mesologia e de cultura a que nós nos referimos, não só conseguiu vencer as condições de clima e solo desfavoráveis ao estabelecimento de europeus nos trópicos, como suprir a extrema penúria de gente branca para a tarefa colonizadora, unindo-se com mulher de cor... O colonizador português foi o primeiro, de entre os colonizadores modernos, a deslocar a base da colonização tropical da pura extração de riqueza mineral, vegetal ou animal – o ouro, a prata, a madeira, o âmbar, o marfim – para a criação local de riqueza.[65]

Em defesa da tradição

Por meio de *Sobrados e mucambos*,[66] publicado em 1936, Freyre analisou o período imperial, problematizando a paulatina introdução do ideário liberal e competitivo, o crescimento concreto e simbólico das cidades, enfim o declínio do patriarcado rural e o consequente enfraquecimento da tradição patriarcal e comunitária. Esse processo, aponta Freyre, levou à ascensão do moderno eurocentrismo, do poder do médico e do crescimento do prestígio da ciência e do racismo científico, com a relativa queda do poder dos senhores rurais.

Chama também atenção à decadência econômica do Nordeste, criticando o comportamento do Estado que, ao dar atenção ao café nos estados do Rio de Janeiro, São Paulo e Minas esquecera o Norte agrário e açucareiro. O livro de 1936, como outros que se seguiram, buscava chamar atenção para os inconvenientes da cultura moderna, urbana e industrializadora. Há nota constante na obra de Freyre, justamente a crítica à modernidade e uma defesa da tradição ibérica e nordestina.

Se no plano externo a preocupação de Freyre era validar a experiência brasileira ante a norte-americana, no plano interno era valorizar o Nordeste rural e patriarcal frente a modernização cultural e urbanizadora, bem como a industrialização lideradas a partir do Rio de Janeiro e de São Paulo. O estabelecimento do

---

65 FREYRE, Gilberto. *O mundo que o português criou*. Rio de Janeiro: José Olympio, 1940, p. 14-15.

66 FREYRE, Gilberto. *Sobrados e mucambos*. 16ª ed. São Paulo: Global, 2006. (1ª ed. 1936).

Estado Novo, em 1937,[67] com suas políticas autoritárias, centralizadoras e modernizadoras, é potencialmente problemático para o projeto regionalista e tradicionalista de Gilberto Freyre. Por outro lado, o caráter nacionalista da Era Vargas proporcionava espaços para relativa conciliação. Um dos objetivos de Freyre era demonstrar ou convencer as elites brasileiras que a diversidade étnica e regional manifesta na "civilização brasileira", bem como a herança ibérica, eram aspectos positivos da formação do país. A formulação de Freyre também era uma resposta às elites triunfantes do centro-sul do Brasil, especialmente de São Paulo, com seus projetos modernizadores e industrialistas. O Nordeste, mais ibérico e mais mestiço, nascido entre as casas-grandes e a senzala, seria um Brasil mais original.

Gilberto Freyre exibia mais compromisso cultural, político e emocional com o Nordeste antigo, herdado do passado colonial,[68] do que com a elite nordestina mais endinheirada e modernizadora.[69] Em meio à crise e a perda de densidade econômica, o setor açucareiro dividia-se em dois: de um lado, os usineiros, mais "modernos" e capitalizados; de outro, os "senhores de engenho" tradicionais, em profunda crise. Freyre não hesita em posicionar-se ao lado dos velhos senhores, como se vê em *Nordeste*, livro de 1937:

> O sistema de latifúndio moderno é o da usina: sua ânsia, a de "emendar" os campos de plantação da cana, uns com os outros, formando um só campo, formando cada usina um império; seu espírito, aquele militar, a que se já se fez referência, do senhor latifundiário dominar imperialmente zonas maciças, espaços continuados, terras que nunca faltem para o sacrifício da terra, das águas, dos animais, e das pessoas do açúcar. Açúcar com A maiúsculo.

---

67 No debate público em torno da sucessão presidencial, antes da implantação do Estado Novo, disputada por Getúlio Vargas e José Américo de Almeida, pertencente ao grupo de regionalistas nordestinos, Freyre, naturalmente, colocou-se ao lado do pernambucano José Américo.

68 Não havia, evidentemente, a ideia de Nordeste nos tempos coloniais. Mas Freyre, quando refere-se ao "Nordeste" no período colonial, refere-se fundamentalmente às zonas açucareiras do litoral dos atuais estados da Bahia, Sergipe, Alagoas, Pernambuco, Paraíba e Rio Grande do Norte.

69 MESQUITA, Gustavo Rodrigues. "Mudança nos nexos entre região e nação no Brasil moderno". In: _____. *Gilberto Freyre e o Estado Novo*: região, nação e modernidade. São Paulo: Global, 2018, p. 42-107.

> Açúcar místico. Um açúcar dono dos homens, e não a serviço da gente da região. O usineiro é, em geral, um deformado pelo império do açúcar.[70]

Em *Região e tradição* – uma coletânea de artigos de jornal publicada em 1941, na Coleção *Documentos Brasileiros* da editora José Olympio, com as devidas modificações –, Freyre sintetiza a dimensão regional, em franco elogio à tradição ibérico-mestiça por meio de seu olhar para o Nordeste, onde a miscigenação foi mais intensa e mais antiga, formadora de uma "meta raça", equilibrada em suas contradições, adaptada aos trópicos e herdeira de uma sólida tradição, mais autêntica, pois intocada pela imigração.

> ... a desvantagem de não ter contado com imigrantes que lhe substituíssem a força, de repente estancada, do trabalho escravo, fez do Nordeste "refúgio da alma do Brasil", de que fala Oliveira Lima em livro de mocidade. Sob esse ponto de vista, as próprias febres malignas que até recentemente tornavam os portos do Nordeste tão temidos pelos europeus e norte-americanos, cheios de medos de mosquitos e "doenças tropicais", permitiram que aqui se fortalecesse, mais do que no Sul, a brasilidade; o espírito, o sal, o tempero mais vivo que já se sente ir animando uma cultura distintamente brasileira, saída da região mais endogâmica do país para entrar em combinações novas com as energias mais exogâmicas.[71]

Nesse livro, Freyre, um autor já muito viajado, não esconde o olhar terno e íntimo do "nativo que regressa, mas com olhos de exógeno: enxergando no familiar certo encanto do exótico [...]. Vendo-o criticamente e também com simpatia humana a mais íntima", como bem o descreveu José Lins do Rego, no prefácio.[72] Vê-se aqui um Freyre menos interessado em demonstrar rigor teórico, analítico e documental, de certo modo mais livre para dar vazão às suas sensibilidades éticas, estéticas e políticas. No capítulo intitulado "Região, tradição e casa", o autor faz

---

70 FREYRE, Gilberto. *Nordeste*. Rio de Janeiro: José Olympio, 1937 (Documentos Brasileiros; v. 4). p. 75.76.

71 FREYRE, Gilberto. *Região e tradição*. Rio de Janeiro: José Olympio, 1941. p. 193.

72 REGO, José Lins do. "Prefácio". In: FREYRE, Gilberto. Região e tradição. *Op. Cit.*, p. 21-35.

uma eloquente defesa da casa-grande como edifício arquitetônico ajustado aos trópicos, em aberta contestação à arquitetura do vidro, tão ao gosto dos modernistas.

> Da minha parte, nunca me pude entusiasmar por certos edifícios novos e certas casas modernas do Rio e de outras partes do Brasil, com o excesso de vidros – contra a velha tradição moçárabe que a colonização portuguesa nos transmitiu, de muita parede e de pouca vidraça – que até de longe dói na vista. A casa, nos trópicos, sem o seu bocado bom de sombra, me parece um fracasso – seja casa de residência ou edifício público. Também a rua tropical é outro fracasso se lhe faltar sombra: e pela sombra nas ruas das cidades do Brasil estamos cansados de nos bater – os regionalistas do Recife.[73]

Ao longo dos anos 30, Freyre estabeleceu conexões com o governo Vargas, inclusive após o Estado Novo, quando o regime se empenhou em positivar a mestiçagem. De acordo com Gustavo Mesquita, a partir de 1937, o sociólogo aproveitou-se das circunstâncias, em particular a orientação autoritária do governo ,"para atribuir sentido prático (científico) ao projeto regionalista, ao passo que a elite dirigente correligionária de Vargas estava interessada na perspectiva otimista quanto à miscigenação do 'povo' (ou na positividade) proporcionada pelo novo significado do conceito de região e de cultura popular postulado por Freyre".[74] As relações entre o governo Vargas e o intelectual pernambucano passam pela figura de Rodrigo de Mello Franco, seu amigo pessoal. Para os limites deste trabalho interessa-nos compreender como a obra de Freyre comportou uma espécie de militância em favor do tradicionalismo em meio à agenda nacionalista e modernizadora de Vargas. Em artigo no *Correio da Manhã*, do Rio de Janeiro, em junho de 1940, Freyre sintetiza a tese em torno da "obra da miscigenação", mas inclui o "desbravamento dos sertões da América tropical", em clara alusão a Marcha para Oeste, um grande projeto do governo Vargas à época.[75]

---

73 FREYRE, Gilberto. *Região e tradição...*, *Op. Cit.*, p. 33.

74 MESQUITA, Gustavo Rodrigues. *O projeto regionalista de Gilberto Freyre e o estado novo:* da crise do pacto oligárquico à modernização contemporizadora das disparidades regionais do Brasil. 2012. Dissertação (Mestrado em História). Universidade Federal de Goiás, Goiânia, 2012, p. 97

75 Sobre a marcha para Oeste e o Estado Novo, ver: CANCELLI, Elizabeth. *O Estado Novo em Marcha para o Oeste*. Curitiba: Editora CRV, 2017; MAIA, João Marcelo Ehlert. *Estado*

> A obra de desbravamento dos sertões da América tropical. A obra de exploração dos grandes rios e vales desta parte do mundo. A obra de povoamento. A obra de miscigenação. A obra de consolidação da agricultura nos trópicos com o auxílio da mulher indígena e do escravo africano. A obra de democratização da sociedade brasileira. A obra formidável de intercurso não só humano e étnico como cultural de que resultaria o Brasil moderno.[76]

É importante observar que, em plena ditadura do Estado Novo, Freyre refere-se à "obra de democratização da sociedade brasileira". É que, para ele, a democracia não estaria na vida política, mas na cultura ou, para dizer gilbertianamente, "no intercurso étnico e cultural" que teria formado o Brasil moderno.[77] O intelectual pernambucano foi central na nacionalização e na rotinização do mestiço como um elemento central da cultural brasileira.

Em artigo publicado no *Diário de Pernambuco*, em 17 de junho de 1938, Gilberto Freyre relaciona as excelentes apresentações da seleção brasileira na Copa do Mundo de 1938, na França, com o "mulatismo" do time brasileiro. Para Freyre, o insucesso do Brasil nas competições anteriores devia-se ao fato de que o Barão do Rio Branco havia estabelecido um critério de exclusão dos negros da seleção de futebol. Segundo o artigo de Freyre, o critério determinava "nada de pretos nem de mulatos chapados; só brancos ou então mestiços tão claros que pareceram brancos ou, quando muito caboclos". A postura do Barão do Rio Branco repercutia

---

Território e imaginação espacial. O caso da Fundação Brasil Central. Rio de Janeiro: Editora FGV, 2012; SCHNEIDER, Alberto Luiz; ALMEIDA, Thays Fregolent de. "A Expedição Roncador-Xingu: (novos e velhos) bandeirantes na conquista da Fronteira Oeste". In: *Revista de Ciências Sociais*, Fortaleza, v. 49, n. 3, nov. 2018/fev. 2019, p. 243–287.

76 FREYRE, Gilberto. "O exemplo português". In: *Correio da Manhã*, Rio de Janeiro, 9 jun. 1940, p. 4. *Apud* MESQUITA, Gustavo Rodrigues. *O projeto regionalista de Gilberto Freyre e o estado novo...*, *Op. Cit.*, p. 100.

77 A formação de uma cultura e sociedade mestiça implica no elogio à vida privada tradicional de ordem patriarcal, valorizando características antimodernas ou, se quisermos, antiburguesas, geradoras de um conjunto de valores que Vargas considerava altamente positivas, como catolicismo popular. Em *Região e tradição,* Freyre constrói um entendimento acerca da "cultura popular" e da tradição profundamente ligada a ordem privada dos grandes senhores. Sobre o assunto, ver: MEUCCI, Simone. "Outra sociologia, outra modernidade". In: *Gilberto Freyre e a sociologia no Brasil:* da sistematização à constituição do campo científico. Tese (Doutorado em Sociologia) – IFCH-Unicamp, 2006. p. 281-302.

a visão darwinista e racista que predominava no começo do século XX, contra a qual Freyre se insurgia. Para ele, a imposição do Barão significava um "critério anti--brasileiro". O sucesso na Copa de 1938 estaria justamente na mestiçagem:

> (...) uma das condições dos nossos triumphos, este anno, me parecia a coragem que afinal tivemos completa, de mandar á Europa um team fortemente afro-brasileiro. Brancos, alguns, é certo; mas grande numero, pretalhões bem brasileiros e mulatos ainda mais brasileiros. Esses "pretalhões" brasileiros ou, melhor dizendo, o mulato brasileiro "[...] deseuropeisou o foot--ball dando-lhe curvas, arredondados e graças de dansa". Assim, esse estilo mulato, afro-brasileiro de jogar futebol, conclui Freyre em seu artigo, nada mais é do que "uma dansa dyonisiaca."[78]

Não é o caso de aprofundar as conexões entre Freyre e a eleição do futebol e do carnaval como elementos centrais da moderna cultura popular brasileira ao longo da Era Vargas, mas mostrar que a condição luso-afro-ameríndia da formação brasileira seria um fenômeno moderno, ainda que conectado ao passado. O discurso freyreano serviria ao regime, interessado em valorizar certos traços da cultura popular. Em 1941, no âmbito da colaboração entre as ditaduras de Oliveira Salazar (1933-1974), em Portugal, e a de Getúlio Vargas (1937-1945), no Brasil, ambas chamadas de Estado Novo, o Departamento de Imprensa e Propaganda (DIP) de Vargas, então dirigido por Lourival Fontes, identificava em Freyre um colaborador do regime brasileiro:

> Prezado amigo: entrando em execução, a partir de 1º de janeiro próximo, o convênio de intercâmbio cultural entre Brasil e Portugal, caberá ao Departamento de Imprensa e Propaganda fornecer aos jornais portugueses artigos literários dos principais escritores brasileiros, do mesmo modo que o Secretariado da Propaganda de Portugal enviará para a imprensa brasileira trabalhos firmados pelos mais altos valores do mundo intelectual português contemporâneo. Desejo comunicar-lhe que o seu nome foi por mim incluído na lista dos escritores brasileiros que inaugurarão essa colaboração. Estou certo de que você cooperará com este Departamento na efetivação dessa parte do convênio, que se destina, especialmente, a propagar, em bases de perfeita reciprocidade, a cultura dos dois países, outrora tão

78 FREYRE, Gilberto. "Foot-ball mulato". In: *Diário de Pernambuco*, ano 113, n. 143, 17 jun. 1938.

> estreitamente vinculados pelos laços do espírito, mas hoje quase ignorados um do outro, no campo das letras. Aguardando sua resposta ao convite que ora lhe faço com a mais viva satisfação, aproveito a oportunidade para apresentar-lhe a expressão da minha melhor estima e apreço.[79]

A apropriação por Vargas do ideário de Freyre tinha vantagens evidentes, pois servia para exibir ao país uma imagem simpática do presidente, justamente quando as massas trabalhadoras entravam na cena política. É importante lembrar que grande parte dos trabalhadores eram negros e mulatos, mestiços. Sua aproximação com o regime não implicou, de modo algum, o abandono de suas posições. Freyre se colocou resolutamente contra o interventor de Pernambuco durante o Estado Novo, Agamenon Magalhães, que, além de assumir um discurso positivista e darwinista, posição que Freyre contestava, levou a cabo uma política habitacional interessada em sanear o Recife, sendo acusado de promover uma "limpeza étnica", o que não combinava com a noção de brasilidade mestiça, difundida pelo discurso freyreano, manifesto na defesa dos mucambos como moradia popular autêntica[80].

Sem aprofundar nas contendas entre Agamenon Magalhães e Gilberto Freyre, que acabaram por levar o intelectual à prisão em 1942, ainda que por poucas horas, a mando do governador, sob acusação de "comunista" e até "pornográfico", cumpre dizer que na defesa da tradição, Freyre jamais hesitou em se posicionar contra a modernização burguesa e autoritária. Se poderia afirmar, com alguma malícia, que Freyre preferia o autoritarismo dos senhores rurais, vistos como autênticos, diferentes da importação modernizadora.

A partir de 1937, o mineiro Rodrigo Melo Franco de Andrade (1898-1969) assumiu a direção do Serviço do Patrimônio Histórico e Artístico Nacional

79 FONTES, Lourival. [*Carta*] 16 nov. 1941, Rio de Janeiro [para] FREYRE, Gilberto. Recife. *Apud* MESQUITA, Gustavo Rodrigues. *O projeto regionalista de Gilberto Freyre e o estado novo...*, *Op. Cit.*, p. 102

80 Sobre Agamenon Magalhães e a modernização autoritária do Recife, ver: FELDHUES, Paulo Raphael. *O Triunfo da Moral Burguesa no Recife*. Recife: FUNDAJ-Massangana, 2013. Sobre Freyre e o Estado Novo, além do já citado Gustavo Mesquita, ver: MEUCCI, Simone. "Ambiguidades e afinidades: Freyre e o Estado-novo". In: *Gilberto Freyre e a sociologia no Brasil: da sistematização à constituição do campo científico*. 2006. Tese (Doutorado em Sociologia) – IFCH-Unicamp, 2006. p. 171-181.

(SPHAN), um projeto liderado pelo ministro da Educação e Saúde de Getúlio Vargas, Gustavo Capanema, dando sequência ao projeto de Mario de Andrade. Rodrigo Melo Franco mobilizou vários intelectuais, em geral modernistas, como o próprio Mário de Andrade. Entre eles estava Gilberto Freyre, que se tornou "representante máximo do Serviço na 4ª Região", cujos vínculos se estenderam de 1937 a 1955. Freyre, portanto, tornou-se funcionário federal regular, prestando serviços em regime parcial, atuando na conservação e na restauração de bens culturais em Pernambuco e outros estados do Nordeste. Para Sérgio Miceli, o SPHAN, bem apetrechado tecnicamente, produziu uma bem sucedida política cultural de governo em torno do "patrimônio cultural", valorizando o barroco, permeado por uma perspectiva elitista e monumentalista e fortemente nacionalista.[81] A leitura que Gilberto Freyre fez do Nordeste e do Brasil se ajusta bem às políticas de preservação nas quais ele colaborou ativamente.

O SPHAN buscou preservar justamente a memória da elite colonial, sobre a qual Freyre derramava um olhar simpático. O centro da perspectiva preservacionista esteve no patrimônio religioso do século XVIII. Os arquitetos do SPHAN produziram uma "postura preservacionista que privilegia o patrimônio cultural herdado da Colônia", o que teve influência e converge com o pensamento de Freyre.

Para Lucio Costa, que leu *Casa-grande & senzala,* as edificações a serem preservadas eram as igrejas e conventos coloniais barrocos, bem como a arquitetura das casas-grandes rurais. Para ele, a casa grande, embora tivesse se conservado fundamentalmente portuguesa, em muitos aspectos tornou-se mestiça, logo, brasileira. A preservação de bens coloniais deveria se concentrar no "perfil da colonização luso-africana do Brasil", que teria marcado a vida brasileira.[82] Já não é mais necessário insistir no compromisso com a herança ibérica, com a tradição herdada do período colonial, bem como a defesa da riqueza da cultura tradicio-

---

81 MICELI, Sergio. "SPHAN: refrigério da cultura oficial". In: ______. *Intelectuais à brasileira.* São Paulo: Companhia das Letras, 2001; MESQUITA, Gustavo Rodrigues. "A atuação de Gilberto Freyre nas instituições políticas, culturais e técnicas do Estado Novo". In: ______. *Gilberto Freyre e o Estado Novo..., Op. Cit.*, p. 108-157.

82 Sobre o assunto, ver: RUBINO, Silvana. "Entre o CIAM e o SPHAN: diálogos entre Lúcio Costa e Gilberto Freyre". In: KOMINSKY, Ethel Volfzon; LÉPINE, Claude; PEIXOTO, Fernanda Arêas. (Orgs.). *Gilberto Freyre em quatro tempos..., Op. Cit.*

nal, popular ou de elite do Nordeste açucareiro. Gilberto Freyre, no primeiro número da Revista do SPHAN, em 1937, com sua inconfundível verve, deixa claro o lugar cultural das suas filias e ternuras:

> Um povo com capacidade única de perpetuar-se em outros povos. Dissolvendo-se neles a ponto de parecer ir perder-se nos sangues e nas culturas estranhas mas ao mesmo tempo comunicando-lhes tantos do seus motivos essenciais de vida e tantas das suas maneiras mais profundas de ser que, passados séculos, os traços portugueses se conservam na face dos homens e na fisionomia das casas, dos móveis, dos jardins, das embarcações, das formas de bolo (...) A arquitetura religiosa portuguesa conservou-se no Brasil quase sem alteração. A militar, igualmente. Nas próprias casas-grandes patriarcais, tão cheias de combinações novas e de diferenciações às vezes profundas, os traços predominantes conservaram-se os portugueses. Na arte do doce, na da cozinha, na da louça, na do jardim, na do móvel, na da escultura religiosa, na dos trabalhos de ouro e prata, na dos instrumentos de música, na dos brinquedos dos meninos, na das embarcações de rio e de mar, a força criadora do português, em vez de se impor, com intransigência imperial, ligou-se no Brasil ao poder artístico do índio e do negro e, mais tarde, ao de outros povos, sem entretanto desaparecer: conservando-se em quase tudo o elemento mais característico. Esse poder de persistência na arte portuguesa é admirável e merece ser estudado com amor e vagar, no Brasil como nos outros países de colonização lusitana.[83]

Pode-se afirmar que essa persistência portuguesa, que "merece ser estudada com amor e vagar, no Brasil como nos outros países de colonização lusitana" guarda profunda conexão com a leitura luso-tropical que Freyre faria nos anos 50 e começo do 60. Deve-se dizer também que, em 1937, não havia "outros países de colonização lusitana". Tratava-se, fundamentalmente, das colônias africanas de Portugal que, ao longo das décadas seguintes, até explodir em rebelião no começo dos anos 60, não exibiam ante a colonização portuguesa do século XX a mesma densa ternura de Freyre.

83 FREYRE, Gilberto. "Sugestões para o estudo da arte brasileira em relação com a arte de Portugal e das Colônias". In: *Revista do SPHAN*, n. 1, 1937, p. 41-42.

Ainda que Freyre defendesse as tradições luso-brasileiras, quer as patriarcais, quer as populares, ibéricas, mestiças, é importante lembrar que essa defesa não foi edificada por um intelectual santarrão e epistemologicamente conservador. Ao contrário, entre as décadas de 1920 e 1940, Freyre era reputado como um cientista social inovador em muitos aspectos. No início dos anos 30, Freyre, juntamente com Roquette-Pinto e Arthur Ramos, lançaram o "Manifesto dos intelectuais brasileiros contra o preconceito racial".[84] O intelectual pernambucano não apenas questionou os pressupostos científico-racialistas herdados do darwinismo racista do século XIX mas também abordou, de modo inovador, temas como a culinária, as crianças, a religiosidade, quando assuntos como esses não habitavam o mundo da historiografia e as ciências sociais, pouco ou nada interessados no assunto.[85] A linguagem de Freyre é moderna, ágil e narrativa, modernista, poderia até mesmo se dizer, aberta a brasileirismos e formas populares de expressão.

Freyre sempre primou por certa dimensão literária de sua escrita, assumindo sem hesitação laivos subjetivos, metafóricos e digressivos, como espaço para o humor e a memória, como alternativa ao texto "científico" e demonstrativo. Pode-se dizer ainda que o texto freyreano encontra-se na tradição ensaística de Michel de Montaigne e não na tradição racionalista de René Descartes. Como narrador do passado, Gilberto Freyre lembra antes Jules Michelet do que Leopold von Ranke, pois praticou uma escrita na fronteira entre a literatura e a ciência, onde o modo de dizer não se separa da matéria narrada.[86] Este estilo narrativo ajustou-se perfeitamente à sua crítica ao racismo científico e ao positivismo, ambos objetivistas.[87]

---

84 RAMOS, Arthur. "Manifesto dos intelectuais brasileiros contra o preconceito racial". In: *Guerra e relações de raça.* Rio de Janeiro: Perfecta, 1943.

85 Sobre a questão, ver: BURKE, Peter. "Gilberto Freyre e a nova história". In: *Tempo Social,* São Paulo v. 9, n. 2, out. 1997.

86 Sobre Gilberto Freyre ensaísta, ver: NICOLAZZI, Fernando. *Um estilo de história. A viagem, a memória, o ensaio:* sobre Casa-grande & Senzala e a representação do passado. São Paulo: Unesp, 2011, p. 418-425.

87 Gilberto Freyre tinha plena consciência da questão. Ver: FREYRE, Gilberto. *Como e porque sou e não sou sociólogo.* Brasília: Editora da Universidade de Brasília, 1968.

Reputado como intelectual moderno e, até mesmo progressista, a partir da década de 1950, lentamente, o capital reputacional da obra de Freyre começaria a erodir rapidamente, em grande medida em função da politização da questão racial.

O pós-guerra e a emergência da questão racial

Ao longo dos anos 50 e princípio dos anos 60, apesar das tensões políticas, o Brasil vivia um momento de amplas liberdades democráticas, acelerada urbanização e otimismo em relação às perspectivas modernizadoras. Nesse período, parte significativa da intelectualidade brasileira debatia o subdesenvolvimento e o "atraso", em defesa de perspectivas não só modernizantes como democratizadoras, contra o que havia de "arcaico", em grande parte associado ao mundo rural. Para Simone Meucci, no "léxico dos autores da época figuravam, sobretudo, termos como desenvolvimento, industrialização, racionalização, mudança social, progresso, atraso (...)" que sugerem o comprometimento do pensamento social dos anos 50 com o desenvolvimentismo e o processo de modernização e racionalização que o país passava.[88]

Não é o caso de abordar as implicações do pensamento produzido na CEPAL,[89] no ISEB,[90] ou na Faculdade de Filosofia da USP, tampouco aprofundar a

88 MEUCCI, Simone. *Gilberto Freyre e a sociologia no brasil...*, *Op. Cit.*, p. 284.

89 Sobre a CEPAL, ver: SUHETT, Leon Santiago Mendes. *O pensamento latino-americano: da CEPAL à teoria marxista da dependência.* 2017. Dissertação (Mestrado em Economia Política). PUC/SP; VILLARINO, Leandro Vizin. *O desenvolvimento como problema simbólico, discurso e planejamento econômico dos países subdesenvolvidos nas décadas de 1950 e 1960*: o projeto da CEPAL e alguns casos brasileiros. 2015. Tese (Doutorado em História Econômica). FFLCH-USP, 2015.

90 SANTOS, Cleber Ferreira. *Intelectuais brasileiros e as representações do (sub)desenvolvimento como projeto de educação*: o Instituto Superior de Estudos Brasileiros (ISEB) na década de 1950. Dissertação (Mestrado em Educação) – Universidade Federal do Espírito Santo, Vitória, 2018; TOLEDO, Caio Navarro de (Org). *Intelectuais e Política no Brasil: a experiência do ISEB.* Rio de Janeiro, Revan, 2005; WANDERLEY, Sérgio Eduardo de Pinho Velho. *Desenvolviment(ism)o, descolonialidade e a geo-história da administração no Brasil:* a atuação da CEPAL e do ISEB como instituições de ensino e pesquisa em nível de pós-graduação. 2015. Tese (Doutorado em Administração) – EBAPE-FGV, Rio de Janeiro, 2015.

compreensão das obras de Guerreiro Ramos,[91] de Florestan Fernandes,[92] de Celso Furtado[93], ou de avaliar a ampliação do prestígio da obra de Caio Prado.[94] No entanto, cumpre observar que esse novo enquadramento mental concorria para tornar o pensamento de Gilberto Freyre não apenas velho, mas profundamente conservador.[95] Em termos teóricos, o culturalismo de Freyre passava a ser visto, crescentemente, como uma perspectiva política reacionária, incapaz de explicar as contradições brasileiras, pois associada ao arcaísmo ibérico e colonial[96]. Já em 1943, em depoimento ao *O Estado de S.Paulo,* Antonio Candido se coloca contra os "mitos reacionários" da "sociologia cultural":

---

91 CRUZ, Leonardo Borges da. *O pioneirismo de Alberto Guerreiro Ramos nos estudos sobre hierarquias raciais*: a gênese de uma formação discursiva pós-colonial. 2015. Dissertação (Mestrado em Sociologia). Universidade Federal de São Carlos, São Carlos, 2015; MENDES, Ariston Azevedo. *A sociologia antropocêntrica de Alberto Guerreiro Ramos.* 2006. Tese (Doutorado em Sociologia). Universidade Federal de Santa Catarina, Florianópolis, 2006.

92 SEREZA, Haroldo Ceravolo. *Florestan: Inteligência Militante. Coleção Paulicéia.* São Paulo: Editora Boitempo, 2012; CASTRO, Ana Cristina Veiga de. *Interpretações da colônia no pensamento brasileiro:* Gilberto Freyre, Caio Prado Júnior e Florestan Fernandes. 2001. Dissertação (Mestrado em Sociologia). FFLCH- USP, São Paulo, 2001; MAZUCATO, Thiago Pereira da Silva. *Democracia e política na obra de Florestan Fernandes:* o momento de interpretação do Brasil (1960-1975). 2016. 145 f. Dissertação (Mestrado em Ciência Política) – Universidade Federal de São Carlos, São Carlos, 2016.

93 Sobre a obra de Celso Furtado, ver: SILVA, Roberto Pereira. *Celso Furtado, entre a história e a teoria econômica (1948-1959):* uma interpretação historiográfica. 2015. Tese (Doutorado em História Econômica). FFLCH-USP, 2015; CARVALHO, Clerisnaldo Rodrigues de. *Em busca de um Projeto de Nação*: revisitando a obra de Celso Furtado. 2009. Tese (Doutorado em Geografia Humana). FFLCH- USP, São Paulo, 2009.

94 Sobre Caio Prado Jr, ver: IUMATTI, Paulo Teixeira. *Caio Prado Jr.*: uma trajetória intelectual. São Paulo: Brasiliense, 2007; SECCO, Lincoln. "O historiador". In: _____. *Caio Prado Júnior:* o sentido da revolução. São Paulo: Boitempo, 2008; PERICÁS, Luiz Bernardo. *Caio Prado Júnior:* uma biografia política. São Paulo: Boitempo, 2016.

95 Sobre o assunto, ver: OLIVEIRA, Lucia Lippi. "Ordem e Progresso em Gilberto Freyre". *In:* KOSMINSKI, Ethel Volfzon. LÉPINE, Claude. PEIXOTO, Fernanda Áreas. *Gilberto Freyre em quatro tempos.* Bauru: EDUSC, 2003.

96 Gilberto Freyre, em 1946, eleito deputado federal por Pernambuco, pela UDN, obtendo o apoio de comunistas, o que se explica no contexto das disputas com Agamenon Magalhães, o conservador e autoritário interventor durante o Estado Novo.

> Veja o nosso mestre Gilberto Freyre a que ponto leva o seu culturalismo. Suas últimas obras descambam para o mais lamentável sentimentalismo social e histórico (...) O mesmo movimento que o leva a gostar de goiabadas das tias (...) o leva gostosamente a uma democracia patriarcal, em um bom exemplo de como o método cultural carrega água para o monjolo da reação.[97]

Quando já era criticado no Brasil, Freyre continuava a gozar de considerável reputação internacional. Pensemos na tradução francesa de *Casa-grande & senzala*, em 1953, feita por Roger Bastide, com prefácio de Lucien Febvre.[98] Já havia traduções em língua espanhola (1943) e inglesa (1946), mas a tradução francesa agregou prestígio a Freyre, capaz de contrabalançar as críticas que sofria no Brasil. A acolhida humanista e progressista na França dos anos 50, marcado pela crítica ao racismo cientificista e a valorização da mestiçagem em contraponto à eugenia e ao ódio racial. A suposta convivência harmônica de diferentes grupos étnicos no Brasil ainda gozava de respeitabilidade nos fóruns internacionais, inclusive nas Nações Unidas. O historiador Lucien Febvre afirma que do outro lado do Oceano vinha uma esperança e um exemplo a ser seguido, entusiasmado como *melting pot* apontado por Freyre, supostamente livre do ódio racial.[99]

A recepção de Freyre na França guarda íntima relação com o próprio colonialismo francês, que se via cada vez mais ameaçado. Cibele Barbosa nota que as posições assimilacionistas de Freyre seriam úteis a Portugal e a França na tentativa de modernizar o colonialismo, identificando no elogio a mestiçagem uma estratégia antirracista:

> Com essa bagagem institucional, os escritos do sociólogo brasileiro se enquadravam nas expectativas de boa parte dos intelectuais estrangeiros integrantes da cúpula da Unesco. Da mesma forma, atendia às políticas de cunho assimilacionista encabeçadas por países como Portugal e França

97 Sobre o referido depoimento de Antonio Candido, ver: ARRUDA, Maria Arminda do Nascimento; GARCIA, Sylvia Gemignani; *Florestan Fernandes:* mestre da sociologia moderna. Brasília, Paralelo 15, CAPES, 2003. p. 59.

98 FREYRE, Gilberto. *Maîtres et esclaves:* la formation de la société brésilienne. Trad. Roger Bastide; Prefácio de Lucien Febvre. Paris: Gallimard, 1952.

99 FEBVRE, Lucien. "Preface". In: FREYRE, Gilberto. *Maîtres et esclaves: la formation de la société brésilienne*. Trad. Roger Bastide. Paris: Gallimard. 1952.

> (...). Desse modo, no final dos anos de 1940 e início dos anos de 1950, as atenções de parte considerável de atores políticos e científicos estavam voltadas para as soluções que resolvessem os impasses coloniais de forma pacífica, sem rupturas radicais[100].

A respeitabilidade internacional das teses de Gilberto Freyre era ainda considerável nos anos 50, ao ponto de a Assembleia Geral da ONU, em 1954, convocá-lo para que redigisse um relatório sobre o apartheid, na África do Sul. O documento contextualiza a política de segregação a partir da expansão da civilização europeia pelo globo que, segundo o intelectual, obedeceria a dois grandes traços: de um lado, o sistema colonial inglês e holandês e, de outro, o sistema colonial ibérico, cujo exemplo mais eloquente seria justamente o Brasil. Como indica Freyre:

> Alguns brancos sul-africanos (que compartem esta noção com europeus do norte) estão convencidos de que a civilização é inseparável da raça, e que não estariam cuidando do futuro daquela civilização se permitem a livre e criativa participação de não europeus no desenvolvimento de territórios ultramarinos, territórios que são, acima de tudo, expressões da civilização cristã europeia.[101]

Para Freyre, racistas por excelência seriam as sociedades estadunidense e sul-africana, repercutindo a noção de superioridade racial dos povos do norte da Europa, em particular os anglo-saxões, em clara oposição aos ibéricos, tido como não racistas, ao menos muito menos racistas, em particular os luso-brasileiros.

Freyre se opunha a medidas legais e coercitivas para combater o racismo. Ou seja, não seria o Estado democrático e igualitário que promoveria a mudança,

---

100 BARBOSA, Cibele. "*Casa Grande & Senzala:* a questão racial e o 'colonialismo esclarecido' na França do Pós-Segunda Guerra Mundial". In: *Revista Brasileira de Ciências Sociais*, v. 33, n. 96, p. 4, 2018.

101 FREYRE, Gilberto. "Elimination des Conflits et Tensions Entre Las Races: Méthodes employées dans diverse pays notamment ceux où les conditions se rapprochent le plus de la situation dans l'Union Sud-Africaine," Nations Unies Assemblee Generale, Comission des Nations Unies Pour l'Etude de la Situation Raciale Dans l'Union Sud-Africaine, 25 de agosto de 1954. Para maior detalhamento no assunto, ver: DÁVILA, Jerry. "Entre dois mundos: Gilberto Freyre, a ONU e o apartheid sul-africano". In: *História Social*, nº 19, 2010.

mas uma cultura "antropologicamente aberta" – a qual poderia ser fomentada por campanhas educativas –, segundo os moldes das sociedades latino-americanas.[102] A América Latina em geral, e o Brasil em particular, foram alçados por Freyre de sociedades "atrasadas", incapazes de instaurar a democracia e o moderno capitalismo à condição de paradigma de convivência pluriétnica.

Nos círculos intelectuais, sobretudo de esquerda, a obra de Gilberto Freyre já era fortemente contestada no Brasil dos anos 50, mas no plano político, sua obra era cada vez mais celebrada como uma espécie de explicação oficial do país. É preciso observar que o debate intelectual brasileiro das décadas de 1920 e 1940, havia passado pelas questões em torno da nação e das especificidades culturais brasileiras, da herança colonial e das questões relativas à raça e a mestiçagem. Nesse contexto, a obra de Freyre efetivamente comportava uma resposta de certo modo moderna e progressista para essa problemática. Enquanto a Europa vivia a trágica experiência do nazismo, a África do Sul implantava o apartheid e os Estados Unidos viviam práticas racistas institucionalizadas, apresentar o Brasil como uma alternativa ao racismo soava crível.

Porém, as mudanças pelas quais o mundo passava nos anos 50 impuseram transformações concretas e mentais de grande envergadura. A herança do nazismo contava com absoluto rechaço em todo mundo ocidental (da direita liberal às esquerdas), os negros norte-americanos começavam a se mobilizar e o movimento anticolonial na África e na Ásia deitava fundas e irreversíveis raízes. Se até os anos 40, ao se opor ao racismo científico, a obra de Freyre perfilava-se no lado oposto ao do racismo, nos anos 50, ao estabelecer uma aliança com o salazarismo e o colonialismo português, Freyre encontrava-se na contramão da politização da raça e da promoção da igualdade e da diferença.

Nesse contexto, a noção de "democracia racial",[103] assim como a continuada defesa da onipresença do patriarcalismo, da positivação da dimensão ibérica da formação brasileira com tudo que há de anti-burguesa nela, soava como um óbice

102 DÁVILA, Jerry, *Op. Cit.*, 2010, p. 23-54

103 O termo "democracia racial" não é encontrado em *Casa grande & senzala*, mas Freyre, a partir dos anos de 1940, passaria a usá-lo, em geral empregando a expressão "democracia étnica". Sobre o assunto, ver: GUIMARÃES, Antônio Sérgio. "Democracia racial: o ideal, o pacto e o mito". In: *Novos Estudos Cebrap*, n. 61, 2001.

a expansão democrática e capitalista, identificando Freyre com o arcaísmo e o atraso. Menos que Freyre, o Brasil e o mundo mudavam.

A luso-tropicologia e o salazarismo

Antes de avançarmos para relações entre o regime salazarista, nos anos 50, é preciso observar que a obra de Gilberto Freyre, nos anos 1930 e 1940, foram ignoradas ou rejeitadas pelo salazarismo e o seu entorno, em função da importância conferida à mestiçagem, bem como a positivação da herança árabe, judaica e africana atribuída a formação histórica e cultural de Portugal. Naquele momento, a crítica freyreana ao racismo cientificista e eugênico contrapunha-se ao discurso do colonialismo português, que se apresentava como civilizador. Se os regimes afascistados do sul da Europa, como o salazarismo e o franquismo, não exibiam o mesmo furor racial da Alemanha nazista, não é menos verdade que o orgulho racial e o racismo compunham a paisagem dos nacionalismos espanhol e português. Razão pela qual o "Estado Novo", liderado por António Salazar, não poderia dedicar maior entusiasmo às formulações de Freyre, apesar da visão positiva do passado lusitano presente em *Casa-grande & senzala*.

Aos poucos, porém, a tese acerca da vocação portuguesa para os trópicos foi penetrando nos círculos intelectuais e políticos portugueses. Percebeu-se a utilidade da formulação de Gilberto Freyre, uma figura de reputação internacional, cujas ideias serviriam aos setores interessados em modernizar (para manter) a presença portuguesa na África, tornando-a compatível com os novos tempos, em que as pressões anticoloniais vinham de toda parte. A derrota do nazi-fascismo avolumou as críticas à ditadura portuguesa, que viriam a crescer ainda mais com a força dos movimentos de independência na África do pós-guerra.

A revisão do Ato Colonial, quando as colônias viram "províncias ultramarinas", em 1951, foi uma resposta do regime salazarista às significativas mudanças no clima político internacional. A alteração da terminologia buscava associar a posse dos territórios, sobretudo na África, a uma suposta unidade nacional portuguesa. A reinvenção legal e conceitual do que seria a nação portuguesa, mais legal do que efetiva, buscava legitimar a integração dos territórios coloniais.[104] Foi nesse contexto que a

104 Há ampla e qualificada discussão sobre ao assunto, ver: CASTELO, Cláudia. *"O Modo Português de Estar no Mundo"*: o luso-tropicalismo e a ideologia colonial portuguesa, 1933-1961.

adesão do regime às perspectivas freyreanas passaram a ser altamente convenientes. Também para Freyre, que sempre se colocou como um intelectual contrário ao racismo, as reformas do discurso colonial português tornaram a aproximação mais aceitável. Em síntese, o regime aderiu a Freyre e Freyre aderiu ao regime.[105]

É simbólico que, justamente no ano em que foi revisto o Ato Colonial (1951), Gilberto Freyre tenha sido convidado pelo Ministro do Ultramar, Sarmento Rodrigues, com evidente concordância de António de Oliveira Salazar, para realizar uma longa viagem às colônias portuguesas na África e na Ásia. De agosto de 1951 a fevereiro de 1952, Freyre visita o Império.

As transformações que o regime português passou são apenas compreensíveis à luz do contexto pós-guerra, quando o Estado português se viu forçado a redefinir a condição estatutária de suas colônias. O desenho geopolítico internacional poderia levar ao fim do colonialismo, em função das novas concepções liberalizantes e autonomistas que, na década de 1950, levaram a movimentos políticos efetivos, inclusive armados. Cláudia Castelo observa que "a ONU passa a considerar o princípio da autodeterminação como um direito humano fundamental, e atribui às potências coloniais a obrigação de prepararem os territórios sob sua administração para a independência".[106] Os Estados Unidos e a União Soviética, então potências hegemônicas consolidadas no pós-guerra, não tinham compromisso com o velho colonialismo europeu. Por sua vez, Portugal, mais do que qualquer outro colonizador, necessitava das colônias ultramarinas, das quais a sua econo-

---

Porto/Portugal: Edições Afrontamento, 1999; LÉONARD, Yves. "Immuable et changeant, le lusotropicalisme au Portugal". In: *Le Portugal et l'Atlantique*. v. XLII. Lisboa/Portugal, Paris/France: Arquivos do Centro Cultural Calouste Gulbenkian, 2001; MAXWELL, Kenneth. *O Império derrotado: revolução e democracia em Portugal*. São Paulo: Companhia das Letras, 2006; PINTO, João Alberto da Costa. "Gilberto Freyre e a *intelligentsia* salazarista em defesa do Império Colonial Português (1951 – 1974)". In: *História*, São Paulo, v. 28, n. 1, 2009; IÑIGUEZ, Carlos Pinheiro. *Sueños paralelos:* Gilberto Freyre y el luso-tropicalismo: identidad, cultura y política en Brasil y Portugal. Buenos Aires/Argentina: Grupo Editor Latinoamericano, 1999; ENDERS, Armelle. "Le lusotropicalisme, théorie d'exportation: Gilberto Freyre en son pays". In: *Lusotopie. Lusotropicalisme:* idéologies coloniales et identités nationales dans les mondes lusophones. Paris: Kartala, 1997.

105 LEONARD, Yves, *Op. Cit.*, 2001.

106 CASTELO, Cláudia, *Op. Cit.* 1999, p. 49.

mia, de estrutura pré-industrial, dependia largamente. Acerca dessa questão, as palavras de Kenneth Maxwell são elucidativas.

> O regime [...] era movido por uma engrenagem composta de intelectuais conservadores e semifascistas, uma brutal política e um punhado de grandes empresas familiares monopolistas. No país como um todo, o regime buscava o apoio da Igreja Católica, dos pequenos camponeses do norte rural, dos grandes proprietários de terra do sul e dos funcionários subalternos que dominavam a burocracia [...]. Arcaico, isolado e puritano, rejeitando a industrialização por considerá-la um arauto de conflito de classe e problemas trabalhistas, o Portugal salazarista estava firmemente escorado contra o século XX.[107]

O fim da Segunda Guerra Mundial marcou o término de um tempo e a abertura de outro. O ano de 1945 inaugurou um novo sistema econômico e político (sobretudo, geopolítico) no plano internacional. A partir da fundação da ONU (1945), foram definidos os princípios que orientariam o pós-guerra, entre eles a "libertação de todas as tiranias" e o "autogoverno para todos os povos e nações".[108] Por mais que esses primados não fossem seguidos, havia pressões nessa direção. A extinção do "Ato Colonial"[109] e a Constituição de 1951, que propugnava por uma nação "una, pluricontinental e multirracial", buscava justamente dar respostas a esse contexto de progressivo isolamento internacional de Portugal. A introdução da retórica da "assimilação" que o regime passou a adotar, certamente contribuiu para a aproximação entre as demandas políticas do salazarismo e a produção inte-

107 MAXWELL, Kenneth, *Op. Cit.*, 2006, p. 35-36.

108 RAMPINELLI, Waldir José, *Op. Cit.*, 2004, p. 21.

109 O Ato Colonial – baixado em 1930 e confirmado na Constituição de 1933 – foi um instrumento jurídico destinado a regular o relacionamento entre a metrópole e as colônias. O documento afirma: "É da essência orgânica da Nação Portuguesa desempenhar a função histórica de possuir e colonizar domínios ultramarinos e de civilizar as populações indígenas que neles se compreendam, exercendo também a influência moral que lhes é adstrita pelo Padroado do Oriente" (art. 2º). Sustenta, ainda, que "os domínios ultramarinos de Portugal denominam-se colónias e constituem o Império Colonial Português" (art. 3º) e "proíbe a alienação de qualquer parte dos territórios e direitos coloniais de Portugal (art. 7º)". Sobre o tema, ver: CASTELO, Cláudia, *Op. Cit.*, 1999, p. 46.

lectual de Gilberto Freyre que, nos anos 50, passou a emprestar respeitabilidade técnica e científica ao regime.[110]

A viagem de Gilberto Freyre às "províncias ultramarinas", entre agosto de 1951 e fevereiro de 1952, foi cuidadosamente organizada pelo governo de Salazar, de modo que o intelectual brasileiro visse no ultramar português as suas teorias.[111] Profícua, a viagem acabou por resultar nos livros *Aventura e rotina*[112] e *Um brasileiro em terras portuguesas*,[113] ambos publicados em 1953. O primeiro, um diário de viagem escrito no calor da hora, é o mais significativo, pois nele Freyre narra as suas impressões de viagem, sempre em favor das suas teses. Encontros com líderes oposicionistas foram permitidos, o que conferia ao governo uma aura de liberalidade.

É preciso lembrar que, até aquele momento, a oposição a Salazar também fazia uma leitura progressista de Freyre em função de sua crítica ao racismo científico. Ademais, não se deve olvidar que parte significativa da oposição ao regime, por muito tempo, acreditou na viabilidade de um Portugal transcontinental. O ensaísta republicano António Sérgio, crítico severo do salazarismo, havia escrito, em 1940, o prefácio de *O mundo que o português criou*.[114] José Luís de Oliveira Cabaço afirma que "*Aventura*

110 Um indício disso é a imposição do Ministério dos Negócios Estrangeiros, a partir de meados da década de 1950, de que os diplomatas portugueses se dedicassem ao estudo das teses luso-tropicais formuladas por Gilberto Freyre, munindo-os de argumentos ditos científicos, a fim de legitimar a presença de Portugal na África e na Ásia. Ver: CASTELO, Cláudia, *Op. Cit.*, 1999, p. 46.

111 Na viagem de pouco mais de seis meses, Freyre visitou, em Portugal, o Algarve, Trás-os-Montes, o Alentejo, o Ribatejo, o Minho, o Douro, além de Lisboa, Porto, Coimbra e Alcobaça. Nas ilhas, foi a Cabo Verde e São Tomé. Na África, percorreu a Guiné portuguesa (hoje Bissau), Angola, Senegal e Moçambique. Na Ásia, visitou Goa, Diu, Damão, Bombaim, Manica e Sofala. Não visitou Macau e Timor. Onde chegava, havia um comitê encarregado de recepcioná-lo.

112 FREYRE, Gilberto. *Aventura e rotina*: sugestões de uma viagem à procura de constantes portuguesas de caráter e ação. Rio de Janeiro: José Olympio, 1953a.

113 FREYRE, Gilberto. *Um brasileiro em terras portuguesas*. Rio de Janeiro: José Olympio, 1953.

114 SÉRGIO, António. "Prefácio". In: FREYRE, Gilberto. *O mundo que o português criou. Aspectos das relações sociais e de cultura do Brasil com Portugal e as colônias portugueses*. (Coleção Documentos Brasileiros). Rio de Janeiro: José Olympio, 1940.

e rotina é um livro importante para se compreender a forma como o colonialismo se apropriou de Freyre, assim como Freyre deixou-se apropriar pelo regime.[115]

Gilberto Freyre tinha plena consciência das implicações políticas da sua viagem, defendendo-a como uma espécie de imersão antropológica "apolítica". A propósito, afirmou também: "a simples democracia política cada dia me interessa menos".[116] Na sua obra "apolítica" há um detalhe curioso: Freyre grafa "províncias ultramarinas" e não "colônias", em conformidade com a nova semântica empregada pelo Estado português.[117] Não é menos singular o fato de que, ao voltar ao Brasil, Freyre foi encarregado por Salazar de entregar pessoalmente uma edição de *Os lusíadas* – com encadernação adornada em prata e pedras preciosas – ao presidente Getúlio Vargas, cujas relações com o salazarismo eram excelentes, o que atraiu a atenção da imprensa brasileira e, também, da portuguesa.[118]

Não faltou quem considerasse *Aventura e rotina* e *Um brasileiro em terras portuguesas* pura e simples propaganda salazarista. Freyre, porém, mesmo que nitidamente mais ideológico, digamos, é mais complexo do que isso. Como se pretendeu demonstrar, há vasos comunicantes entre a reflexão do primeiro Gilberto Freyre e a produção luso-tropical, animada por uma defesa da herança ibérica e pela consequente crítica à modernidade ocidental (de onde nasceu a defesa da mestiçagem), posições, nos anos 50, que soaram cada vez mais conservadoras.

Em *Aventura e rotina*, o autor desenvolve a ideia de que as noções de tempo dos ibéricos e dos povos tropicais guardavam certas semelhanças, em função da herança oriental dos povos peninsulares, de modo que uns e outros não sacrificavam o presente em nome do futuro. Em outras palavras, não compartilhavam da percepção de que "*time is money*", como os povos protestantes do norte da Europa, mais utilitaristas e previdentes. Ibéricos e tropicais partilhavam a noção do *tempo criativo*, em que passado, presente e futuro são estágios temporais intercomunicáveis. Um tempo

---

115 CABAÇO, José Luís de Oliveira. *Moçambique*: identidades, colonialismo e libertação. 2007. Tese (Doutorado em Antropologia) - FFLCH-USP, São Paulo, 2007, p. 248.

116 FREYRE, Gilberto, *Op. Cit.*, 1953a, p. 41.

117 Quando Freyre se deparou com uma situação de evidente exploração e segregação, como as minas de diamantes em Angola, que dependiam de trabalho semiescravo, reconheceu nisso "alguma coisa irredutivelmente belga". FREYRE, Gilberto, *Op. Cit.*, 1953a, p. 270.

118 DÁVILA, Jerry, *Op. Cit.*, 2010, p. 40.

social miscível, capaz de integrar três camadas de tempo em uma só, predominando, por vezes, um ou outro estágio, mas existindo de modo exclusivo. O "tempo tríbio" – noção que Gilberto Freyre recolheu em Unamuno e Ortega y Gasset – seria uma singularidade do tempo ibérico que ajudava a conectá-los com as culturas não ocidentais. Essa discussão reaparece em vários outros livros.[119] Não é o caso de discutir tais ideias nos limites deste texto, mas vale notar que as formulações guardam parentesco com a questão das singularidades ibéricas exploradas por Richard Morse.[120]

Alberto da Costa e Silva, no prefácio da edição de 2001 de *Aventura e rotina*, afirma que Freyre foi "prisioneiro de seu sonho", idealizando o colonialismo português ao reconhecer nos colonizadores lusitanos na África do século XX, anacronicamente, paralelos de plasticidade e comportamento miscigenador com os portugueses instalados em Pernambuco e na Bahia nos séculos XVI e XVII. Com efeito, Freyre viu nos africanos da Guiné de meados do século XX os negros escravizados no Brasil colonial, entendendo os guineenses "parados no tempo" como um verdadeiro "museu vivo".[121]

Para compreendemos o envelhecimento dos pressupostos de Freyre é interessante compararmos *Aventura e rotina*, livro de 1953, com *Os tristes trópicos*, publicado por Claude Lévi-Strauss em 1955. Ambos são relatos de viagem em que se podem identificar semelhanças de estilo entre as duas narrativas, como o tom pessoal, o alcance literário e a capacidade narrativa. No entanto, o livro de Lévi-Strauss remete a outro enquadramento mental, interessado sobretudo na *alteridade*, ao passo que Freyre estava interessado na *identidade* do "mundo que o português criou". Enquanto Lévi-Strauss busca nos trópicos o *outro*, Freyre busca o *mesmo*. O primeiro buscava a *distância*, o segundo, a *proximidade*.

O Brasil-centrismo de Gilberto Freyre

De certo modo, *Aventura e rotina* remete a *Sobrados e mucambos*, livro no qual Freyre desenvolve a ideia de que a europeização do Brasil no século XIX foi a

119 Ver: FREYRE, Gilberto, *Op. Cit.*, 1973, 1988.

120 MORSE, Richard. *O espelho de Próspero*: cultura e ideia nas Américas. São Paulo: Companhia das Letras, 1995.

121 FREYRE, Gilberto, *Op. Cit.*, 1953a, p. 260.

imposição de uma civilização artificial, importadora de princípios liberais, que teria acarretado a interrupção de um processo "natural" de acomodação, que estaria em curso nos três séculos de experiência colonial. Nesse sentido, ao passo que nas colônias inglesas predominava a imposição de uma civilização ocidental e do capitalismo moderno, nas regiões de colonização lusitana havia assimilação marcada por trocas, numa "eterna incorporação de influências".[122]

As colonizações de matriz ibérica seriam marcadas pela plasticidade e pelo espírito de acomodação, consideradas "constantes portuguesas de caráter e ação", já vivenciadas no Brasil colonial.[123] A suposta capacidade lusitana da adaptação às terras quentes, permeada pelas trocas – inclusive sexuais e matrimoniais, na culinária e nos gostos –, teria no vice-rei português da Índia, Afonso de Albuquerque (1462-1515), um exemplo de pioneirismo na promoção de uma política de casamentos mistos no estado da Índia.[124] O que Freyre não disse é que a política de Afonso de Albuquerque foi uma exceção e jamais uma regularidade.[125]

O olhar freyreano partiu da premissa de que as colônias portuguesas na África seriam *Brasis* na infância. Esse olhar estava interessado em propagar a positividade da miscigenação. Por essa razão, Freyre se decepcionou em Cabo Verde, "predominantemente africana na cor, no aspecto e nos costumes".[126] Mas a produção literária cabo-verdiana o consolou, pois encontrou nela "a mais viva literatura luso-tropical, depois da do Brasil".[127] Em Angola, o autor se sentiu mais confortável com a população assimilada de Luanda, que se percebia portuguesa, segundo afirmou. O futebol angolano lembraria a ginga brasileira. Freyre comenta, ainda, as semelhanças entre as transformações sofridas pela língua portuguesa em contato com o clima, a vegetação e o homem tropical. A língua e os gestos em Goa eram mais próximos da linguagem brasileira do que das linguagens africanas.

---

122 *Idem*, p. 208.

123 *Idem*, p. 216.

124 FREYRE, Gilberto, *Op. Cit.*, 1953a p. 57-58.

125 XAVIER, Ângela Barreto. "Dissolver a diferença: mestiçagem e conversão no império português". In: CABRAL, M. V.; WALL, K. *et al. Itinerários*. Lisboa: Imprensa de Ciências Sociais, 2008.

126 FREYRE, Gilberto, *Op. Cit.*, 1953a p. 266.

127 *Idem*, p. 280.

> [...] o mesmo, o seu sorriso que não tem a exuberância do africano nem as reservas do europeu. Também a fala: [...] a ação tropical sobre a língua europeia parece vir sendo a mesma nas duas áreas; a mesma, também, a simplificação, na língua do invasor português, das duras complexidades de sons, para que os povos tropicais mais facilmente os vinham adquirindo e conservando.[128]

Como se pode notar, Freyre estava mais interessado em compreender a atuação dos portugueses nos trópicos do que entender o modo de vida dos africanos em face da experiência colonial portuguesa. É expressivo notar que as teses luso-tropicais são, antes, *Brasil-cêntricas* do que *lusocêntricas*. A identificação entre o "ser brasileiro" e o "modo português de estar no mundo" mostra-se, no entanto, explícita.

> É principalmente com os olhos de brasileiro que não sabe separar o destino do Brasil do de Portugal que vejo a Guiné portuguesa. Sinto-me aqui numa espécie de Alto Amazonas ou de Alto Mato Grosso Português, que sendo já antigo território lusitano, só agora começasse a realmente aportuguesar-se.[129]

Definido como um modelo de civilização moderna para os trópicos, o Brasil de Freyre é, por excelência, identificado como uma invenção portuguesa, talvez a sua maior obra histórica. Esta deveria se repetir na África e na Ásia, tanto quanto haveria de continuar no Brasil profundo, que tinha ainda "Guinés verdíssimas dentro de si", afirmou o autor em referência a regiões do Amazonas e do Mato Grosso.[130]

A crença de que o Brasil era um modelo de civilização tropical, tida como uma "democracia étnica e social", é inequívoca, de acordo com a sua declaração à imprensa, já no Recife, após a viagem às colônias portuguesas.

> A impressão mais viva que trago é que o português continua a ser um povo criador. Às realizações do passado, algumas monumentais, ele acrescenta uma vasta obra, moderna, nos trópicos: no Oriente e na África. Essa obra não faz má figura ao lado daquela que, como descendente e continuador

---

128 *Idem*, p. 320.

129 *Idem*, p. 281.

130 FREYRE, Gilberto, *Op. Cit.*, 1953a, p. 266. Nesse momento a chamada "marcha para o Oeste" estava já enraizada nas práticas de Estado e no imaginário nacional. Brasília como parte desse processo, estava em vias de ser construída.

> português, o brasileiro realiza na América. E a esses dois grandes esforços [...] anima um espírito comum caracterizado principalmente pelo sentimento e pela prática de uma, não direi perfeita, mas bastante avançada democracia étnica e social.[131]

O luso-tropicalismo também é uma resposta a uma pergunta cara para toda a geração de intelectuais que havia assumido a tarefa de pensar o país: qual é o lugar do Brasil no mundo? Freyre descreve o país como líder de uma vasta gama de espaços inter-regionais, como o maior e mais antigo exemplo de uma totalidade geográfica, histórica e cultural. Nos anos 50 e começo dos anos 60, o Brasil chega a ser apresentado como um tipo de sociedade alternativa a bipolaridade em tempo de agudização da Guerra Fria. A isso somam-se ou articulam-se as questões políticas e ideológicas de um mundo cada vez mais tensionado.

As teses luso-tropicais de Gilberto Freyre encontrariam a plenitude conceitual e política em *Integração portuguesa nos trópicos* (1958)[132] e *O luso e o trópico* (1961).[133] Esta última – publicada pela Comissão Executiva das Comemorações do V Centenário da Morte do Infante D. Henrique – é a sua produção mais claramente ideológica.

Os livros não apresentam nada substancialmente novo. O tom, porém, é cada vez mais político e menos sociológico. Freyre pretendeu fundamentar uma luso-tropicologia, em tom programático e funcional[134], o que acabou por significar, em termos políticos, apoio sem disfarces e atenuações ao projeto salazarista, ou ao menos a aspectos dele, como se pode ver:

---

131 FREYRE, Gilberto. Declarações de Gilberto Freyre ao chegar ao Brasil. *Novidades*, Lisboa, 18 de fevereiro, 1952.

132 FREYRE, Gilberto. *Integração portuguesa nos trópicos*. Lisboa: Junta de Investigações do Ultramar, 1958.

133 FREYRE, Gilberto, *Op. Cit.*, 1961.

134 A luso-tropicologia de Gilberto Freyre penetrou também no âmbito acadêmico português. Em *O luso e o trópico*, há menção aos expoentes da luso-tropicologia em Portugal. Entre eles estava Orlando Ribeiro (1911-1997), autor de estudos de Ecologia e Geografia Tropical, Henrique de Barros (1904-2000), na Agronomia, Marcelo Caetano (1906-1980) no Direito, Adriano Moreira (1922) na Ciência Política, Jorge Dias (1907-1973) na Antropologia e Mário Chicó (1905-1966) na História. Na década de 1950, Adriano Moreira, que dirigia a Escola Superior Colonial, introduziu no segundo ano do curso de administração colonial o estudo do luso-tropicalismo. Ver: CASTELO, Cláudia, *Op. Cit.*, 1999.

> Político na acepção de uma política de cultura e de uma política de migração dentro do mundo luso-tropical. No sentido, também, de uma política econômica. No sentido, ainda, de afirmação ou reafirmação de uma política de democracia étnica que avigore em todos os membros da comunidade luso-tropical a resistência aos etnocentrismos vindos de povos vizinhos ou de minorias étnico-culturais que se concentrem dentro da própria comunidade, em desarmonia com as tradições e os sentimentos castiçamente lusitanos.[135]

O luso e o trópico reúne uma série de ensaios que havia sido apresentada na forma de conferências e artigos. No prefácio, Freyre afirma que esses escritos deveriam servir para comemorar o início da aventura lusitana. Aliás, o governo português se empenhara em assinalar a passagem do V Centenário da Morte do Infante D. Henrique, sujeito que, sustenta Freyre, "concorreu decisivamente para dar às relações de europeus com não europeus, de brancos com povos de cor, um rumo peculiarmente luso-cristão".[136] De modo geral, o autor continuou a raciocinar nos termos expostos em *O mundo que o português criou*, mas radicalizou a sua aposta interpretativa: estaria em curso a formação de um "terceiro homem" ou de uma "terceira cultura", que não tinha sido considerada na "tipologia de Toynbee", afirmou Gilberto Freyre.

Para ele, a emancipação política das colônias africanas de Portugal as tornaria suscetível às potências em contenda no âmbito da Guerra Fria. Por isso, argumenta Freyre, seria preferível estar sob a proteção de uma comunidade luso-tropical, em que o Brasil seria um líder mais generoso do que estar sob a tutela da União Soviética ou dos Estados Unidos.[137] Roger Bastide, autor de *Brasil, terra de contrastes*, publicado na França em 1957, também entusiasmava-se em apresentar o Brasil como uma alternativa à hegemonia "anglo-saxônica" de um lado e a "eslava" de outro: "Nesta federação, o Brasil, sem nenhuma dúvida, ocuparia uma posição inteiramente privilegiada: em primeiro lugar, devido à sua população de cor, que formaria a transição necessária entre o Portugal branco e o Portugal africano; e também, devido à proximidade relativa entre o Brasil e a colônia portuguesa de Angola."[138]

---

135 FREYRE, Gilberto, *Op. Cit.*, 1958, p. 64.

136 FREYRE, Gilberto, *Op. Cit.*, 1961, p. 3.

137 ENDERS, Armelle. *Le lusotropicalisme, théorie d'exportation...*, *Op. Cit.*, p. 201-210.

138 BASTIDE, Roger. *Brésil, terre des contrastes.* Paris, Hachette, 1957. Trad. brasileira. BASTIDE, Roger. *Brasil, terra de contraste.* Difusão Europeia do livro, 1959, p. 249. Cibele Barbosa

Em termos conceituais o luso-tropicalismo não se opõe, necessariamente, à aspiração pela independência política das colônias portuguesas, afinal, Freyre sempre propugnou por uma "unidade de sentimento e de cultura" e não por uma unidade política. Por outro lado, Freyre não esconde a evidente e profunda antipatia em relação aos movimentos anticoloniais, pelo menos no início da década de 1960, quando o conflito se torna mais agudo. A elaborada retórica freyreana serviu como um poderoso arsenal verbal, de maneira que os críticos do regime não poderiam deixar de ser também críticos de Gilberto Freyre.

O pensamento de Freyre, evidentemente, não impactou apenas o universo intelectual e político português, mas também o brasileiro. A sua visão do Brasil, construída ao longo das décadas, penetrou na consciência pública e, nas décadas de 50 e 60, havia se tornado quase que uma interpretação oficial do Brasil. A diplomacia brasileira do período foi particularmente influenciada pela obra de Freyre, utilizando-a como uma explicação simpática do Brasil para estrangeiros.

Mesmo os diplomatas brasileiros favoráveis à descolonização celebravam o Brasil em termos freyreanos. A grande imprensa, na qual Freyre tinha trânsito fácil, era, majoritariamente, simpática ao salazarismo – e o sociólogo teve um papel destacado nesse processo. Assis Chateaubriand, proprietário dos *Diários Associados*, foi notório defensor do regime português, a ponto de Salazar homenageá-lo com o nome de uma rua em Lisboa.[139] O governo de Getúlio Vargas foi também favorável a Salazar. Até mesmo Juscelino Kubitschek, com toda a sua simbologia moderna e democrática, manteve uma política externa ativamente pró-Portugal e a sua luta para preservar o Império. Juscelino, inclusive, participou das comemorações do V Centenário da Morte do Infante D. Henrique, em 1960, evento para o qual Gilberto Freyre e as suas ideias concorreram ativamente.

De *Casa-grande & senzala* (1933) ao início da década de 1960, Gilberto Freyre gozou de um prestígio que poucos autores alcançaram em toda a história das letras brasileiras. Como observa Fábio Franzini, a interpretação de Freyre foi

---

aprofunda a compreensão das relações entre Gilberto Freyre e a França. Ver: BARBOSA, Cibele. *"Casa Grande & Senzala: a questão racial e o 'colonialismo esclarecido' na França do Pós-Segunda Guerra Mundial"*. In: Revista Brasileira de Ciências Sociais, v. 33, n. 96, p. 4, 2018.

139 MORAIS, Fernando. *Chatô*: rei do Brasil. São Paulo: Círculo do Livro, 1994, p. 586.

"assimilada pela crítica e, até onde é possível perceber, pelo público", pois sua obra teria passado "de proposta a modelo de uma história 'social' ou mesmo 'cultural'".[140]

A "questão racial" se constituiu em um dos capítulos essenciais da intervenção do autor, contribuindo na maneira como o país pensou a sua diversidade étnica e social. Gilberto Freyre foi, de longe, o mais importante ativista, teórico e animador dessa corrente de opinião, fundamental para fixar nos círculos letrados uma imagem do Brasil baseada na positivação da miscigenação, ou o que o sociólogo chamou de "democracia étnica e social". Além de fomentar a aceitação interna da tese, o pensamento freyreano serviu como um contraponto ao racismo predominante em países como Estados Unidos e África do Sul, levando os brasileiros a acreditarem na condição não racista do país, muito em função da "natureza" miscigenadora da colonização portuguesa.

Em pouquíssimo tempo a obra de Gilberto Freyre passaria por uma consistente erosão de prestígio. É preciso lembrar que, desde os anos 50, intelectuais brasileiros como Antonio Candido, Sérgio Buarque de Holanda, Caio Prado Jr, Florestan Fernandes, Guerreiro Ramos, Clóvis Moura e muitos outros já vinham oferecendo explicações muito diferentes das de Freyre, inclusive quanto à miscigenação e à convivência "harmoniosa" que teria marcado a formação do Brasil, tema que tornou Freyre internacionalmente célebre. Viria dos Estados Unidos – país que assistia inédita politização das questões raciais –, pelas mãos de um erudito e reputado historiador britânico, a mais contundente contestação da tendência conciliadora e miscigenante dos portugueses em termos históricos. Charles Boxer, em 1963, publicou *Race relations in the Portuguese Empire, 1415-1825*, obra que contestou politicamente o salazarismo e seus pressupostos e, intelectualmente, os fundamentos interpretativos de Freyre, como se verá a seguir.

Não se trata apenas de jogos intelectuais, com disputas e divergências. Os historiadores sabem que a leitura do passado é submetida a uma série de condições de produção, profundamente dependentes do presente e de suas circunstâncias, que é o lugar de onde o historiador pensa o mundo. Charles Boxer – já reputado naquele momento como o maior especialista em língua inglesa na história do Império Português,

140 FRANZINI, Fábio. *À sombra das palmeiras:* a coleção de documentos brasileiros e as transformações da historiografia nacional (1936-1959). Rio de Janeiro: Edições Casa de Rui Barbosa, 2010, p. 190.

já tendo publicado grandes livros sobre o Brasil – não era um grande ativista da causa racial, mas sim um respeitável *scholar*, o que apenas reforçou a credibilidade do livro, obrigando Freyre e seus aliados portugueses a responderem ao ataque.

É importante observar que a crítica de Boxer não se deu em termos propriamente políticos, pelo menos não no sentido mais epidérmico, mas sim em termos históricos e metodológicos. Como se verá adiante, Boxer simplesmente afirmou, com vasta erudição documental, que a tese de Freyre carecia de fundamento empírico, mas o historiador inglês só pôde chegar a essa formulação, porque no início dos anos 1960 a questão racial sofrera brutal investimento político e intelectual, impondo a reconstrução da história. Não foi a estrela de Boxer que empalideceu Freyre, mas uma grande constelação de forças políticas, eventos históricos, autores e textos que reconfiguraram o olhar para o passado. Boxer, atento ao mundo em que vivia, apenas operacionalizou uma nova leitura histórica para o passado da presença portuguesa no mundo, para qual o domínio dos textos de época certamente foi decisivo.

III. O IMPÉRIO PORTUGUÊS VISTO DE FORA: O ITINERÁRIO HISTORIOGRÁFICO DE CHARLES BOXER (1930-1960)

Do Oriente português ao Brasil colonial: um historiador em movimento

A história da história é fundamentalmente história. Em outras palavras, todo texto, como toda pesquisa, ou mesmo qualquer intervenção intelectual – como é o caso de *Race relations in the Portuguese Colonial Empire, 1415-1825*, publicado nos Estados Unidos em 1963 –, se enraíza no mundo dos vivos e na vida experimentada fora do texto. Passa por compromissos políticos, círculos de convivência, por interesses de toda ordem, pelas condições institucionais, pelos meandros editoriais e pelo público. Também existem as questões internas ao texto, que passam pelas referências teóricas, alcance da pesquisa, o acesso às fontes, a capacidade narrativa, bem como pelo diálogo com outras obras. Sejam as questões internas (o texto), sejam as questões externas (o mundo), todas elas passam pelo autor, que nunca é uma estrela solitária, mas faz parte uma constelação sempre em movimento, histórica.[1]

Hoje *Race Relations...* soa quase banal aos iniciados no assunto das relações raciais no Império Português. A afirmação de que a longa experiência imperial e escravocrata dos portugueses na Ásia, na África e na América tenha gerado práticas racistas é evidência que dispensa comentários. Mas as conclusões a que o livro nos conduz, atualmente incorporada aos enquadramentos mentais em vigor,

1 Ainda que a discussão seja aqui mais complexa e elaborada, o assunto está esboçado em: SCHNEIDER, Alberto Luiz. "Charles Boxer (contra Gilberto Freyre): raça e racismo no Império Português ou a erudição histórica contra o regime salazarista". *Estudos Históricos*. Fundação Getúlio Vargas, v. 26, p. 253-273, 2013.

precisavam – naquele começo dos anos 1960 – ser demonstradas e argumentadas, tal era a força da tese segundo a qual o "mundo que o português criou" seria substancialmente diferente da prática habitual do racismo colonial. Esse racismo era considerado próprio de ingleses, holandeses e de outros europeus do norte, como gostavam de acreditar os portugueses e os brasileiros, em especial os brancos e bem-nascidos, como o próprio Gilberto Freyre e grande parte de seus leitores.

Não resta dúvida que *Race Relations...* incomodou Freyre e seus amigos, aquém e além-mar. O livro também contestou os pressupostos do salazarismo em Portugal, bem como o próprio senso médio dos brasileiros mais escolarizados, que foram educados a pensar que viviam num país livre do racismo. O livro não teve maior impacto no grande público, embora deva-se notar a relativa rapidez de sua tradução no Brasil, editado no Rio de Janeiro pelas Edições Tempo Brasileiro, em 1967. O impacto efetivo do livro, entre os interessados no assunto, esteve em concorrer ativamente para a erosão da autoridade e do prestígio de Gilberto Freyre, como se destacou, um intelectual brasileiro que ainda era muito prestigiado nos fins dos anos 1950 e começo dos 1960.

Um livro, como se sabe, é fruto de uma história, que obviamente passa pelo enraizamento de seu autor no tempo e na vida. O que nos impõe uma questão incontornável: quem foi Charles Boxer?

De militar a historiador do Império Português

Charles Ralph Boxer (1904-2000) foi um bibliófilo e um prolífico historiador. Publicou, segundo Dauril Alden, seu biógrafo, mais de trezentos textos, entre livros e artigos. Tornou-se historiador profissional, o que ocorreu apenas em 1947, quando assumiu a Cadeira Camões de Estudos Portugueses do *King's College London*. Na época, Boxer contava com 43 anos de idade e já havia publicado importantes textos, fundamentalmente dedicados a presença portuguesa no Oriente.

Boxer descendia de uma família de militares e foi educado em instituições tradicionais da Inglaterra das primeiras décadas do século XX, como o *Wellington College* e no *Royal Military College*, em Sandhurst. Serviu no setor de inteligência das Forças Armadas britânicas, de 1923 a 1947, onde chegou ao posto de major. Boxer pertenceu à terceira geração de uma família de militares que havia se engajado, de um modo ou de outro, no Império Britânico.

Poliglota, no começo dos anos 20 esteve no Japão, onde trabalhou como tradutor. A partir de 1936, serviu como oficial nas tropas britânicas em Hong Kong, mobilizado no serviço de inteligência. Foi ferido durante o ataque japonês a Hong Kong, em dezembro de 1941, e acabou como prisioneiro de guerra, nas mãos dos japoneses. Foi libertado em 1945, ao final do conflito.[2]

Em meio a carreira militar no Extremo Oriente, ao longo da década de 1930, Boxer interessou-se profundamente pela presença portuguesa nos séculos XVI e XVII no Japão, na China e na Índia. Passou inclusive a colecionar documentos antigos e raros, adquiridos frequentemente entre alfarrabistas de Macau. Desse empenho nasceram dezenas de artigos e livros, dedicados ao assunto. Convém destacar *Jan Compagnie in Japan, 1660-1817*,[3] livro publicado em 1936. Essas obras garantiram a Boxer a reputação de historiador especializado no Oriente português.

Da experiência oriental, no entanto, destacam-se de fato dois livros: *Fidalgos in the Far East, 1550-1770: fact and fancy in the history of Macao*,[4] publicado em 1948, e *The Christian Century in Japan, 1549-1650*,[5] editado em 1951 pela prestigiosa Universidade de Michigan e foram reputados, na época, como livros importantes e inovadores, pautados em pesquisa em fontes primárias.

A partir de 1947, como professor do *King's College*, onde atuou por mais de vinte anos, Boxer teve melhores condições de pesquisa, bem como tempo disponível, recursos para viagens, acesso a bibliotecas e acervos documentais, tornando-se um reputado especialista no Império Português. Para o historiador estadunidense Stuart Schwartz, a obra de Boxer foi a maior responsável pela introdução do Atlântico Sul português na historiografia de língua inglesa. Porém, de todas as

2 Ver: ALDEN, Dauril. *Charles R. Boxer*: An Uncommon Life. Soldier, Historian, Teacher, Colletor, Traveller. Lisboa, Fundação Oriente, 2001, p. 83-116.

3 BOXER, Charles R. *Jan Compagnie in Japan, 1660-1817* (The Hague: NijhoC, 1936). Revised edition. Tokyo & London: Oxford Univerity Press, 1968; _____. *Fidalgos in the Far East, 1550-1770. Fact and Fancy in the History of Macao*. (The Hague: NijhoC, 1448). Revised edition. Hong Kong & London: Oxford Univerity Press, 1968. Tradução portuguesa. _____. *Fidalgos no Extremo Oriente, 1550-1770:* factos e lendas de Macau Antigo. Macau: Fundação Oriente e Museu e Centro de Estudos Marítimos de Macau, 1990.

4 BOXER, Charles. *Fidalgos in the far east..., Op. Cit.*

5 BOXER, Charles R. *The Christian Century in Japan, 1549-1650*. Berkeley: University of California Press, 1951,

peculiaridades de Boxer, sua erudição documental é a característica mais notada por quem quer que se interesse por sua obra. É ainda Schwartz quem afirma que "ninguém teve melhor domínio de crônicas, gramáticas, cânticos, peças de teatro, narrativas e histórias numa perspectiva imperial do que Boxer."[6]

Como muitos britânicos de sua geração, Boxer assistiu ao desmoronamento do Império Britânico e, finda a Guerra, reorientou sua carreira, dando vazão a seus pendores intelectuais. No pós-guerra, Boxer não só abandonou a vida militar, como foi, paulatinamente, transformando sua percepção em torno do imperialismo, do colonialismo e do racismo europeus. A vivência universitária na Inglaterra e nos Estados Unidos, bem como o contato com intelectuais brasileiros e portugueses, de corte progressista ou crítico, exerceram papel importante, como se argumentará a frente. Em termos biográficos, convém destacar o seu casamento com a escritora norte-americana, de posições feministas, Emily Hahn, a qual conhecera em Hong Kong, durante a Segunda Guerra, e com quem se casara logo após o conflito.[7]

---

6 SCHWARTZ, Stuart B. "Religião popular e a Igreja militante: Novos rumos no estudo do Brasil colonial". In: SCHWARTZ, Stuart & MYRUP, Erik. *O Brasil no Império Marítimo português*. Bauru: Edusc, 2009. p. 452.

7 Não é o foco desta pesquisa se aprofundar na biografia de Charles Boxer. Mas as agendas de pesquisa de um historiador, sua sensibilidade política, sua produção intelectual não se separam da vida prática. Por isso, convém prestar atenção em Emily Hahn (1905-1997), com quem Boxer teve duas filhas. Emily Hahn foi uma jornalista e escritora oriunda de uma família judaico-alemã estabelecida em Saint Louis, nos Estados Unidos. Foi pioneira entre as feministas de seu país. Escreveu 54 livros e mais de 200 artigos e crônicas. Seus livros tiveram um importante papel na abertura da Ásia e da África para o Ocidente no século XX. Em 1929 ela começou a escrever para o *The New Yorker*, atividade em que se manteve até praticamente seus últimos dias. Em 1930 viajou para o Congo Belga, onde trabalhou para a Cruz Vermelha, vivendo por dois anos entre grupos locais. Seu primeiro livro, *Seductio ad Absurdum, The principle and practices of seduction* (1930), ironiza o modo como os homens cortejam as mulheres. Em meados da década de 1930 viaja a Xangai, onde permaneceu até 1941. Nesse período se envolveu romanticamente com o poeta e editor chinês Shao Xunmei. Após se mudar para Hong Kong, conhece Charles R. Boxer, dirigente do serviço de inteligência britânica. Quando os japoneses tomam Hong Kong, prendendo Boxer, Emily Hahn se declara casada com o chinês Shao Xunmei e, dessa forma, evita sua prisão. Em 1943, Hahn publica o livro *China to me*, no qual narra suas histórias e impressões do período agitado em que viveu na China, obtendo sucesso instantâneo de público com o mesmo. Em 1945, casa-se com Charles Boxer, com quem teve duas filhas, estabelecendo-se na Inglaterra com o marido. Mesmo casada, muda-se

Imagem 26: Emily Hahn (anos 1920) e Charles Boxer (anos 1930).

FONTE: REVISTA de Cultura, Macau, n. 47, 2014. Disponível em: <http://www.icm.gov.mo/rc/viewer/pdf/40047>. Acesso em: 18 fev. 2019.

Charles Boxer permaneceu no *King's College*, em Londres, até sua aposentadoria, em 1967. Todavia, desde 1962 já é possível encontrá-lo muito próximo das universidades estadunidenses, para onde realizava excursões regulares a fim de proferir cursos e palestras. Nesse sentido, não se deve olvidar que *Race Relations...* é fruto de conferências realizadas na Universidade da Virgínia, em 1962. Segundo Dauril Alden, em 1964, ele já negociava a venda de sua valiosa coleção de manuscritos e livros raros para a biblioteca Lilly, da Universidade de Indiana. A negociação foi bem-sucedida e Boxer mudou-se para Bloomington, no estado de Indiana, em 1967.

Naquele mesmo ano de 1964 ele havia disputado e perdido a indicação para um posto em Harvard. Cinco anos mais tarde, porém, obtém o cargo de professor da Universidade de Yale, onde lecionaria, até 1972, sobre a expansão ultramarina

para Nova Iorque, em 1950, visitando o marido e as filhas ocasionalmente, continuando a escrever artigos para a *The New Yorker*, bem como diversas biografias. Ela morreu em fevereiro de 1997, aos 92 anos de idade. Sobre a biografia de Emily Hahn, ver: CUTHBERTSON, Ken. *Nobody said not to go*. New York: Faber and Faber, Inc., 1998.

europeia. Apesar da agudização da Guerra Fria, as universidades americanas mantiveram certa autonomia de pensamento e crítica, tornando-se focos de intensas agitações estudantis e espaços de novas reflexões acadêmicas. Atmosfera que, certamente, afetou a agenda de pesquisa e as interpretações de Boxer.[8]

Um brasilianista?

Charles Boxer escreveu livros importantes sobre o Brasil colonial – como *Golden Age of Brazil: The growing Pains of a Colonial Society, 1695-1750*[9], publicado em 1962 – ou envolvendo o Brasil colonial de modo central – como *Salvador de Sá and the Struggle for Brazil and Angola, 1602-1686,*[10] publicado em 1952, ou *Race Relations in the Portuguese Colonial Empire, 1415-1825,*[11] de 1963. O que nos impõe uma pergunta: que tipo de estudioso sobre o Brasil era Boxer?

A rigor Charles Boxer não era um típico brasilianista,[12] no sentido que usualmente se dá ao termo, tal como foram Richard Morse (1922–2001), Warren Dean (1932–1994), Robert Levine (1941–2003), Thomas Skidmore (1932-2016) e tantos outros historiadores e cientistas sociais que, a partir de universidades

8 Após a atuação em Yale, Boxer retorna a Indiana, onde fica até 1979, quando completou 75 anos de idade. Ele passou os últimos anos de vida em sua casa, no sul da Inglaterra, em que viveu até os 96 anos. Ver: ALDEN, Dauril, *Op. Cit.*, 2001, p. 454-462.

9 BOXER, Charles R. *The Golden Age of Brazil, 1695-1750: Growing Pains of Colonial Society.* Berkeley & Los Angeles: University of California Press, 1962. Tradução brasileira: ___. *A Idade de Ouro do Brasil: dores do crescimento de uma sociedade colonial.* São Paulo: Companhia Editora Nacional, 1963.

10 BOXER, Charles R. *Salvador de Sá and the Struggle for Brazil and Angola, 1602-1686.* London: Athlone Press, 1952. Tradução brasileira: ___. *Salvador de Sá e a Luta pelo Brasil e Angola, 1602-1686.* São Paulo: Companhia Editora Nacional, 1973.

11 BOXER, Charles R. *Race Relations in the Portuguese Colonial Empire, 1415-1825.* London: Oxford, University Press, 1963. Tradução brasileira: ___. *Relações Raciais no Império Colonial Português 1415-1825.* Rio de Janeiro: Edições Tempo Brasileiro, 1967.

12 Não é possível datar de forma precisa o surgimento do que, no Brasil, tem se chamado de "brasilianistas", para designar acadêmicos estrangeiros especializados em assuntos brasileiros. Podemos, no entanto, afirmar que o fenômeno se tornou particularmente intenso nos anos 1960, num contexto histórico marcado pela Guerra Fria e pela Revolução Cubana, que levou o governo dos Estados Unidos a aumentar significativamente os recursos destinados às pesquisas ao estudo da América Latina, de modo geral, e ao Brasil, de modo particular.

norte-americanas, receberam bolsa de estudos para pesquisar o Brasil e a América Latina, beneficiando-se da política externa dos Estados Unidos e do esforço de boa vizinhança em relação ao sul do continente, no âmbito da Guerra Fria.[13] Boxer foi um homem formado na cultura intelectual inglesa na primeira metade do século XX, antes da Guerra da Fria, portanto. Interessou-se primeiro pelo Império Português, a partir da Ásia, e só depois chegou ao da América portuguesa, sempre marcado por uma perspectiva imperial.

Boxer não pertenceu à tradição dos brasilianistas norte-americanos, nem à sequência de intelectuais franceses que tiveram importantes relações com o Brasil, cuja lista vai de Ferdinand Denis (1798-1890), no século XIX;[14] passando por Henri Hauser (1866-1946), historiador e geógrafo que lecionou no Rio de Janeiro na década de 1930,[15] até chegarmos a Pierre Verger (1902-1996),[16] Roger Bastide (1898-

---

13 Ver: CARRIJO, Maicon Vinícius da Silva. *O Brasil e os brasilianistas nos circuitos acadêmicos norte-americanos*. 2007. Dissertação (Mestrado em História Social). FFLCH-USP, São Paulo, 2007.

14 Ver: RICOTTA, Lúcia. "A constelação espacial das imagens de origem em Ilustração de *Scènes de La Nature*, de Ferdinand Denis". In: *Revista da USP*, São Paulo, n.91, p. 112-124, set./nov. 2011; LABORIE, "Jean-Claude. Estudo de mediações: o caso Ferdinand Denis". In: *Ponto-e-vírgula*, n. 13, p. 66-77, 2013.

15 Ver: VENANCIO FILHO, Alberto. Henri Hauser e o Brasil. In: *Revista do Instituto Histórico, Geográfico Brasileiro*, Rio de Janeiro, t. 153, n. 396, p. 887-893, jul./set 1997; FERREIRA, Marieta de Moraes. "Os professores franceses e a redescoberta do Brasil". In: *Revista Brasileira*. Rio de Janeiro, ano XI, n. 43, p. 227-246, 2005.

16 Ver: LE BOULER, Jean-Pierre. *Pierre Fatumbi Verger*: um homem livre. Salvador: Fundação Pierre Verger, 2002; LÜHNING, Angela. "Pierre Fatumbi Verger e sua obra: uma homenagem". In: *Afro-Ásia, Salvador*, v. 21/22, p. 315-364, 1999; LÜHNING, Angela (Org.). *Verger/Bastide:* Dimensões de uma amizade. Salvador: Bertrand Brasil, 2002; VERGER, Pierre. *O Brasil de Pierre Verger*. Fundação Pierre Verger.

1975),[17] Fernand Braudel (1902-1985)[18] e Claude Lévi-Strauss (1908-2009),[19] para ficarmos apenas em alguns nomes. Nenhum desses percursos lembra o perfil e a trajetória imperial de Boxer, que pertence a uma linhagem de historiadores britânicos interessados no mundo luso-brasileiro, como foi o caso do poeta romântico e historiador Robert Southey (1774-1843), que publicou uma *História do Brasil*, entre 1810 e 1819, e pretendia escrever uma História de Portugal e de seu império, o que nunca aconteceu.[20] Ou ainda do comerciante John Armitage (1807-1856), autor de *The History of Brazil from the arrival of the Braganza family in 1808, to the abdication of Don Pedro the first in 1831*, obra de 1836.[21]

Cabe ainda lembrarmos o antecessor de Boxer no *King's College*, Edgar Prestage (1869–1951), o principal lusófilo inglês da virada do século XIX para o XX. Prestage foi autor de livros importantes, como *The Diplomatic Relations of*

---

17 TRINDADE, Liana Maria Salvia. *A produção intelectual de Roger Bastide. Análise documentária e indexação*. São Paulo: Centro de Estudos de Sociologia da Arte, USP, 1985; QUEIRÓZ, Maria Isaura Pereira de. "Roger Bastide e o Brasil". In: *Revista Brasileira de Ciências Sociais*. [online], 2001; PEIXOTO, Fernanda Arêas. *Diálogos brasileiros:* uma análise da obra de Roger Bastide. São Paulo: Edusp/Fapesp, 2000; BRAGA, Maria Lúcia de Santana. "A recepção do pensamento de Roger Bastide no Brasil". In: *Sociedade e Estado*. [online]. 2000.

18 LIMA, Luís Corrêa. *Fernand Braudel e o Brasil: Vivência e Brasilianismo (1935-1945). São Paulo: Edusp, 2009;* LOPES, Marcos Antônio (org.). *Fernand Braudel:* tempo e história. Rio de Janeiro: FGV, 2008; ROJAS, Carlos Antonio Aguirre. *Braudel, o mundo e o Brasil*. São Paulo: Cortez, 2003. NOVAIS, Fernando. Entrevista. "Braudel e a 'missão francesa'". In: *Estudos Avançados*, v. 8, n. 22, 1994.

19 ERIBON, Didier. *De perto e de longe:* Claude Lévi-Strauss. Rio de Janeiro: Nova Fronteira, 1990; WILCKEN, Patrick. *Claude Lévi-Strauss:* O Poeta no Laboratório. Objetiva, 2011; LÉVI-STRAUSS, Claude. *Longe do Brasil:* Claude Lévi-Strauss; entrevista com Véronique Moraigne. São Paulo: Editora UNESP, 2011.

20 Ver: SOUTHEY, Robert. *História do Brasil*. São Paulo: Melhoramentos; Brasília: INL. 1997; SILVA DIAS, Maria Odila da. *O fardo do homem branco: Southey historiador do Brasil*. São Paulo: Companhia Editora Nacional, 1974.

21 Ver: ARMITAGE, John. *The History of Brazil from the arrival of the Braganza family in 1808, to the abdication of Don Pedro the first in 1831*. London: Smith, Elder and Co., 1936. Tradução brasileira: _____. *História do Brasil*. São Paulo: Melhoramentos, 1977. VARELLA, Flávia Florentino. *Da impossibilidade e aprender com o passado:* sentimento, comércio e escrita da história na História do Brasil de John Armitage. 2011. Dissertação (Mestrado em História Social) – FFLCH-USP, São Paulo, 2011.

Portugal and England from 1640 to 1668, The Diplomatic Relations of Portugal with France, England and Holland from 1640 to 1668 (ambos de 1925), e o não menos importante *The Portuguese Pioneers* (1933).[22] Aliás, é o próprio Boxer quem retrata seu antecessor no *King's College*, em artigo de 1959,[23] implicitamente filiando-se a essa tradição. Para fecharmos o círculo historiográfico de britânicos interessados no Império Português, Brasil no meio, convém citarmos a síntese da obra de Boxer escrita por outro historiador inglês, Kenneth Maxwell:

> To generations of historians of the Portuguese-speaking world C.R. Boxer was a true colossus. His highly original, pithy, and path-breaking books, monographs, and articles flowed forth with seeming effortlessness. Boxer's works covered the history of early European intrusions into Japan and China during the sixteenth century, and splendid accounts of the opulence and decline of Goa, seat of Portugal's empire in Asia. In over 350 publications, all of the highest order of scholarship, Boxer wrote on sixteenth-century naval warfare in the Persian Gulf, the tribulations of the maritime trading route between Europe and Asia, a sparkling overview of Brazil during the eighteenth century in the age of gold strikes and frontier expansion, magnificent syntheses of both Dutch and Portuguese colonial history, as well as and many pioneering comparative studies of local municipal institutions in Asia, Africa, and South America, race relations, and social mores"[24]

---

22 PRESTAGE, Edgar. *The Diplomatic Relations of Portugal and England from 1640 to 1668*. Voss & Michael: Watford, 1925; _____. *The Diplomatic Relations of Portugal with France, England and Holland from 1640 to 1668*. Voss & Michael: Watford, 1925; _____. *The Portuguese Pioneers*. London: A. & C. Black, 1933.

23 BOXER, Charles. *"Edgar Prestage,* 1869-1951". In: *Proceedings of the British Academy*, 1958, XLIV, London, p. 199-205, 1959.

24 MAXWELL, Kenneth R. "The C. R. Boxer Affaire: Heroes, Traitors and the Manchester Guadian". In: *Council on Foreign Relations*, 16 mar. 2001.
Para gerações de historiadores do mundo lusófono, C. R. Boxer foi um verdadeiro colosso. Seus originais, enérgicos e inovadores livros, monografias e artigos surgiram com aparente facilidade. As obras de Boxer cobriram o período das primeiras penetrações portuguesas no Japão e na China no século XVI, e mostraram relatos esplêndidos da opulência e do declínio de Goa, sede do Império Português na Ásia. Em mais de 350 publicações, todas da maior relevância acadêmica, Boxer dissertou sobre a guerra naval do século XVI no Golfo Pérsico; tribulações da rota comercial marítima entre Europa e Ásia; o Brasil durante o século XVIII, na era do ouro e da expansão de fronteiras; escreveu uma excelente síntese

Para Evaldo Cabral de Mello, Boxer acabou por realizar o "ambicioso plano" de seu compatriota Robert Southey, através "de um longo périplo historiográfico que lhe permitiu abranger (...) da epopeia à picaresca, a presença lusitana no mundo."[25] Como se pode ver, Boxer integra uma tradição de historiadores ingleses interessados no universo português e luso-brasileiro, tradição que remonta ao século XIX, diferente dos brasilianistas, um fenômeno ligado ao século XX e aos Estados Unidos.

A virada atlântica: um mergulho na história do Brasil (e da África) colonial

Segundo nos informa Dauril Alden, desde a década de 1930 Charles Boxer coletava documentos e obras raras sobre o século XVII, sobretudo a respeito das pretensões holandesas no Brasil açucareiro. Àquela altura, época da união ibérica (1580-1640), a região estava dentro dos domínios dos Habsburgos espanhóis, contra quem os batavos estavam em luta política e comercial. Dentre as primeiras aquisições documentais de Boxer podem ser citadas a *Nova Lusitânia: história da guerra brasílica*, de Francisco de Brito Freyre, publicado em Lisboa, em 1675, e *Enterpresa e restauração de Pernambuco & das capitanias confiantes*, de Raphael de Jesús e Castrioto Lusitano, também publicado em Lisboa, em 1679.

Vê-se, dessa forma, como a emergência do Atlântico Sul passou a ocupar o centro das atenções de Boxer que, a partir de então, passaria a realizar importantes pesquisas acerca da ocupação holandesa no Brasil, atento à centralidade do tráfico de escravos e as consequentes relações com Angola, bem como os contatos entre o Império Português e o Espanhol. O deslocamento historiográfico produzido por Charles Boxer – da Ásia para o Atlântico Sul – acompanha a própria mudança do dinamismo do Império Português da Era Moderna.

---

da história colonial de holandeses e portugueses, assim como estudos comparativos pioneiros de instituições municipais locais na Ásia, África e América do Sul, relações raciais e costumes sociais.

25 MELLO, Evaldo Cabral de. "O Século mais agreste". In: *Um imenso Portugal:* História e Historiografia. São Paulo: Editora 34, 2002, p. 273.

Dois de seus mais importantes livros sintetizam esse deslocamento: trata-se de *Salvador de Sá and the Struggle for Brazil and Angola, 1602-1686*,[26] publicado em 1952 e *The Dutch in Brazil, 1624-1654*,[27] editada em 1957. Joaquim Romero Magalhães considera as obras em questão "livros excelentes, que continuam a ser essenciais para se entender o Brasil, Portugal e os Países Baixos. E, sobretudo, as dinâmicas da economia atlântica em construção e as políticas europeias do XVII".[28]

O livro *Salvador de Sá*, de mais de 400 páginas, pode ser considerado um dos melhores livros publicados em língua inglesa sobre o Atlântico Sul do século XVII em escala atlântica. A obra não é uma biografia convencional de Salvador Correia de Sá e Benevides (1602-1688), mas a história de um homem, de seu mundo e de sua época.[29] O livro entrelaça a história de Portugal, de Angola e do Brasil colonial, contemplando suas conexões com Buenos Aires, o Paraguai, Potosí e Tucumán. *É* o próprio Boxer quem resume seu personagem: "foi caçador de índios, 'puruleiro', cultivador de cana-de-açúcar e traficantes de escravos por um lado; almirante, general, governador e experiente estadista por outro."[30]

---

26 BOXER, Charles R. *Salvador de Sá and the Struggle for Brazil and Angola, 1602-1686*. London: Athlone Press, 1952. Tradução brasileira: ___. *Salvador de Sá e a Luta pelo Brasil e Angola, 1602-1686*. São Paulo: Companhia Editora Nacional, 1973.

27 BOXER, Charles R. *The Dutch in Brazil, 1624-1654*. Oxford: Charendon Pres, 1957. Tradução brasileira: _____. *Os Holandeses no Brasil, 1624-1654*. São Paulo: Companhia Editora Nacional, 1961a.

28 MAGALHÃES, Joaquim Romero. "Algumas notas sobre *The Portuguese Seaborne Empire The Portuguese Seaborne Empire, 1415-1825*". In: SCHWARTZ, Stuart & MYRUP, Erik. *O Brasil no Império Marítimo português*. Bauru: Edusc, 2009, p. 535.

29 DUTRA, Francis A. "Salvador de Sá e a luta pelo Brasil e a Angola de Charles Boxer: cinquenta anos depois". In: SCHWARTZ, Stuart & MYRUP, Erik. *O Brasil no Império Marítimo português*. Bauru: Edusc, 2009, p. 14.

30 BOXER, Charles R. *Salvador de Sá and the Struggle for Brazil and Angola..., Op. Cit.*, p. 391. Salvador Correia de Sá e Benevides descendia da família dos fundadores do Rio de Janeiro, Mem de Sá e Estácio de Sá, e foi neto de Salvador Correia de Sá, o velho (1547-1631), natural de Coimbra, que também havia sido governador-geral do Rio de Janeiro. O neto nasceu na Cádiz, Espanha, em 1602, durante a União Ibérica (1580-1640), tornando-se uma das mais importantes figuras do ultramar no século XVII, chegando, já no fim da vida, ao Conselho Ultramarino.

Na obra em questão, Boxer narrou com acuidade documental a reconquista de Angola, em 1647, como parte decisiva das Guerras do Açúcar entre portugueses e holandeses, em que se disputava, além de açúcar e escravos, a soberania sobre vastas porções da América e da África. A presença da Companhia das Índias Ocidentais no norte do estado do Brasil (1630-1654) e em Angola (1641-1647), justamente na época da Restauração (1640) e do longo conflito com a Espanha (1640-1668), formava o complexo mundo de Salvador Correia de Sá e Benevides, que o historiador soube compreender como poucos, em função do domínio que tinha sobre os cronistas da época, dentre os quais se destaca António de Oliveira Cadornega (1624-1690),[31] autor de *História geral das guerras angolanas*, publicadas entre 1681 e 1683, cuja obra e circunstâncias Boxer conhecia bem e sobre o qual escreveu várias vezes, não apenas nos seus grandes livros, mas em diversos outros textos e momentos.[32]

Em *Salvador de Sá and the Struggle for Brazil and Angola*, Boxer demonstrou o envolvimento do nobre em questão com o tráfico e a escravidão. Os Correia de Sá e sua parentela estavam profundamente ligados aos interesses fundiários e escravocratas na capitania do Rio de Janeiro, logo dependentes de Angola como região fornecedora de cativos, razão pela qual Salvador Correia de Sá e Benevides consegue o apoio dos grandes senhores do Rio de Janeiro para armar uma esquadra a fim de combater os holandeses, que haviam tomado Angola.

---

31 António de Oliveira de Cadornega foi um militar português que viveu por mais de 40 anos em Angola. Chegou em Luanda em outubro de 1639, quando tinha apenas 16 anos. Autodidata, escreveu uma longa obra sobre a região, escrita, provavelmente, entre 1680 e 1684. Cadornega legou a posteridade uma grande obra, até hoje uma das mais importantes fontes sobre a ocupação portuguesa de Angola nos séculos XVI e XVII. A *História Geral das Guerras Angolanas*, em três volumes, é sua obra mais importante. Boxer considerava um importante estudo de "etnologia", mas também apontava os limites da obra, marcada por certa ingenuidade europeia, além do evidente eurocentrismo, ao descrever a África e os africanos. Cadornega defendia o uso da força contra os nativos em nome da manutenção do controle português e valoriza a utilidade militar dos mestiços. Ele próprio fora casado com uma mulata. Além dos textos de Boxer, ver: HEINTZE, Beatrix. "A obra de António de Oliveira de Cadornega: uma fonte extraordinária para a História e Etnografia de Angola no século XVII". In ______. *Angola nos séculos XVI e XVII. Estudos sobre Fontes, Métodos e História*. Luanda: Kilombelombe, 2007.

32 BOXER, Charles. "A 'História' de Cadornega no Museu Britânico". *Revista Portuguesa de História*, nº 8, Coimbra, 1961. BOXER, Charles. "Background to Angola: Cadornega's chronicle". *History Today*, XI, 10, 1961.

O modo de fazer história de Boxer se diferenciava dos franceses mais estruturalistas da Escola dos Annales, que também estavam estudando os impérios ibéricos da época, como Pierre Chaunu (1923-2009)[33] e Frédéric Mauro (1921-2001).[34] Os referidos historiadores franceses, herdeiros de Fernand Braudel, centravam a narrativa histórica nas engrenagens econômicas do capitalismo comercial, em que a atuação dos sujeitos históricos concretos eram minimizados em benefício do funcionamento estrutural do sistema.

Já a obra de Boxer, marcada por notável conhecimento documental, produzia uma narrativa histórica com sujeitos, nomes e episódios, mas atenta à centralidade do tráfico e do escravismo nas relações entre os impérios europeus (Português e Holandês), Angola e Brasil. Na obra de Boxer, a dimensão extracontinental da formação do Brasil está perfeitamente delineada – assunto que, mais tarde, Luiz Felipe de Alencanstro aprofundaria.[35] Boxer empenhava-se em juntar as perspectivas econômicas, militares e reliogiosas, tanto dos agentes coletivos, como dos senhores do Rio de Janeiro, como dos indivíduos, a exemplo do próprio Salvador Correira de Sá ou a rainha angolana Nzinga, a quem o autor dedica várias páginas do livro.

Chama a atenção o zelo com que Boxer buscou apresentar a atuação dos jesuítas. O próprio personagem biografado possuía forte relação com os padres inacianos, postura muito diferente da maioria dos colonos brasílicos. Como se sabe, os colonos disputavam com os padres da Companhia o controle dos indígenas, especialmente da capitania de São Paulo e do Grão Pará e Maranhão. A temática jesuíta foi uma antiga obsessão de Boxer, já presente nos seus estudos sobre o Oriente. Aliás, o histo-

33 CHAUNU, Pierre; CHAUNU, Huguette. *Séville et l'Atlantique: 1504-1960*. Paris: A. Colin, 1955. No Brasil não houve uma tradução completa dessa obra, mas a publicação de uma síntese. Ver: CHAUNU, Pierre; CHAUNU. *Sevilha e a América nos séculos XVI e XVII*. São Paulo, Difel, 1980.

34 MAURO, Frederic. *Le Portugal et l'Atlantique au XVIIe. siècle, 1570-1670*. Paris: École Pratique des Hautes, 1960; MAURO, Frederic. *L'expansion europeenne, 1600-1870*. Paris: Presses Universitaires de France, 1964.

35 ALENCASTRO, Luiz Felipe de. *O Trato dos Viventes:* a formação do Brasil no Atlântico Sul, séculos XVI e XVII. São Paulo: Companhia das Letras, 2000.

riador tencionava biografar Antonil,[36] além de padre Antônio Vieira, quem ele considerava o mais importante nome do mundo português do século XVII.[37]

Entre os livros que Boxer almejou escrever e nunca executou, o projeto sobre Vieira, "um complemento perfeito de *Salvador de Sá*, é provavelmente nossa maior perda."[38] Embora fuja do recorte proposto, convém observar no livro *The Church Militant and Iberian Expansion, 1440-1770*,[39] publicado apenas em 1978, um retorno de Boxer ao tema da religiosidade, que, a rigor, ele nunca abandonou.[40] O historiador compreendia a perspectiva religiosa como instituição de fronteira, entrelaçada ao fenômeno colonial e, de algum modo, vinculado a questão racial. Nas áreas mais remotas dos impérios ibéricos, nas regiões em que viviam povos ainda fora da dinâmica colonial, a atuação do clero, secular ou regular, a conversão foi um dos poucos elementos capazes de assegurar certa lealdade à Coroa, portuguesa ou espanhola. Como em vários outros de seus livros, Boxer era atento à globalidade da "igreja militante", do Peru às Filipinas, da Bahia à Goa. A questão do racismo, e não só o escravismo, também aparece de modo decisivo. Em *Salvador de Sá*, ainda

---

36 André João Antonil (1649-1716) foi um jesuíta italiano que chegou a Bahia em 1681, possivelmente por intermédio de padre Antonio Vieira. Em 1711 publica a obra *Cultura e Opulência do Brasil por suas Drogas e Minas*, logo em seguida proibida e confiscada. Trata-se de uma das mais importantes crônicas do período colonial. Ver: ANTONIL, André João. *Cultura e opulência do Brasil por suas drogas e minas*. Introdução e notas de André Mansuy Diniz Silva. São Paulo: USP, 2007.

37 Ao longo da vida, desde os anos de 1930, Boxer alimentava sua biblioteca adquirindo cartas, manuscritos e coleções clássicas de escritos de padre Vieira, inclusive a primeira edição de seus *Sermões*, publicada em Lisboa, em 14 volumes, entre 1679 e 1714. Em 1947, Boxer publica as cartas de Vieira e artigo sobre o jesuíta. É curioso que o próprio biógrafo de Boxer, Dauril Alden, um de seus herdeiros intelectuais, viria a explorar justamente o assunto. Ver: ALDEN, Dauril. *The Making of an Enterprise. The Jesuits in Portugal, its Empire and Beyond, 1540-1750*. Stanford: Stanford University Press, 1996.

38 ALDEN, Dauril. "Charles R. Boxer e The Church Militant". In: SCHWARTZ, Stuart & MYRUP, Erik. *O Brasil no Império Marítimo português*. Bauru: Edusc, 2009, p. 386.

39 BOXER, Charles. *The Church Militant and Iberian Expansion, 1440-1770*. Baltimore & London: John Hopkins University Press, 1978. Tradução brasileira: _____. *Igreja militante e a expansão Ibérica, 1440-1770*. São Paulo: Companhia das Letras, 2007. (Tradução de Vera Maria Pereira). O livro é fruto de quatro conferências realizadas nos Estados Unidos, em março de 1976, no *James Schouler Conferences* na Universidade Johns Hopkins.

40 ALDEN, Dauril, *Op. Cit.*, 1996.

que as questões políticas, econômicas e militares predominem, o fenômeno cultural e religioso também comparece.

The Dutch in Brazil, 1624-1654, obra de 1957, pode ser lida como uma espécie de sequência a *Salvador de Sá and the Struggle for Brazil and Angola* (1952). São obras profundamente interligadas, em que o tema central, no fundo, é o mesmo: as lutas luso-holandesas. No segundo título, Boxer enfatizou um aspecto que a historiografia de Pernambuco destacaria: a guerra contra os holandeses na América do Sul foi vencida, em grande parte, pelos esforços dos colonos luso-brasílicos, pois eles lutavam por suas "vidas e fazendas", bem como pela sua religião, o catolicismo, contra o herege protestante. O livro de quase 500 páginas, dedicado à presença holandesa no Brasil, ainda hoje pode ser considerado uma obra de referência. Evaldo Cabral de Mello, autor de *Olinda Restaurada*,[41] reconhece a importância da obra de Boxer:

> Quem desejar adentrar-se nos labirintos da história do Brasil holandês, pode percorrer a síntese de C. R. Boxer, *The Dutch in Brazil, 1624-1654*. Ela oferece ainda a melhor visão de conjunto do período, embora tenha sido publicada há pouco mais de cinquenta anos (...).[42]

Bem entrincheirado na universidade – com as garantias de estabilidade, financiamento e liberdade de cátedra – Boxer manteve ligações com acadêmicos no Brasil, nos Estados Unidos e em Portugal. Nunca se tornou um especialista de recortes estreitos, ao sabor das teses que, aliás, Boxer nunca fez, tornando-se historiador a partir da prática de pesquisa, chegando a Cadeira Camões pelo reconhecimento de sua obra e não por títulos acadêmicos. Ao contrário das abordagens hiperespecializadas que crescentemente marcariam a produção universitária, Boxer foi um grande construtor de panoramas, capaz de criar um senso de conjunto, sempre consciente da diversidade e da historicidade entre as diferentes regiões da colonização portuguesa, como a própria documentação de época indicava.

41 MELLO, Evaldo Cabral de. *Olinda Restaurada*. São Paulo: Forense/Edusp, 1975. Ver ainda: _____. *Rubro Veio:* o Imaginário da Restauração Pernambucana. Rio de Janeiro: Nova Fronteira, 1986.

42 MELLO, Evaldo Cabral de (org). *O Brasil holandês (1630-1654)*. São Paulo: Penguin Classics, 2010.

Boxer continuou visceralmente interessado no Brasil, fechando, com *The Golden Age of Brazil: The growing Pains of a Colonial Society, 1695-1750*,[43] uma série de três grandes livros sobre a América portuguesa. Com este livro, publicado em 1962, o historiador retira o foco dos litorais atlânticos do século XVII, adentrando no território luso-americano, interessado em historiar a penetração no interior do continente, no bojo da mineração e do consequente aparecimento de vilas distantes do litoral. A despeito do título, *The Golden Age of Brazil* não é um livro sobre o ouro das Minas Gerais apenas, mas um imenso painel da América portuguesa na primeira metade do século XVIII, cujo impacto da descoberta do metal alterou profundamente o espaço e a dinâmica econômica e demográfica da América portuguesa. Bem ao estilo de Boxer, afeito a grandes painéis, de pinceladas largas e horizontais.

O primeiro capítulo do livro chama-se, significativamente, "I- Império do Atlântico Sul", o que dá bem a noção de continuidade em relação a *Salvador de Sá* (1952) e *The Dutch in Brazil* (1957). Agora o Império Português se interioriza. *The Golden Age of Brazil* (1962), além dos capítulos dedicados a Minas Gerais ("II – O Ouro das Minas Gerais", "III – Paulistas e Emboabas", "VII – Vila Rica de Ouro Preto" e "VIII - Distrito Diamantino"), aborda, no capítulo IV, "Os Franceses no Rio de Janeiro", narrando a invasão da cidade, entre 1710 e 1711, e suas conexões com as guerras de sucessão na Espanha da época. O capítulo V trata da luta entre "Senhores de Engenho e Mascates", em Pernambuco, enfatizando as rivalidades entre a chamada nobreza da terra e os comerciantes reinóis, o que culminaria no conflito também de 1710-1711. No capítulo VI, Boxer descreve a "Bahia de todos os Santos", traçando um panorama da cidade, com suas igrejas, mosteiros, instituições da cidade alta, e o comércio da cidade baixa, sem esquecer a dimensão africana e escravocrata de sua formação, suas instituições, como a Santa Casa da Misericórdia.[44] No capítulo IX, aborda "As Vacarias", dos sertões da Bahia e do Piauí às do Continente do Rio Grande, demonstrando a crescente importância da pecuária, cada vez mais importante num mundo já marcado por cidades consi-

43 BOXER, Charles R. *The Golden Age of Brazil, 1695-1750...*, *Op. Cit.*

44 Anthony John Russell-Wood sempre reconheceu em Boxer uma de suas fontes de inspiração, também ele um importante estudioso do mundo português. Ver: RUSSELL-WOOD. A, J. *Charles Ralph Boxer: teacher, scholar and bibliophile*. Lisboa: Centro de Estudos de História do Livro e da Edição, 1999.

deráveis, como Salvador, Ouro Preto e Rio de Janeiro, portanto consumidoras de carnes e necessitando de abastecimento. No capítulo X, as "Fronteiras Movediças e Monções", Boxer mostra quão porosas e móveis eram as fronteiras entre os impérios ibéricos na América do Sul. No capítulo XI, os "Missionários e Moradores na Amazônia", o historiador descreve as missões, a luta pelo trabalho indígena e o avanço lusitano na região. No XII e último capítulo, o historiador aborda "A América portuguesa por volta de 1750", da cartografia aos sertões, dos antecedentes do Tratado de Madri às frotas e comboios brasileiros e o contrabando.

Sumariar o livro serve-nos para mostrar a perspectiva continental de sua abordagem, respondendo as mudanças que, no século XVIII, já estão consolidadas, com o domínio colonial sobre o interior do continente.

O historiador aborda a expansão para Oeste, uma obsessão da historiografia paulista, como vimos em capítulo anterior,[45] mas sem glorificar a figura do "bandeirante", nem atribuir um sentido geopolítico e anacronicamente nacional às bandeiras paulistas, como havia feito a historiografia liderada por Affonso de Taunay. A obra, no entanto, retrata de modo documentado a formação do território brasileiro ao traçar um grande painel acerca da formação de uma gigantesca massa territorial, que acabou consagrada pelo Tratado de Madri, fenômeno incompreensível sem o deslocamento populacional, econômico e político que a descoberta do ouro fez disparar. Se *Salvador de Sá* (1952) e *The Dutch in Brazil* (1957) haviam retratado de maneira complexa a dimensão profundamente atlântica, leia-se africana, do Brasil do século XVII, *The Golden Age of Brazil* (1962) estabelece um panorama do Brasil do século XVIII, em seu aspecto mais territorial e colonial, profundamente dependente do comércio de escravos, tema que aparece de modo central ao tratar da Bahia ou Minas.

Boxer demonstra que o século XVIII luso-brasileiro foi, por um lado, continuidade e, por outro, ruptura em relação ao século XVII. Continuidade porque a América portuguesa (e a costa africana, fornecedora de escravos) permaneceram vitais ao Império Português, ou até mesmo se tornaram ainda mais importantes.

45 Até a década de 1950, personificada na figura de Affonso de Taunay, a historiografia brasileira, particularmente a produzida em São Paulo, gastou milhares de páginas no tema da expansão para Oeste e no alargamento das fronteiras, glorificando a figura do bandeirante. O Museu Paulista, organizado por Taunay nas décadas de 1920 e 1930, reproduz essa leitura da história do Brasil, que Boxer ou discordaria ou matizaria.

Mas é também ruptura, na medida em que os antigos núcleos povoadores, açucareiros e litorâneos, como Pernambuco e Bahia, gradativamente perderam centralidade econômica em relação a Minas Gerais e ao Rio de Janeiro, embora as velhas regiões do açúcar permanecessem relativamente importantes, em particular a cidade de Salvador, na Bahia, que foi a maior urbe lusitana do Novo Mundo durante praticamente todo o período colonial, lembra Boxer.

Em *The Golden Age of Brazil*, Boxer evidencia a transferência do eixo dinâmico do Império Português para o centro-sul do Brasil. As Minas, pela primeira vez na história da América portuguesa, atraíram grande contingente populacional de reinóis, bem como gente oriunda de São Paulo, da Bahia e do Rio de Janeiro, que para lá se deslocaram. Deslocamentos humanos que ensejaram ou aprofundaram a formação de uma economia de abastecimento de gêneros e dinamizaram o mercado interno, tal como viria a ser explorado pela historiografia brasileira mais recente.[46] A transferência do eixo dinâmico do Brasil colonial, ou mesmo do Império Português, para Minas Gerais e Rio de Janeiro (por onde saia o ouro), teve inclusive efeitos sobre a capitania do Rio Grande, pois facilitou o domínio político sobre as regiões mais meridionais do Brasil, em disputa com Castela, durante grande parte do Setecentos. O abastecimento de animais e carne aos centros consumidores do centro-sul (Rio de Janeiro e Minas Gerais) e, também,o abastecimento de muares para o transporte ajudou a conectar os diferentes espaços luso-americanos, argumenta Boxer.

O que Boxer afirmou é que, a despeito dos esforços da Coroa, o Brasil foi, ao menos em parte, autocolonizado, empregando para isso populações pobres, livres e mestiças, que não encontravam lugar na ordem escravocrata. O empenho dos velhos paulistas em localizar metais preciosos atendia menos aos interesses da Coroa que seus próprios. Quando os senhores das vilas açucareiras de Pernambuco lideraram a ocupação dos sertões, o faziam movidos pelos interesses e dinâmicas locais, mostrando que a colonização dos Brasis de dentro nasce das franjas litorâneas, já marcados por dinâmica interna da colônia.

A obra de Boxer sugere justamente a formação dessas diferentes regiões, com sua própria historicidade, perfil demográfico, econômico e cultural singulares, mas de algum modo vinculados entre si, com laços maiores ou menores. Isoladamente todos

46 Sobre o assunto, ver: FRAGOSO, João; FLORENTINO, Manolo. *O arcaísmo como projeto:* mercado atlântico, sociedade agrária e elite mercantil em uma sociedade colonial tardia, Rio de Janeiro, 1790-1840. Rio de Janeiro: Civilização Brasileira, 2001.

esses aspectos foram contemplados e aprofundados pela historiografia das últimas décadas, empalidecendo as páginas de Boxer. No entanto, se atentarmos para historicidade da obra, podemos flagrar a sensibilidade do historiador em apontar caminhos e temas, fontes e abordagens e, sobretudo, colocá-los em perspectiva e diálogo.

O Brasil continuou a aparecer, sempre em perspectiva imperial, em livros como *Race Relations in the Portuguese Colonial Empire, 1415-1825* (1963), *The Portuguese Society in the Tropics* (1965), *Mary and Misogyny: Women in Iberian Expansion Overseas* (1975) [47] e *The Church Militant and Iberian Expansion* (1978).[48] Aliás, o Brasil colonial continua a aparecer nas grandes obras de síntese acerca do Império Holandês – *The Dutch Seaborne Empire*, 1600-1800 (1965),[49] obra de 1963 – e, claro, do Império Português, *The Portuguese Seaborne Empire, 1415-1825*, publicada em 1969. São livros de certo modo complementares, nos quais Boxer realiza grandes sínteses. Neles, a formação brasileira aparece em perspectiva internacional, como parte da grande expansão europeia no ultramar.

Pode-se afirmar que a grande contribuição de Boxer aos historiadores brasileiros e portugueses, ressalta Evaldo Cabral de Mello, está justamente na sua perspectiva imperial, o que permitiu enxergar a historicidade do Brasil colonial em conexão com outras áreas do Império Português, como a África, mas também os contatos e tensões entre o Império Português, Espanhol e Holandês.

> Que a um historiador inglês devam Portugal e o Brasil a primeira obra de conjunto acerca da expansão colonial do velho reino, constitui algo merecedor de alguma surpresa e, sobretudo de reflexão (...). A abordagem supranacional da história luso-brasileira foi assim deixada a estrangeiros (...) A Boxer cabe boa parte do crédito pelo reconhecimento de que as histórias portuguesa e brasileira tornam-se separadamente ininteligíveis e pela tendência, que já se detecta na historiografia mais recente, de saltar este fosso, como acaba de fazer Luiz Felipe de Alencastro em "O Trato dos Viventes" (...).[50]

---

47 BOXER, Charles. *Mary and Misogyny:* Women in Iberian Expansion Overseas, 1440-1770. London: Duckwoth, 1975. Tradução Brasileira: _____. *A mulher na expansão ultramarina Ibérica, 1415-1815.* Lisboa: Livros Horizontes, 1977.

48 BOXER, Charles. *The Church Militant and Iberian Expansion..., Op. Cit.*

49 BOXER, Charles. *The Dutch Seaborne Empire*, 1600-1800. New York: Alfred Knopf, 1965.

50 MELLO, Evaldo Cabral de. "O Século mais agreste". In: *Um imenso Portugal... Op. Cit.*, p. 276.

Em 1960, quando terminou de escrever *The Golden Age of Brazil*, quase ninguém tratava sobre a história das mulheres ou sobre perspectivas de gênero, mas Boxer comentou a misoginia do período ao mencionar o costume de manter as mulheres em estado de reclusão. No mundo português, "mais que no espanhol", havia a tradição de recolher as mulheres das classes altas, fossem esposas ou filhas. Para demonstrar a questão, cita um provérbio da época: "uma dama virtuosa só sai de casa três vezes, para se batizar, para se casar e para ser enterrada". Essa cultura pode ser explicada, afirma Boxer, pela força da Igreja Católica e pela herança mourisca, arrematando o parágrafo com uma citação do historiador cearense Capistrano de Abreu: "'pai soturno, mulher submissa e filhos aterrados.'"[51]

Noutra passagem do livro, Boxer volta a tratar a questão das mulheres no período colonial, ao afirmar que os brancos de Minas e de outras regiões do Brasil colonial, que haviam acumulado algum cabedal, gostavam de tornar suas filhas freiras, mandando-as para conventos na Bahia, nas ilhas atlânticas ou mesmo para Portugal. Boxer cita um documento de Dom Lourenço de Almeida (1680-1750), um alto funcionário régio, que atribuiu o costume à "gente de nascimento baixo". Dom Lourenço chegou a sugerir à Coroa que proibisse a ida de moças brancas para Portugal. De fato, em 1732, Boxer menciona a promulgação de uma lei proibindo mulheres de deixar o Brasil sem autorização da Coroa, logo em seguida modificada, autorizando as casadas a voltarem, desde que acompanhadas pelos seus maridos.[52] Embora o assunto fuja aos interesses desse capítulo, vale lembrar que Boxer, com mais de 70 anos de idade, publica, em 1975, *Mary and Misogyny: Women in Iberian Expansion Overseas, 1440-1770*,[53] em que volta a tratar do assunto.[54]

Em *The Golden Age of Brazil*, livro concebido, pesquisado e escrito no final do anos 50, Boxer afirma que o fato de muitas pessoas viverem no Brasil, "à lei da natureza", como deploravam governadores, magistrados e missionários do período colonial, teria dado origem a uma vasta gama de "mendigos sem lar, errantes e vadios

51 BOXER, Charles. *A Idade de Ouro do Brasil...*, *Op. Cit.*, p. 158-159

52 *Idem*, p. 185.

53 BOXER, Charles. *Mary and Misogyny...*, *Op. Cit.*

54 Não me é possível saber as razões que levaram Boxer a esse assunto. Mas o fato de ter sido casado com uma escritora feminista, a jornalista norte-americana Emily Hahn (1905-1997), pode ter exercido certa influência ao chamar atenção a questão.

que em parte alguma constituíram problema tão grande como para as autoridades de Minas Gerais."[55] Boxer observa que o problema da mendicância era comum no Império Português e agrega: "fato discretamente ignorado pelos apologistas do século XX, que elevam os portugueses às nuvens como colonizadores *par excellence* dos Trópicos."[56] Trata-se, ao que parece, de uma crítica velada a Gilberto Freyre e quem com ele comungava. Boxer reconhecia as qualidades lusitanas, como "admirável tenacidade com que eles se agarraram, uma vez estabelecidos, em face de um ambiente humano e geograficamente hostil", mas também apontava "os defeitos de suas qualidades", destacando que os portugueses "não viam a pobreza como um crime", mas sim como algo que devia antes ser apaticamente suportado."[57]

Boxer insiste na questão ao argumentar que, também na Ásia portuguesa, a mendicância era recorrente, concluindo que, entre os ibéricos, o "trabalho manual era quase sempre visto como ainda mais degradante do que mendigar ou roubar. 'Trabalho é para cachorro e para negro', conforme dizia um ditado brasileiro."[58] O historiador inglês cita ainda documento do governador do Rio de Janeiro que, em 1726, afirmou que os reinóis, mesmo que "criados com enxada na mão", quando põem os pés no Brasil evitavam o trabalho manual.[59]

Essa perspectiva lembra *Raízes do Brasil,* livro publicado em 1936, modificado e republicado em 1948, em que Sérgio Buarque afirma que os ibéricos, seguindo uma lógica da Antiguidade clássica, davam mais importância ao ócio que ao negócio, pois "as atividades profissionais são, aqui, meros acidentes na vida dos indivíduos, ao oposto do que sucede entre outros povos."[60] Mais do que discutir a eventual ausência da moral do trabalho, interessa aqui notar que os argumentos de Boxer estão mais próximos de Sérgio Buarque, com quem mantinha relações muito próximas, como se verá a adiante.

55 BOXER, Charles. *A Idade de Ouro do Brasil...*, *Op. Cit.*, p. 88.

56 *Idem. Ibidem.*

57 *Idem. Ibidem.*

58 *Idem. Ibidem.*

59 *Idem*, p. 189.

60 HOLANDA, Sérgio Buarque de. *Raízes do Brasil.* Rio de Janeiro: José Olympio, 1936, p.114.

Ainda nesse trecho, Boxer menciona os esforços da Coroa no sentido de combater vadios e desordeiros, produtos da mestiçagem em Minas, via deportação dos "piores elementos para Angola", ou, ainda, o alistamento de "mulatos, negros, ameríndios e mestiços livres em bandos armados, sob direção dos capitães-do-mato que batiam a região rural em busca de escravos fugidos".[61] Por outro lado, continua Boxer:

> (...) conforme Caio Prado Júnior faz notar, a vida folgada que produziu aquele enxamear de indigentes vadios no Brasil, teve, ao final das contas, um bom resultado. Trouxe uma fusão relativamente pacífica entre as três raças, a europeia, a africana e a ameríndia, bem diferentes uma das outras em suas características étnicas, e nas posições relativas que ocupam dentro da organização social da colônia.[62]

É curioso notar que, para valorizar a miscigenação, Boxer cita Caio Prado, um historiador que não ancorava a sua tese na mestiçagem. Ao evitar Freyre ou citá-lo criticamente prenunciava a ruptura que viria em *Relações Raciais no Império Português*. Uma das diferenças de Boxer e Freyre, é que o primeiro conhecia muito bem a história e a documentação de época, diferente de Freyre que – se tinha notável dimensão literária e vezo ensaístico –, não tinha a mesma erudição documental, nem o mesmo zelo empírico que o historiador inglês.

Mesmo quando analisava o Brasil do período colonial, Boxer sempre pensava em escala imperial, afinal, seu objeto de estudo era o Império Português. Essa abordagem imperial – livre de esquemas teóricos rígidos, bem como avesso ao peso das agendas historiográficas nacionalistas – habilitou Boxer a ver as partes do Império como integrantes de um grande corpo político, e de certo modo econômico e cultural, sem deixar de reconhecer as especificidades locais das partes e de cada contexto temporal.

Charles Boxer soube também evitar a sobrevalorização do Estado, e do peso negativo da burocracia, à maneira de Raimundo Faoro (1925-2003),[63] ou conferir

61 BOXER, Charles. *A Idade de Ouro do Brasil...*, *Op. Cit.*, p. 190-191.

62 *Idem*, p. 189-190.

63 FAORO, Raimundo. *Os donos do poder*: formação do patronato político brasileiro. Porto Alegre/São Paulo: Globo/Edusp, 1975.

peso excessivo à família patriarcal, à miscigenação e à suposta plasticidade dos portugueses, herdada positivamente da tradição ibérica, tal como fez Gilberto Freyre,[64] ou ainda ler a experiência colonial excessivamente calcada na expansão do capitalismo comercial, como fez Caio Prado Jr (1907-1990).[65] Não se trata de hierarquizar os autores, nem negar méritos, mas registrar a singularidade de Boxer, marcado por um esquema interpretativo aberto, interessado em captar, com maior ou menor sucesso, a integralidade da experiência histórica. É importante insistir que Boxer não cedeu à centralidade da economia, à maneira da grande tradição marxista, mas valorizou o peso da escravidão e do colonialismo. Nem por isso deixou de ler e citar autores como Caio Prado Jr e Vitorino Magalhães Godinho (1918-2011).[66]

Ao longo do livro, Boxer aborda a escravidão africana e a presença negra no Brasil, especialmente nos capítulos dedicados a Minas e Bahia. Logo no primeiro capítulo escreve sobre a vida dos escravizados, nas fazendas, aludindo ao compromisso religioso dos senhores com a educação cristã dos mesmos mencionando a disciplina muitas vezes exagerada. Boxer evita apresentar a crueldade dos senhores portugueses como uma singularidade lusitana, afirmando, através de fontes de época, que o mesmo ocorreu em colônias inglesas ou espanholas.

Quando senhores eram "humanos", os escravos não viviam em condições muito piores que os trabalhadores europeus da mesma época. No entanto, quando eram brutais, afirma Boxer, os escravos fugiam ou se suicidavam e as mulheres abortavam. Os últimos eram mais comuns, a julgar pelas denúncias de fontes da época, como Jorge Benci, padre Vieira, Antonil ou Marques Pereira,[67] chamando atenção para a generalidade da escravidão no Brasil, observando que esta implica, necessariamente, uma conexão com a África:

---

64 FREYRE, Gilberto. *Casa-Grande & Senzala...*, *Op. Cit.*

65 PRADO Jr Caio. *Formação do Brasil contemporâneo*. São Paulo: Brasiliense, 1942.

66 Não esqueçamos que Boxer e Godinho, cada um a sua maneira, estiveram entre os historiadores que se ergueram contra os aliados do salazarismo, Freyre inclusive, defensores, nos anos 50, da mestiçagem e da missão civilizadora dos portugueses. Ver: CURTO, Diogo Ramada. "O atraso historiográfico português". In: Charles Boxer, Opera Minora, v. III – historiografia. Lisboa. Fundação Oriente, 2002.

67 BOXER, Charles. *A Idade de Ouro do Brasil...*, *Op. Cit.*, p. 30-31.

> Quase todos os brancos, ricos ou não, possuíam escravos. Senão negros, índios, como era mais comum nas regiões pobres, como São Paulo e Maranhão. Os escravos não trabalhavam só nas lavouras, mas em 'trabalhos mecânicos. [...] Os escravos negros empregados no Brasil colonial foram trazidos da África Ocidental: primeiro da Costa da Guiné (etnia sudanesa), depois expulsos pelos holandeses. O comércio de gente deslocou-se ao Sul, para o reino banto do Congo e por fim para Angola (bantos) e Benguela (bantos), e onde saíram o grosso do contingente escravo traficado para o Brasil. São Paulo de Luanda foi fundada em 1575.[68]

A escravidão e o tráfico negreiro já haviam sido apresentados por Boxer em livros, como *Salvador de Sá* (1952) e *The Golden age of Brazil* (1962), mas a questão propriamente racial não aparecia em tintas mais coloridas nessas obras. A afirmação de que os portugueses não impunham barreiras raciais não podia ser sustentada em função das próprias pesquisas de Boxer e de outros historiadores. Boxer já tangenciara a questão em "*Portuguese colonial slavery*", artigo de 1954, mas não discutiu a questão racial como viria a fazer no princípio da década de 1960.

Em uma série de conferências na África do Sul em 1960 – que deu origem a livro *Four Centuries of Portuguese Expansion, 1415– 1825: a Succint Survey*[69] – Boxer claramente esboça a problemática ao afirmar: "*The oft-made claim the Portuguese had no colourbar cannot be substantiated*".[70] Em uma série de textos menores, artigos, resenhas e documentos de época publicados nesse período, o escravismo, a questão racial e a violência do colonialismo aparecem de modo cada vez mais constante, em um esforço consciente, provavelmente deliberado, de questionar os usos políticos e ideológicos do passado nos círculos salazaristas.[71]

---

68 *Idem*, p. 24-27.

69 BOXER, Charles. *Four Centuries of Portuguese Expansion, 1415-1825*. Joanesburgo: Witwatersrand University Press, 1961.

70 BOXER, Charles. "*The clash of colour, caste, and creed in the Sixteenth Century*". In: _____. *Four centuries of Portuguese expansion, 1415-1825...*, *Op. Cit*. "A afirmação comum de que os portugueses não impunham barreiras raciais não pode ser sustentada".

71 BOXER, Charles: "Duas cartas inéditas de João de Barros quando feitor da Casa da Índia 1534–1535". In: *Actas do Congresso Internacional de História dos Descobrimentos*, vol. V (Lisboa, 1961), p. 69–72. No texto, há referências sobre o tráfico de de escravos de São Tomé para as Antilhas, informação que não combinava com o discurso oficial reinante

Entretanto, é numa conferência no *British Academy*, em Londres, que Boxer afirma categoricamente a existência de racismo no Império ultramarino português ao longo da história moderna. Se, por um lado, não se poderia falar em integração harmoniosa e pacífica mestiçagem, também aceitou a ideia de que a discriminação racial seria menor do que aquela praticada por outros europeus.[72] Boxer, depois de intenso estudo sobre a formação do Brasil, que resultou nas obras acima citadas, percebe as insuficiências e impertinências da historiografia mais conservadora então em vigor, inclusive o luso-tropicalismo.

O diálogo com Sérgio Buarque de Holanda e Vitorino Magalhães Godinho

Não resta dúvida que a efervescência política africana e estadunidense – e o debate intelectual que daí emerge – atuaram poderosamente na agenda de pesquisa de Boxer, culminando no célebre e polêmico *Race Relations in the Portuguese Colonial Empire, 1415-1825*.[73] Esse percurso envolveu diálogos e parcerias, nos Estados Unidos, na Inglaterra, em Portugal e no Brasil, além de outros lugares, formando redes de sociabilidade, aliança e disputa que compõem o arco de convivência de Boxer. Como se sabe, nenhum historiador pensa seu objeto de estudo desvinculado da vida experimentada fora da pesquisa e do texto, na vida, no mundo concreto, nas relações pessoais e afetivas. As circunstâncias do presente importam, inclusive as diretamente ligadas a atuação profissional, como as instituições nas quais o historiador participa e a rede de interlocutores, que formam uma espécie de sociabilidade letrada. Entre os diálogos e leituras de Boxer estavam os intelectuais e historiadores brasileiros. Charles Boxer conhecia e citava João Capistrano de Abreu (1853-1927), Affonso de Taunay (1876-1958), José Honório Rodrigues (1913-1987), Gilberto Freyre (1900-1987), Sérgio Buarque

---

nas celebrações do regime. Nesse mesmo período, há uma série de outros textos de Boxer, menos expressivos, que já abordam a questão racial, de modo mais ou menos diretos. Sobre isso, ver também: CURTO, Diogo Ramada, *Op. Cit.*, 2013.

72 BOXER, Charles. "The Colour Question in the Portuguese Empire, 1415-1825" (The Raleigh Lecture on History-British Academy, 1961). *Proceedings of the British Academy*, vol. XLVII, 1961, p. 112--138.

73 BOXER, Charles R. *Race Relations in the Portuguese Colonial Empire…*, *Op. Cit.*

de Holanda (1902-1982), Caio Prado Jr (1907-1990), José António Gonçalves de Mello (1916-2002), entre outros.[74]

Livros como *The Golden Age of Brazil* e *Race Relations...*, publicados no começo da década de 1960, só podem ser compreendidos nos marcos de seu tempo e de seus diálogos. Nesse último livro, de 1963, Boxer procurou demonstrar que as pessoas de "sangue infecto" ou com "defeito de sangue", conforme linguagem da documentação de época, mesmo quando livres e até proprietárias, tinham suas possibilidades restritas, pois "o padrão social que prevalece era aquele da consciência da superioridade branca."[75] Este livro teve particular importância no Brasil, pois ajudou a questionar a composição do caldo de cultura a respeito da suposta tendência dos portugueses à miscigenação e à integração racial, pressupostos defendidos por Gilberto Freyre. Conforme vimos acima, Boxer atacou ao mesmo tempo as teses luso-tropicais de Freyre, bem como minou elementos importantes da propaganda salazarista. Mais que isso, ao demonstrar a violência, o escravismo e o racismo colonial português, com notável lastro empírico, Boxer também atingia certa consciência pública enraizada na sociedade brasileira da época, que via o país como essencialmente não racista.

Ao contrário das disputas e divergências com Gilberto Freyre, Boxer manteve um diálogo frequente e amistoso com Sérgio Buarque de Holanda. A historiadora Maria Odila Leite da Silva Dias, herdeira intelectual do historiador paulista, referia-se a Boxer como um "amigo" de Sérgio,[76] um dos mais importantes nomes da renovação da historiografia brasileira da época. No Brasil, as universidades foram criadas apenas na década de 1930[77] e, nos anos 1950, encontravam-se relativamente enraizadas na vida intelectual do país.

74 O livro *The Golden Age of Brazil, 1695-1750: Growing Pains of Colonial Society*, publicado originalmente em 1962, teve nota de agradecimento às seguintes pessoas: Rodrigo de Mello Franco, Antônio Gonsalves de Mello, Pedro Calmon, José Honório Rodrigues, Sérgio Buarque de Holanda, Myriam Ellis, Alice Canabrava e Edgard dos Santos.

75 BOXER, Charles. *Relações raciais no Império Português...*, *Op. Cit.*.p.40

76 DIAS, Maria Odila Leite da Silva. "Sergio Buarque de Holanda na USP". In: *Estudos Avançados*. v.8, n.22, São Paulo, p. 271, set./dez. 1994.

77 A Universidade de São Paulo foi criada em 1934 e a Universidade do Distrito Federal, atual Universidade Federal do Rio de Janeiro, é de 1935. Sobre o assunto, ver: FÁVERO, Maria de Lourdes de Albuquerque. "A Universidade no Brasil: das origens à Reforma Universitária de 1968". In: *Revista Educar*, Curitiba, n. 28, p. 17-36, 2006.

Diferentemente de Gilberto Freyre, que não seguiu uma carreira universitária regular, Sérgio Buarque, em 1958, assumiu a cadeira de "História da Civilização Brasileira na Universidade de São Paulo (USP). A tese necessária para o concurso o levou a escrever "*Visão do Paraíso*", livro publicado em 1959, em que analisa aspectos do imaginário europeu da época dos descobrimentos. Estudos monográficos, como a obra de Holanda, fortemente marcados pelo debate com os historiadores europeus e estadunidenses, de tom fortemente empírico, foram responsáveis pelo nascimento de um novo sistema intelectual. Declinava o ensaísmo, que o próprio Sérgio Buarque praticara em *Raízes do Brasil* (1936), em benefício de estudos especializados já distantes da pretensão de síntese que haviam marcado os estudos históricos da primeira metade do século XX.

Foi a este Sérgio, historiograficamente atualizado, que coube a tarefa de dirigir a importantíssima coleção *História Geral da Civilização Brasileira*, cujo primeiro volume saiu em 1960.[78] Em 1957 o historiador paulista convidou alguns dos mais importantes nomes dedicados a História do Brasil para contribuir com a obra coletiva. Entre os convidados estava Charles Boxer. Chama a atenção que Gilberto Freyre, um dos mais reputados intelectuais brasileiros à época, não tenha sido convidado. Sérgio "constituiu em torno de si importantes formas de sociabilidades intelectuais", marcadas pelo microcosmo das relações afetivas, das alianças, das preferências políticas, da disputa por espaço.[79] O convite a Boxer evidencia que, bem antes de *Race Relations* (1963), Boxer e Freyre já não comungavam do mesmo círculo. Também sugere o prestígio do historiador inglês no Brasil, a ponto de ser

---

78 Em 1960, Sérgio Buarque de Holanda já era um historiador de prestígio. Ele ingressara como professor na Universidade de São Paulo em 1958, para cátedra de História da Civilização Brasileira, com uma tese que viria a ser publicada em 1959, intitulada *Visão do Paraíso: os motivos edênicos do descobrimento e colonização do Brasil*. Sobre este livro, ver: MARTINS, Renato A. *Tradição, Modernidade e a História das Américas em Visão do paraíso (1946-1969)*. 2016. Tese (Doutorado em História Social) - FFLCH–USP, 2016. Demais, cabe lembrar, ainda, que quando Holanda entrou na universidade, aos 56 anos de idade, já havia dirigido o Museu Paulista (1946-1956) e publicado obras relevantes, como *Raízes do Brasil* (1936), Monções (1945) e *Caminhos e Fronteiras* (1957). Era um intelectual reconhecido como importante crítico literário e historiador.

79 Sobre a coleção História Geral da Civilização Brasileira, ver: FURTADO, André Carlos. *As edições do Cânone. Da fase buarqueana na coleção da História Geral da civilização da Civilização Brasileira (1960-1972)*. 2014. Dissertação (Mestrado) - PPGH–UFF, 2014, p. 33.

convidado para um dos mais importantes empreendimentos editoriais da época. Boxer, no entanto, recusou o convite, como se pode testemunhar pela carta de 5 de novembro de 1957.[80] Na missiva, o historiador deixava transparecer intimidade com Sérgio, cujo contato datava, ao menos, desde 1949, quando o historiador brasileiro recebeu o britânico em São Paulo.

Ao recusar o convite, certamente prestigioso, Boxer justificava-se da seguinte maneira:

> [...] não posso nem quero aceitar enquanto estiver vivo o nosso bom e mútuo amigo José Antônio Gonsalves de Mello Neto, que é autoridade mundial no assunto, como ele mostrava há anos naquele trabalho magistral *Tempo dos Flamengos*.[81]

Sérgio Buarque voltou a insistir no convite, mas Boxer recusou terminantemente, ao dizer que não podia "dar lições à brasileiros na sua própria história materna."[82] Sérgio chegou a aventar o nome de José Honório Rodrigues, seu amigo pessoal e também amigo de Boxer. José Honório não era especialista no assunto e, afinal, o capítulo coube mesmo ao pernambucano Gonsalves de Mello, como queria Boxer.

É preciso lembrar que o *Tempo dos Flamengos*[83] foi prefaciado por seu primo, Gilberto Freyre. Para os propósitos deste trabalho interessa-nos um detalhe bastante revelador: na carta de 5 de novembro de 1957, Boxer mencionou a não participação do historiador paulista em um colóquio realizado em Lisboa, acabando por elogiar "os escrúpulos de consciência" de Sérgio Buarque, "por que no fim das contas o governo de Salazar é uma ditadura declarada". Essa observação mostra

80 Carta de 5 de novembro de 1957. Fundo Sérgio Buarque de Holanda. Correspondência. Subséria: passiva, 431. CP 209, p.9. Siarq – Unicamp.

81 Carta de 5 de novembro de 1957. Fundo Sérgio Buarque de Holanda. Correspondência. Subsérie: passiva, 431. CP 209, p.9. Siarq – Unicamp.

82 Carta de 2 de dezembro de 1957. Fundo Sérgio Buarque de Holanda. Correspondência. Subsérie: passiva, 432,. CP 210, p.9. Siarq – Unicamp. Sobre o assunto, ver: FURTADO, André Carlos. *As edições do Cânone...*, *Op. Cit.*

83 MELLO NETO, Antônio Gonsalves de. *Tempo dos Flamengos*: influência da ocupação holandesa na vida e na cultura do norte do Brasil. Coleção Documentos Brasileiros. Rio de Janeiro: José Olympio, 1947.

que, desde o fim dos anos 1950, Boxer, um historiador até então pouco afeito aos enfretamentos políticos, já se opunha a ditadura salazarista.

Sérgio Buarque, na segunda edição de *Raízes do Brasil*, em 1948, estabelece consideráveis modificações no texto.[84] Dentre elas, importa observar a subtração de algumas menções aos trabalhos de Gilberto Freyre e Carl Schmidt, que foram removidos ou minimizados. Sergio Buarque buscava afastar-se do pensamento conservador, analisando de modo crítico a herança ibérica, ou seja, a "herança rural" segundo a sua própria terminologia. João Kennedy Eugênio afirma que foram relativamente profundas as intervenções no texto de *Raízes* interessadas em atenuar "o viés organicista do ensaio". Tal operação incluía expurgos de trecho de autores que teriam criado uma interpretação positiva de "nossas tradições portuguesas e mestiças"". Holanda não apenas admite o caráter organicista de *Raízes do Brasil*, segundo o qual "a cada povo cumpre discernir e cultivar com carinho sua personalidade essencial e redutível, informada por tradições que lhe são próprias", cuja razão de ser residiria "no simples fato de ser singular e única". Entre os signatários dessa tradição estariam Gilberto Freyre e Oliveira Vianna e "certo parente pobre, um livro que há cerca de doze anos publicou o autor do presente artigo",[85] ou seja, o próprio Sérgio.

Lembremos que Freyre, naquele momento, ainda era um autor prestigiado, que avaliava positivamente o personalismo português e a tradição patriarcal e escravocrata que, por sua vez, teria sido atenuada pela mestiçagem cultural e quotidiana, lidos como fatores de equilíbrio e estabilidade, em uma sociedade formada por polaridades extremas, como senhores e escravos. Para Freyre, a formação do Brasil deve à família patriarcal o seu caráter conciliador, identificado como uma virtude, capaz de gerar uma colonização do Brasil integradora das diferenças.

Holanda buscava distanciar-se dessa perspectiva, ao afirmar que a modernização da sociedade brasileira viria apenas com a superação do personalismo ibérico, o que exigiria a formação de instituições estatais reguladoras, o que não significa aceitar o controle de "nossa anarquia" com medidas de inspirações totali-

84 Sobre o assunto, ver: SCHWARCZ, Lilia Moritz; MONTEIRO, Pedro Meira. *Raízes do Brasil:* Edição Crítica (HOLANDA, Sérgio Buarque de). São Paulo: Companhia das Letras, 2016.

85 EUGÊNIO, João Kennedy. "Entre totem e tabu: o processo de *Raízes do Brasil*". In: SCHWARCZ, Lilia Moritz; MONTEIRO, Pedro Meira. *Raízes do Brasil...*, *Op. Cit.* p. 434.

tárias, mas sim democratizadoras.[86] Raphael Guilherme de Carvalho observa que, no momento da primeira edição de *Raízes do Brasil*, em 1936, sob o impacto de *Casa-Grande & Senzala* (1933), Sérgio Buarque efetivamente dialogou com a obra do pernambucano, mas na década de 1950 essa proximidade passaria ser problemática em função da postura tradicionalista de Freyre.[87]

De fato, Gilberto Freyre, após a década de 1950, era cada vez mais reputado como conservador. Sérgio Buarque, ao contrário, parecia inclinar-se à esquerda enquanto se consolidava como um historiador interessado na institucionalização da História, produzindo dentro de um departamento acadêmico.[88] Não é o caso de aprofundar essa discussão, mas assinalar que Sérgio Buarque e Charles Boxer, na virada dos anos 50 para os 60, claramente se opunham a leitura de Freyre. Tanto Holanda como Boxer, naquele momento, estavam integrados ao que podemos chamar de circuito universitário, com acesso a financiamento público e liberdade de cátedra, o que ajudou na formulação de outra compreensão para história do Brasil.

A proximidade de Boxer com Sérgio Buarque ajuda compreender a oposição a *Race Relations in Portuguese Empire* (1963). Joaquim Romero de Magalhães mostra-nos que Boxer e Vitorino Magalhães Godinho mantiveram desde 1947 e

---

86 BASTOS, Elide Rugai. "Um livro entre duas constituintes". In: SCHWARCZ, Lilia Moritz; MONTEIRO, Pedro Meira. *Raízes do Brasil*: Edição Crítica (HOLANDA, Sérgio Buarque de). São Paulo: Companhia das Letras, 2016. p. 408-410.

87 Sobre o assunto, ver: CARVALHO, Raphael Guilherme de. *Um "estudo comprehensivo"*: historicidade em *Raízes do Brasil*, de Sérgio Buarque de Holanda. 2013. Dissertação (Mestrado em História) – UFPR, Curitiba, 2013. Sérgio Buarque, mais tarde, viria a questionar "A sociedade patriarcal". No artigo, o historiador questiona a validade da abordagem, valendo-se das diferenças regionais no interior da formação brasileira. Mesmo que reconheça a importância da obra de Freyre, Buarque busca pensar outras regiões na colônia menos impactadas pelo latifúndio de monocultura, pelo trabalho escravo e pela família patriarcal, como São Paulo e Minas Geraias. In: HOLANDA, Sérgio Buarque. "A sociedade patriarcal". In: *Tentativas de Mitologia*. São Paulo: Perspectiva, 1979, p. 98-102.

88 O Tomo 1 da *História Geral da Civilização Brasileira* (A Época colonial) contou com participação de Florestan Fernandes, regente da cátedra de sociologia na USP desde 1954. Florestan, que se notabilizou por atacar as concepções de Gilberto Freyre, foi um dos introdutores do marxismo no ambiente acadêmico brasileiro. Em 1969 Sérgio Buarque solicita aposentadoria de suas funções na USP em solidariedade ao ataques da ditadura contra os intelectuais de esquerda, como Florestan. Em 1980, Sérgio assina a ficha nº. 4 no ato de Fundação do Partido dos Trabalhadores.

ao longo da década de 1950, começo dos anos 60, frequente troca de cartas nas quais remetiam mutuamente seus trabalhos. Em 1956, em retribuição ao envio de *Documentos sobre a expansão Portuguesa*, vol. III, que Godinho acabara de publicar, Boxer mandou "*Some notes on Portuguese Historiography 1930-1950*", que ele publicara em 1954. Até aquele momento, Boxer interessava-se mais pela história política e militar do que pelas questões econômicas e sociais, como já praticava Godinho, bem entrosado na maneira de escrever história praticada na França por Lucien Febvre e Fernand Braudel. Boxer, a despeito de seus méritos, era epistemologicamente bastante convencional, fortemente empirista, embora conhecesse melhor as crônicas da era moderna do que os arquivos. Até aquele momento, Boxer não havia se apresentado como um inimigo do regime.[89] Romero Magalhães nota que, apesar de elogiar Godinho, Boxer afirmou que:

> Magalhães Godinho is a contributor to the stimulating written but awkwardly entitled Annales. Economie, Sociétés, Civilisations, and has been strongly influenced by L. Febvre, F. Braudel, and other distinguished French scholars who collaborate in this review. Like his French colleagues, Magalhães Godinho is always stimulating and usually enlightening to read; but some of his prejudices lead him into exaggerated and erronous interpretations.[90]

89 Em "*Some notes on Portuguese Historiography 1930-1950*" Boxer elencou o que considerava os sete pecados da historiografia portuguesa: 1° prolixidade; 2° gosto por discursos e conferências; 3° ilustrações escolhidas antes do texto, fazendo apelo aos olhos (mais que ao cérebro); 4° ausência de consulta de obras estrangeiras maiores; 5° falta de índices apropriados; 6° falta de mapas adequados; 7° censura governamental. O sétimo "pecado" é, evidentemente, uma crítica ao regime.

90 Magalhães Godinho contribui com o estimulante, mas de título desajeitado *Annales. Economie, Societés, Civilisations*, e tem sido fortemente influenciado por L. Febvre, F. Braudel, e outros distintos acadêmicos franceses que colaboram nessa revista. Como seus colegas franceses, a leitura de Magalhães Godinho é sempre estimulante e esclarecedora; mas alguns de seus preconceitos o levam a interpretações exageradas e errôneas. (*Apud*) MAGALHÃES, Joaquim Romero. "Charles Ralph Boxer et Vitorino Magalhães Godinho: une polémique qui n'aura pas lieu". *Le Portugal et le monde. Lectures de l'oeuvre de Vitorino Magalhães Godinho.* Arquivos do Centro Cultural Calouste Gulbenkian. Volume L. Lisboa/Paris: Centro Cultural Calouste Gulbenkian, 2005. p. 19

Godinho considera a avaliação de Boxer sobre a historiografia portuguesa insuficiente, também defende os *Annales* e nega preconceitos. Para ele, os problemas da historiografia portuguesa derivavam sobretudo da tutela do Estado sobre a comunidade científica. A resposta é polida e Boxer volta a reconhecer a excelência do trabalho de Godinho. O historiador português parece ter ficado incomodado com a acusação de "preconceito" em alusão ao seu anticlericalismo, afirmando que não esperava do historiador inglês uma crítica tão ao gosto dos historiadores conservadores, católicos e simpáticos ao regime. Em síntese, Godinho acabou por acusar Boxer, não sem alguma razão, de conservadorismo, tanto em termos políticos quanto historiográficos.

Boxer parece ter compreendido e aceitado a observação de Godinho, um historiador que estava em vias de produzir uma nova interpretação da história de Portugal e do Império, não só atualizada e intelectualmente sofisticada, como inovadora e crítica, tornando-se uma referência incontornável na historiografia sobre a expansão europeia. De certo modo "derrotado", mas sem comprometer as boas relações que mantiveram ao longo dos anos, Boxer incorporou as lições de Godinho que, possivelmente, tiveram um papel ativo nas obras naqueles anos, quando seus interesses estavam sobretudo no Brasil. As palavras de Romero Magalhães são importantes para compreender a historicidade da obra de Boxer:

> Donc, la polémique n'aura pas lieu. L'ncident était clos, les relations entre les deux historiens ont perduré sans l'ombre d'un malentendu. Boxer serait désormais plues attentif à ce qui se faisait au Portugal, pas seulement à la publication de documents, mais à d'autres travaux de recherche qui avaient la chance d'être édités. Sa connaissance de l'histoire portugaise se complétait et s'élargissait. L'ancien apprenti historien devenait historien à part entière. Ses références bibliographiques s'enrichissaient. Il suffit de comparer son "Some Notes", des années 1950 avec son "Some Second Thoughts on Indo-Portuguese Historiography: Sources and Problems" des années 1980. Boxer n'avait aucun penchant théorisant, mais il était extrêmement curieux et attentif. Et il assimilait très vite et très bien ce qu'il avait à sa portée. Sans pour autant mettre em cause ses idées propes. S'il estimera toujours, fidèle à as formation, les héros et les hommes remarquables, il saura étudier avec une maîtrise aiguisée des structures sociales comme les municipalités ou les maisons de miséricorde. En des circonstances solennelles – devant Salazar lui-même -, il évoquera, non seulement l'Infante Dom Henrique mais aussi les marins, les navigateurs, pour la plupart ignorés, qui ont été les

> ouvtiers de l'entreprise des découvertes portugaises. Il a fini par apprendre d'autres choses, que le très britannique "major" Boxer des annés 1940 et 1950 n'aurait point soupçonnées. La dictature n'était pas si complaisante envers lui que l'on pourrait le croire.[91]

É interessante notar que, tanto Boxer como Godinho, caminharam contra o regime na medida em que as posições se radicalizavam. Como vimos, Boxer publicou *Race Relations* em 1963, fruto das conferências de 1962, provocando a ira de intelectuais e historiadores identificados com interpretações históricas pró--regime. Ao passo que Vitorino Magalhães Godinho, naquele mesmo ano de 1962, acabou demitido do *Instituto Superior de Estudos Ultramarinos,* onde era professor catedrático, em função de sua atuação em uma greve acadêmica,[92] sabe-se, no entanto, que as razões da demissão eram mais profundas e passavam, obviamente, por suas posições políticas e historiográficas. Convém lembrar que, naquele ano, Godinho publicou *A economia dos descobrimentos henriquinos,*[93] obra que não era

91 A polêmica não aconteceu. O incidente fora encerrado, as relações entre os dois historiadores perdurou sem um mal-entendido. A partir de então, Boxer estaria mais atento ao que se produzia em Portugal, não apenas à publicação de documentos, mas a outros trabalhos de pesquisa que tinham a chance de serem publicados. Seu conhecimento de história portuguesa se completava e se alargava. O antigo aprendiz de historiador se tornava um historiador por completo. Suas referências bibliográficas se enriqueciam. Basta comparar seu "Some Notes", dos anos 1950, com "Some Second Thoughts on Indo--Portuguese Historiography: Sources and Problems", dos anos 1980. Boxer não tinha uma tendência teorizante, mas ele era extremamente curioso e atento. E ele assimilava muito bem e rapidamente aquilo que estava em seu alcance. Sem colocar em questionamento suas ideias próprias. Se ele valorizava sempre, fiel à sua formação, os heróis e homens notáveis, ele também soube estudar com um senso aguçado as estruturas sociais como as municipalidades ou as casas de misericórdia. Durante circunstâncias solenes, como diante do próprio Salazar, ele evocaria não somente o Infante dom Henrique, mas também os marinheiros, os navegadores, ignorados em geral, mas que eram os trabalhadores da empresa dos descobrimentos portugueses. Ao final, ele aprenderia muitas outras coisas, que o mui britânico "major" Boxer dos anos 1940 e 1950 não teria suspeitado. A ditadura não foi tão complacente em relação a ele como se poderia crer. MAGALHÃES, Joaquim Romero. *Charles Ralph Boxer et Vitorino Magalhães Godinho..., Op. Cit.*, p. 23.

92 CURTO, Diogo Ramada, *Op. Cit.*, 2013, p. 16

93 GODINHO, Vitorino Magalhães. *A economia dos descobrimentos henriquinos.* Lisboa: Sá da Costa, 1962.

do gosto dos historiadores salazaristas, pois explicava a expansão portuguesa pelo lucro e o comércio, fazendo clara referência a escravidão africana.[94]

A ruptura com Gilberto Freyre e Armando Cortesão e as relações por vezes tensas, mas calorosas, com Sérgio Buarque de Holanda e Vitorino Magalhães Godinho evidenciam o movimento da obra de Boxer, beneficiado pela vivência de pesquisa que a universidade pública proporcionou. O major do exército britânico, o diletante estudioso da presença portuguesa no Oriente, foi capaz de, no pós-guerra, reinventar-se para um historiador profissional, tornando-se um historiador inovador, de sensibilidade progressista, sem nunca ser propriamente de esquerda, nem ceder ao marxismo de corte mais economicista. A contribuição de Boxer não nasceu apenas da leitura dos cronistas da época moderna, mas também do intenso diálogo com seus contemporâneos que, evidentemente, são muito mais extensos que os diálogos aqui assinalados.

1963: a publicação de *Race Relations in the Portuguese Colonial Empire, 1415-1825*

O livro de Charles Boxer foi publicado pela *Oxford University Press* (Clarendon), na Inglaterra, mas é fruto de três conferências proferidas na Universidade da Virgínia, nos Estados Unidos, em 1962, intituladas "Marocco and West Africa", "Moçambique and India" e "Brazil and Maranhão". No mesmo ano, Boxer apresenta palestras sobre a mesma temática em Cornel e Harvard, onde foi muito bem recebido, afirma Dauril Alden. Naquele momento, as universidades americanas viviam um clima de grande efervescência política, em que eram comuns críticas e manifestações públicas contra a Guerra no Vietnã (1955-1975) e a favor do movimento pelos direitos civis dos negros americanos, dentre outras agendas críticas. Boxer era um historiador erudito, professor do *King's College London*, especialista na história do império ultramarino português, portanto bastante longe do que poderíamos definir como um ativista político.[95]

---

94 GODINHO, Vitorino Magalhães. *Os Descobrimentos e a Economia Mundial.* 4v. Lisboa: Arcadia, 1963-1971.

95 Sobre o contexto das universidades norte-americanas e o lançamento de *Race Relations.* ver: PINA-CABRAL, João de. "Charles Boxer and the race equivoque". In BETHENCOURT, Francisco; PEARCE Adrian (orgs.) *Racism and Ethnic Relations in the Portugue-*

O fato é que o pacato historiador inglês, beirando os 60 anos de idade, reputado como um erudito acerca do período colonial, atacou os pressupostos históricos que sustentavam tanto as teses luso-tropicais de Gilberto Freyre como a própria propaganda salazarista. Já na abertura do livro, Boxer cita uma entrevista de António de Oliveira Salazar (1889-1970) à revista britânica *Life*, na qual o chefe de Estado português afirma que os contatos entre os colonizadores portugueses e os povos colonizados "jamais envolveram a menor ideia de superioridade racial ou discriminação".[96]

Ao abordar a questão racial, envolvendo os portugueses e os "povos de cor", Russell-Wood afirma que o texto de Boxer "transmite com eficácia ao leitor o cinismo, o subterfúgio e a deturpação que eram inerentes" ao colonialismo.[97] Boxer procurou demonstrar que as pessoas de "sangue infecto" ou com "defeito de sangue", na linguagem da época, mesmo quando livres e até proprietárias, tinham suas possibilidades restritas, pois "o padrão social que prevalece era aquele da consciência da superioridade branca."[98] Esse livro teve particular importância no Brasil, pois ajudou a questionar a composição do caldo de cultura a respeito da suposta tendência dos portugueses à miscigenação e a integração racial, pressupostos defendidos por Gilberto Freyre (1900-1987), como já se destacou previamente.

Boxer não escrevia apenas contra Gilberto Freyre, mas contra uma espécie de federação de simpatias e apoios que o regime de Salazar conseguia amealhar. Entre estes podemos destacar Arnold Toynbee (1889-1975) que, entre 1934 e 1961, publicou *A Study of History*, em doze volumes, em que buscou explicar a ascensão, crescimento e queda das civilizações sob uma perspectiva global. Toynbee[99] era considerado um pensador conservador influente, a ponto de Simone de Beauvoir mencioná-lo em *O*

---

se-Speaking World. Oxford: Oxford University Press/British Academy, 2012.

96 BOXER, *Race Relation in Portuguese Empire*, p. 35.

97 RUSSELL-WOOD, A.J.R. "O uso de fontes literárias por Charles Boxer no estudo das relações raciais no Brasil e no Maranhão". In: SCHWARTZ, Stuart & MYRUP, Erik. *O Brasil no Império Marítimo português*. Bauru: Edusc, 2009. p. 472.

98 BOXER, Charles. *Relações raciais no Império Português, 1415-1825*. Rio de Janeiro: Tempo Brasileiro, 1997.p.40

99 Sobre a obra de Toynbee, ver: BARROS, José D'Assunção. "Arnold Toynbee e a História Comparada das Civilizações". In: *Biblos*, Rio Grande, v. 23, n. 1, 219-229, 2009.

pensamento de direita, hoje – publicado na França em 1955.[100] Para os interesses desta pesquisa importa apenas assinalar a generosa recepção que o pensador inglês teve em Lisboa, em função da conferência proferida entre 1959 e 1960, no Instituto de Altos Estudos Militares, em que se refere de modo simpático ao Império Português:

> (...) a tradição portuguesa de liberalidade sobre a questão da mistura de raças é uma das causas de notável durabilidade do império colonial português no presente século. O império português não é só o primeiro dos impérios coloniais da Europa Ocidental; é também aquele que sofreu as primeiras perdas. Estas suas perdas foram pesadas no século dezassete e dezoito; os então crescentes impérios coloniais, britânico, francês e holandês, foram, em parte, edificados com ex-possessões portuguesas. A partir de 1945, estes três impérios coloniais mais jovens da Europa Ocidental derreteram-se como se fossem 'icebergs' impelidos para os mares tropicais. Contrariamente, o remanescente do império português não foi diminuído.[101]

Embora Toynbee referendasse a ideia da suposta aptidão à mistura e à integração racial que os portugueses católicos teriam, é Gilberto Freyre quem mais se identifica com essa tese. Boxer realizou uma "operação historiográfica"[102] destinada a evidenciar as práticas racistas dos portugueses no ultramar na Era Moderna - na Ásia, na África e na América –, conferindo centralidade ao Brasil. Essa leitura da história, calcada em documentação de época, o que teve efeito de aumentar a credibilidade, pode ser lida como uma resposta ao presente, inclusive ao repertório luso-tropicalista. O livro de Boxer não pode ser dissociado do seu contexto político e intelectual, em que a crítica ao colonialismo e ao racismo ganhara inédita força. A condescendência com os velhos impérios europeus e o consequente racismo que alimentou havia se tornado insustentável à luz da opinião progressista na Europa e

---

100 BEAUVOIR, Simone de. *O pensamento de direita, hoje*. Rio de Janeiro: Paz e Terra, 1991. (1ª ed. 1955)

101 TOYNBEE, Arnold. *O ocidente e o futuro*. Conferências proferidas em 1959-60. Instituto de Altos Estudos Militares, v. 1, Caxias, [s. n.], 1960, p. 63-82.

102 CERTEAU, Michel de. A operação historiográfica. In: *A escrita da história*. Rio de Janeiro: Forense Universitária, 1982.

Estados Unidos, em particular no ambiente universitário estadunidense, no início dos anos 1960, com suas evidentes repercussões mundo afora.

É interessante notar que uma intervenção propriamente historiográfica, como a de Boxer, articulou temporalidades diversas, em que o historiador – situando-se no presente e por ele alimentado, como não poderia deixar de ser – pôde olhar para o passado e indagá-lo sob outra ótica. Afetado pelas sensibilidades e disputas do presente, a intervenção historiográfica de Boxer contribuiu para alterar a leitura do passado, justamente no mesmo momento em que aquele presente ameaçava ruir, como viria a acontecer com o regime de Salazar e o próprio colonialismo.

O prestígio e a força de Gilberto Freyre, cada vez mais questionado pelo pensamento marxista que se enraizava na universidade brasileira, mas também por outras agendas, como a crescente politização da categoria raça, em linha com a politização do tema, em particular nos Estados Unidos e na África. Hoje, o argumento de *Race relations* parece banal e corriqueiro, mas quando o livro foi publicado, em 1963, representou uma tensão historiográfica de grandes proporções, capaz de mobilizar os intelectuais da época. Essa tensão advinha menos do tempo narrado, o período colonial, e mais do tempo do narrador, os anos 1960. Nesse contexto, pode-se compreender a crítica do livro aos "escritores portugueses modernos" que, naquela década, ainda negavam o racismo praticado pelos portugueses e seus descendentes ao longo da história Moderna.

A expressão "escritores portugueses" certamente incluía Armando Cortesão, que em 1962 publicou *Realidades e desvarios africanos*, livro em que defendia a presença portuguesa na África, qualificando-a como "fundamentalmente diferente" da empresa de outros colonizadores europeus, em linha com certos aspectos do pensamento de Gilberto Freyre, uma vez que os portugueses dos primeiros séculos estariam interessados em "cristianizar" e "civilizar" os nativos e não apenas explorá-los economicamente. Cortesão defendia Portugal da "maledicência" da crítica estrangeira, opondo-se às independências de Angola, Moçambique e Guiné, por considerá-las "prematuras", uma "das maiores calamidades de nosso tempo."[103]

103 CORTESÃO, Armando. *Realidades e desvarios africanos*. Discurso proferido na Sociedade de Geografia de Lisboa, quando da sessão de encerramento da Semana do Ultramar em 9 de julho de 1962. Lisboa/ Portugal: Sociedade de Geografia de Lisboa/Agência Geral do Ultramar, 1962.

A obra *Race relations* arrola grande número de cronistas dos séculos XVI ao XVIII, sempre no sentido de evidenciar a postura racista dos portugueses. Apesar de mencionar textos críticos à escravidão – como o do padre Fernão de Oliveira (1507-1581) –, toda a argumentação de Boxer visa demonstrar o empenho escravocrata dos portugueses e de seus descendentes. O historiador cita desde as justificativas para a escravização indígena do temido sertanista Domingos Jorge Velho, o destruidor do Quilombo do Palmares, em fins do século XVII, até a argumentação do letrado Paulo Pereira Nunes, espécie de representante dos interesses dos colonos em Lisboa que, em 1724, havia vivido no "Grão-Pará e Maranhão", defendendo o trabalho forçado dos índios. Pereira Nunes, mostra Boxer, valeu-se de uma série de referências eruditas como Platão, Virgílio e Plínio, além do jesuíta espanhol Juan Lorzano y Pereira e autoridades bíblicas, sempre no sentido de defender a moralidade e a legitimidade da escravidão. Chegou mesmo a discutir a origem dos índios, se estes descendiam de judeus deportados pelos assírios no tempo do rei Hosea ou se descendiam diretamente de Caim.[104] Argumentos como esses são abundantes no livro, reforçando a tese de que os portugueses eram, como outros colonizadores europeus, escravocratas e racistas. O maciço emprego de evidência empírica, além de ser a norma da historiografia profissional, também serviu para desautorizar as teses em torno do luso-tropicalismo. Como se tem argumentado, o que hoje soa banal, na época exerceu uma significativa função política.

Ao tratar das relações raciais no Império Português da Era Moderna, o historiador inglês questionou, explicitamente, a justificativa ideológica do colonialismo português na África e, claro, a historiografia simpática ao regime. Embora não contestasse abertamente a interpretação de Freyre, Boxer conhecia sua obra e armou uma argumentação flagrantemente antigilbertiana:

> Do que vimos espero que tenha ficado suficientemente claro que existia preconceito e tensão racial no Brasil colonial em grau muito maior que algumas autoridades – sem citar nomes ou fazer alusões – admitem.[105]

104 BOXER, Charles. *Race relations...*, *Op. Cit.*, 1967, p. 131.

105 *Idem. Ibidem.*

Entre as "autoridades" no assunto, ninguém no começo da década de 1960 era tão reputado quanto Gilberto Freyre. Boxer toma o cuidado, porém, em nuançar a questão, evitando demonizar os colonos portugueses no Novo Mundo:

> Os portugueses não eram anjos nem diabos; eram seres humanos e agiam como tais; sua conduta variava muito de acordo com o tempo, lugar e espaço. Os plantadores brasileiros que surravam seus escravos até a morte por ofensas triviais eram quase que invariavelmente generosos e benévolos anfitriões, e podiam ser capazes de afeição sincera por um negro ou mulato individualmente.[106]

Em *Race relations*, Boxer evitou a crítica explícita contra Freyre, um intelectual sofisticado, que não pode ser confundido com simples propagandista do regime, mas que, como aprofundaremos adiante, acabou por servi-lo em um momento particularmente delicado. Ainda que efetivamente debatesse com Freyre, Boxer preferiu escolher como inimigo o próprio "dr. Salazar".

Com efeito, era mais fácil enfrentar um ditador cada vez mais questionado do que um intelectual do porte de Freyre, cuja reputação era ainda considerável, embora declinante. Para demonstrar que "a verdade é mais complexa", Boxer citou António de Oliveira Cadornega (1624-1690), autor de *História geral das guerras angolanas* (1681-1683), na qual o cronista relata a execução em massa de chefes africanos acusados de conspirar contra o domínio português em 1624, acrescentando que o exemplo "tornou-se inesquecível para as gerações futuras, e deixou todos os pagãos destes reinos amedrontados e temerosos, pois apenas pela força e pelo medo que podemos manter nossa posição sobre estes indomáveis pagãos".[107] De maneira irônica, concluiu que o capitão Oliveira Cadornega, que viveu mais de 40 anos em Angola no século XVII, era um guia mais autorizado que o "dr. Oliveira Salazar".

Boxer e a questão racial no Império Português

Antes de avançarmos é preciso afirmar com clareza que *Race Relations in the Portuguese Colonial Empire* representa uma mutação na historiografia de Charles Boxer.

---

106 *Idem*, p. 154-155.

107 BOXER, Charles, *Op. Cit.*, 1967, p. 60.

Ele estava longe de ser um ativista da questão racial, não era um africanista nem era o maior inimigo de Salazar. A introdução da agenda racial no Império Português da Era Moderna não obedeceu uma mutação individual e arbitrária, mas evidencia transformações mais amplas no campo do pensamento intelectual e universitário, que politizaram de modo inédito e crescente a questão racial, que se articulavam com as transformações pelas quais o mundo passava, em particular a África e os Estados Unidos.

O fato é que Boxer percebeu a politização da questão racial e foi capaz de produzir uma nova leitura do passado. O historiador continuou a tratar da questão racial em sua grande síntese do Império Português. A publicação do volumoso *The Portuguese seaborne Empire, 1415-1825*, em 1969, foi acompanhada de um texto introdutório escrito pelo historiador inglês John Harold Plumb (1911-2001), professor do *Christ's College* da Universidade de Cambridge, renomado especialista da história britânica do século XVIII, que influenciou historiadores do peso de John Elliott, Quentin Skinner e Simon Schama, dentre outros.[108]

No texto em que Plumb apresenta o livro, há apenas um único autor referenciado: o "grande historiador brasileiro Gilberto Freyre", identificado como alguém que "ajudou a consolidar" a tese da suposta inexistência do racismo no âmbito do Império Português. Plumb destaca o modo como Boxer, mediante a utilização de "maciça e conclusiva" documentação, desfaz a "lenda" que Freyre havia ajudado a erigir. Boxer evidentemente anuiu com o texto que prefaciava seu livro, deixando explícito o enfrentamento com Freyre, o que estava perfeitamente delineado em *Race relations*, ainda que o livro não fosse apenas contra Freyre, mas também o fosse.

Em um dos capítulos do livro de 1969, significativamente intitulado "Pureza de sangue e raças infectas", Boxer tornou a explorar a questão, vinculando a perseguição aos judeus, cristãos-novos e mouros à construção de um paradigma racial muito particular. As tensões étnico-culturais no Império Português do Antigo Regime, argumentava Boxer, assumiram um papel central nas instituições portuguesas, explícitas nos estatutos de pureza de sangue e nas habilitações para cargos, nas Ordens Militares, na hierarquia da Igreja ou mesmo nas Câmaras e

108 McKENDRICK, Neil. *Obituary*: Sir John Plum. In: *The Guardian*, London/UK, Monday, 22 oct. 2001.

Misericórdias,[109] assunto que viria a ser explorado por Russell-Wood, um historiador que pode ser considerado seu herdeiro intelectual.[110]

No texto, Boxer segue a argumentação desenvolvida em *Race Relations...*, mantendo o tom antifreyreano. Este, agora, assumia-se de modo mais explícito, como se constata já no prólogo do livro, em que assume a interlocução com "o famoso sociólogo brasileiro Gilberto Freyre e seus discípulos", para quem – afirmava o historiador inglês referindo-se a uma famosa passagem de Casa-*Grande & Senzala* – "a mulher moura, morena, também era vista como tipo invejável de beleza e de atrativo sexual, como comprovaria a duradoura popularidade das histórias da Moura torta."[111]

Ao selecionar essa passagem, Boxer pareceu ironizar a explicação de matriz cultural feita por Freyre, como sugere a sequência do trecho: "Daí à tolerância da mestiçagem racial, alegam esses sociólogos, só faltava um passo. Estava assim explicada a tendência dos portugueses – e, em menor grau, dos espanhóis – de não praticar a segregação racial".[112]

---

109 RUSSELL-WOOD, Anthony John. *Fidalgos and Philanthropists:* The Santa Casa Da Misericórdia of Bahia, 1550-1755. Londres: Macmillan Publishers, 1968. Trad. Brasileira: _____. *Fidalgos e filantropos:* a Santa Casa da Misericórdia da Bahia, 1550-1755. Brasília: Editora Universidade de Brasília, 1981. Autores contemporâneos como Fernanda Olival, João Figuerôa-Rego, Francis Dutra, Ângela Barreto Xavier e Giuseppe Marcocci, entre outros, vêm abordando a questão, atualmente.

110 Em diferentes momentos Russell-Wood, especialista no Império Português como Boxer, manifestou sua herança boxereana. Ver: RUSSELL-WOOD, Anthony John; DOMINGUES, Ângela; MOURA, Denise Aparecida Soares de. (Orgs.). *Histórias do atlântico português*. São Paulo, Editora da Unesp, 2014.

111 Charles Boxer faz menção à célebre passagem de Casa-grande & Senzala: "O longo contato com os sarracenos deixara idealizada entre os portugueses a figura da moura-encantada, tipo delicioso de mulher morena de olhos pretos, envolta em misticismo sexual - sempre de encarnado, sempre penteando os cabelos ou banhando-se nos rios ou nas águas das fontes mal assombradas que os colonizadores vieram encontrar parecido, quase igual, entre as índias nuas e de cabelos soltos do Brasil. Que estas tinham também os olhos e os cabelos pretos, o corpo pardo pintado de vermelho, e tanto quanto as nereidas mouriscas, eram doidas por um banho de rio onde se refrescasse sua ardente nudez e por um pente para pentear o cabelo. Além do que, eram gordas como as mouras. Apenas menos ariscas: por qualquer bugiganga ou caco de espelho estavam se entregando, de pernas abertas, aos "caraíbas" gulosos de mulher". FREYRE, Gilberto. *Casa Grande & Senzala*. 50ª ed. São Paulo: Global, 2005, p. 71.

112 BOXER, Charles. *The Portuguese seaborne Empire*, 1415-1825. London/UK, New York/

Não apenas em *Race Relations...*, mas também em outros livros, como *Mary and Misogyny: Women in Iberian Expansion Overseas*[113] (1975) e *The Church Militant and Iberian Expansion, 1440-1770*,[114] Boxer buscou evidenciar a violência do escravismo e do racismo contra as mulheres, os negros e mestiços, inclusive livres e clérigos.

Para Boxer, a mestiçagem brasileira, que ele reconhecia como abundante, se explicava pela relativa ausência de mulheres brancas no período colonial, em especial nos séculos XVI e XVII, apenas compensada pelo envio de órfãs. No século XVIII também haveria um crônico desequilíbrio demográfico, embora em grau menor, com a chegada crescente de reinóis, porém sempre mais homens que mulheres. Citando *O valeroso Lucideno e triunfo da liberdade* – crônica de 1648, escrito por frei Manuel Calado (1584-1654), que viveu mais de 30 anos em Pernambuco, vivenciando a época da invasão holandesa –, Boxer afirma que senhores de engenho, em geral gordos, ao fugirem dos holandeses, levavam suas amantes mulatas com mais zelo que suas esposas brancas. Já os pobres, os soldados, os marinheiros, os *mecânicos* "se juntavam as negras e mulatas, até por falta de mulheres brancas."[115] Há várias outras passagens, em diferentes obras, mencionando o reduzido número de mulheres brancas, o que levou um considerável número de homens brancos, mas pobres, a viverem maritalmente com negras, indígenas ou mulatas, livres ou escravas. Além dos abusos sexuais vivenciados no interior da escravidão, também geradores de mestiçagens.

Em *The Portuguese seaborne Empire,* Boxer refletiu sobre as hierarquias sociais que orientavam privilégios e impedimentos, bloqueando a mobilidade social em função da cor e da herança étnica, aos quais se somavam outros – como aqueles que dificultavam a ascensão social de oficiais mecânicos (artesãos, lavradores, pescadores, marinheiros, marceneiros, etc.), ou mesmo comerciantes que não fossem de grosso trato, pois contra eles pesava o preconceito de viverem com o trabalho das próprias mãos. A exclusão que originalmente se abatia sobre judeus e judaizantes, mouros e mouriscos, ou apenas cristãos-novos, a partir do século

USA: Hutchinson/Knopf, 1969; trad. bras. O império marítimo português, 1415-1825. São Paulo: Companhia das Letras, 2002. As citações relativas a *The Portuguese seaborne Empire, 1415-1825* serão feitas em português, seguindo a tradução brasileira publicada em 2002.

113 BOXER, Charles. *Mary and Misogyny...*, *Op. Cit.*

114 BOXER, Charles. *The Church Militant and Iberian Expansion...*, *Op. Cit.*

115 BOXER, Charles. *A Idade de Ouro do Brasil...*, *Op. Cit.*, p. 39.

XVI recaiu também sobre negros e mulatos que passaram a ser legalmente discriminados, além de o serem na prática das relações sociais. "No geral, os negros e os cripto-judeus suportavam o peso do preconceito e da perseguição raciais no mundo português."[116] A abordagem de Boxer, mais empirista e institucional, partia de premissas muito diferentes das de Freyre, mais ensaísta e antropológica, num debate ora implícito, ora explícito, mas conscientemente contrário às teses de "autoridades contemporâneas eminentes", em alusão ao próprio Freyre, "que nos asseguram que os portugueses nunca tiveram preconceito racial digno de nota":

> O que essas autoridades não explicam é por que, nesse caso, os portugueses, durante séculos, deram tanta ênfase ao conceito de "limpeza" ou "pureza de sangue", não só de uma classe, mas também de uma perspectiva racial, nem o motivo por que se encontram com tanta frequência expressões como "raças infectas" em documentos oficiais e na correspondência privada até o último quartel do século XVIII.[117]

Para demonstrar sua tese, o historiador se debruçou sobre os obstáculos à formação de um clero multirracial no Brasil, na África ou na Ásia. As Constituições Sinodais do Arcebispado da Bahia, redigidas em 1707 e publicadas em 1719-20, baseavam-se na jurisprudência portuguesa da época e referiam-se à "pureza de sangue do candidato", cuja comprovação passava por inquérito judicial:

> Em casos em que se provava a existência de algum "feito de sangue" ancestral podia-se obter a dispensa do bispo local ou da Coroa, como acontecia também em relação a outros imperativos judiciais, tais como nascimento ilegítimo e deformidade física. Na prática, isso acontecia com frequência; mas não se podia ter certeza prévia de que a dispensa seria obtida, e não era raro o inquérito judicial ser tão somente uma farsa. [...] Todas as ordens religiosas que se estabeleceram no Brasil mantiveram uma postura rígida de discriminação racial, contrária à admissão de mulatos.[118]

116 BOXER, Charles, *Op. Cit.*, 2002, p. 275.

117 *Ibidem*, p. 262.

118 *Ibidem*, p. 273.

Boxer insistiu nas nuances e contradições, como aquelas em que pessoas de "raças infectas" – como cristãos-novos e mulatos – conseguiam burlar o estatuto de "pureza de sangue". De fato, casos assim eram bastante comuns.[119] Mas, ao mesmo tempo em que mostrou a porosidade das regras do Antigo Regime, explicitou o quanto instituições e a mentalidade pesavam contra as pessoas que portavam "defeitos de sangue". A Igreja foi uma das dimensões do Império mais estudadas por Boxer. Em livros importantes como *The Church militant and Iberian expansion, 1440-1770*, de 1978, Boxer explorou a intensa rivalidade e preconceito de cor, no seio do clero secular, entre frades crioulos e seus confrades de origem europeia do clero regular:

> [...] Por volta de 1720, tornara-se tão intensa na província franciscana do Rio de Janeiro que deu origem à promulgação de um breve papal decretando que todos os cargos deviam ser ocupados, alternadamente, por crioulos e indivíduos de origem europeia [...]. A ordem que mantinha a exigência racial mais rígida era a dos carmelitas descalços de Santa Tereza, que se fixou em Olinda em 1686. No decorrer dos 195 anos seguintes, esses frades se recusaram terminantemente a admitir noviços nascidos no Brasil, por mais "puro" que fosse o sangue deles, e recrutavam seus membros somente entre indivíduos nascidos na Europa e educados em Portugal, sobretudo na região do Porto.[120]

Além da ação da Igreja, Boxer enfatizou o papel racialmente discricionário das instituições portuguesas, como as Câmaras e as Misericórdias. Em *Portuguese society in the tropics: the Municipal Councils of Goa, Macao, Bahia, and Luanda, 1510-1800* (1965), o autor já havia abordado a questão. O tema reapareceu em *The Portuguese seaborne Empire*, no capítulo intitulado "Conselheiros municipais e irmãos de caridade". No texto, Boxer demonstrou que para participar da Santa Casa de Misericórdia – instituição que funcionava como uma instância nobilitante, de reconhecida relevância numa sociedade carente por títulos e distinção, como no Brasil colonial ou Goa – era necessário seguir critérios originalmente estabelecidos pela Misericórdia de Lisboa: "A versão do compromisso de 1618, que foi aceita pela maioria das ir-

119 XAVIER, Ângela Barreto. '*O lustre do seu sangue*': bramanismo e tópicas de Distinção no Contexto Português. In: *Revista Tempo*, Niterói, n. 30, 2011.

120 BOXER, Charles, *Op. Cit.*, 2002, p. 273-274.

mandades coloniais com poucas modificações". Assim, a qualificação exigida para participar de instituições tão caras ao Antigo Regime ibérico foi de alta significância:

> 1 - Comprovar pureza de sangue, sem nenhuma mancha de origem mourisca ou judaica, tanto no que dizia respeito ao irmão como à sua mulher, caso fosse homem casado.
>
> 2 - Não ter má reputação nas palavras, nas ações e na lei.
>
> 3 - Ser de idade adulta conveniente e ter mais de 25 anos completos, no caso de homem solteiro.
>
> 4 - Não ser suspeito de estar servindo à Misericórdia em troca de pagamento.
>
> 5 - No caso de artesão ou comerciante, ser o mestre ou o dono do comércio, o responsável pela supervisão do trabalho de outros, em vez de executá-lo com as próprias mãos.
>
> 6 - Ser inteligente e alfabetizado.
>
> 7 - Ter situação suficientemente confortável para impedir qualquer tentação de desviar fundos da Misericórdia, e servi-la sem que isso lhe causasse nenhum embaraço financeiro.[121]

Nos critérios da Misericórdia de Lisboa não foram mencionados negros, mulatos, índios ou brâmanes, por razões óbvias, embora houvesse negros e mulatos, escravos e livres em Portugal no século XVI. Mas nas Misericórdias que se espalharam pelo Brasil, ou nas demais áreas de colonização portuguesa, como a Índia, incorporam uma linha racial a fim de excluir as "nações de cor". Havia muitas irmandades no mundo português, inclusive de negros e mestiços, e embora nem todas se orientassem por critérios raciais, muitas delas, especialmente as dominadas por brancos de extratos mais elevados, orientavam-se pelo espírito dos estatutos de "pureza de sangue".

> Os estatutos da Ordem Terceira de São Francisco, de Mariana, em Minas Gerais, estipulavam, em 1763, que qualquer indivíduo que se candidatasse à admissão deveria ser "branco e legítimo de nascimento, sem nenhum

121 *Idem*, p. 300.

> boato ou insinuação de sangue judeu, mouro ou mulato, ou de carijó ou qualquer outra raça contaminada, o mesmo caberá à sua mulher, se for casado". [...] Os membros que viessem a se casar com uma moça de cor, ou de sangue cristão-novo, eram expulsos sem nenhuma cerimônia.[122]

Referindo-se especificamente ao Brasil, de longe o maior mercado de escravos no Novo Mundo, Boxer relacionou a escravidão ao estigma do sangue que pesava de modo muito particular contra os negros e os mulatos, mostrando-se perplexo com os "escritores portugueses e brasileiros modernos", que haviam negado ou minimizado a existência de discriminação racial contra os negros. Não há qualquer dúvida que entre tais "escritores" estivesse Freyre, evidentemente.

> A teoria aristotélica da inferioridade natural de algumas raças, com o corolário de que essas podiam ser legalmente escravizadas, foi enxertada, no Antigo Testamento, na história da maldição de servidão perpétua rogada por Noé à descendência de Canaã, filho de Ham (Gênesis IX, 25), de quem se pensava que os negros descendiam. Outras autoridades afirmavam que eles descendiam de Caim, "que havia sido amaldiçoado pelo próprio Deus". Teólogos e leigos estavam convencidos de que a Sagrada Escritura autorizava a escravidão negra, embora alguns censurassem, por motivos humanitários, o tratamento cruel infligido aos escravos. Além dessa justificação bíblica para a escravidão negra, escritores portugueses e brasileiros modernos, que alegam que seus antepassados jamais nutriam preconceito ou discriminação racial em relação aos negros africanos, ignoram inexplicavelmente o fato evidente de que uma raça não pode, de forma sistemática, escravizar os membros de outra, em larga escala, por mais de trezentos anos, sem adquirir, ao longo desse processo, um sentimento consciente ou inconsciente de superioridade racial.[123]

O debate intelectual proposto por Charles Boxer, no tocante às questões raciais no Império Português, assumiu um aberto enfrentamento: "deve-se enfatizar que a ascensão social do negro, que Gilberto Freyre afirma ter sido encora-

122 BOXER, Charles, *Op. Cit.*, 2002, p. 306.

123 *Idem*, p. 276.

jada no Brasil, foi, ao contrário, propositalmente retardada nessa colônia, onde se manteve o preconceito racial rígido".[124]

A partir de *Race relations* – e dos livros que vieram a seguir –, as premissas contidas no luso-tropicalismo estavam severamente avariadas, inclusive no âmbito da religião e da tradição evangelizadora, o que Freyre chamava de "colonização cristocêntrica". Porém é importante notar que a agenda intelectual de Boxer era diferente da de Freyre. O historiador britânico, grande conhecedor dos cronistas da Era Moderna, enfocou aspectos institucionais, mentais e ideológicos dos agentes históricos, em geral letrados portugueses que atuavam no Império e nas colônias, enquanto Freyre, permeado por uma perspectiva antropológica, priorizou o cotidiano e a sociabilidade, a sexualidade e as afetividades, o que explica parte dessa diferença. O próprio conceito de "raça" e o sentido de sua apreensão são distintos nos dois autores. Freyre é herdeiro das agendas intelectuais da primeira metade do século XIX, onde o estigma biologizante da raça ainda era mote de intenso debate. A sombra da inferioridade de um Brasil mestiço – herdado do racismo científico do XIX – atormentava Freyre, empenhado em mostrar antropologicamente a positividade de um Brasil ibérico e miscigenado.[125]

Boxer, embora fosse apenas quatro anos mais jovem que Freyre, é intelectualmente um homem do pós-guerra (até porque sua carreira intelectual começou tardiamente). Estrangeiro, não estava preocupado nem com o "atraso", nem com a "inferioridade", mas, sim, interessado em compreender as "raças infectas" no âmbito dos estigmas e das hierarquias do Antigo Regime português – em que o sangue, a linhagem e a ancestralidade eram fundamentais. Boxer não desconsiderou o papel da miscigenação, tema tão caro a Freyre, mas enfatizou a natureza desigual, filha de um contexto concreto, apontando a violência deste processo. Ao relativizar a tese freyreana da propensão lusa à miscibilidade, Boxer deduziu que a experiência brasileira foi singular, fruto das circunstâncias e das possibilidades, regionalmente diversas, e não de uma essência cultural miscigenante dos portugueses nos trópicos. Conclusão, ao menos em parte, determinada pela própria leituras das fontes.

124 *Idem*, p. 294.

125 VAINFAS, Ronaldo. "Colonização, miscigenação e questão racial: notas sobre equívocos e tabus da historiografia brasileira". In: *Revista Tempo*, Niterói, n. 8, p. 8, 1999.

A produção historiográfica de Charles Boxer da década de 1940 era muito diferente da sua produção dos anos 1960. Armando Cortesão, que o acusou de "vira-casaca", percebeu a mutação na obra de Boxer. Mas o que mudou afinal? Boxer aderiu a uma agenda política de ocasião? O que levou Boxer a escrever um livro que contestasse as premissas (e a propaganda) salazarista, bem como desautorizasse o pensamento de Gilberto Freyre? A resposta não é óbvia, mas parece ter dois pilares fundamentais. De um lado, a historicidade e os diálogos que Boxer foi capaz de manter, já bem integrado ao pensamento universitário. De outro, a erudição, o conhecimento das fontes de época e a capacidade de construir grandes panoramas históricos, bastante atento às comparações.

Entre fins dos anos 50 e começo dos anos 60, o historiador inglês já não era mais o militar que estudava, por meio de antigos cronistas, a presença portuguesa em Goa e Macau. Mas havia se tornado um grande conhecedor do Atlântico Sul, Brasil e Angola em particular, em que o tráfico e o escravismo dos séculos XVII e XVIII os conectava e os definia. O Boxer desse momento não conhecia apenas as fontes de época, tanto portuguesa quanto holandesa, mas também a nova historiografia em curso, por meio de nomes como Sérgio Buarque, Vitorino Magalhães Godinho, Lewis Hanke[126] e muitos outros autores importantes do período. De um lado, a vivência universitária e o conhecimento do que seus pares produziam, de outro o profundo conhecimento da documentação proporcionaram as condições para que Boxer repensasse a questão racial.

Do ponto de vista brasileiro, a intervenção mais significativa de Boxer esteve no questionamento das premissas segundo as quais a formação histórica do Brasil não teria sido fraturada – como outras sociedades nascidas do escravismo, como os Estados Unidos – tal como sustentava Gilberto Freyre. Nesse sentido *Race Relations...* foi decisivo, embora sua recepção tenha ficado restrita aos meios acadêmicos. E mesmo nele, o livro não fez grande sucesso, pois a força do marxismo acadêmico – mais

126 Lewis Hanke (1905–1993), historiador especializado na América espanhola colonial, professor da Universidade de Harvard, autor de um livro inovador para época, *The struggle for justice in the Spanish Empire*, livro de 1949, era historiador muito próximo de Boxer, que ficou bastaste impressionado com a obra. Ver: HANKE, Lewis. T*he Spanish Struggle for Justice in the Conquest of America*. Philadelphia: University of Pennsylvania Press for American Historical Association, 1949.

estruturalista e, no limite, economicista, particularmente forte em São Paulo, em torno de Florestan Fernandes – preferia criticar a obra de Gilberto Freyre em termos da estrutura de classe, minimizando a especificidade da questão racial.

O certo é que a politização da raça se firmou como agenda política e reflexiva em todo mundo, principalmente nos Estados Unidos. É preciso lembrar que o contexto internacional do pós-guerra catapultou a questão racial para o centro do debate político e social, o que seguramente influenciou sua percepção da questão. Quando Boxer proferiu as conferências na Virgínia, em novembro de 1962, a consciência acerca das guerras africanas, como a sangrenta Guerra de Angola, iniciada em 1961, povoaram suas inquietações e sua sensibilidade, inclusive seu senso de oportunidade, pode-se agregar.

De certo modo, o livro de Boxer nasceu justamente no contexto universitário estadunidense, embora o contexto luso-africano tenha sido igualmente importante, senão mais. Visto do Brasil, o livro de Boxer tornou-se um marco incontornável para pensar a questão racial, e não apenas o escravismo como sistema econômico, o que já vinha sendo feito desde Caio Prado Jr.

O fato de o historiador inglês conhecer o Império Português, inclusive o turbulento passado de Angola e do tráfico de escravos – objeto de estudo em *Salvador de Sá and the struggle for Brazil and Angola* (1952) –, o colocou em condições privilegiadas para refletir a questão. O conhecimento da formação colonial do Brasil, marcado pela centralidade não só do escravismo como um sistema econômico e legal, mas também das linhas culturais de exclusão, geradoras do racismo, via as noções de "sangue infecto" foram decisivas. *The Golden Age of Brazil, 1695-1750: Growing Pains of Colonial Society* (1962) foi um livro central na formulação dessa questão.

A partir da década de 1960, Boxer contribuiu para a formação de uma nova consciência histórica acerca das relações raciais no "mundo que o português criou", na qual a questão racial se tornou central para quem estudava os Impérios modernos. As formulações de Gilberto Freyre já não cabiam em tal leitura. Não esqueçamos que a história da história é uma construção intelectual cujo objeto não é o tempo neutro, nem homogêneo, mas um tempo "saturado de agoras", formado por múltiplas temporalidades, em que cabe ao historiador compreender o movimento, perscrutando as fissuras do tempo, num "encontro secreto marcado entre as gerações precedentes e a nossa".[127]

Trata-se de um diálogo temporal eivado de contradições e interesses, altos e baixos , que emanam do engajamento no presente e da expectativa de futuro.[128] A discussão acerca das questões raciais no Império Português, Brasil colonial incluído, nos termos que Boxer apresentava, bem como a politização da raça no último meio século, são apenas compreensíveis à luz da historicidade e das disputas das décadas de 1950 e 1960 – afinal, compreender um debate historiográfico implica compreender dois passados: o do sujeito-narrador e seu mundo, de um lado, e dos sujeitos narrados, de outro.

127 BENJAMIN, Walter. "Sobre o conceito de História". In: *Magia e técnica, arte e política*. São Paulo: Brasiliense, 1987, p. 223.

128 Ver HARTOG, François. *Regimes de historicidade*: presentismo e experiência do tempo. Belo Horizonte/MG: Autêntica, 2013; KOSELLECK, Reinhart. *Futuro passado*: contribuição à semântica dos tempos modernos. Rio de Janeiro: Ed. da PUC-Rio, 2006.

IV. GILBERTO FREYRE E OS INTELECTUAIS ALINHADOS A SALAZAR RESPONDEM AO LIVRO DE CHARLES BOXER: O QUE MUDOU?

Assim que saiu na Inglaterra, em 1963, *Race Relations in the Portuguese Colonial Empire* despertou profunda antipatia (e simpatia), tanto em Portugal como no Brasil (e, certamente, as lideranças anticoloniais em Angola e Moçambique, bem como nas outras "províncias ultramarinas" apreciaram o livro de Boxer). O historiador inglês, no livro em questão, não se pronunciou quanto às questões propriamente coloniais contemporâneas, que não eram objeto de seu estudo. Mas emprestou toda a sua erudição e o seu prestígio de historiador empírico para contestar o fundamento histórico e ideológico do regime: o suposto caráter não racista da colonização portuguesa. Como vimos, o livro coincide com a profunda politização da raça, tanto na produção intelectual como na vida política. Lembremos que o ano de 1961 assinala o começo da Guerra de Libertação em Angola, como também a perda de Goa. O presente, como inapelavelmente ocorre, impacta a produção de sentido sobre o passado, inclusive na historiografia profissional. Naquele momento, ao menos no pensamento acadêmico, eram evidentes as rachaduras no "mito da integração harmoniosa entre os portugueses e os povos coloniais, conforme defendiam Gilberto Freyre e a historiografia salazarista".[1]

Este contexto marca não apenas as condições de produção do livro, como também sua recepção. Armando Cortesão – um intelectual importante, de sólido compromisso com o regime – atacou o livro de Boxer no *Diário Popular*, jornal lisboeta de grande tiragem, em uma série de cinco artigos, publicados entre 27 de de-

1 RAMINELLI, Ronald; FEITLER, Bruno. Apresentação do dossiê "Pureza, raça e hierarquia no Império colonial português". In: *Tempo*, Niterói, n, 30, 2011, p. 13. Nesse número da revista há vários artigos que tratam da questão sob diferentes recortes.

zembro de 1963 e 4 de janeiro de 1964. Intitulado *Um Livro Insidioso,* o texto não apenas ataca Boxer como faz a defesa do colonialismo português. A série de textos pode ser sintetizada na seguinte frase: "De lusófilo honesto a lusófobo de má fé ou a reviravolta do Professor Boxer". Para Cortesão, Boxer teria "malevolamente" preparado um "ataque cerrado contra a administração do ultramar português, pretendendo provar documentalmente que nós sempre praticámos a discriminação racial".[2] Cortesão conhece a erudição da análise historiográfica de Boxer, mas insiste em qualificá-lo como vira-casaca: antes "sincero amigo de Portugal, a partir de 1963 revelou-se lusófobo encarniçado e injusto."[3]

Não importa reproduzir o tom indignado de Cortesão, mas destacar dois aspectos: a percepção de que Boxer havia mudado e a defesa intransigente da "acção civilizadora" das realizações ultramarinas de Portugal e a "autêntica traição" de Boxer. Enquanto se apresentava como um lusófilo, Boxer teria furtivamente recolhido documentos para atacar a história lusitana de modo "vil e enganoso". Convém notar que, se o ataque viesse de um ativista da causa africana ou mesmo de um intelectual identificado com a esquerda, o ataque não teria sido tão "insidioso". Até poucos anos antes, Boxer era um historiador respeitado em Portugal, inclusive nos círculos oficiais. Tratava-se, pois, de um historiador moderado, reputado como um erudito, especialista no Império Português da Era Moderna.

O livro de Boxer despertou a ira do regime justamente pela aura de respeitabilidade intelectual, pela vasta coleção de documentos citados, mostrando o firme compromisso dos portugueses da Era Moderna com o escravismo, com práticas de racismo que não se diferenciavam, no que há de mais fundamental, de outros europeus. O livro incomodava, pois fazia erodir a mitologia do regime, como o próprio Cortesão expõe:

> O tribunal inexorável da História julgará quem é que fez "melhor": se os que concederam prematuramente a independência ao que para eles sempre foram colónias, se os portugueses, com a prudência que têm mostrado para

---

2 CORTESÃO, Armando. "Um Livro Insidioso (2)". *Diário Popular*, Lisboa, 28 de dezembro de 1963.

3 CORTESÃO, Armando. "Um Livro Insidioso (4)". *Diário Popular*, Lisboa, 31 de dezembro de 1963.

> com as suas províncias ultramarinas – onde desde há muitos séculos estão radicados, como nenhuns outros, e por isso elas formam parte integrante do todo nacional.[4]

Cortesão voltou ao assunto em 25 de janeiro de 1964, questionando mais uma vez a seriedade historiográfica de Boxer e relacionando "interesses cobiçosos dos complots comunista e afro-asiático".[5] Cortesão, corretamente, percebe os novos engajamentos de Boxer. Mas como entendê-los? Antes, porém, é preciso compreender que não se tratava das divergências entre dois homens, mas entre dois mundos que, no momento de radicalização dos anos 60, viram-se divididos entre sujeitos que se perfilavam ao lado do colonialismo, e os que se opunham. Os textos de Cortesão tiveram "(...) repercussões relevantes na opinião pública, por terem sido publicados num jornal de grande tiragem, suscitando reacções várias dos leitores."[6] Muitos intelectuais ao redor do mundo assumiram um lado e outro, que não cabe aqui mapear.

No Brasil, Gilberto Freyre, coerente com o que vinha escrevendo, também contestou o "insidioso" livro. O intelectual brasileiro, que havia assumido, desde *O luso e o trópico* (1961), inequívoca defesa da presença portuguesa na África, escreveu duas apreciações negativas em relação ao historiador inglês. O primeiro texto, intitulado "*O nada estranho caso do Major Boxer*", foi publicado na revista *O Cruzeiro* em 20 de junho de 1964 e, pouco tempo depois, continuou a contestar Boxer em "*Mais sobre o caso do Major Boxer*", no *Diário de S. Paulo,* de 29 de janeiro de 1965. Freyre abre o primeiro texto deste modo:

---

4 CORTESÃO, Armando. "Um Livro Insidioso (conclusão)". *Diário Popular*, Lisboa, 14 de janeiro de 1964.

5 CORTESÃO, Armando. "Um Livro Insidioso". Diário Popular, Lisboa, 25 de janeiro de 1961. Após a repercussão da série de textos, Cortesão volta à questão, sempre em defesa da presença portuguesa na África, reafirmando a condição historicamente não racista da presença lusa em territórios africanos. Sobre Armando Cortesão e a questão colonial, ver: ANDRADE, Rui Silvestre de. *Armando Cortesão (1891-1977). Ideologia e nacionalismo na historiografia da cartografia portuguesa dos séculos XV e XVI*. Dissertação de Mestrado em História. Faculdade de Letras. Universidade de Lisboa, 2014.

6 ANDRADE, Rui Silvestre de. *Armando Cortesão (1891-1977). Ideologia e nacionalismo na historiografia da cartografia portuguesa dos séculos XV e XVI*. 2014. Dissertação (Mestrado em História). Faculdade de Letras, Universidade de Lisboa, 2014. p. 61.

> Alguns dos meus amigos portugueses estão indignados com o também meu amigo, o Major C. R. Boxer, atualmente professor ilustre da Universidade de Londres, por ter publicado, em 1963, um livro cuja tese parece ser esta: "o português tem sido sempre um povo com preconceito de raça contra as gentes de côr". De onde o major inglês dar – ao que parece – o seu valioso apoio ao movimento a favor da expulsão dos portugueses de terras africanas.[7]

Toda argumentação de Freyre está estruturada em duas linhas: chamar Boxer de "militar" e "nacionalista inglês". Freyre percebeu a força da erudição de Boxer mobilizada contra a tese de que os portugueses não seriam racistas ou, ao menos, seriam menos racistas. O "distinto súdito de Sua Majestade Britânica" durante muitos anos, pontua Freyre, emprestou sua "inteligência" não a "deusa da História, mas aos deuses – alguns tão beneficentes – do Império Britânico. Teve a amarga experiência, para um homem de intensa sensibilidade patriótica que a condição militar aguça na maioria dos homens de armas, de assistir ao desmoronamento do grande Império (...)."[8]

Como Cortesão, Freyre também assinala uma diferença entre o velho historiador "inglês tido, durante anos, pela gente lusitana, como lusófilo". O brasileiro procurou também diminuir o prestígio de Boxer, afirmando que "Ele não é Toynbee, nem um Trevelyan, nem mesmo um segundo Aubrey Bell ou outro Edgar Prestage [...] mas tem seu mérito."[9] O sutil menosprezo parece não concordar com a dedicatória de pouquíssimos anos antes. Gilberto Freyre, em 1961, dedicou *O luso e o trópico* ao filólogo e historiador espanhol Américo Castro, ao sociólogo e crítico literário francês Roger Caillois e ao britânico Charles Boxer. Como se pode ver, até *Race relations* as relações eram, no mínimo, cordiais.

De acordo com Dauril Alden, Freyre e Boxer haviam se encontrado pela primeira vez em 1949 e, depois disso, em diversas outras ocasiões, inclusive quando brasileiro esteve na casa do inglês, como o próprio Freyre registrou em artigo na

7 FREYRE, Gilberto. "O nada estranho caso do Major Boxer". *O Cruzeiro*, Rio de Janeiro, ano 36, n. 37, p. 22, 20 jun. 1964.

8 FREYRE, Gilberto. "O nada estranho caso do Major Boxer". *O Cruzeiro*, Rio de Janeiro, ano 36, n. 37, p. 22, 20 jun. 1964.

9 *Idem, Ibidem.*

revista *O Cruzeiro*, intitulado "*O professor Boxer*", de 29 de dezembro de 1956. Mas os tempos haviam mudado.

Em *Mais sobre o caso do Major Boxer*, publicado no *Diário de S. Paulo*, a 29 de janeiro de 1965, Freyre relaciona as posições do historiador inglês ao desaparecimento do Império Britânico:

> Não parece ele aperceber-se de que os grandes valores ingleses se mostram hoje capazes de nova e vigorosa expressão sob formas pós-imperiais. De onde – penso eu – não lhe parece justo que a presença portuguesa continue a ser uma realidade, a seu ver – imagino – arcaicamente imperial, em terras do Oriente e da África quando, como presença imperial, a do Império Britânico já desapareceu quase de todo, há anos. Existe agora mais sob aspectos que alguns observadores denominam "neocolonialistas" que sob os clássicos "colonialistas". [...] Sob tal impulso, é que o ilustre major deixaria de discriminar completamente entre o que foi, nessas terras, aliás, sob vários aspectos, benéfica presença britânica, e o que tem sido, nas mesmas terras, a presença portuguesa. Confunde, talvez, explosões entre os portugueses situados no Oriente e na África, de preconceito de raça – explosões que ninguém que conheça a história da expansão lusitana nos trópicos ousará negar – com a predominância desse preconceito. Predominância que caracterizou as relações das gentes britânicas com as não europeias não só na África como no Oriente: mas não as portuguesas.[10]

A acusação de que Boxer não estava a serviço da História, e sim do combalido Império Britânico era um modo indireto de abordar um problema que estava na ordem do dia: os movimentos de independência nas colônias portuguesas na África. Mas não apenas. O pensamento intelectual, sobretudo nas universidades ocidentais, passou a questionar o racismo e o colonialismo.

Gilberto Freyre ao referir-se repetida e deliberadamente a Boxer como "ilustre major", insistindo na "condição militar" do novo desafeto, agora destituído da condição de historiador em benefício da de "súdito da rainha", permite-nos entender a questão cuja problemática está na dimensão inexoravelmente histórica da vida. Em 1964 e 1965, quando Freyre e seus "amigos portugueses", "indignados"

10 FREYRE, Gilberto. "Mais sobre o caso do Major Boxer". *Diário de S. Paulo*, São Paulo, ano 37, n. 10.967, p. 4, 29 jan. 1965.

– em clara alusão a Armando Cortesão – contestam Boxer. Este já não era mais "major" há 20 anos. Como vimos nas páginas anteriores, Boxer havia se tornado um homem da universidade, com interlocução progressista em diferentes países, como Brasil e Estados Unidos.

É preciso lembrar que Gilberto Freyre, no princípio da década de 1960, era amigo do general Castello Branco, então comandante do 4º Exército, sediado no Recife. Castello Branco frequentava sua casa em Apipucos. Quando o amigo militar virou presidente da República, via golpe de Estado, Freyre foi publicamente convidado para ocupar o Ministério da Educação, cargo que não aceitou, em nome da "independência de escritor", como ele se definia. As relações de Freyre com a ditadura ainda precisam ser estudadas, mas as palavras de Túlio Velho Barreto são esclarecedoras:

> Assim [Freyre], transformou sua coluna semanal nos jornais de Assis Chateaubriand em tribuna para exaltar a "nova e saudável presença das Forças Armadas na vida pública brasileira" e lembrar que já escrevera artigo para uma revista internacional destacando o caráter suprapartidário das Forças Armadas brasileiras, "cuja intervenção na vida pública ocorreria apenas, de modo decisivo e superior, em momento de agudo desajustamento internacional ou interpartidário e para sobrepor aos interesses facciosos, em conflito ou em choque extremado, o interesse ou a conveniência autenticamente nacional". [...] Então veio o golpe, o convite e a recusa para assumir o Ministério da Educação, o que não significava abrir mão de um poder, que Freyre sabia possuir – quer por sua estatura intelectual, quer por relações pessoais. Muito pelo contrário. Após três artigos em que exaltava as Forças Armadas, ele escreve: "Várias são as pessoas que me vêm interrogando acerca da minha opinião em face da permanência do ilustre professor João Alfredo da Costa Lima como Reitor da Universidade do Recife". O preâmbulo servia, apenas, para expor um claro objetivo: "A Revolução de 31 de março, para ser fiel a si mesma, está obrigada a afastar de comandos importantes os responsáveis por uns tantos extremos nos últimos anos do Governo deposto, nefasto precisamente pelo que nele se vinha requintando, ora como conivência, ora como complacência com a infiltração comunista no Brasil."[11]

11 O autor do texto, Túlio Barreto, informa que as citações foram retiradas de uma série de artigos publicados por Gilberto Freyre no *Diário de Pernambuco*, entre 1º de março e 21 de junho de 1964. Interessante observar que se trata do mesmo momento em que Freyre

Túlio Barreto lembra a feroz luta de Gilberto Freyre contra o reitor da Universidade do Recife, atual Universidade Federal de Pernambuco, João Alfredo da Costa Lima, um aliado de Paulo Freire, interessado em democratizar a universidade, que logo sucumbiu ante a ditadura. Em Pernambuco, Charles Boxer tinha um amigo: José Antônio Gonsalves de Mello, primo de Gilberto Freyre. Ele evitou tomar partido de forma explícita, mas não aderiu à interpretação do historiador inglês. Muitos anos depois das refregas da década de 1960, em artigo de 1988, no *Diário de Pernambuco,* Gonsalves de Mello claramente defendeu Freyre: "O que Gilberto Freyre afirmou não é que não haja entre portugueses e brasileiros preconceito de raça sob nenhuma forma, mas que esse preconceito foi sempre, e continua a ser, mínimo, quando comparado com as formas como se apresentava entre povos europeus e da América do Norte".[12]

É interessante lembrar que os principais amigos de Boxer no Brasil – como José Honório Rodrigues, no Rio de Janeiro, e Sérgio Buarque de Holanda, em São Paulo – posicionaram-se contra a ditadura, o que consolida a tese de que não se tratava de disputas miúdas, mas de uma complexa federação de posições e interesses que estavam em disputa naqueles agitados e tensionados anos 60, um tempo em que as questões raciais ocuparam um lugar central no debate político e intelectual.

Charles Boxer de modo lógico – e esclarecedor dos interesses e das posições em disputa – defendeu-se das acusações de Armando Cortesão, cujos ataques foram mais pesados que os de Freyre, em São Paulo, onde a obra do intelectual pernambucano era fortemente contestada pela escola sociológica uspiana, liderada por Florestan Fernandes. Boxer obteve espaço junto a Eurípedes Simões de Paula, editor da *Revista de História da Universidade de São Paulo,* exatamente onde atuava, como professor de História da Civilização Brasileira (história colonial), seu amigo Sérgio Buarque de Holanda. Na nota intitulada "Resposta a artigos de Armando Cortesão", assinada em 14 de janeiro de 1964 e publicada no primeiro semestre daquele ano, Boxer reafirmou sua tese de que os portugueses dos séculos XVI ao XVIII foram frequentemente racistas e escravistas. Deixemos Boxer falar:

---

se posiciona contra o livro do "Major Charles Boxer". Ver: BARRETO, Túlio Velho. "Uma Questão de Ordem". In: *Folha de S. Paulo*, São Paulo, 28 mar. 2004.

12 MELLO, José Antonio Gonsalves de. In: *Diário de Pernambuco*, Recife, 12 mai. 1988.

1 - O meu livro nada tem de "insidioso" . Como expliquei aberta e honestamente no comêço daquele livrinho, eu quis contestar a convicção — igualmente honesta e firmemente mantida, como explicitamente disse — de muita e boa gente portuguêsa de que os seus antepassados dos séculos XVI a XVIII sempre trataram os indígenas de África, Ásia, e América "humanamente, e quando civilizados, de igual para igual". Também quis impugnar a validade de outra afirmação do Dr. A. Cortesão quando êle afirmou que: "Os portuguêses nunca tiveram preconceitos de raça ou de côres. A todos trataram e tratam com fraternidade cristã, quer sejam brancos, pretos, baços ou amarelos", para citar duas frases típicas do Discurso proferido por êle na Sociedade de Geografia de Lisboa em 9 de junho de 1962. Eu quis demonstrar que tais afirmações tão categóricas não podiam ser aceitas sem sérias e grandes modificações, pois que não é (ao meu ver) possível justificá-las à luz dos fatos e acontecimentos históricos.

2- Eu não fiz mero "alarde de erudição", como quer o Dr. Cortesão, em citar tantas fontes históricas: nem escolhi trechos isolados ou fora do seu contexto para tirar dêles conclusões inadmissíveis. Pelo contrário, eu tive especial cuidado em escolher precisamente feitos, dados e pensamentos bem típicos, e que, portanto, refletiram a prática e a mentalidade duma dada época ou região. Pela mesma razão, sabendo muito bem que algumas boas pessoas haveriam de ficar agastadas com as minhas afirmações, eu tirei quase todos os meus exemplos não de documentos inéditos, difíceis de controlar, nem de relatos de estrangeiros rivais ou invejosos, mas de documentos escritos por portuguêses de lei e que andam impressos nas grandes coleções como são *O Archivo Português Oriental, A Monumenta Missionaria Africana*, etc., de fácil consulta numa boa biblioteca universitária (grifos do autor).

3 - Claro está que a intolerância religiosa e os maus tratos infligidos aos escravos eram também praticados por outros povos colonizadores, fôssem êles castelhanos, inglêses, holandeses, franceses, etc., em maior ou menor grau, e às vêzes em maior escala (todo o mundo sabe, ou devia saber, que os inglêses eram os principais traficantes de "marfim negro" na costa ocidental da África durante o século XVIII). Também se pode sustentar que os portuguêses daqueles séculos, apesar de todos os seus erros, crimes e desumanidades eram, geralmente falando, menos duros para com os indígenas de que os outros povos brancos, e que tinham também menos prejuízo de côr. Eu creio nisto e tenho dito e escrito em muitos livros e artigos que tal podia ter sido, pelo menos em algumas épocas ou regiões. Mas o que eu jamais aceitei, nem posso aceitar agora, é a afirmação categórica de que os portuguêses nunca praticaram qualquer forma de discriminação racial

> e religiosa. Eu disse e digo que sim, que praticaram em alguns aspectos sistemàticamente e durante séculos inteiros, às vêzes contra e às vêzes consoante as leis vigentes do antigo império português. (...)
>
> 4- Para só falar em Angola, como "coração do império" e o ponto nevrálgico de hoje, eu atrevo-me a dizer que a atual presença portuguêsa lá é sobretudo devida à obra das gerações do último quartel do século XIX em diante, cujos sacrifícios e trabalhos têm dado muito mais justificação para que os portuguêses ficassem radicados no solo angolano do que a sua ação nos tempos (séculos XVI-XVIII) em que Angola não passava, pràticamente falando, de um lugar de exílio para degredados brancos e um cercado inesgotável de escravos negros para o Brasil. (...).[13]

Para os limites desta pesquisa duas coisas chamam-nos a atenção. Boxer admite a excepcionalidade dos portugueses, "menos duros para com os indígenas de que os outros povos brancos", tal era a força dessa tese, sobretudo na produção intelectual de Freyre. É difícil saber se Boxer acreditava nessa perspectiva ou se admiti-la era apenas uma estratégia retórica capaz de ganhar simpatias no Brasil, país que se via como não racista, em grande parte em função da enorme repercussão das teses freyreanas. Seja como for, é possível imaginar a simpatia que o livro de Boxer teve entre os adversários de Freyre, pois, do ponto de vista brasileiro, ao contra-atacar Armando Cortesão, Boxer, na verdade, atacava os pressupostos de Freyre. Afinal, o texto foi publicado na Faculdade de Filosofia da Universidade de São Paulo, a instituição mais antifreyreana do país.

Pode-se afirmar que o livro de Boxer, *Race Relations in the Portuguese,* como vimos, é filho do seu tempo, pois repercutiu uma agenda dos anos 60, marcada pela crescente politização da raça, da África, dos africanos e de seus descendentes, em um contexto marcado pela descolonização afro-asiática e pela luta dos negros norte-americanos pelos direitos civis. Mas por que, no campo da historiografia, a crítica ao racismo português partiu de um estudioso britânico, ainda que especialista do Império Português? Em outras palavras, o que Boxer sabia que os historiadores portugueses e brasileiros não sabiam?

---

13 BOXER, Charles. *Resposta a artigos de Armando Cortesão.* In: *Revista de História*, São Paulo, v. 28, n. 58, p. 405-408, abr.-jun. 1964.

Apesar da aparente ingenuidade, a questão não é simples. Afasta-se de antemão a "genialidade" de Boxer. A resposta está noutro lugar. A produção acadêmica de alto nível demanda financiamento público e liberdade de cátedra. A universidade portuguesa, sob a ditadura salazarista, estava inteiramente controlada pelo regime. O historiador lusitano Vitorino Magalhães Godinho, a propósito das comemorações dos 500 anos do descobrimento da Guiné, em 1947, argumentava que os pesquisadores mais talentosos e ousados estavam fora da universidade portuguesa ou mesmo exilados (como era o caso dele, um dos maiores historiadores do século XX em Portugal). Para Godinho, as faculdades viviam "fossilizadas na sebenta e na rotina, dormindo à sombra da falta de fiscalização, incapazes de criarem ciência e de formarem gerações, comprazendo-se na adulação e na mediocridade sossegada."[14]

Não há dúvida que a pobreza institucional (em ambientes universitários autoritários, restritos e subordinados ao governo), bem como a falta de políticas sistemáticas de financiamento e o exclusivismo social pesaram no acanhamento da produção intelectual portuguesa. Era nisso que Godinho pensava ao afirmar que "os aniversários e centenários só podem ser úteis se constituírem ensejo para estudar problemas, meditar diretrizes, criticar certezas dogmáticas; caso contrário, mumificam os vivos, sem ressuscitar os mortos."[15]

No Brasil daquele momento, as universidades ainda engatinhavam, com a possível exceção da Universidade de São Paulo. Outro traço inequívoco, ao menos de parte da produção intelectual das universidades luso-brasileiras de meados do século, era o nacionalismo e o conservadorismo. Também nisso Godinho vai ao ponto: "Por isso mesmo recuso-me a comungar num patriotismo que do passado seleciona o que convém aos seus interesses de grupo e oculta a riqueza das tradições com que antipatiza."[16]

À guisa de conclusão, pode-se afirmar que Boxer era uma estrela, talvez menor, numa grande constelação de intelectuais e ativistas – de Claude Lévi-Strauss a Frantz Fanon, de Sérgio Buarque à Vitorino Magalhães Godinho – que estavam

14 GODINHO, Vitorino Magalhães. "Comemorações e História. A descoberta da Guiné". Lisboa: *Cadernos da Seara Nova*, 1947, p. 13.

15 *Idem*, p. 14.

16 *Idem*, p. 49.

abordando criticamente o colonialismo e o racismo. Logo, a chave para explicar as alterações interpretativas em relação ao passado português e luso-brasileiro está na historicidade da vida e do mundo. Não se trata de meras disputas entre intelectuais, embora elas existissem e existam, mas de uma complexa politização que repercutiu na produção do conhecimento histórico. A questão racial passou a ocupar um lugar destacado, a ponto de Charles Boxer rever a interpretação da problemática no período colonial. Não é demais reiterar que a conclusão de Boxer em *Race Relations in the Portuguese Colonial Empire*, hoje, soa profundamente banal entre os estudiosos da questão, mas um dia precisou ser dita com a autoridade de um *scholar*. Era o que Boxer tinha para oferecer.

Mais importante: naqueles anos 60, o mundo estava em guerra quente e fria, com negros nas ruas dos Estados Unidos, estudantes em ação em todo o mundo ocidental, africanos em luta contra o colonialismo, latino-americanos contra (e a favor) de ditaduras. Nesse contexto, Boxer pendeu para um lado, bastante compreensível para um homem que vivia na universidade com relativa autonomia de pensamento. Freyre, por sua vez, pendeu para outro lado, em defesa de duas ditaduras e a do velho colonialismo português.

ÍNDICE ONOMÁTISCO

REFERÊNCIAS BIBLIOGRÁFICAS

Fontes da parte I[1]

ASSIS, Machado de; ALENCAR, Mario de (org.). *Crítica*. Rio de Janeiro: Livraria Garnier, s.d.

ASSIS, Machado de. *Obra Completa de Machado de Assis*, 3 vols. Rio de Janeiro: Nova Aguilar, 1994.

ASSIS, Machado de; COUTINHO, Afrânio (org.). Memórias póstumas de Brás Cubas. In: Machado de Assis – Obra completa. 3v. v. I. Rio de Janeiro: Nova Aguilar, 1994.

AZEVEDO, Aluísio. *O Cortiço*. Rio de Janeiro: 1973.

BARBOSA, Rui. Embaixada a Buenos Aires. In: BARBOSA, Rui. *Obras completas de Rui Barbosa vol. 48, tomo 1*. Rio de Janeiro: MEC, 1981.

BOMFIM, Manuel. *A América Latina*: males de origem. Rio de Janeiro: Garnier, 1905.

_______. *A América Latina*: males de origem. Rio de Janeiro: Topbooks, 1993.

CUNHA, Euclides da. *Contrastes e Confrontos*. Rio de Janeiro: Record, 1975.

_______. *Os Sertões*. Ed. crítica organizada por Walnice Nogueira Galvão. São Paulo, Brasiliense, 1985.

_______. *Os sertões*. Rio de Janeiro: Francisco Alves, 1995.

1 Como se trata de história intelectual, as *fontes* são obras publicadas. Por isso, nessa seção, estão selecionadas as obras do período em questão, que que receberam tratamento analítico privilegiado e não se confunde com obras de apoio bibliográfico, listado em *bibliografia geral*.

FREYRE, Gilberto. "O gigante Sílvio Romero", *Correio Popular* (Campinas), 22 de abril de 1951.

HOLANDA, Sérgio Buarque de. "Do Império à República". In: *História Geral da Civilização Brasileira*, vol. 7. São Paulo: Difel, 1983.

QUEIROZ, Eça de. "A Península". In *Prosas Bárbaras*. Porto: Lello & Irmão, 1912.

_______. *As Farpas*. Ed. de Maria Filomena Mónica. São João do Estoril: Principia, 2004.

REBOUÇAS, André. *Diário e Notas Autobiográficas*. Rio de Janeiro: José Olympio, 1938.

ROMERO, Sílvio. *A literatura e a crítica moderna*. Rio de Janeiro: Imprensa Industrial de João Ferreira Dias, 1880.

_______. "A questão do dia – a emancipação dos escravos". In *Revista Brasileira*. Rio de Janeiro, 1881.

_______. *Estudos sobre poesia popular no Brasil*. Rio de Janeiro: Laemmert, 1888a.

_______. *História da literatura brasileira*, 2 vols. Rio de Janeiro: Livraria Garnier, 1888b.

_______. *Novos estudos de literatura contemporânea*. Rio de Janeiro: Garnier, 1898.

_______. A imigração e o futuro do povo brasileiro. In: Romero, Sílvio. *Discursos*. Porto: Lello & Irmão Editores, 1904.

_______. *A América Latina: análise do livro de igual título do Dr. Manoel Bomfim*. Porto: Lello & Irmão Editores, 1906.

_______. O allemanismo no Sul do Brasil. In: Romero, S. *Provocações e debates:* contribuições para o estudo do Brasil social. Porto: Chardon, 1910a.

_______. Discurso pronunciado aos 18 de dezembro de 1906, por ocasião da recepção do Dr. Euclydes da Cunha. In: *Provocações e debates: contribuições para o estudo do Brasil social*. Porto: Lello & Irmão Editores, 1910b.

_______. *Estudos sociais*: o Brasil na primeira década do XX. Lisboa: Mala da Europa, 1911.

_______. *História da literatura brasileira*, Tomo 1. Rio de Janeiro: José Olympio, 1953.

_______. "Sobre Émile Zola". In: CANDIDO, Antonio (org.) *Sílvio Romero*: teoria, crítica e história literária. Rio de Janeiro/São Paulo: Livros Técnicos e Científicos/EDUSP, 1978.

_______. *Machado de Assis: estudo comparativo de literatura brasileira*. Campinas: Ed. da Unicamp, 1992 [1892].

_______. *Compêndio de História da Literatura Brasileira* – Obras Completas de Sílvio Romero, Rio de Janeiro/Aracaju: Imago Editora/Editora da UFS, 2001a.

_______. *História da literatura brasileira*, Tomos I e II, 2 vols. Rio de Janeiro: Imago Editora, 2001b.

VERÍSSIMO, José. *Que é literatura? E outros ensaios*. Rio de Janeiro/Paris: Garnier, 1907.

VIANNA, Oliveira. *Raça e Assimilação*. 2ª ed. São Paulo: Companhia Editora Nacional, 1934.

_______. *Evolução do Povo Brasileiro*. São Paulo: Companhia Editora Nacional, 1938;

_______. *Populações Meridionais do Brasil:* Populações rurais do centro-sul. Vol. 1. Niterói: EDUFF, 1987.

Fontes da parte II

ABREU, João Capistrano de. *Capítulos de História Colonial & Os Caminhos Antigos e o Povoamento do Brasil*. Brasília: Editora da UnB, 1963.

_______. *Ensaios e Estudos*. Rio de Janeiro / Brasilia: Civilização Brasileira / INL, 1975.

BARBOSA, Januário da Cunha. "Se a introdução dos escravos africanos no Brasil embaraça a civilização dos nossos indígenas". R*evista do Instituto Histórico Geográfico Brasileiro*. Rio de Janeiro, v. 1, p 160, 1839.

BILAC, Olavo. "O caçador de esmeraldas". In: *Poesias: antologia*. São Paulo: Martin Claret, 2002.

CHARLEVOIX, Pierre-François-Xavier. *Historia del Paraguay*. Madrid: Librería General de Victoriano Suárez, 1910.

COSTA, Cláudio Manoel da. "Fundamento histórico do poema Vila Rica". In: *Obras Poéticas*. 2 v. Rio de Janeiro: Livraria Garnier, 1903.

DORIA, João. "São Paulo vai ajudar no desenvolvimento do Brasil". Tendências/ Debates. *Folha de S. Paulo*. Domingo, 6 de janeiro de 2019.

ESTADO de S. Paulo. 3 de outubro de 2013.

FIGUEIREDO, António Cândido de. *Novo dicionário da língua portuguesa*. Lisboa: Tavares Cardoso & Irmão, 1899.

HOLANDA, Sérgio Buarque. Movimentos da população em São Paulo no século XVIII. *Revista do IEB*, No. 1, 1966.

_______. *Caminhos e Fronteiras*. São Paulo: Companhia das Letras, 1994.

_______. *Monções*. 4 ed. (Orgs. SOUZA, Laura de Mello e; Sekkel André Cerqueira. São Paulo: Companhia das Letras, 2014.

LEME, Pedro Taques de Almeida. *Notícia histórica da expulsão dos jesuítas do Colégio de São Paulo*. 2a ed. São Paulo: Editora Melhoramentos, 1929.

_______. *Nobiliarquia Paulistana Histórica e Genealógica*. 3a ed. São Paulo: Martins Editora, 1953.

_______. *Notícias das Minas de São Paulo e dos sertões da mesma capitania*. Introdução e notas de Afonso de E. Taunay. Belo Horizonte, Ed. Itatiaia, São Paulo, EDUSP, 1980 (1ª ed. 1771).

MONTOYA, Antonio Ruiz de. *Conquista espiritual feita pelos religiosos da Companhia de Jesus nas províncias do Paraguai, Paraná, Uruguai e Tape*. 2. ed. Porto Alegre: Martins Livreiro, 1997.

OLIVEIRA, José Joaquim Machado d'. *Quadro histórico da Província de São Paulo*. São Paulo: Governo do Estado de São Paulo, 1978.

PITTA, Sebastião da Rocha. *História da América portuguesa*. Lisboa: Francisco Arthur da Silva, 1880.

PRADO, Paulo. *Paulística*. São Paulo: Companhia das Letras, 2004.

RODRIGUES, Raymundo Nina. *Os africanos no Brasil*. São Paulo: Companhia Nacional, 1933.

SAINT-HILAIRE, Auguste. *Viagem à província de São Paulo*. São Paulo: Livraria Martins Ed., EDUSP, 1972.

SILVA, Antônio de Morais. *Diccionario da lingua portugueza*. Lisboa: Officina de Simão Thaddeo Ferreira, 1789. SILVA, Antônio de Morais. *Diccionario da lingua portugueza*. Lisboa: Typographia Lacerdina, 1813.

SOUZA, Washington Luís Pereira de. "Contribuição para a história da capitania de São Paulo. Governo Rodrigo César Meneses". *Revista do Instituto Histórico e Geográfico de São Paulo*, vol. 8, 1904.

TAUNAY, Afonso de E. *São Paulo nos Primeiros Anos*. Tours: E. Arrault et Cie, 1920.

_______. *São Paulo no Século XVI*. Tours: E. Arrault et Cie, 1921.

_______. *Na Era das Bandeiras*. São Paulo: Editora Companhia Melhoramentos de São Paulo – Weiszflog Irmãos, 1922.

_______. *Pedro Taques e seu tempo: Estudo de uma personalidade e de uma época*. In: Anais do Museu Paulista. São Paulo. Tomo 1. 1922.

_______. *Piratininga: aspectos sociais de São Paulo seiscentista*. São Paulo: Tipografia Ideal; Heitor L. Canton, 1923.

_______. *Índios! Ouro! Pedras!* São Paulo: Melhoramentos, 1926.

_______. *A Grande Vida de Fernão Dias Pais*. São Paulo: Typografia Diário Official, 1931.

_______. *História da cidade de São Paulo no século XVIII*. São Paulo: Imprensa Oficial, 1931.

_______. Discurso de posse na Presidência Honorária do Instituto. RIHGSP, v. 37, p. 10-11, 1939.

_______. *História das bandeiras paulistas*. Tomo 1. São Paulo: Melhoramentos, 1975.

VARNHAGEN, Francisco Adolfo. "Memorial Orgânico". In: *Guanabara, revista mensal, artístico, científico e literária*. Rio de janeiro, Tipografia de Paula Brito, outubro/novembro 1851.

VIEIRA, Antonio. *Carta ao Padre Provincial*. Maranhão, 1653.

WEHLING, Arno. (org.). *Documentos Históricos do Brasil*. Rio de Janeiro: Nova Aguilar, 1999.

Fontes da parte III

ANTONIL, André João. *Cultura e opulência do Brasil por suas drogas e minas*. Introdução e notas de Andrée Mansuy Diniz Silva. São Paulo: USP, 2007.

ARMITAGE, John. *The History of Brazil from the arrival of the Braganza family in 1808, to the abdication of Don Pedro the first in 1831*. London: Smith, Elder and Co., 1936.

AZEVEDO, J. Lúcio. (org.). *Cartas do Padre Vieira*. Coimbra: Imprensa da Universidade, 1925.

BANDEIRA, Manuel. "*Evocação do Recife*". In*: Libertinagem. Rio de Janeiro: Paulo Pongetti & Cia, 1930.*

BASTIDE, Roger. *Brésil, terre des contrastes*. Paris, Hachette, 1957. Trad. brasileira. _______. *Brasil, terra de contraste*. Difusão Europeia do livro, 1959.

BOXER, Charles. R. *Fidalgos in the far east 1550-1770 : fact and fancy in the history of Macao*. The Hague, Nijhoff, 1948. 2nd revised Ed. Hong Kong & London: Oxford Press, 1968a.

_______. *Jan Compagnie in Japan, 1660-1817*. The Hague: NijhoC, 1936. Revised edition. Tokyo & London: Oxford Univerity Press, 1968b.

Fidalgos in the far east 1550-1770: fact and fancy in the history of Macao. The Hague, Nijhoff, 1948. 2nd revised Ed. Hong Kong & London: Oxford Press, 1968. Tradução portuguesa. ______. *Fidalgos no Extremo Oriente, 1550-1770:* factos e lendas de Macau Antigo. Macau: Fundação Oriente e Museu e Centro de Estudos Marítimos de Macau, 1990.

_______. *The Christian Century in Japan, 1549-1650*. Berkeley: University of California Press, 1951.

_______. *Salvador de Sá and the Struggle for Brazil and Angola, 1602-1686*. London: Athlone Press, 1952.

_______. *The Dutch in Brazil, 1624-1654. Oxford: Charendon Pres,* 1957.

_______. *"Edgar Prestage,* 1869-1951". In: *Proceedings of the British Academy*, 1958, XLIV, London, p. 199-205, 1959.

_______. "S. R. Welch and his History of the Portuguese in Africa, 1495-1806." In: *Journal of African History*, v. 1, n. 1, p. 53-63,1960.

_______. *Os Holandeses no Brasil, 1624-1654*. São Paulo: Companhia Editora Nacional, 1961a.

_______. The clash of colour, caste, and creed in the Sixteenth Century. In: *Four centuries of Portuguese expansion, 1415-1825*: a succinct survey. Johannesburg/ South Africa: Witwatersrand University Press, 1961b.

_______. A 'História' de Cadornega no Museu Britânico, sep. da *Revista Portuguesa de História*, nº 8, Coimbra, 1961c.

_______. "Background to Angola: Cadornega's chronicle". *History Today*, XI, 10, 1961d.

_______. "Duas cartas inéditas de João de Barros quando feitor da Casa da Índia 1534-1535". In: *Actas do Congresso Internacional de História dos Descobrimentos*, vol. V, Lisboa, 1961e.

_______. "The Colour Question in the Portuguese Empire, 1415-1825" (The Raleigh Lecture on History British Academy 1961). *Proceedings of the British Academy*, vol. XLVII, 1961f.

_______. *The Golden Age of Brazil, 1695-1750: Growing Pains of Colonial Society.* Berkeley & Los Angeles: University of California Press, 1962.

_______. *Race relations in the Portuguese Colonial Empire, 1415-1825*. Oxford/UK: Oxford University Press (Clarendon), 1963.

_______. *Resposta a artigos de Armando Cortesão.* Revista de História, v. 28, n. 58, abr.-jun. 1964, p. 405-408. São Paulo: Departamento de História – Faculdade de Filosofia, Letras e Ciências Humanas – Universidade de São Paulo – FFLCH-USP.

_______. *The Dutch Seaborne Empire*, 1600-1800. New York: Alfred Knopf, 1965.

_______. *Relações raciais no Império Português, 1415-1825*. Rio de Janeiro: Tempo Brasileiro, 1967.

_______. *Fidalgos no Extremo Oriente, 1550-1770:* factos e lendas de Macau Antigo. Macau: Fundação Oriente e Museu e Centro de Estudos Marítimos de Macau, 1990.

_______. *The Portuguese seaborne Empire, 1415-1825*. London/UK, New York/USA: Hutchinson/Knopf, 1969.

_______. *Salvador de Sá e a Luta pelo Brasil e Angola, 1602-1686.* São Paulo: Companhia Editora Nacional, 1973.

_______. *Mary and Misogyny: Women in Iberian Expansion Overseas, 1440-1770.* London: Duckwoth, 1975.

_______. *A mulher na expansão ultramarina Ibérica, 1415-1815*. Lisboa: Livros Horizontes, 1977.

_______. *The Church Militant and Iberian Expansion, 1440-1770.* Baltimore & London: John Hopkins University Press, 1978.

_______. *A Idade de Ouro do Brasil:* dores do crescimento de uma sociedade colonial. Rio de Janeiro: Nova Fronteira, 2000.

_______. *O império marítimo português, 1415-1825*. Tradução Olga de Barros Barreto. São Paulo: Companhia das Letras, 2002.

_______. *Igreja militante e a expansão Ibérica, 1440-1770*. Tradução de Vera Maria Pereira. São Paulo: Companhia das Letras, 2007.

CESAIRE, Aimée. *Discours sur le colonialisme.* Paris: Éditions Réclame, 1955. Trad. Brasileira: _______. *Discurso sobre o colonialismo.* Florianópolis: Letras contemporâneas, 2010.

CORTESÃO, Armando. *Realidades e desvarios africanos.* Discurso proferido na Sociedade de Geografia de Lisboa, quando da sessão de encerramento da Semana do Ultramar em 9 de julho de 1962. Lisboa/ Portugal: Sociedade de Geografia de Lisboa/Agência Geral do Ultramar, 1962.

_______. "Um Livro Insidioso". Diário Popular, Lisboa, 25 de janeiro de 1964.

CORTESÃO, Armando; MOTA, Avelino Teixeira da. *Portugaliae Monumenta Cartographica.* 6v. Lisboa: Imprensa Nacional; Casa da Moeda, 1960.

DAVIDSON, Basil. *The Africa Awakening.* Londres: Cape, 1955.

DIAS, Jorge. "Convívio entre pretos e brancos nas Províncias Ultramarinas Portuguesas". In: *Estudos Ultramarinos,* n. 3, 1960;

_______. *Portuguese Contribution to Cultural Anthropology.* Joanesburgo: Witwatersrand University Press, 1961.

FANON, Frantz. *Peu Noire, Masques Blancs.* Paris: Seuil, 1952. Trad. Brasileira: _______. *Pele negra, máscaras brancas.* Rio de Janeiro: Fator, 1983.

_______. *Les Damnes de la terre.* Paris: François Maspero, 1961. Trad. Brasileira: ___. *Condenados da terra.* Juiz de Fora: Editora UFJF, 2005.

FERNANDES, Florestan; BASTIDE, Roger. *Brancos e negros em São Paulo*: ensaio sociológico sobre aspectos da formação, manifestações atuais e efeitos do preconceito de cor na sociedade paulistana. Editora Anhembi, 1955.

FERNANDES, Florestan. *A integração do negro na sociedade de classes.* São Paulo: Faculdade de Filosofia, Ciências e Letras da USP, 1964 (2a. ed., em dois volumes, São Paulo: Dominus/Edusp, 1965).

FREYRE, Gilberto. "Do bom e do mau regionalismo". In: *Recife: Revista do Norte,* Recife: n. 2, p. 5, 1924.

_______. *Guia prático histórico e sentimental da cidade do Recife.* Recife: Propagandist, 1934.

_______. *Nordeste.* Rio de Janeiro: José Olympio, 1937a.

_______. "Sugestões para o estudo da arte brasileira em relação com a arte de Portugal e das Colônias". In: *Revista do SPHAN,* n. 1, 1937b.

_______. "Foot-ball mulato". In: *Diário de Pernambuco,* ano 113, n. 143, 17 jun. 1938.

_______. *O mundo que o português criou*. Rio de Janeiro: José Olympio, 1940a.

_______. "O exemplo português". In: *Correio da Manhã*, Rio de Janeiro, 9 jun. 1940b.

_______. *Região e tradição*. Rio de Janeiro: José Olympio, 1941.

_______. *Interpretação do Brasil*: aspectos da formação social brasileira como processo de amalgamento de raças e culturas. Rio de Janeiro: José Olympio, 1947.

_______. "O gigante Sílvio Romero", Correio Popular (Campinas), 22 de abril de 1951.

_______. Declarações de Gilberto Freyre ao chegar ao Brasil. *Novidades*, Lisboa, 18 de fevereiro, 1952a.

_______. *Maîtres et esclaves:* la formation de la société brésilienne. Trad. Roger Bastide; Prefácio de Lucien Febvre. Paris: Gallimard, 1952b.

_______. "Declarações de Gilberto Freyre ao chegar ao Brasil". *Novidades*: Lisboa, 18 de fevereiro, 1952c.

_______. *Aventura e rotina*: sugestões de uma viagem à procura de constantes portuguesas de caráter e ação. Rio de Janeiro: José Olympio, 1953a.

_______. *Um brasileiro em terras portuguesas*. Rio de Janeiro: José Olympio, 1953b.

_______. *Reinterpretando José de Alencar*. Rio de Janeiro: Ministério da Educação e Cultura – Serviço de Documentação, 1955.

_______. *Integração portuguesa nos trópicos*. Lisboa: Junta de Investigações do Ultramar, 1958.

_______. *O luso e o trópico*. Lisboa: Comissão Executiva do V Centenário da Morte do Infante D. Henrique, 1961.

_______. *O Brasil em face das Áfricas negras e mestiças*: conferência proferida no gabinete português de leitura do Rio de Janeiro. Lisboa: [s.n.], 1963.

_______. "O nada estranho caso do Major Boxer". *O Cruzeiro*, Rio de Janeiro, ano 36, n. 37, p. 22, 20 jun. 1964.

_______. Mais sobre o caso do major Boxer. *Diário de S. Paulo*, São Paulo, ano 37, n. 10.967, p. 4, 29 jan. 1965.

_______. *Como e porque sou e não sou sociólogo*. Brasília: Editora da UnB, 1968.

_______. *Além do apenas moderno*. Rio de Janeiro: José Olympio, 1973.

_______. *Tempo morto e outros tempos*: trechos de um diário de adolescência e primeira mocidade (1915-1930). Rio de Janeiro: José Olympio, 1975.

_______. *Livro do Nordeste*. Recife: Secretaria da Justiça / Arquivo Público Estadual, 1979a (1ª ed. 1925).

_______. *Tempo de aprendiz*. São Paulo: IBRASA/INL-MEC, 1979b.

_______. *Manifesto regionalista*. Recife: Massangana, 1996. [1925]

_______. *Americanidade e latinidade da América Latina e outros textos afins*. Brasília: Editora da UnB, 2003.

_______. *Casa-grande & senzala*: formação da família brasileira sob o regime de economia patriarcal. 50ª ed. São Paulo: Global, 2005 [1933]

_______. *Sobrados e Mucambos*. São Paulo: Global, 2006.

_______. *Bahia de Todos os Santos e de quase todos os pecados*. São Paulo: Global, 2018. (1ª ed. 1926).

GODINHO, Vitorino Magalhães. "Comemorações e História. A descoberta da Guiné". Lisboa: Cadernos da Seara Nova, 1947.

_______. *A economia dos descobrimentos henriquinos*. Lisboa: Sá da Costa, 1962.

_______. *Os Descobrimentos e a Economia Mundial*. 4v. Lisboa: Arcadia, 1963-1971.

HEARN, Lafcadio. *Two Years in the French West Indies*. New York: Harper and Brothers, 1890.

HOLANDA, Sérgio Buarque de. "A sociedade patriarcal". In: *Tentativas de Mitologia*. São Paulo: Perspectiva, 1979.

LÉVI-STRAUSS, Claude. *Tristes tropiques*. Paris: Librairie Plon, 1955. Trad. Brasileira: _______. *Tristes trópicos*. São Paulo: Anhembi, 1957.

_______. *Race et Histoire*. Paris, Unesco, 1952. Trad. Brasileira: LÉVI-STRAUSS, Claude. *Raça e História*. Rio de Janeiro: Presença, 1973.

_______. *Longe do Brasil:* Claude Lévi-Strauss; entrevista com Véronique Moraigne. São Paulo: Editora UNESP, 2011.

MELLO, José Antonio Gonsalves de. *Tempo dos Flamengos*: influência da ocupação holandesa na vida e na cultura do Norte do Brasil. Coleção Documentos Brasileiros. Rio de Janeiro: José Olympio, 1947.

_______. Artigo. *Diário de Pernambuco*, Recife, 12 mai. 1988.

MOURA, Clóvis. *Rebeliões na senzala*: quilombos, insurreições, guerrilhas. São Paulo: Edições Zumbi, 1959.

ORTEGA Y GASSET, José. "Verdad y perspectiva". In: *El espectador*, Madrid: [s.n.], v. 1, 1916.

_______. *Meditaciones del Quijote*. Madrid: Alianza Editorial, 1987.

PRADO JÚNIOR, Caio. *Evolução política do Brasil e outros estudos*. São Paulo: Brasiliense, 1975.

PRESTAGE, Edgar. *The Diplomatic Relations of Portugal and England from 1640 to 1668*. Voss & Michael: Watford, 1925a;

_______. *The Diplomatic Relations of Portugal with France, England and Holland from 1640 to 1668*. Voss & Michael: Watford, 1925b;

_______. *The Portuguese Pioneers*. London: A. & C. Black, 1933.

QUENTAL, Antero de. *Causas da Decadência dos Povos Peninsulares nos Últimos Três Séculos*. Porto: Typographia Commercial, 1871.

_______. *Formação do Brasil contemporâneo*. São Paulo: Brasiliense, 1942.

RAMOS, Alberto Guerreiro. *Patologia social do branco brasileiro*. Rio de Janeiro: Editora Jornal do Commercio, 1955; _____. "À propos de Gilberto Freyre". In: *Arguments*, n. 1, 1956.

RAMOS, Arthur. "Manifesto dos intelectuais brasileiros contra o preconceito racial". In: *Guerra e relações de raça*. Rio de Janeiro: Perfecta, 1943.

RIBEIRO, Orlando. Aspectos e problemas da expansão portuguesa. Lisboa: Junta de Investigações do Ultramar, "Estudos de Ciências Políticas e Sociais", n.º 59, 1962.

RODÓ, José Enrique. *Ariel*. Campinas: Editora da Unicamp, 1991.

SOUTHEY, Robert. *História do Brasil*. São Paulo: Melhoramentos; Brasília: INL. 1997.

SOUZA, Joaquim de Paula. Os Palmares: romance nacional histórico. Rio de Janeiro: Laemmert, 1885.

TORRES, Alberto. *A organização nacional*. São Paulo: Companhia Editora Nacional, 1933.

TOYNBEE, Arnold. *O ocidente e o futuro*. Conferências proferidas em 1959-60. Instituto de Altos Estudos Militares, v. 1, Caxias, [s. n.], 1960.

VERGER, Pierre; BARADEL, Alex (org.). *O Brasil de Pierre Verger*. Salvador: Fundação Pierre Verger, 2006.

Bibliografia geral

ABREU, Regina. *O Enigma de Os Sertões*. Rio de Janeiro: Rocco: Funarte, 1998.

_______. "O livro que abalou o Brasil: a consagração de *Os Sertões* na virada do século". *Revista Manguinhos – História, Ciências, Saúde*. Rio de Janeiro, vol. 5, suplemento, p. 101-102, jul./ago. 1998.

_______. "Veredas dos Sertões". Caderno Mais. Folha de S. Paulo. 02/08/2009.

ABUD, Kátia Maria. *O sangue intimorato e as nobilíssimas tradições: a construção de um símbolo paulista: o bandeirante*. Tese de Doutorado em História Social. Faculdade de Filosofia, Letras e Ciências Humanas, Universidade de São Paulo, São Paulo, 1985.

_______. *A ideia de São Paulo como formador do Brasil*. In FERREIRA, Antônio Celso, DE LUCA, Tânia Regina e IOKOI, Zilda Grícoli (org.). *Encontros com a História: Percursos históricos e historiográficos de São Paulo*. São Paulo: Editora Unesp, 1999.

AGUIAR, Ronaldo Conde. *O rebelde esquecido: tempo, vida e obra de Manoel Bomfim*. Rio de Janeiro: Topbooks, 2000.

ALBUQUERQUE, José Lindomar. "As fronteiras ibero-americanas na obra de Sérgio Buarque de Holanda". *Análise Social,* vol. XLV (195), 2010, 329-351.

ALDEN, Dauril. *The Making of an Enterprise. The Jesuits in Portugal, its Empire and Beyond, 1540-1750*. Stanford: Stanford University Press, 1996.

_______. *Charles R. Boxer:* an uncommon life: soldier, historian, teacher, collector, traveler. Lisboa/Portugal: Fundação Oriente, 2001.

_______. Charles R. Boxer e The Church Militant. In: SCHWARTZ, Stuart & MYRUP, Erik. *O Brasil no Império Marítimo português*. Bauru: Edusc, 2009.

ALENCASTRO, Luiz Felipe de. *O Trato dos Viventes:* formação do Brasil no Atlântico Sul. São Paulo: Companhia das Letras, 2000.

ALENCASTRO, Luiz Felipe de; RENAUX, Maria Luiza. Caras e modos dos migrantes e *imigrantes*. In*: ALENCASTRO,* L. F. de (org). *História da Vida Privada no Brasil Volume 2. Império*: a corte e a modernidade nacional. São Paulo: Companhia das Letras, 1997.

ALLEN, John. *Apartheid South Africa: An Insider's Overview of the Origin and Effects of Separate Development*. New York: IUniverse Inc, 2005.

ALMEIDA, José Maurício Gomes de. "Regionalismo e modernismo: as duas faces da renovação cultural dos anos 20". In: KOSMINSKY, Ethel Volfzon; LÉPINE, Claude; PEIXOTO, Fernanda Áreas (orgs.). *Gilberto Freyre em quatro tempos*. Bauru/São Paulo: Edusc/Unesp, 2003.

ALONSO, Angela. "Crítica e contestação: o movimento reformista da geração 1870", *Revista Brasileira de Ciências Sociais,* vol. 15, n. 44. 2000.

_______. *Ideias em Movimento:* A geração 1870 na crise do Brasil-Império. São Paulo: Paz e Terra, 2002.

_______. *Joaquim Nabuco. Os salões e as ruas.* São Paulo: Companhia das Letras, 2007.

_______. "Joaquim Nabuco e os abolicionistas britânicos. Correspondência, 1880-1905". In: *Revista Estudos Avançados.* São Paulo, v. 23. n. 65. 2009.

_______. *Flores, Votos e Balas:* O Movimento Abolicionista Brasileiro (1868-1888). São Paulo: Companhia das Letras, 2016.

ALVES, Caleb Faria. Benedito Calixto e a construção do imaginário republicano. Bauru: EDUSC, 2003.

AMADO, Janaína. "Região, Sertão, Nação". In: *Estudos Históricos,* Rio de Janeiro, n. 15, 1995, p. 146.

AMED, Fernando José. *As Cartas de Capistrano de Abreu: sociabilidade e vida literária na Belle Époque carioca.* São Paulo: Alameda Casa Editorial, 2006.

ANDERSON, Benedict. *Comunidade Imaginadas*: reflexões sobre a origem e a difusão do nacionalismo. São Paulo: Companhia das Letras, 2008.

ANDERSON, Perry. "Portugal and the End of Ultra-Colonialism". In: *New Left Review,* I, números 15--17, 1962.

ANDRADE, Rui Silvestre de. *Armando Cortesão (1891-1977). Ideologia e nacionalismo na historiografia da cartografia portuguesa dos séculos XV e XVI.* Dissertação de Mestrado em História. Faculdade de Letras. Universidade de Lisboa, 2014.

ANHEZINI, Karina. "Museu Paulista e trocas intelectuais na escrita da História de Afonso de Taunay". In: *Anais Do Museu Paulista,* v. 10-11, n. 1, São Paulo, 2003. _______. *Um metódico à brasileira:* a história da historiografia de Afonso de Taunay (1911-1939). São Paulo: Editora da UNESP, 2011.

ANHEZINI, Karina. "Entre 'rios da dúvida' e contínuas entradas: a construção do tema das bandeiras por Afonso de Taunay". In ROIZ, Diogo da Silva, et al. (orgs). *Os bandeirantes e a historiografia brasileira.* Serra: Editora Mil fontes, 2018.

ANKERSMIT, Frank. *A escrita da história: a natureza da representação histórica.* Londrina: Eduel, 2012.

ARAGÃO, Solange. "Jazigos e covas rasas: o livro que Gilberto Freyre não escreveu?". In: *Oculum Ensaios,* Campinas, n. 13, 2011.

ARAÚJO, Ricardo Benzaquen de. *Guerra e paz*: Casa-grande e senzala e a obra de Gilberto Freyre nos anos 30. Rio de Janeiro: Editora 34, 1994.

ARRUDA, Maria Arminda do Nascimento; GARCIA, Sylvia Gemignani. *Florestan Fernandes:* mestre da sociologia moderna. Brasília, Paralelo 15, CAPES, 2003.

ARSENAULT, Raymond. *Freedom Riders:* 1961 and the Struggle for Racial Justice. New York: Oxford, 2006.

AZEVEDO, Celia Maria Marinho de. *Onda negra, medo branco*. São Paulo: Annablume, 2015.

BAGANHA, Maria Ioannis. Historiografia da emigração portuguesa para o Brasil: algumas notas sobre o seu passado, o seu presente e o seu futuro. In: ARRUDA, J. J.; FONSECA, L. A. (orgs.). *Brasil-Portugal: História, agenda para o milénio.* Bauru: EDUSC, 2001.

BAGGIO, Kátia Gerab. Iberismo, hispanismo e latino-americanismo no pensamento de Gilberto Freyre. In: *Estudios del ISHIR*, Rosario, a. 2, v. 2, 2012.

BAPTISTA, Abel Barros Baptista. *A formação do nome: duas interrogações sobre Machado de Assis.* Campinas: Editora da UNICAMP, 2003.

BARBOSA, Cibele. *"Casa Grande & Senzala: a* questão racial e o 'colonialismo esclarecido' na França do Pós-Segunda Guerra Mundial". In: *Revista Brasileira de Ciências Sociais*, v. 33, n. 96, p. 4, 2018.

BARRETO, Luiz Antonio (org.). *Literatura, história e crítica.* Rio de Janeiro: Imago, 1992.

BARRETO, Túlio Velho. "Uma Questão de Ordem". In: *Folha de S. Paulo,* São Paulo, 28 mar. 2004.

BARROS, José D'Assunção. "Arnold Toynbee e a História Comparada das Civilizações". In: *Biblos*, Rio Grande, v. 23, n. 1, 219-229, 2009.

_______. "Duas fases de Capistrano de Abreu: em torno de uma produção historiográfica". In: Projeto História: *Revista do programa de Estudos Pós Graduados,* PUC/SP, n. 41, 2010.

BASTOS, Elide Rugai. Brasil, um outro Ocidente? Gilberto Freyre e a formação da sociedade brasileira. In: *Cia & Tópicos*, Recife, v. 29, n. 1, p. 33-59, jan./jun, 2001.

_______. *Gilberto Freyre e o pensamento hispânico:* entre Dom Quixote e o Alonso El Bueno. Bauru: Edusc, 2003.

BEAUVOIR, Simone de. *O pensamento de direita, hoje.* Rio de Janeiro: Paz e Terra, 1991.

BEGLEY, Louis. O Caso Dreyfus: *Ilha do Diabo, Guantánamo e o pesadelo da história*. São Paulo: Companhia das Letras, 2009.

BELLOTTO, Heloísa Liberalli. *Autoridade e conflito no Brasil colonial: o governo do Morgado de Mateus em São Paulo (1765-1775)*. 2ª edição revista. São Paulo: Alameda, 2007, p. 59-76. [1ª ed. 1979].

BENJAMIN, Walter. Sobre o conceito de História. In: *Magia e técnica, arte e política*. São Paulo: Brasiliense, 1987.

BERNUCCI, Leopoldo. Prefácio. In CUNHA, Euclides da. *Os sertões: campanha de Canudos*. São Paulo: Ateliê Editorial/Imprensa Oficial, 2001.

_______. "Cientificismo e Aporias em *Os Sertões*". In: BERNUCCI, Leopoldo. *Discurso, Ciência e Controvérsia*. São Paulo. Edusp, 2008.

BERRIEL, Carlos Eduardo Ornelas. *Tietê, Tejo, Sena; a obra de Paulo Prado*. Campinas: Papirus, 2000.

BETHELL, Leslie. *The Abolition of the Brazilian Slave Trade*: Britain, Brazil and the Slave Trade Question 1807-1869. Cambridge: University Press, 1970.

BLAJ, Ilana. *Mentalidade e Sociedade*: revisitando a historiografia sobre São Paulo colonial. *Revista de História*, 142-143. Especial 50 Anos. São Paulo: USP, 2000.

BLANCKAERT, Claude. *La nature de la société: organicisme et Sciences Sociales au XIX siècle*. Paris: L'Harmattan, 2004.

BOBBIO, Norberto. *Os intelectuais e o poder*: dúvidas e opções dos homens de cultura na sociedade contemporânea. São Paulo: Editora da UNESP, 1997.

BORREGO, Maria Aparecida de Menezes. *A teia mercantil:* negócios e poderes em São Paulo colonial (1711- 1765). São Paulo: Alameda, 2010.

BOSI, Alfredo. *Machado de Assis*. Coleção Folha Explica. São Paulo: Folha Publicações, 2003.

BOUZA, Fernando Alvarez. *Portugal no tempo dos Filipes: política, cultura, representações (1580-1668)*. Lisboa: Cosmos, 2000.

BRAGA, Maria Lúcia de Santana. "A recepção do pensamento de Roger Bastide no Brasil". In: *Sociedade e Estado*. [online]. 2000.

BRASIL, Henrique Gerken. *Relações Externas Brasil-África: da Política Externa Independente ao governo Lula*. Dissertação de Mestrado, São Paulo: IEB-USP, 2016.

BREFE, Ana Claudia Fonseca. *Um lugar de memória para a Nação. O Museu Paulista reinventado por Afonso d'Escragnolle Taunay (1917-1945)*. Tese (Doutorado em

História) – Instituto de Filosofia e Ciências Humanas, Universidade Estadual de Campinas, 1999.

_______. *O Museu Paulista:* Affonso de Taunay e a memória nacional. São Paulo: Editora UNESP/ Museu Paulista, 2005.

BROCA, Brito. "As 'capelinhas' literárias". *In: Teatro das letras*. Campinas: Editora da UNICAMP, 1993.

BURKE, Peter. "Gilberto Freyre e a nova história". In: *Tempo Social,* São Paulo v. 9, n. 2, out. 1997.

CABAÇO, José Luís de Oliveira. *Moçambique*: identidades, colonialismo e libertação. Tese (Doutorado em Antropologia). São Paulo: FFLCH-USP, 2007.

CABRAL, João de Pina. *Charles Boxer and the race equivoque*. In: BETHENCOURT, Francisco; PEARCE, Adrian. Racism and ethnic relations in the portuguese-speaking world. Oxford/UK: Oxford University Press, 2012.

CABRAL, Thais Pimentel. *O Luso-tropicalismo: reflexões sobre a cultura política luso-brasileira*. Dissertação (Mestrado em Relações Internacionais e Ciência Política) – Faculdade de Ciências Sociais e Humanas, Universidade Nova de Lisboa, Lisboa, 2010.

CALIXTO, Benedito. *Capitanias Paulistas*. São Paulo: Estabelecimento Gráfico J. Rossetti, 1924.

CANCELLI, Elizabeth. *O Estado Novo em Marcha para o Oeste*. Curitiba: Editora CRV, 2017.

CANDIDO, Antonio. "Fora do texto, dentro da vida". In: A educação pela noite e outros ensaios. São Paulo: Ática, 1987 [Rio de Janeiro: Ouro sobre Azul, 2011].

_______. *Recortes*. São Paulo: Companhia das Letras, 1993.

_______. *Vários Escritos*. São Paulo: Duas Cidades, 1995 [Rio de Janeiro: Ouro sobre Azul, 2011]

_______. *O método crítico de Sílvio Romero*. Rio de Janeiro: Ouro sobre Azul, 2006.

_______. *Literatura e sociedade*. Rio de Janeiro: Ouro sobre o Azul, 2011.

CANN, John. *Contra-insurreição em África:* o modo português de fazer a guerra (1961-1974). São Pedro do Estoril: Atena, 1998.

CAPELATO, Maria Helena. A data símbolo de 1898: o impacto da independência de Cuba na Espanha e Hispanoamérica. In: *História,* São Paulo, v. 22, n. 2, 2003.

CARNEIRO, José Fernando. *Imigração e colonização no Brasil*. Rio de Janeiro: Universidade do Brasil, 1950.

CARRIJO, Maicon Vinícius da Silva. *O Brasil e os brasilianistas nos circuitos acadêmicos norte-americanos*. Dissertação (Mestrado em História Social). FFLCH-USP, São Paulo, 2007.

CARVALHO, Clerisnaldo Rodrigues de. *Em busca de um Projeto de Nação*: revisitando a obra de Celso Furtado. Tese (Doutorado em Geografia Humana). FFLCH- USP, São Paulo, 2009.

CARVALHO, Maria Alice Rezende de. *O quinto século, André Rebouças e a construção do Brasil*. Rio de Janeiro: Revan/Iuperj, 1998.

_______. "Joaquim Nabuco: Minha formação". In: MOTA, Lourenço Dantas (org.). *Introdução ao Brasil: um banquete no trópico*. São Paulo: SENAC-SP, 2001.

CARVALHO, Raphael Guilherme de. *Um "estudo comprehensivo"*: historicidade em Raízes do Brasil, de Sérgio Buarque de Holanda. Dissertação (Mestrado em História) – UFPR, Curitiba, 2013.

CASTELO, Cláudia. *O modo português de estar no mundo*: o luso-tropicalismo e a ideologia colonial portuguesa: 1933-1961. Porto: Edições Afrontamento, 1999.

CASTRO, Ana Cristina Veiga de. *Interpretações da colônia no pensamento brasileiro:* Gilberto Freyre, Caio Prado Júnior e Florestan Fernandes. Dissertação (Mestrado em Sociologia). FFLCH- USP, São Paulo, 2001.

CATROGA, Fernando. *Memória, História e historiografia*. Coimbra: Editora Quarteto, 2001.

CERTEAU, Michel de. *A escrita da História*. Rio de Janeiro: Forense Universitária, 1982.

_______. *L'écriture de l'histoire*. Paris: Gallimard, 2002.

CHAGURI, Mariana. *O Romancista e o Engenho*: José Lins do Rego e o regionalismo nordestino dos anos 1920 e 1930, São Paulo: Anpocs / Hucitec, 2009.

CHALHOUB, Sidney. *Machado de Assis, Historiador*. São Paulo: Companhia das Letras, 2012.

CHAUNU, Pierre. *Sevilha e a América nos séculos XVI e XVII*. São Paulo: Difel, 1980.

CHAUNU, Pierre; CHAUNU, Huguette. *Séville et l'Atlantique: 1504-1960*. Paris: A. Colin, 1955.

CHARTIER, Roger. *A História Cultural*: entre práticas e representações. Rio de Janeiro: Bertrand Brasil, 1988.

CHÉRADAME, André. *O plano pangermanista desmascarado*. Rio de Janeiro: Livraria Garnier, 1917.

CHRISTO, Maraliz de Castro Vieira. "Bandeirantes ao Chão". In: *Revista Estudos Históricos*, n.º 30, Rio Janeiro: CPDOC/ Fundação Getúlio Vargas, 2002.

_______. "Bandeirantes na contra mão da história: um estudo iconográfico". In: *Projeto História, Revista PUC-SP*, n.º 24, 2002. p. 307-336

_______. 'Os Bandeirantes': quando a pintura nega a historiografia". ANPUH – XXII SIMPÓSIO NACIONAL DE HISTÓRIA – João Pessoa, 2003.

CLARKSON, Nancy L.; WORGER, William H. "Basis of Apartheid". In *The Rise and Fall of South Africa*. London: Routledge, 2013.

COPPES JUNIOR, Gerson Ribeiro. "Questões de limite e povoamento: a produção de Orville Derby e Teodoro Sampaio na revista do Instituto Histórico e Geográfico de São Paulo (1895-1901)". História Unicap, v. 3 , n. 5, jan./jun. de 2016.

COSTA, Wilma Peres. "Affonso Taunay e a História Geral das Bandeiras Paulista". In: MOTA, Lourenço Dantas. *Introdução ao Brasil: Um Banquete no Trópico*. São Paulo: SENAC, 2001, v. 2, p. 97-122.

COSTA FILHO, Cícero João da. *No limiar das raças: Sílvio Romero (1870-1914)*. 2013. Tese (Doutorado em História Social). FFLCH – USP. São Paulo, 2013.

CRESPO, Regina Aída. Gilberto Freyre e suas relações com o universo cultural hispânico. In: KOSMINSKY, E. V.; LÉPINE, C.; PEIXOTO, F. A. (orgs.). *Gilberto Freyre em quatro tempos*. Bauru: EDUSC; São Paulo: Editora UNESP, 2003.

CRUZ, Leonardo Borges da. *O pioneirismo de Alberto Guerreiro Ramos nos estudos sobre hierarquias raciais*: a gênese de uma formação discursiva pós-colonial. Dissertação (Mestrado em Sociologia). Universidade Federal de São Carlos, São Carlos, 2015.

CURTO, Diogo Ramada. O atraso historiográfico português. In: *Charles Boxer, Opera Minora*, v. III – historiografia. Lisboa. Fundação Oriente, 2002.

_______. "A historiografia do império português na década de 1960: formas de institucionalização e projeções". In: *História da historiografia*, Ouro Preto, n. 10, p. 111-123, 2012.

_______. "The Debate on Race Relations in the Portuguese Empire and Charles R. Boxer's Position". In: *e-Journal of Portuguese History*. Vol. 11, Número 1, p. 1-63, 2013.

CUTHBERTSON, Ken. *Nobody said not to go*. New York: Faber and Faber, Inc., 1998.

DANTAS, Cauby. *Gilberto Freyre e José Lins do Rego diálogos do senhor da casa-grande com o menino de engenho*. Campina Grande: *Eduepb, 2015*.

DÁVILA, Jerry. "Entre dois mundos: Gilberto Freyre, a ONU e o apartheid sul-africano". In: História Social, Campinas, n. 19, p. 135-148, 2010.

_______. *Hotel Trópico:* o Brasil e os desafios da descolonização africana, 1950-1980. São Paulo: Paz e Terra, 2011.

DAZZI, Camila. Relações Brasil-Itália na arte do segundo oitocentos: estudo sobre Henrique Bernardelli. (1880-1890). Dissertação de Mestrado em História. IFICH-UNICAMP, 2006.

DEBES, Célio. *Washington Luís*. São Paulo: Imprensa Oficial do Estado de São Paulo, 1993, 2 volumes.

D'ANDREA, Moema Selma. *Tradição re(des)coberta:* Gilberto Freyre e a literatura modernista. Campinas: Editora da Unicamp, 1992.

DERNTL, Maria Fernanda. *Método e arte: urbanização e formação territorial na capitania de São Paulo (1765- 1811)*. São Paulo: Alameda, 2013.

DEVÉS, Eduardo. "El pensamiento latino-americano entre la última orilla del siglo XIX y la primera del siglo XXI". In: ZEA, Leopoldo; SANTANA, Adalberto (comp.). *El 98 y su impacto en Latinoamérica*. México: Fondo de Cultura Económica, 2001.

DIAS, Maria Odila da Silva. *O fardo do homem branco: Southey historiador do Brasil*. São Paulo: Companhia Editora Nacional, 1974.

. "Sergio Buarque de Holanda na USP". In: *Estudos Avançados*. v.8, n.22, São Paulo, p. 271, set./dez. 1994.

DIAS, Silvana Moreli Vicent. "A província, das aporias às experiências repartidas: Gilberto Freyre e Manuel Bandeira no Brasil das décadas de 20 e 30". In: PRADO, Maria Emilia (org.) *Tradição e modernidade no mundo ibero-americano*. Rio de Janeiro, de 28 a 30 de maio. 2008.

DIEGUES Jr, Manuel. *Etnias e Culturas no Brasil.* Rio de Janeiro; Biblioteca do Exército, 1980.

DIMAS, Antonio. "Um manifesto guloso". In: KOSMINSKY; LÉPINE; PEIXOTO (orgs.). *Gilberto Freyre em quatro tempos.* Bauru/São Paulo: Edusc/Unesp, 2003.

DOSSE, François; DELACROIX, Christian, GARCIA, Patrick. "O momento metódico". In: *Correntes históricas na França - séculos XIX e XX.* Rio de Janeiro: Editora da FGV, 2013; BARROS, José D'Assunção. "O Positivismo". In: *Teoria da História.* v. 2. Petrópolis: Vozes, 2011.

DOSSE, François. *Paul Ricoeur*: um filósofo em seu tempo. Rio de Janeiro: FVG Editora, 2017.

DREHER, Martin. _______. *Igreja e germanidade.* Caxias do Sul: Sinodal, 1984

DUFFY, James. *Portuguese Africa.* Cambridge: Harvard University Press, 1959.

_______. *Portugal in Africa.* Harmondsworth, Middlesex Baltimore: Penguin Books, 1962.

DUMONT, Louis. *Homo Hierarchicus.* São Paulo: EDUSP, 1992.

DUTRA, Francis A. "Salvador de Sá e a luta pelo Brasil e a Angola de Charles Boxer: cinquenta anos depois". In: SCHWARTZ, Stuart & MYRUP, Erik. *O Brasil no Império Marítimo português.* Bauru: Edusc, 2009.

EL BANAT, Ana Kalassa. "A cidade pelos olhos do pintor: memória e representação de Santos em Benedito Calixto entre 1890 e 1927". Anais do XXI Encontro Estadual da Anpuh-SP, 2014.

ENDERS, Armelle. "Le lusotropicalisme, théorie d'exportation: Gilberto Freyre en son pays". In: *Lusotopie. Lusotropicalisme:* idéologies coloniales et identités nationales dans les mondes lusophones. Paris: Kartala, 1997.

ENNES, Ernesto. *As Guerras nos Palmares:* subsídios para sua história. São Paulo: Editora Nacional, 1938.

ERIBON, Didier. *De perto e de longe:* Claude Lévi-Strauss. Rio de Janeiro: Nova Fronteira, 1990.

FAORO, Raimundo. *Os donos do poder:* formação do patronato político brasileiro. Porto Alegre/São Paulo: Globo/Edusp, 1975.

FÁVERO, Maria de Lourdes de Albuquerque. "A Universidade no Brasil: das origens à Reforma Universitária de 1968". In: *Revista Educar,* Curitiba, n. 28, p. 17-36, 2006.

FELDHUES, Paulo Raphael. *O Triunfo da Moral Burguesa no Recife*. Recife: FUNDAJ-Massangana, 2013.

FERNANDES, Maria Fernanda Lombardi. *A esperança e o desencanto: Silva Jardim e a República*. São Paulo: Humanitas/FAPESP, 2008.

FERREIRA, Antônio Celso. "Vida (e morte) da epopeia bandeirante". In *Encontros com a História: Percursos históricos e historiográficos de São Paulo*. FERREIRA, Antônio Celso, DE LUCA, Tânia Regina e IOKOI, Zilda Grícoli (org.), São Paulo: Editora Unesp, 1999.

_______. *A epopeia bandeirante:* letrados, instituições, invenção histórica (1870-1940). São Paulo: Editora da UNESP, 2002.

FERREIRA, Cristina; PETRY, Sueli Vanzuíta. *Um alemão nos trópicos: Dr. Blumenau e a política de colonizadora no Sul do Brasil*. Blumenau: Cultura em Movimento, 1999.

FERREIRA, Marieta de Moraes. "Os professores franceses e a redescoberta do Brasil". *Revista Brasileira*. Rio de Janeiro, ano XI, Número 43, 2005. p. 227-246.

FERRETTI, Danilo José Zioni. "O uso político do passado bandeirante: o debate entre Oliveira Vianna e Alfredo Ellis Jr. (1920-1926)". Rio de Janeiro. In: *Revista Estudos Históricos*. 21 (41), 2008.

_______. "Capistrano de Abreu e as bandeiras: entre a condenação indianista e a historiografia laudatória paulista". In: ROIZ, Diogo da Silva, et al (orgs). *Os bandeirantes e a historiografia brasileira: questões e debates contemporâneos*. Serra: Editora Mil fontes, 2018. p. 123-127.

FERRO, Marc. *O livro negro do colonialismo*. Rio de Janeiro: Ediouro, 2004.

FLORES, Maria Bernardete Ramos. *Tecnologia e estética do racismo: ciência e arte na política da beleza*. Chapecó Argos, 2007, p. 200.

FRAGOSO, João; FLORENTINO, Manolo. *O arcaísmo como projeto:* mercado atlântico, sociedade agrária e elite mercantil em uma sociedade colonial tardia, Rio de Janeiro, 1790-1840. Rio de Janeiro: Civilização Brasileira, 2001.

FRANCHETTI, Paulo. "Oliveira Martins e o Brasil". In: *Voz Lusíada – Revista da Academia Lusíada de Ciências, Letras e Artes*, n.º 10, São Paulo, Academia Lusíada de Ciências, Letras e Artes, p. 55-74, 1998.

FRANÇOZO, Mariana. "O Museu Paulista e a história da antropologia no Brasil entre 1946 e 1956". *Revista de Antropologia*, v. 48, n. 2, p. 585-612, 2005.

_______. "Os outros alemães de Sérgio. Etnografia e povos indígenas em Caminhos e Fronteiras". Revista Brasileira de Ciências Sociais, v. 22, n.63, p. 137-152, 2007.

FRANZINI, Fábio. À sombra das palmeiras: a coleção documentos brasileiros e as transformações da historiografia nacional (1936-1959). Rio de Janeiro: Edições Casa de Rui Barbosa, 2010.

FREIRE, Laudelino Oliveira. *Grande e Novíssimo Dicionário da Língua Portuguesa.* Rio de Janeiro, Editora A Noite, 1940-44, 5 vols.

FUENTES, Carlos. *Machado de la Mancha.* Ciudad del México: Fondo de Cultura Económica, 2002.

FURTADO, André Carlos. *As edições do Cânone. Da fase buarqueana na coleção da História Geral da civilização da Civilização Brasileira (1960-1972).* Dissertação (Mestrado) – PPGH–UFF, 2014.

GAGNEBIN, Jeanne Marie. "Uma filosofia do *cogito ferido*: Paul Ricoeur". Estudos Avançados. Vol.11, No.30. May/Aug. 1997.

GARCIA, João Carlos. *Um castelo de cartas antigas:* construir e comemorar o Império. In: COELHO, Teresa Pinto (coord.). Os descobrimentos portugueses no mundo de língua inglesa (1880-1972). Lisboa/Portugal: Edições Colibri, 2005.

GERTZ, René. *O fascismo no Sul do Brasil:* germanismo, nazismo e integralismo. Porto Alegre: Mercado Aberto, 1987.

_______. *O perigo alemão.* Porto Alegre: Mercado Aberto, 1991.

GIUCCI, Guillermo. "Gilberto Freyre: as cidades". In: QUINTAS, Fátima (org.). *Anais do Seminário Internacional Novo Mundo nos Trópicos.* Recife: 21 a 24 de março de 2000.

_______. *Gilberto Freyre, uma biografia cultural*: a formação de um intelectual brasileiro (1900-1936). Rio de Janeiro: Civilização Brasileira, 2007.

GLEDSON, John. *Machado de Assis: ficção e história.* São Paulo: Paz e Terra, 2003.

_______. *Machado de Assis: imposturas e realismos.* São Paulo: Companhia das Letras, 2005.

GOLGHER, Isaías. *Guerra dos Emboabas:* a Primeira Guerra Civil nas América. Belo Horizonte: Conselho Estadual de Cultura de Minas Gerais, 1982.

GOMES, Heloísa Toller. "Menino de engenho: a memória das perdas". In: ROCHA, João Cezar de Castro (org). *Nenhum Brasil existe:* pequena enciclopédia. Rio de Janeiro. Topbooks/UniverCidade, 2003.

GONÇALVES, Tereza Cristina Bertoncini. *Fernão Dias: uma trajetória cinematográfica*. Dissertação de Mestrado. Instituto de Artes – Unicamp, 1998.

GONÇALVES, Williams da Silva. *O realismo da fraternidade: Brasil-Portugal.* Lisboa: Imprensa de Ciências Sociais, 2003.

GONTIJO, Rebeca. *O Velho vaqueano*. Capistrano de Abreu (1853-1927): memória, historiografia e escrita de si. Rio de Janeiro: 7 letras, 2013.

GUIMARÃES, Antônio Sérgio. "Democracia racial: o ideal, o pacto e o mito". In: *Novos Estudos Cebrap*, n. 61, 2001.

GUIMARÃES, Hélio de Seixas. "Romero, Araripe, Veríssimo e a recepção crítica do romance machadiano". Estudos Avançados. Vol.18 n. 51, São Paulo, Mai/Ago. 2004.

_______. *Os leitores de Machado de Assis*. São Paulo: Nankin/EDUSP, 2012

GUIMARÃES, Lucia Maria P. *Afinidades atlânticas:* impasses, quimeras e confluências nas relações luso-brasileiras. Rio de Janeiro: Quartet, 2009.

GUIMARÃES, Manoel Salgado. Do litoral para o interior: Capistrano de Abreu e a escrita da história o Brasil do Oitocentos: Cidadania, Política e Liberdade. Rio de Janeiro: Ed. Civilização Brasileira, 2009.

HANKE, Lewis. *The Spanish Struggle for Justice in the Conquest of America.* Philadelphia: University of Pennsylvania Press for American Historical Association, 1949.

HANSEN, João Adolfo. Notas sobre o 'Barroco'. *Revista do IFAC.* Ouro Preto: Instituto de Filosofia Artes e Cultura da Universidade Federal de Ouro Preto, n. 4, dez. 1997.

HANSEN, Patrícia Santos. "Golpes de Memória: usos políticos de Olavo Bilac no século XX". In: *Revista do IEB*, n. 61, 2015, p. 125.

HARRIS, Charles. *Patterns of Race in the Americas.* New York: Walker and Company, 1964.

HARRIS, Marvin. "Portugal's African 'Wards'". In: *Africa Today Pamphlets,* New York: America Committee on Africa, n. 2, 1958.

HARTOG, François. *Regimes de historicidade*: presentismo e experiência do tempo. Belo Horizonte/MG: Autêntica, 2014.

HAWKINS, Mike. *Social Darwinism in European and American Thought 1860-1945 – Nature as a Model and Nature as a Threat*. Cambridge/UK: Cambridge University Press, 1998.

HAZARD, Paul. *A Crise da consciência europeia: 1680-1715*. Lisboa: Edições Cosmos, 1948.

HEINTZE, Beatrix. "A obra de António de Oliveira de Cadornega: uma fonte extraordinária para a História e Etnografia de Angola no século XVII". In ______. *Angola nos séculos XVI e XVII. Estudos sobre Fontes, Métodos e História*, Luanda: Kilombelombe, 2007.

HOLANDA, Sérgio Buarque de. *Raízes do Brasil*. Rio de Janeiro: José Olympio, 1936.

IÑIGUEZ, Carlos Pinheiro. *Sueños paralelos:* Gilberto Freyre y el luso-tropicalismo: identidad, cultura y política en Brasil y Portugal. Buenos Aires/Argentina: Grupo Editor Latinoamericano, 1999.

IUMATTI, Paulo Teixeira. *Caio Prado Jr.*: uma trajetória intelectual. São Paulo: Brasiliense, 2007.

JOÃO, Maria Isabel. *Memória e império:* comemorações em Portugal (1880-1960). Lisboa/Portugal: Fundação Calouste Gulbenkian, 2002.

JORGE, Fernando. *Vida, obra e época de Paulo Setúbal: um homem de alma ardente*. São Paulo: Geração Editorial, 2003.

KANTOR, Iris. *Esquecidos e na Renascidos:* historiografia acadêmica luso americana. São Paulo: Hucitec, 2004.

KIRK, John A. *Redefining the Color Line:* Black Activism in Little Rock, Arkansas, 1940-1970. Gainesville: University of Florida Press, 2002.

KLUG, João. *Imigração e luteranismo em Santa Catarina:* a comunidade alemã de Desterro – Florianópolis. Florianópolis: Papa Livro, 1994.

_______. Imigração no Sul do Brasil. In: GRINBERG, Keila; SALLES, Ricardo (orgs.). *O Brasil imperial*. Vol 3. Rio de Janeiro: Civilização Brasileira, 2010.

KOBELINSKI, Michel. *Heroísmos, sedições e heresias:* a construção do ufanismo e do ressentimento nos sertões da capitania de São Paulo (1768-1774). Tese de doutorado. Franca: Unesp, 2008.

KOK, Glória Porto. *O sertão itinerante:* expedições da capitania de São Paulo no século XVIII. São Paulo: Hucitec; FAPESP, 2004.

KOSELLECK, Reinhart. *Futuro passado*: contribuição à semântica dos tempos modernos. Rio de Janeiro: Ed. da PUC-Rio, 2006.

KROPF, Simone. "Manoel Bomfim e Euclides da Cunha: vozes dissonantes aos horizontes do progresso". In: *Revista Manguinhos* - História, Ciencias Saúde, vol. 3, n. 1, 1996.

LABORIE, "Jean-Claude. Estudo de mediações: o caso Ferdinand Denis". In: *Ponto-e-vírgula,* n. 13, p. 66-77, 2013.

LASSALA, Gustavo. *Pichação Não É Pixação*. São Paulo: Altamira Editorial, 2010.

LE BOULER, Jean-Pierre. *Pierre Fatumbi Verger*: um homem livre. Salvador: Fundação Pierre Verger, 2002.

LEITE, José Roberto Teixeira. *Benedito Calixto*: memória paulista. São Paulo: Pinacoteca do Estado, 1990.

LEONARD, Yves. Immuable et changeant, le lusotropicalisme au Portugal. In: *Le Portugal et l'Atlantique.* Arquivos do Centro Cultural Calouste Gulbenkian, v. XLII, Lisboa/Paris, 2001.

LIMA, Djalma Espedito de. *A épica de Cláudio Manuel da Costa:* uma leitura do poema Vila Rica. 2007. 245f. Dissertação de Mestrado em História. Faculdade de Filosofia, Letras e Ciências Humanas da Universidade de São Paulo (FFLCH-USP), São Paulo.

________. *O Controle do Imaginário. Razão e Imaginação nos tempos modernos.* São Paulo: Brasileira, 1984.

LIMA, Luís Correa. *Fernand Braudel e o Brasil*: vivência e brasilianismo (1935-1945). São Paulo: Edusp, 2009.

LIMA, Nísia Trindade de. "Missões civilizatórias da República e interpretação do Brasil". *Revista Manguinhos* – História, Ciências, Saúde, Rio de Janeiro, vol. 5, suplemento,1998.

LIRA, *José Tavares Correia de. "Naufrágio e galanteio: viagem, cultura e cidade em Mário de Andrade e Gilberto Freyre". In: Revista Brasileira de Ciências Sociais, vol. 20, n. 50, 2005.*

LOFEGO, Sílvio Luiz. *IV Centenário da cidade de São Paulo: uma cidade entre o passado e o futuro*. São Paulo: Annablume, 2004.

LOPES, Fany Tamisa. *Cenografia e paisagem urbana: um estudo de caso da cidade de São Paulo.* 2012. Dissertação (Mestrado em História). Instituto de Filosofia e Ciências Humanas. Universidade Estadual de Campinas, Campinas, 2012.

LOPES, Marco Antônio (org.). *Grandes Nomes da História Intelectual.* São Paulo: Contexto, 2003.

_______. *Fernand Braudel:* tempo e história. Rio de Janeiro: FGV, 2008.

LÜHNING, Angela. "Pierre Fatumbi Verger e sua obra: uma homenagem". In: *Afro-Ásia, Salvador,* v. 21/22, p. 315-364, 1999.

LÜHNING, Angela (Org.). *Verger/Bastide:* Dimensões de uma amizade. Salvador: Bertrand Brasil, 2002.

MACHADO, Paulo Pinheiro. *A Política de Colonização do Império.* Porto Alegre: Ed. da UFRGS, 1999.

MACQUEEN, Norrie. *The decolonization of Portuguese Africa: metropolitan revolution and the dissolution of empire.* Longman, 1997.

MADRE DE DEUS, Frei Gaspar da. *Memórias para a história da Capitania de São Vicente.* Belo Horizonte: Editora Itatiaia, São Paulo: EDUSP, 1975.

MAGALHÃES, Joaquim Romero. "Charles Ralph Boxer et Vitorino Magalhães Godinho: une polémique qui n'aura pas lieu". *Le Portugal et le monde. Lectures de l'oeuvre de Vitorino Magalhães Godinho.* Arquivos do Centro Cultural Calouste Gulbenkian. Volume L. Lisboa/Paris: Centro Cultural Calouste Gulbenkian, 2005.

_______. Algumas notas sobre *The Portuguese Seaborne Empire The Portuguese Seaborne Empire, 1415-1825.* In: SCHWARTZ, Stuart & MYRUP, Erik. *O Brasil no Império Marítimo português.* Bauru: Edusc, 2009.

MAGALHÃES, Marionilde Brepohl de. *Pangermanismo e nazismo:* a trajetória alemã rumo ao Brasil. Campinas: Editora da Unicamp, 1998.

MAIA, João Marcelo Ehlert. *Estado Território e imaginação espacial. O caso da Fundação Brasil Central.* Rio de Janeiro: Editora FGV, 2012.

MAIO, Marcos Chor; SANTOS, Ricardo Ventura (orgs). *Raça, ciência e sociedade.* Rio de Janeiro: FIOCRUZ/Centro Cultural Banco do Brasil, 1996;

MAKINO, Miyoko. *A construção da identidade nacional: Afonso de E. Taunay e a decoração do museu paulista (1917-1937).* Tese (Doutorado) – Faculdade de Filosofia, Letras e Ciências Humanas, Universidade de São Paulo, São Paulo, 2003.

MARCUM, John. *The Angolan Revolution.* 2 vols., Cambridge Mass., MIT Press, 1969-1978.

MARINS, Paulo Garcez. MARINS, Paulo César Garcez. "O Parque do Ibirapuera e a construção da identidade paulista". In: *Anais do Museu Paulista,* n. ser. v. 6/7, São Paulo, p. 9-36, 2003.

_______. "Nas matas com pose de reis: a representação de bandeirantes e a tradição da retratística monárquica europeia". In: *Revista do IEB,* n. 44, 2007, p. 100-101.

MARLETTI, Carlo. "Intelectuais". In BOBBIO, Norberto & Outros. *Dicionário de Política.* Vol. 1. Brasília: Universidade de Brasília, 1998.

MARTINS, Renato A. *Tradição, Modernidade e a História das Américas em Visão do paraíso (1946-1969).* Tese (Doutorado em História Social) – FFLCH–USP, 2016.

MARTINS, Oliveira. *História da civilização ibérica.* Lisboa: Bertrand, 1879.

_______. *O Brasil e as colónias portuguesas.* 6ª. ed., Lisboa, Guimarães & C. Editores. 1953.

MATEUS, Dalila Cabrita. "A Guerra Colonial e o 25 de abril". In: VARELA, Raquel (coord.). *Revolução ou transição?* História e memória da Revolução dos Cravos. Lisboa: Bertrand Editora, 2012.

MATOS, Odilon Nogueira de. *Afonso de Taunay, historiador de São Paulo e do Brasil – perfil biográfico e ensaio bibliográfico.* São Paulo: Universidade de São Paulo e Fundo de Pesquisas do Museu Paulista. Coleção Museu Paulista, série Ensaios. Vol.1.,1977.

MATTOS, Cláudia Valladão de. Da palavra à imagem: sobre o programa decorativo de Affonso Taunay para o Museu Paulista. *Anais do Museu Paulista* – História e Cultura Material, São Paulo, n. 6/7, p. 123-145, 2003.

MATTOS, Hebe. "André Rebouças e o Pós-abolição: entre a África e o Brasil (1888-1898)". In: *XXVII Simpósio Nacional da ANPUH: conhecimento histórico e diálogo social.* Natal/RN, 2013.

MATTOS, Ilmar Rohloff de. "Entre a casa e o Estado. Nação, território e projetos políticos na construção do Estado imperial brasileiro". In: CARBÓ, Eulalia Ribeira; VARGAS, Héctor Mendoza; MARTÍN, Pere Sunyer (coords.), *Op. Cit.,* 2007.

MAUCH, Claudia; VASCONCELLOS, Naira (orgs.). *Os alemães no Sul do Brasil.* Canoas: Ed. da Universidade Luterana do Brasil, 1994.

MAURO, Frederic. *Le Portugal et l'Atlantique au XVIIe. siècle, 1570-1670*. Paris: École Pratique des Hautes, 1960.

_______. *L'expansion europeenne, 1600-1870*. Paris: Presses Universitaires de France, 1964.

_______. "Entre a casa e o Estado. Nação, território e projetos políticos na construção do Estado imperial brasileiro". In: CARBÓ, Eulalia Ribeira; VARGAS, Héctor Mendoza; MARTÍN, Pere Sunyer (coords.), *Op. Cit.*, 2007, p. 589-608.

MAXWELL, Kenneth. The C. R. Boxer Affaire: Heroes, Traitors, and the Manchester Guardian. Council on Foreign Relations, March 16, 2001.

_______. "Os Estados Unidos e a descolonização portuguesa". In: *Relações Internacionais,* dez. 2005. Disponível http://ipri.pt/images/publicacoes/revista_ri/pdf/r8/RI08_01_KMaxwell.pdf>. Acesso em: 28 jun. 2018.

_______. *O império derrotado:* revolução e democracia em Portugal. São Paulo: Companhia das Letras, 2006.

MAZUCATO, Thiago Pereira da Silva. *Democracia e política na obra de Florestan Fernandes:* o momento de interpretação do Brasil (1960-1975). Dissertação (Mestrado em Ciência Política) – Universidade Federal de São Carlos, São Carlos, 2016.

McKENDRICK, Neil. *Obituary*: Sir John Plum. In: *The Guardian*, London/UK, Monday, 22 oct. 2001.

MEGALE, Heitor. (og). *Filologia Bandeirante.* São Paulo: Humanitas, 2000.

MELLO, Evaldo Cabral de. *Olinda Restaurada.* São Paulo: Forense/Edusp, 1975.

_______. *Rubro Veio: o Imaginário da Restauração Pernambucana.* Rio de Janeiro: Nova Fronteira, 1986.

_______. Loja X engenho. In: *A Fronda dos Mozambos.* São Paulo: Companhia das Letras, 1995.

_______. "O ovo de Colombo gilbertiano". In: *Folha de S. Paulo,* São Paulo, 12 mar. 2000, caderno +Mais!.

_______. O Século mais agreste. In: *Um imenso Portugal*: História e Historiografia. São Paulo: Editora 34, 2002.

_______. *O Brasil holandês (1630-1654).* São Paulo: Penguin Classics, 2010.

MENDES, André Oliva Teixeira. *Os documentos interessantes para a história e costumes de São Paulo: subsídio para a construção de representações.* 2010. Dissertação

(Mestrado em História Social) – Faculdade de Filosofia, Letras e Ciências Humanas, Universidade de São Paulo, São Paulo, 2010.

MENDES, Ariston Azevedo. *A sociologia antropocêntrica de Alberto Guerreiro Ramos*. Tese (Doutorado em Sociologia). Universidade Federal de Santa Catarina, Florianópolis, 2006.

MESQUITA, Gustavo Rodrigues. *O projeto regionalista de Gilberto Freyre e o estado novo:* da crise do pacto oligárquico à modernização contemporizadora das disparidades regionais do Brasil. Dissertação (Mestrado em História). Universidade Federal de Goiás, Goiânia, 2012.

_______. "Mudança nos nexos entre região e nação no Brasil moderno". In: ______. *Gilberto Freyre e o Estado Novo*: região, nação e modernidade. São Paulo: Global, 2018.

MEUCCI, Simone. *Gilberto Freyre e a sociologia no Brasil:* da sistematização à constituição do campo científico. Tese (Doutorado em Sociologia) – IFCH-Unicamp, 2006.

MICELI, Sergio. "SPHAN: refrigério da cultura oficial". In: ______. *Intelectuais à brasileira*. São Paulo: Companhia das Letras, 2001.

MICHELET, Jules. *O Povo*. São Paulo: Martins Fontes, 1988.

MIGLIACCIO, Luciano. "Os novos. Arte e crítica de arte no Brasil da Belle Époque". XXI Colóquio do Comitê Brasileiro de História da Arte, RJ/MNBA, 2001.

MISKOLCI, Richard. "Machado de Assis, o outsider estabelecido". Sociologias, Porto Alegre, ano 8, nº 15, jan/jun 2006, p. 352-377, p. 373.

MONTEIRO, John Manuel. *Negros da Terra: índios e bandeirantes nas origens de São Paulo*. São Paulo: Companhia das Letras, 1994.

_______. *Tupis, tapuias e historiadores: estudo de história indígena e do indigenismo*. Tese de livre docência. IFCH-Unicamp, 2001.

MORAES, Antonio Carlos Robert. "O Sertão: um outro geográfico". In: *Terra Brasilis* [Online], v. 4-5, 2003. Disponível em: <http://terrabrasilis.revues.org/341>. Acesso em: 10/01/2019.

_______. "Território, região e formação colonial. Apontamentos em torno da Geografia Histórica da Independência Brasileira". In: CARBÓ, Eulalia Ribera; VARGAS, Hector Mendoza; MARTÍN, Pere Sunyer (coords). *La integra-*

ción del territorio en una idea de Estado. Mexico y Brasil, 1821-1946. Mexico: Instituto de Geografia UNAM, 2007, p. 500-501.

MORAIS, Fernando. *Chatô*: rei do Brasil. São Paulo: Círculo do Livro, 1994.

MORETTIN, Eduardo. *Humberto Mauro, cinema, história*. São Paulo: Alameda, 2013.

MORSE, Richard. *O espelho de Próspero*: cultura e ideia nas Américas. São Paulo: Companhia das Letras, 1995.

MOTA, Lourenço Dantas (org.). *Introdução ao Brasil: um banquete no trópico*. v. 1, São Paulo: SENAC-SP, 2001.

MOTTA, Liandra. *Antônio Parreiras: a trajetória de um pintor através da crítica de sua época*. Dissertação de Mestrado apresentada ao Programa de Pós-Graduação em Artes. Instituto de Artes da Universidade Estadual de Campinas, 2006.

MOURA, Irene. *A cidade e a festa: Brecheret e o IV Centenário de São Paulo*. 2010. Tese (Doutorado em História). Pontifícia Universidade Católica, São Paulo, 2010.

NABUCO, Joaquim. O *Abolicionismo*. Rio de Janeiro: Nova Fronteira, 1999.

NASCIMENTO, José Leonardo. *Os Sertões de Euclides da Cunha: releituras e diálogos*. São Paulo: Editora da Unesp, 2003.

_______. *O "Primo Basílio" na imprensa brasileira do Século 19 – Estética e História*. São Paulo: Editora da UNESP, 2008.

NASCIMENTO, José Leonardo & FACCIOLI, Valentim. *Juízos críticos: os sertões e os olhares da sua época*. São Paulo: Nankin Editorial / Editora da Unesp, 2003.

NEEDELL, Jeffrey D. *Belle époque tropical: sociedade e cultura de elite no Rio de Janeiro na virada do século*. São Paulo: Companhia das Letras, 1993.

NICOLAZZI, Fernando. "O narrador e o viajante: notas sobre a retórica do olhar em *Os sertões*". *História da Historiografia*. No. 02. Março. 2009.

_______. *Um estilo de história. A viagem, a memória, o ensaio:* sobre Casa-grande & Senzala e a representação do passado. São Paulo: Unesp, 2011.

NOVAIS, Fernando. Entrevista. "Braudel e a 'missão francesa'". In: *Estudos Avançados*, v. 8, n. 22, 1994.

OLIVEIRA, Cecília Helena de Salles. *O "Espetáculo do Ypiranga": Mediações entre história e memória*. Tese apresentada à Divisão de Acervo e Curadoria do Museu Paulista (USP). Concurso de Livre Docência, 2000.

OLIVEIRA, Emerson Dionisio G. "Instituições, arte e o mito bandeirante: uma contribuição de Benedito Calixto". *Saeculum* - Revista de História, João Pessoa, no, 19 jul./ dez. 2008, p. 132.

OLIVEIRA, Lúcia Lippi. "A conquista do espaço: sertão e fronteira no pensamento brasileiro". In: *História, Ciências, Saúde – Manguinhos*, Rio de Janeiro, Vol. V (suplemento), pp. 195-215, jul. 1998.

_______. "Gilberto Freyre e a Valorização da Província". In: *Revista Sociedade & Estado*, Brasília, v. 26, n. 1, jan./abr. 2011.

PALLARES-BURKE, Maria Lúcia. *Gilberto Freyre*: um vitoriano nos trópicos. São Paulo: Editora da Unesp, 2005.

PEIXOTO, Fernanda Arêas. *Diálogos brasileiros:* uma análise da obra de Roger Bastide. São Paulo: Edusp/Fapesp, 2000.

PEREIRA, Daniel Mesquita. Descobrimentos de Capistrano. A história do Brasil a "grandes traços e largas malhas". Rio de Janeiro: Ed. Apicur/ PUCRio, 2010.

PEREIRA, Lúcia Miguel. *Machado de Assis*: estudo crítico e biográfico. Belo Horizonte/São Paulo: Editora Itatiaia/EDUSP, 1988.

PERICÁS, Luiz Bernardo. *Caio Prado Júnior:* uma biografia política. São Paulo: Boitempo, 2016.

PERUZZO, Eduardo Holderle. "O legado da *geração de 70*: decadência e degeneração". In: _______. *Jaime Cortesão, trajetória intelectual e projeto historiográfico (1910-1960)*. 2018. Tese (Doutorado em História Econômica) – Faculdade de Filosofia, Letras e Ciências Humanas, Universidade de São Paulo, São Paulo, 2018.

PESSANHA, Andréa Santos da Silva. "Pela palavra e pela imprensa: André Rebouças e propostas sociais para o Brasil do final do XIX". In: *XXVII Simpósio Nacional da ANPUH: conhecimento histórico e diálogo social.* Natal/RN, 2013.

PHILIPPOV, Karin. "A Produção Religiosa de Benedito Calixto e a Ótica do Mecenato Religioso", IX EHA - Encontro de História da Arte – UNICAMP, 2013.

PINEDO, Javier. Ser otro sin dejar de ser uno mismo: España, identidad y modernidad en la generación del 98. In: ZEA, L.; SANTANA, A. (comp.). *El 98 y su impacto en Latinoamérica.* México: Fondo de Cultura Económica, 2001

PINTO, Ana Flávia Magalhães. *Fortes laços em linhas rotas: literatos negros, racismo e cidadania na segunda metade do Século XIX*. 2014. Tese (Doutorado em História) – IFCH / Unicamp. Campinas/SP, 2014.

PINTO, António Costa. *O fim do Império português:* a cena internacional, a guerra colonial, e a descolonização, 1961-1975. Livros Horizonte, 2001.

PINTO, João Alberto da Costa. "Gilberto Freyre e a *intelligentsia* salazarista em defesa do Império Colonial Português (1951 – 1974)". In: *História,* São Paulo, v. 28, n. 1, 2009.

PIRES, Machado. *A Ideia de decadência na geração de 70.* Ponta Delgada: Universidade dos Açores, 1980.

POCOCK, John G. A. *Linguagens do ideário político.* São Paulo: Edusp, 2003.

POLIAKOV, León. *O mito ariano.* São Paulo: Perspectiva, 1974.

PRESCOTT, Vera Lúcia dos Santos Rocha. *A Decadência Nacional de Fim-de-Século. Estudo sobre Guerra Junqueiro.* Dissertação (Mestrado) – Faculdade de Letras, Universidade de Lisboa, Lisboa, 2009.

PUNTONI, Pedro. *A guerra dos bárbaros:* povos indígenas e a colonização do sertão nordeste do Brasil, 1650-1720. São Paulo: Hucitec / EDUSP / FAPESP, 2000.

______. "Confederação dos Tamoios de Gonçalves de Magalhães. A Poética da História e a Historiografia do Império". In: *Novos Estudos,* Rio de Janeiro, n. 45, 1996.

QUEIROZ, Maria Isaura Pereira de. "*Ufanismo Paulista: vicissitudes de um imaginário*". In: Revista USP. São Paulo, n. 13, p. 78-87, março-maio 1992.

______. "Roger Bastide e o Brasil". In: *Revista Brasileira de Ciências Sociais.* [online], 2001

QUIJADA, Mónica. "Latinos y anglosajones. El 98 en el fin de siglo sudamericano". In: *Hispania,* 1997, v. LVII/2, n. 196, 1997.

RAIMUNDO, Sílvia Lopes. Bandeirantismo e identidade nacional. In: *Terra Brasilis* [Online], 6 (2004).

RAMINELLI, Ronald; FEITLER, Bruno. Apresentação do dossiê "Pureza, raça e hierarquia no Império colonial português". In: Tempo, Niterói, n, 30, 2011.

RAMPINELLI, Waldir José. *As duas faces da moeda*: as contribuições de JK e Gilberto Freyre ao colonialismo português. Florianópolis: Editora da UFSC, 2004.

REIS, José Carlos. "Manoel Bomfim e a identidade nacional brasileira". In: LOPES, Marco Antônio (org.). *Grandes Nomes da História Intelectual.* São Paulo: Contexto, 2003.

______. REIS, José Carlos. "Tempo, História e compreensão Narrativa em Paul Ricoeur. *Locus: Revista de História,* v. 12, 2006.

RETAMAR, Roberto Fernandez. *Calibán, apuntes sobre la cultura de nuestra América*. México: Editorial Diógenes, 1974.

REVEL, Jacques. *História e historiografia: exercícios críticos*. Curitiba: Editora da UFPR, 2010.

RICOTTA, Lúcia. "A constelação espacial das imagens de origem em Ilustração de *Scènes de La Nature*, de Ferdinand Denis". In: *Revista da USP*, São Paulo, n.91, p. 112-124, set./nov. 2011.

RICOEUR, Paul. *Tempo e narrativa*. Trad. Roberto Leal Ferreira. São Paulo: Papirus, 1994.

_______. *O si-mesmo como outro*. São Paulo: Editora WMF Martins Fontes, 2014.

ROCHA, João Cezar de Castro. *À roda de Machado de Assis: ficção, crônica e crítica*. Chapecó/SC: Argos, 2006.

_______. "'O ruído das festas' e a fecundidade dos erros: como e por que reler Sílvio Romero". In: Revista *Tempo Brasileiro: Repensando o Brasil com Sílvio Romero*. n. 145. Rio de Janeiro, abr./jun. 2001.

ROCHE, Jean. *A colonização alemã e o Rio Grande do Sul*. Porto Alegre: Globo, 1969.

RODRIGUES, Jaime. *O infame comércio*: Propostas e experiências no final do tráfico de africanos para o Brasil (1800-1850). Campinas: Ed. da UNICAMP, 2000.

RODRIGUES, José Honório (org.). *Correspondência de Capistrano de Abreu*. Rio de Janeiro: Ministério da Cultura, 3v, 1954.

_______. *Brasil e África*: outro horizonte. Vol. 1. Rio de Janeiro, 1961.

ROIZ, Diogo da Silva. "Mito, História, Memória e Ação: bandeirantismo e usos do passado no pensamento de Alfredo Ellis Jr". In: *Revista OPSIS*, Goiânia, n. 12, 2012.

_______. *A dialética entre o "intelectual-letrado" e o "letrado intelectual": projetos, tensões e debates na escrita da história de Alfredo Ellis Jr. e Sérgio Buarque de Holanda (1929-1959)*. Tese de Doutorado em História. Setor de Ciências Humanas, Letras e Artes, Universidade Federal do Paraná, 2013.

ROIZ, Diogo da Silva, et al (orgs). *Os bandeirantes e a historiografia brasileira: questões e debates contemporâneos*. Serra: Editora Mil fontes, 2018.

ROJAS, Carlos Antônio Aguirre. *Braudel, o Mundo e o Brasil*. são Paulo: Cortez Editora, 2006.

ROLAND, Ana Maria. *Fronteiras da Palavra, fronteiras da história: contribuição à crítica da cultura do ensaismo latino-americano através da leitura de Euclides da Cunha e Octavio Paz.* Brasília: Editora da UnB, 1997.

ROMERO, Nélson. Prefácio a Sílvio Romero. *História da literatura brasileira*, 5 vols. Rio de Janeiro: José Olympio, 1943.

ROMEIRO, Adriana. *Paulistas e emboabas no coração das Minas:* ideias, práticas e imaginário político no século XVIII. Belo Horizonte: Editora da UFMG, 2008.

RUSSELL-WOOD, Anthony John R. *Fidalgos and philanthropists*: the Santa Casa da Misericórdia of Bahia, 1550-1755. Berkeley Press, 1968. Tradução brasileira: ___ *Fidalgos e filantropos: A Santa Casa de* Misericórdia da Bahia. Brasília: Ed. da UnB, 1981.

_______. *Charles Ralph Boxer: teacher, scholar and bibliophile.* Lisboa: Centro de Estudos de História do Livro e da Edição, 1999a.

_______. Identidade, etnia e autoridade nas Minas Gerais do século XVIII: leitura do Códice Costa Matoso. In: *Varia História*, Belo Horizonte, No. 21, Jul, 1999b.

_______. O uso de fontes literárias por Charles Boxer no estudo das relações raciais no Brasil e no Maranhão. In: In: SCHWARTZ, Stuart & MYRUP, Erik. *O Brasil no Império Marítimo português.* Bauru: Edusc, 2009.

RUSSELL-WOOD, Anthony John; DOMINGUES, Ângela; MOURA, Denise Aparecida Soares de. (Orgs.). *Histórias do atlântico português.* São Paulo, Editora da Unesp, 2014.

SALIBA, Elias Thomé. *As utopias românticas.* São Paulo: Estação Liberdade, 2003.

SANTANA, José Carlos Barreto de. "Geologia e metáforas geológicas em *Os Sertões*". *História, Ciências, Saúde* – Manguinhos. V. 5, 1998.

SANTOS, Ademir Pereira do. *Theodoro Sampaio*: nos sertões e nas cidades. Editora Versal/Edições Culturais Odebrecht, 2010.

SANTOS, Cleber Ferreira. *Intelectuais brasileiros e as representações do (sub)desenvolvimento como projeto de educação*: o Instituto Superior de Estudos Brasileiros (ISEB) na década de 1950. Dissertação (Mestrado em Educação) – Universidade Federal do Espírito Santo, Vitória, 2018.

SANTOS, Márcia Juliana. *Da capital bandeirante às imagens do cinema institucional de São Paulo, 1930-1940.* Tese (Doutorado em História), Pontifícia Universidade Católica, São Paulo, 2011.

SANTOS, Márcio Roberto Alves dos. *Bandeirantes Paulistas no Sertão do São Francisco*. São Paulo: Edusp, 2017.

SANTOS, Ricardo Alexandre. "A extinção dos brasileiros segundo o conde Gobineau". In: *Revista Brasileira de História da Ciência*. v. 6. n. 1. Rio de Janeiro, jan./jun. 2013.

SANTOS, Sydney dos. *André Rebouças e seu tempo*. Rio de Janeiro: Vozes 1985.

SCHAUB, Jean-Fréderic. *Portugal na Monarquia Hispânica (1580 – 1640)*. Lisboa: Livros Horizonte, 2001.

SEVCENKO, Nicolau. *A Literatura como Missão: tensões sociais e criação cultural na Primeira República*. São Paulo: Brasiliense, 1999.

SHEPARD, Kris; CLAYBONE, Carson (Orgs.). *Um Apelo à Consciência*: Os Melhores Discursos de Martin Luther King. Rio de Janeiro: Jorge Zahar, 2006.

SCHNEIDER, Alberto Luiz. *Sílvio Romero, hermeneuta do Brasil*. São Paulo: Annablume, 2005.

_______. *The Brazil of Sílvio Romero and Machado de Assis: History of a 'polemic', or the Writer as Critic of the Critic*. In: *Portuguese Studies*. v. 26. London/UK: University of London, 2010.

_______. "O Brasil de Sílvio Romero: uma leitura da população brasileira no final do Século XIX". In: Revista *Projeto História*. n. 42. Junho/2011.

_______. "Iberismo e luso-tropicalismo na obra de Gilberto Freyre". História da Historiografia, p. 75-93, 2012.

_______. Charles Boxer (contra Gilberto Freyre): raça e racismo no Império Português ou a erudição histórica contra o regime salazarista. In: *Estudos Históricos*. Rio de Janeiro: vol. 26, no.52 July/Dec. 2013.

_______. "Pensamento Social n'*Os Sertões* de Euclides da Cunha: entre a ciência europeia e experiência sertaneja". Cadernos de História da Ciência, v. 1, 2014.

_______. Os paulistas e os outros: fama e infâmia na representação dos moradores da capitania de São Paulo nas letras dos séculos XVII e XVIII. Projeto História. Revista do Programa De Estudos Pós-Graduados de História, v. 57, p. 84-107, 2016a.

_______. "Sílvio Romero e Machado de Assis: leituras e dissensos do fim do Oitocentos". *Intelligere*, v. 2, p. 49-67, 2016b.

_______. "Machado de Assis e Sílvio Romero: escravismo, 'raça' e cientificismo em tempos de campanha abolicionista (década de 1880)". *Almanack* [online], n. 18, 2018.

SCHNEIDER, Alberto Luiz; ALMEIDA, Thays Fregolent de. "A Expedição Roncador-Xingu: (novos e velhos) bandeirantes na conquista da Fronteira Oeste". In: *Revista de Ciências Sociais*, Fortaleza, v. 49, n. 3, nov. 2018/fev. 2019.

SCHNEIDER, Alberto Luiz; TORRÃO FILHO, Amílcar. "Alteridade e História: escritura e narrativa como uma ética do Outro. FRONTEIRAZ, p. 22-37, 2018.

SCHWARCZ, Lilia Moritz; MONTEIRO, Pedro Meira. *Raízes do Brasil:* Edição Crítica (HOLANDA, Sérgio Buarque de). São Paulo: Companhia das Letras, 2016.

SCHWARZ, Roberto. *Ao Vencedor as Batatas: Forma literária e processo social nos inícios do romance brasileiro*. São Paulo: Duas Cidades/Editora 34, 2012.

_______. "A viravolta machadiana". In: *Martinha* versus *Lucrécia*. São Paulo: Companhia das Letras, 2012.

_______. *Que horas são?* São Paulo: Companhia das Letras, 1997.

_______. *Um mestre na periferia do capitalismo:* Machado de Assis. São Paulo: Duas Cidades/Editora 34, 2012.

SCHWARTZ, Stuart B. Religião popular e a Igreja militante: Novos rumos no estudo do Brasil colonial. In: SCHWARTZ, Stuart & MYRUP, Erik. *O Brasil no Império Marítimo português*. Bauru: Edusc, 2009.

SECCO, Lincoln. "O historiador". In: ______. *Caio Prado Júnior:* o sentido da revolução. São Paulo: Boitempo, 2008.

SEREZA, Haroldo Ceravolo. "O Brasil na Internacional Naturalista: adequação da estética, do método e da temática naturalistas no romance brasileiro do Século 19". Tese de doutorado. Universidade de São Paulo, FFLCH-USP, 2012a.

_______. *Florestan: Inteligência Militante. Coleção Paulicéia*. São Paulo: Editora Boitempo, 2012b.

SEVCENKO, Nicolau. *Literatura como missão:* tensões sociais e criação cultural na Primeira República. São Paulo: Brasiliense, 1985.

SEYFERTH, Giralda. *Nacionalismo e identidade étnica*. Florianópolis: Fundação Catarinense de Cultura, 1982.

_______. A Liga Pangermânica e o perigo alemão no Brasil: análise sobre dois discursos étnicos irredutíveis. In *História: Questões e Debates*, Curitiba, v. 10, n. 18-19, 1989.

_______. A identidade teuto-brasileira numa perspectiva histórica. In: MAUCH, Claudia; VASCONCELLOS, Naira (orgs.). *Os alemães no Sul do Brasil.* Canoas: Ed. da Universidade Luterana do Brasil, 1994.

_______. Construindo a nação: hierarquias raciais e o papel do racismo na política de imigração e colonização. In: MAIO, Marcos Chor; SANTOS, Ricardo Ventura (orgs.). *Raça, ciência e sociedade.* Rio de Janeiro: FIOCRUZ/Centro Cultural Banco do Brasil, 1996.

SILVA, Alberto da Costa e. *Castro Alves: um poeta sempre jovem.* São Paulo: Companhia das Letras, 2006.

SILVA, Kalina Vanderlei. *Nas Solidões Vastas e Assustadoras* – A Conquista do Sertão de Pernambuco pelas Vilas Açucareiras nos Séculos XVII e XVIII. Recife: CEPE, 2009.

SILVA, Maria Beatriz Nizza da. Frei Gaspar da Madre de Deus ou a controvérsia da História. *Revista do IHGSP*, vol 56, 1986.

SILVA, Roberto Pereira. *Celso Furtado, entre a história e a teoria econômica (1948-1959):* uma interpretação historiográfica. Tese (Doutorado em História Econômica). FFLCH- USP, 2015.

SIMONSEN, Roberto. *História econômica do Brasil (1500-1820).* São Paulo: Editora Nacional, 1937.

SIRINELLI, Jean-François. "Os Intelectuais". In: RÉMOND, René. *Por uma história política.* Rio de Janeiro: Editora UFRJ/Editora FGV, 2003.

SKIDMORE, Thomas E. *Preto no branco: raça e nacionalidade no pensamento brasileiro.* Rio de Janeiro: Paz e Terra, 1989 [São Paulo: Companhia das Letras, 2012].

SKINNER, Quentin. *Meaning and Understanding in the History of Ideas.* History and Theory, 8, 1969.

SORÁ, Gustavo. "A construção sociológica de uma posição regionalista: reflexões sobre a edição e recepção de Casa Grande & Senzala de Gilberto Freyre". In: *Revista Brasileira de Ciências Sociais*, v. 13, n. 36, 1998.

SOUSA, Ricardo Alexandre Santos de. "A extinção dos brasileiros segundo o conde Gobineau". *Revista Brasileira de História da Ciência.* Rio de Janeiro, v. 6, n. 1, p. 21-34, jan./jun. 2013.

SOUZA, Laura de Mello e. *O sol e a sombra*: política e administração na América portuguesa do século XVIII. São Paulo: Companhia das Letras, 2006.

_______. Vícios, Virtudes e Sentimento regional: São Paulo, da Lenda Negra à Lenda Áurea. *Revista de História,* 142-143. Especial 50 Anos. São Paulo: USP, 2000.

_______. SOUZA, Laura de Mello e. "Texto introdutório, Vida e morte do bandeirante". In: *Intérpretes do Brasil,* volume I, 2ª edição, Rio de Janeiro: Nova Aguilar, 2002.

_______. *Conduzindo Mr. Boxer.* In: Ilustríssima – Folha de S. Paulo. São Paulo, domingo 25 jul. 2010.

_______. *Cláudio Manuel da Costa:* o letrado dividido. São Paulo: Companhia das Letras, 2011.

SOUZA, Marli Nunes de (org.). Benedito Calixto: um pintor à beira mar. Santos: Fundação Pinacoteca Benedito Calixto, 2002.

SOUZA, Vanderlei Sebastião. "O Naturalismo de Euclides da Cunha: Ciência, Evolucionismo e Raça Em *Os Sertões*". *Fênix – Revista de História e Estudos Culturais,* Vol. 7, Ano VII nº 2, 2010.

_______. *Em Busca do Brasil:* Edgard Roquette-Pinto e o Retrato Antropológico Brasileiro (1905-1935). 2011. Tese (Doutorado em História das Ciências e da Saúde) – Casa de Oswaldo Cruz, Fiocruz, Rio de Janeiro, 2011.

STEPAN, Nancy Leys, 1991. *A hora da eugenia: raça, gênero e nação na América Latina.* Rio de Janeiro: Fiocruz, 2005.

STUMPF, Lúcia. *A terceira margem do rio*: mercado e sujeitos na pintura de história de Antônio Parreiras. 2014. Dissertação de Mestrado. Instituto de Estudos Brasileiros, Universidade de São Paulo, São Paulo, 2014.

SUHETT, Leon Santiago Mendes. *O pensamento latino-americano: da CEPAL à teoria marxista da dependência.* Dissertação (Mestrado em Economia Política). PUC/SP, 2017.

THIESSE, Anne-Marie. *A criação das identidades nacionais.* Lisboa/Portugal: Temas e debates, 2000.

THOMAZ, Omar Ribeiro. *Ecos do atlântico sul*: representações sobre o terceiro império português. Rio de Janeiro: Editora da UFRJ, 2002a.

TOLEDO, Caio Navarro de (Org). *Intelectuais e Política no Brasil: a experiência do ISEB.* Rio de Janeiro: Revan, 2005.

TORRÃO FILHO, Amilcar. *Paradigma do caos ou cidade da conversão?* São Paulo na administração do Morgado de Mateus. São Paulo: Annablume; Fapesp, 2007.

______. "A marinha destronada: ou a famigerada São Vicente derrotada pela Rochela paulista. A afirmação de São Paulo como cabeça de capitania (1681-1766)". História (São Paulo), vol. 30 no1, p.148-173, 2011.

TRINDADE, Alexandro Dantas. *André Rebouças: da Engenharia Civil à Engenharia Social.* 2004. Tese (Doutorado em Ciências Sociais). IFCH-Unicamp. Campinas/SP: 2004.

TRINDADE, Liana Maria Salvia. *A produção intelectual de Roger Bastide. Análise documentária e indexação.* São Paulo: Centro de Estudos de Sociologia da Arte, USP, 1985.

TURIM, Rodrigo. *Tessituras do Tempo*: discurso etnográfico e historicidade no Brasil Oitocentista. Rio de Janeiro: EDUERJ, 2014.

UHLE, Ana Rita. *Monumentos celebrativos: a aproximações entre arte e história (São Paulo, 1925-1963). Programação de Pós-graduação em História.* IFCH-Unicamp, 2013.

VAINFAS, Ronaldo. *Colonização, miscigenação e questão racial:* notas sobre equívocos e tabus da historiografia brasileira. In: *Revista Tempo.* n. 8. Niterói/RJ: UFF, 1999.

VALLE, Franco Della. *Vida e morte do bandeirante: Alcântara Machado e a produção da história paulista.* 2015. Dissertação de Mestrado em História Social) – Faculdade de Filosofia, Letras e Ciências Humanas, Universidade de São Paulo, São Paulo, 2015.

VARELLA, Flávia Florentino. *Da impossibilidade e aprender com o passado:* sentimento, comércio e escrita da história na História do Brasil de John Armitage. Dissertação (Mestrado. em História Social) – FFLCH-USP, São Paulo, 2011.

VASCONCELOS, José Antônio *Quem tem medo da Teoria? A ameaça do pós-modernismo na historiografia americana.* São Paulo: Annablume, 2005.

VELOSO, Marisa. "Gilberto Freyre e o horizonte do modernismo". In: Revista Sociedade & Estado, Brasília, v. 15, n. 2, 2000.

VENANCIO FILHO, Alberto. "Henri Hauser e o Brasil". *Revista do Instituto Histórico, Geográfico Brasileiro.* Rio de Janeiro, 153 (396): 887-893, jul./set 1997.

VENTURA, Roberto. *O estilo tropical: história intelectual e polêmica literária no Brasil (1870-1914).* São Paulo: Companhia das Letras, 1991.

_______. Euclides da Cunha e a República. *Revista Estudos Avançados*. São Paulo, vol.10, n. 26, p. 275-291, jan./apr.1996.

_______. "Visões do deserto: selva e sertão em Euclides da Cunha". In BRAIT, Beth (org.). *O sertão e Os sertões*. São Paulo: Arte & Ciência, 1998.

VIANNA, Luiz Werneck. "Americanistas e iberistas: a polêmica com Tavares Bastos". In: *Dados: Revista de Ciências Sociais*, v. 34, n. 2. Rio de Janeiro, 1991.

_______, AZEVEDO, J. Lúcio de (org.). Cartas. 2 v. Rio de Janeiro: Editora Globo, 2008.

VILARDAGA, José Carlos. São Paulo no império dos Felipes: conexões na América Meridional (1580-1640). 1. ed. São Paulo: Intermeios/Fapesp, 2014.

VILLARINO, Leandro Vizin. *O desenvolvimento como problema simbólico, discurso e planejamento econômico dos países subdesenvolvidos nas décadas de 1950 e 1960*: o projeto da CEPAL e alguns casos brasileiros. Tese (Doutorado em História Econômica). FFLCH-USP, 2015.

WAGLEY, Charles. *An Introduction to Brazil*. New York: Columbia University Press, 1963.

WALDMAN, Thaís Chang. *Moderno Bandeirante*: Paulo Prado entre espaços e tradições. Dissertação (Mestrado em Antropologia Social) – Faculdade de Filosofia, Letras e Ciências Humanas, Universidade de São Paulo, São Paulo, 2010.

_______. *Entre batismos e degolas*: (des)caminhos bandeirantes em São Paulo. 2018. Tese Doutorado em Antropologia Social. FFLCH-USP, 2018.

WANDERLEY, Sérgio Eduardo de Pinho Velho. Desenvolviment(ism)o, descolonialidade e a geo-história da administração no Brasil: a atuação da CEPAL e do ISEB como instituições de ensino e pesquisa em nível de pós-graduação. Tese (Doutorado em Administração) – EBAPE-FGV: Rio de Janeiro, 2015.

WASSERMAN, Claudia. "História intelectual: origem e abordagens". Tempos Históricos, Vol. 19, 1º Semestre de 2015.

WEBER, João Hernesto. *A nação e o paraíso: a construção da nacionalidade na historiografia literária brasileira*. Florianópolis: Editora da UFSC, 1997.

WEGNER, Robert, *A Conquista do Oeste*: *a Fronteira na Obra de Sérgio Buarque de Holanda,* Belo Horizonte, Editora da UFMG, 2000.

WILCKEN, Patrick. *Claude Lévi-Strauss:* O Poeta no Laboratório. Objetiva, 2011.

WILLEMS, Emilio. *A aculturação dos alemães no Brasil*. São Paulo: Cia. Editora Nacional, 1946.

XAVIER, Ângela Barreto. Dissolver a diferença: mestiçagem e conversão no império português. In: CABRAL, M. V.; WALL, K. *et al. Itinerários*. Lisboa: Imprensa de Ciências Sociais, 2008.

_______. '*O lustre do seu sangue*': bramanismo e tópicas de Distinção no Contexto Português. In Revista Tempo. n. 30. Niterói/RJ: UFF, 2011.

YAZBEK, Mustafa. *A Revolução Argelina*. São Paulo: Unesp, 2010.

ZEMELLA, Mafalda. *O abastecimento da capitania das Minas Gerais no século XVIII*. São Paulo: Hucitec/Edusp, 1990.

ZIMOVSKY, Adauany Pieve. "Bandeirantes assassinos: representação e invisibilidade". In: Pixo: revista de arquitetura, cidade e contemporaneidade, v. 1, n. 1, 2017, p. 128-137.

ZOLA, Emile. *O romance experimental e o naturalismo no teatro*. São Paulo: Perspectiva, 1982.

AGRADECIMENTOS

I

Esse volume só foi possível graças à colaboração, de um modo ou de outro, de muitas pessoas. À Márcia Juliana Santos, pela parceria permanente e sobretudo por suportar o longo "retiro", além de escutar o livro inteiro nas longas conversas. Agradeço a colaboração de Henrique Gerken Brasil, José Rogério Beier, Inês Mendonça, Márcia Ludmila Galvão da Cunha, Nina Ingrid Paschoal, Gustavo Teixeira Bronze, Maria Candelária Volponi de Moraes, Gerson Tenório dos Santos, Francisco Palomanes Martinho, Haroldo Ceravolo Sereza e Joana Monteleone. Agradeço também o grupo de Estudos Historiográficos Ibero-americanos, sediado na Cátedra Jaime Cortesão da FFLCH /USP e formado por José Jobson de Andrade Arruda, Laura de Mello e Souza, Iris Kantor, Eduardo Holderle Peruzzo, Luís André Prado, Carlos Fernando de Quadros, Leandro Vizin Villarino, Renato Adura Martins, Roberto Pereira Silva. Agradeço ainda aos meus colegas, professores do departamento de história da PUC/SP e os alunos do curso.

II

Nessa altura da vida, já tenho um passado. De algum modo, nesse livro, está um pedaço de mim, de uma trajetória, atravessada por muitas outras trajetórias, inclusive de meus orientadores, que me ajudaram na caminhada. Na graduação na UFPR, agradeço à professora Ana Maria de Oliveira Burmester e ao professor Francisco Moraes Paz (*in memoria*); no mestrado na PUC/SP, agradeço às professoras Marina Maluf, minha orientadora, e Maria Odila Leite da Silva Dias; na

UNICAMP, muito obrigado ao professor Jorge Coli, meu orientador; no pós-doutorado no King's College London, agradeço ao meu supervisor, professor David Treece; no pós-doutorado na USP, muito obrigado à minha supervisora, a professora Laura de Mello e Souza.

III

Agradeço aos amigos que, numa noite de inverno de 2018, leram e discutiram um dos capítulos do livro: Alexandre Pianelli Godoy, Josiane de Oliveira, André de Carvalho, Maria Izabel de Azevedo Marques Birolli e Renato Birolli. Aos meus amigos de Curitiba, de sempre renovada amizade, Fernando Nauffal Filho e Tatiana Marchette. Agradeço de modo especial ao amigo de longa data, o tradutor e psicanalista Damian José Kraus, pelas fecundas conversas que começaram no carrinho do pastel, na frente da PUC/SP, e já duram 20 anos.

IV

Agradeço aos meus pais, Helena Schneider e Inácio Alvisio Schneider, sempre! E aos meus irmãos, Cristina Isabel Schneider e Antônio Henrique Schneider.

Alameda nas redes sociais:
Site: www.alamedaeditorial.com.br
Facebook.com/alamedaeditorial/
Twitter.com/editoraalameda
Instagram.com/editora_alameda/

Esta obra foi impressa em São Paulo na primavera de 2019. No texto foi utilizada a fonte Arno Pro em corpo 10,5 e entrelinha de 15,5 pontos.